职工普法知识读本

主　编　李宏伟
副主编　寇　姗

中国人民公安大学出版社
·北　京·

职工普法知识读本

主　编：李宏伟

副主编：寇　姗

撰稿人（以姓氏笔画为序）：

刘　洁　许　瑞　闫翠翠

何晓勇　寇　姗

目　录

第一篇　我国社会主义法治概述

第一章　社会主义法治与依法治国

第一节　社会主义法治的本质与法治理念

一、社会主义法治的内涵与本质

（一）社会主义法治的内涵

法治又称“法律的统治”，是指以法律为准则统治或治理国家。法治是相对于“人治”而言的，即治理国家依靠确定的、公开的、具有普遍约束力的法律规则，不能依靠统治者个人的意志。法治是与人治相对立的治理理论和原则。

社会主义法治是指社会主义国家的依法治国的原则和方略，即与人治相对的治国的理论、原则、制度和方法。其基本内容包括“健全民主制度、加强法制建设、推进机构改革、完善民主监督制度”。

在理解“法治”这一概念时，需要将其与“法制”这一概念区别开来。法治与法制二者既有联系，又有区别。法制是法律制度的简称，是与政治制度、经济制度相对应的一个概念。社会主义法制即为社会主义国家制定或认可的，体现工人阶级领导下的全体人民意志的法律和制度的总称。

（二）依法治国是社会主义法治的核心内容

依法治国是中国共产党提出的建设有中国特色社会主义国家的基本方略，也是社会主义法治的核心内容。坚持依法治国，首先要在全社会和全体公民，特别是执法者中养成自觉尊重法律、维护法律权威、严格依法办事的思想意识。人民依照《宪法》和法律规定，通过各种途径和形式，管理国家事务，管理经济和文化事业，管理社会事务，保证国家各项工作的依法进行，逐步实现社会主义民主政治的规范化、程序化和法制化。

对依法治国要从三个方面去理解：一是法律面前人人平等；二是法的至上性，树立和维护法律权威；三是法的严肃性，严格依法办事。这里要说明的是，对依法治国要有全面的理解：它不仅包括依法而治，还包括“良法之治”。

依法治国是中国共产党在总结长期的治国理政经验教训的基础上提出的治国基本方略，主要表现在以下几个方面：

第一，依法治国是中国共产党治国理政观念的重大转变。法治是迄今为止人类社会探索出来的治理国家的最理想模式。1997 年，党的十五大最终确立了依法治国，建设社会主义法治国家的基本方略。依法治国方略的确立，标志着我们党最终战胜和彻底抛弃了封建人治思想的羁绊，坚定不移地选择了社会主义法治的治国道路，从而完成了我们党执政治国理念的一次深刻而重大的转变。

第二，依法治国是实现国家长治久安的重要保障。国家长治久安，是发展中国特色社会主义事业的前提和基础，也是 13 亿中国人民最大利益之所在。搞建设、谋发展，必须始终保持稳定的政治环境和社会秩序。依法治国方略实施以来的实践证明，实行依法治国，才能确保国家长治久安、实现国泰民安。

第三，依法治国是发展社会主义民主政治的必然要求。实行依法治国，就是把社会主义民主与社会主义法制紧密结合起来，实现民主的制度化、法律化，从而保证人民群众在党的领导下，依法通过各种途径和形式管理国家事务，管理经济、文化事业，管理社会事务，真正当家做主。可以这样说，依法治国的过程本身，就是社会主义民主的生动实践。全面落实依法治国方略，必将有力推动社会主义民主的不断发展。

（三）执法为民是社会主义法治的本质

执法为民，是我们党根据邓小平理论和“三个代表”的要求，把实现好、维护好、发展好最广大人民的根本利益，作为党和政府一切工作的根本出发点和落脚点，在各项工作中切实做到以人为本、执法公正、一心为民。

执法为民，是“一切权力属于人民”这一宪法原则的具体体现，也是各项工作始终保持正确的政治方向的思想保证。执法为民理念包括：一切为了人民、一切依靠人民以及尊重和保障人权。

1．执法为民是中国共产党始终坚持立党为公、执政为民宗旨的必然要求。科学发展观的核心是以人为本，坚持以人为本，就是要实践全心全意为人民服务的根本宗旨，始终把实现好、维护好、发展好最广大人民群众的根本利益作为党和国家一切工作的出发点和落脚点。执法机关是党领导下的国家政权机关，执法工作是实现党执政使命的重要工作。执法为民是“三个代表”重要思想和科学发展观对执法工作的根本要求。

2．执法为民是“一切权力属于人民”的宪法原则的具体体现。《中华人民共和国宪法》（以下简称《宪法》）第 2 条规定：“中华人民共和国的一切权力属于人民。”与这一宪法原则相呼应，《宪法》第 27 条明确要求，一切国家机关和国家工作人员必须“努力为人民服务”。国家权力从人民而来，就应当对人民负责、受人民监督、为人民服务。执法机关是国家机关的组成部分，执法机关的权力同样属于人民。执法为民是人民主权的必然要求，也是人民民主的具体体现。

3．执法为民是社会主义法治始终保持正确政治方向的根本保证。执法为民理念的提出，直接而响亮地回答了执法工作“相信谁、依靠谁、为了谁”的问题以及“为谁执法、靠谁执法、怎样执法”的根本问题，鲜明地指出了我国法治建设的社会主义性质，其生命力就在于人民性。执法活动只有符合人民的意志、满足人民的要求、保护人民的权利，才能实现我国社会主义法治建设的根本价值。执法为民为我国法治建设的方向和目标作了最简单却最为科学的概括，对于法治建设始终保持正确的政治方向，具有重要的意义。

（四）服务大局是社会主义法治的重要使命

党的十七大之后，我国已进入到了全面建设小康社会新的发展阶段，党和国家的大局就是社会主义经济建设、政治建设、文化建设、社会建设“四位一体”的中国特色社会主义事业。

社会主义法治的重要使命就是为这一大局提供服务和保障。社会主义法治的重要使命主要体现在两个方面：

1. 服务大局是社会主义法律的本质要求。法律就其本质来说，并不是目的，而是工具和手段。作为国家治理方式，法治必然服务于国家的根本任务和根本利益。现阶段，服务中国特色社会主义事业，是我国社会主义法律的本质要求和功能体现。

2. 服务大局是由法治工作的地位和性质所决定的。依法治国、建设社会主义法治国家，是中国特色社会主义事业的重要内容。法治工作是党和国家工作的重要组成部分，社会主义法治必然在中国特色社会主义事业这一整体和全局的统率与主导下展开，并推动自身发展。法治工作属于社会上层建筑，由经济基础决定并为经济基础服务。所以，法治工作要维护社会主义市场经济秩序，为各种市场主体创造自由公平、规范有序、安全稳定的法治环境。

（五）公平正义是社会主义法治的价值追求

作为社会主义法治理念的公平正义，是指全体社会成员能够按照宪法和法律规定的方式公平地实现权利和尽到义务，并受到法律的保护。

公平正义是人类社会文明进步的重要标志，是社会主义和谐社会的关键环节。所谓公平正义，指的是人们的行为、社会规则和制度，被最广泛的主体发自内心地接受、赞同、服从和仿效，社会成员能够按照法律规定的方式公平地实现权利，履行义务，并受到法律的保护。

在我国，随着市场经济的发展，社会结构的变动，利益关系的多元化，社会公平问题日益凸显出来。要解决社会公平问题，最重要的是要通过推进社会主义法治进程，逐步建立并从法律上保障公平的机制、公平的规则、公平的环境、公平的条件和公平发展的机会。社会主义立法要体现全社会对公平正义的要求和愿望，使正义的要求法律化、制度化，使实现正义的途径程序化、公开化。

1. 公平正义是社会主义法治建设的根本目标。我国在社会主义法治建设的历史进程中，始终把公平正义作为根本目标和价值追求。把公平正义作为法治建设的价值追求，体现了我们党对法治和公平正义关系的规律性认识，对法治建设方向的清醒把握和对实现社会公平正义的高度自觉。只有把在全社会实现公平正义作为社会主义法治的最高价值准则，让公平正义成为人们看得见、感受得到并能够分享的结果，社会主义法治才能真正成为吸引、凝聚并惠及广大人民群众的伟大实践，依法治国、建设社会主义法治国家的基本方略才能顺利推进。

2. 公平正义是新时期广大人民群众的强烈愿望。新中国成立后特别是改革开放以来，我国社会主义现代化建设取得了举世瞩目的伟大成就，社会物质财富有了巨大的增长，为实现社会主义公平正义提供了坚实的物质基础。与此同时，随着社会主义民主法制建设的不断发展，广大人民群众的民主法制意识逐渐增强，对社会公平正义的现实要求也迅速增长。因此，只有在法律制度上充分体现公平正义的理念，从收入分配、劳动就业、社会保障、公民权利保障、基本公共服务、政府施政、执法司法等方面采取有效措施，致力于消除各种导致社会不公的矛盾和问题，才能满足人民群众对公平正义的要求。

3. 公平正义是立法、执法和司法工作的生命线。立法是公平正义的起点，司法是公平正义的最后一道防线。只有在法治建设的各个重要环节包括立法、执法、司法、法律监督中体现公平正义，法治才能发挥其应有的价值和功能，才能为人们所拥护和遵从。

4. 公平正义是社会主义和谐社会的基本特征。社会主义和谐社会是民主法治、公平正义、诚信友爱、充满活力、安定有序、人与自然和谐相处的社会。在立法、执法和司法工作中，只有坚持公平正义，才能树立起法律权威，最大限度地增加社会的和谐因素，最大限度地消除社会的不和谐因素。公平正义是社会和谐的重要基础和保障，因此，只有致力于实现和维护公平正义，社会主义和谐社会才会获得坚实的基础，才能实现长久的、稳定的和谐。

（六）党的领导是社会主义法治的根本保障

党的领导是我国经济建设和改革开放的根本保证，也是我国社会主义法治建设的政治优势和重要特征。

1. 在我国，坚持中国共产党的领导是由党的先进性决定的。中国共产党是中国工人阶级的先锋队，同时也是中国人民和中华民族的先锋队。中国共产党的先进性，根本的体现在于能够遵循社会发展的客观规律，始终走在时代潮流的前列，代表中国先进生产力的发展要求，代表中国先进文化的前进方向，代表中国最广大人民的根本利益。正是由于党的先进性，使党具有作为中国革命和建设事业领导核心的资格和能力。中国的法治建设作为中国特色社会主义事业的重要组成部分，也必须在党的领导下，才能不断发展。

2. 在我国，坚持中国共产党的领导是人民的历史选择。中国共产党是近代中国社会深刻变迁的进步产物，其领导地位是在长期革命斗争中逐步形成的。我国的社会主义法治建设一直是由中国共产党设计并推动的，并取得了举世瞩目的伟大成就。法治建设的实践充分证明，只有继续坚持党的领导，才能切实保证国家法律的统一实施，才能将法律所确定的人民群众当家作主、管理国家事务、社会事务、经济和文化事务的根本利益落到实处。

3. 在我国，坚持中国共产党的领导是由法治建设的艰巨性决

定的。建设社会主义法治国家是一项伟大的系统工程，需要有组织、有领导、有计划地整体推进。历史证明，在中国这样一个深受封建主义传统影响、有着13亿人口的多民族大国，建设民主政治和法治国家，离开了中国共产党的领导，只能使国家陷入无政府状态，既谈不上实现民主，也谈不上依法治国。

二、社会主义法治理念

（一）社会主义法治理念的概念和特征

社会主义法治理念是体现社会主义法治内在要求的一系列观念、信念、理想和价值的集合体，是指导和调整社会主义立法、执法、司法、守法和法律监督的方针和原则。

社会主义法治理念是建立在马克思主义理论基础上的，反映和指导中国特色社会主义法治实践的现代法治理念。它既有包容一切先进的法治理念的进步性，又有立足现实、强调历史发展阶段的具体性。

我国社会主义法治理念可概括为五个方面的内容：一是依法治国的理念；二是执法为民的理念；三是公平正义的理念；四是服务大局的理念；五是党的领导的理念。

坚持党的领导、人民当家做主和依法治国的有机统一，是社会主义法治理念的核心和精髓。

公平正义是社会主义法治的基本价值取向。树立法律的权威是社会主义法治的根本要求。

我国的社会主义法治理念具有以下几个方面的基本特征：

1．具有鲜明的政治性。法治的实现需要相应的政策、组织和权力基础，其实现程度受制于政治文明的发展程度；法治为政治建设提供了权力运行的规则与依据。社会主义法治建立在社会主义民主的基础上，并确认和保障社会主义民主政治。社会主义法治理念将服务大局作为社会主义法治的重要使命，将党的领导作为社会主义法治的根本保障，要求全面服务社会主义的政治、经济、文化、社会及生态文明建设，不断增强党科学执政、民主执政与依法执政的能力，实现了讲法治与讲政治的统一。

2．具有彻底的人民性。社会主义法治反映最广大人民的根本利益和共同意志，是党领导人民制定和实施法律，有效治理社会的方式、过程和状态。社会主义法治建设的根本目的，就是要实现好、维护好、发展好最广大人民的根本利益。

3．具有系统的科学性。社会主义法治理念在内容构成上，是一个科学的有机统一体。“依法治国、执法为民、公平正义、服务大局和党的领导”这五大内容，明确了社会主义法治的核心内容、本质要求、价值追求、重要使命和根本保证，这五个方面环环相扣，相辅相成，构成了一个科学有机的整体。

4．具有充分的开放性。社会主义法治理念不是一个孤立的存在，也不是一个封闭的、静止的思想体系，它的形成、发展与实践都具有充分的开放性。

（二）社会主义法治理念以社会主义社会为基础

社会主义法治理念以社会主义社会为基础。具体来说，它是以社会主义初级阶段的经济、政治、文化发展状况为基础。社会主义法治理念不能脱离社会主义社会客观的社会实际。

1．社会主义法治理念必须要以社会主义经济为基础。我国的社会主义经济是以公有制为主体的多种所有制形式共同发展，以按劳分配为主体的多种分配方式并存的经济制度。经过三十多年的改革开放，我们已经初步建立了以市场经济体制为主导的经济体制。我们的法治理念必须适应社会主义市场经济发展的要求，符合社会主义市场经济的价值取向，促进社会主义市场经济的发展。市场经济的发展及其价值取向必然会要求贯彻和实现市场经济中的主体自由、意思自治、契约自由、信守合同等基本理念与准则。市场经济的内在要求都应当体现在社会主义的法治理念之中。

2．社会主义法治理念必须要以社会主义民主政治为基础。建设社会主义民主政治，是我们必须考虑的依法治国的前提与条件。

没有政治的民主化发展，就没有社会主义法治本身。社会主义法治理念当然地包含着推动社会主义民主政治的进步，适应社会主义民主政治的要求。社会主义民主的发展有一个渐进的过程。在这个过程中，法律起着重要的作用。如果我们的法治不能推进民主的进步，不能满足民主发展的要求，就会成为自身发展的障碍。

3. 社会主义法治理念必须要建立在社会主义文化基础之上，同时还必须适应社会主义文化发展的需要。社会主义文化建设是社会主义建设的重要内容与基本方面。如何依法推动社会主义文化发展，如何真正建立起社会主义的先进文化，是我们面临的极为重要的任务。社会主义法治理念既要以现存的社会主义文化为基础，又要推动和促进社会主义文化的发展。社会主义文化这一基础，是社会主义法治理念建构中必须予以重视的重要方面。

（三）确定社会主义法治理念的重要意义

社会主义法治理念对于有中国特色社会主义的法制建设，具有极为重要的意义。

1. 社会主义法治理念体现了法律意识的核心内容。法律意识中包含着法治理论、法治观念和法治理念等。法治理念是法治理论的观念化，是法律意识的重要组成部分，是法治观念的核心内容。法治理念作为现代法律意识的核心内容，是科学的法律意识。提升全社会、全体人民的法律意识，是社会主义法治建设的重要基础，法治理念的普及和深化必将在更高的层次上提升全社会的法律意识水平。

2. 社会主义法治理念促进着法律体系的不断完善。中国特色社会主义法律体系正在完善之中，已经制定的某些法律制度还存在着不符合法治，甚至背离法治的问题。必须用社会主义法治理念指导未来的立法，审视既有的立法，加快法律体系建构与完善的进程，我们才能确保整个法律体系及其每一个法律制度都是法治化的，我们的法律体系才能不断发展，直至相对完备和不断完备。

3. 社会主义法治理念是正确执法的重要保障。执法是法律现实化的重要途径，是法治中极为重要的环节与方面，是立法中所体现的理念能否现实化的关键。社会主义法治理念是正确执法的重要保障，是准确理解法律和执行法律的指南。再好的法律也是通过执行才转化为社会现实的。社会主义法治理念，对提高执法人员的素质和水平会产生积极的影响。执法人员对于法治理念的认识越准确，就越能准确执法。

4. 社会主义法治理念有利于提高公民的守法意识。守法是法治中的重要环节之一。最好的法律应该是最能被遵守和奉行的法律。社会主义法治理念是守法的重要保证。在社会主义法治背景之下的社会生活，必须具有与法治发展同步的法治理念。深入人心的社会主义法治理念能够有效地防范人们违法犯罪。

第二节　依法治国实现国家长治久安

社会的和谐与稳定，国家的长治久安，不仅是全体中国人民最大利益之所在，而且也是建设中国特色社会主义事业的前提和基础。社会稳定的实现归根结底要靠法治。

一、依法治国方略的确立与内涵

依法治国，建设社会主义法治国家的治国方略，是中国共产党领导全国人民在社会主义现代化建设和社会主义法制建设已经取得初步成就的基础上，根据新形势的发展提出的一个新的、更高的目标，是党的领导方式和执政方式的重大转变。

（一）依法治国方略的确立

党的十一届三中全会以后，中国共产党基于对社会主义建设历史经验和教训的总结，提出了依法治国的治国方略。这一方略继承和发展了马列主义、毛泽东思想有关民主和法制的基本原理，是邓小平理论的重要组成部分，也贯彻于党的十一届三中全会以来党和国家的基本路线、方针和政策之中，成为治理国家的重大战略。

我国改革开放以来的发展实践表明：依法治国是我们党和广大人民逐步探索出来的建设有中国特色的社会主义，实现社会和谐发展的基本方略和根本保障。新中国成立后，由于各种因素特别是传统的封建“人治”思想的影响，我们党在治国方略的选择上发生过偏差，走了一些弯路。党的十一届三中全会总结了此前“文化大革命”中法制被严重破坏、社会秩序极度混乱的惨痛教训，清醒地认识到加强法治的重要性和紧迫性，并精辟地提出了“有法可依，有法必依，执法必严，违法必究”这一社会主义法治的基本原则。1997 年，党的第十五次全国代表大会正式确立了依法治国的基本方略。这一方略的确立，表明了全党、全国人民坚定不移地选择了社会主义法治的治国道路，从而完成了我们党执政治国理念的一次深刻而重大的转变。1999 年 3 月 15 日，第九届全国人民代表大会第二次会议通过的《中华人民共和国宪法修正案》在《宪法》第五条增加一款，明确规定：“中华人民共和国实行依法治国，建设社会主义法治国家。”这就以根本大法的形式把依法治国的治国方略上升为一项基本的法律原则。

（二）依法治国的丰富内涵

依法治国是指依照法律治理国家的原则和方法，具有丰富而深刻的内涵，主要包括以下几个方面：

1. 人民是依法治国的根本主体。在社会主义国家，依法治国的主体，必须也只能是人民。人民是社会主义国家和社会的主人，治理国家当然是人民的事情。社会主义国家的性质决定了国家的一切权力都属于人民，治理国家的权力当然也属于人民。社会主义国家的依法治国在本质上是人民当家做主的体现，是人民民主的要求。

2. 依法治国的根据是宪法和法律。依法治国的根据是宪法和法律，而不能是其他的任何事物。宪法是一个国家的根本大法，是治国安邦的总章程。在依法治国中必须首先强调对于宪法的尊重和服从。其次，依法治国还必须遵守和服从其他法律制度。

3. 依法治国的根本目的是实现人民民主。依法治国有多重目的，但是根本的目的是实现人民民主。依法治国，就是要通过保证国家各项工作依法进行，逐步实现社会主义民主的制度化、法律化，使这种制度不因领导人的改变而改变，不因领导人注意力的改变而改变。依法治国的一切努力在政治上的目标就在于实现人民民主。

4. 依法治国的内容是国家和社会管理的民主化和法制化。依法治国，在根本上就是要保证国家各项工作要依法进行，逐步实现社会主义民主的制度化、法律化。国家权力必须依法而治。依法治国首先体现为人民群众的依法治权。对于国家事务、经济事务、文化教育、科技卫生事务等，人民都有权来参与，发挥主人翁作用。

5. 依法治国必须坚持党的领导。依法治国必须坚持党的领导，这是由共产党的执政党地位决定的。在政党政治之中，执政党总是国家和社会发展的领导力量或主导因素。在中国，中国共产党是执政党，是整个社会主义事业的领导力量。中国共产党作为执政党具有历史与现实、政治与法律的双重根据。作为执政党的中国共产党，在当代中国，当然要领导中国的依法治国事业。

（三）依法治国的基本内容

依法治国的内容十分丰富，主要包括以下几个方面：

1. 发展人民民主。人民民主的本质就是人民当家做主，国家的一切权力属于人民，广大人民充分享有民主权利，实行民主选举、民主决策、民主管理、民主监督。

人民民主是依法治国的政治基础和政治前提。“依法治国”的“法”应当界定为人民的意志和利益，而不是当权者的个人意志和工具，依法治国必须以人民民主作为基础和前提。

2. 完善社会主义法制。依法治国的基础和前提是完善中国特色社会主义法律体系。法制完备首先是指形式意义上的完备，即法律制度的类别齐全、规范系统、内在统一。实质意义上的完备则指法律制度适应社会发展的需要，满足社会发展的客观要求，同时符合公平正义的价值要求。

3. 树立宪法和法律的权威。依法治国的核心就是树立宪法和法律的权威，坚持宪法和法律至上。树立宪法和法律的权威，是指宪法和法律在国家和社会生活中享有崇高的威望，得到普遍的遵守和广泛的认同；宪法和法律在调控社会生活方面发挥基础和主导的作用，一切国家权力和其他社会规范只能在宪法和法律的支配下发挥作用。

4. 实现对权力的制约。权力制约是依法治国的关键环节。依法治国的关键在于依法制权；没有权力制约，依法治国也就无从谈起。根据民主法治的原则，建立健全决策权、执行权、监督权既相互制约又相互协调的权力结构和运行机制，是建设社会主义法治国家的基本要求和特征。

二、实施依法治国方略的基本要求

（一）法律面前人人平等

法律面前人人平等原则，需要从以下几个方面理解：

1. 公民的法律地位一律平等。《宪法》第33条明确规定："中华人民共和国公民在法律面前一律平等。任何公民享有宪法和法律规定的权利，同时必须履行宪法和法律规定的义务。"中华人民共和国公民，不分高低、贵贱、贫富、性别、职业、民族、信仰等，都享有宪法和法律规定的权利，也都必须履行宪法和法律规定的义务。

2. 任何组织和个人都没有超越宪法和法律的特权。宪法和法律是人民利益的体现，反映了人民的意志。服从宪法和法律，就是服从于人民意志，维护人民的利益。任何个人和组织，如果享有超越宪法和法律的特权，就是对社会主义法制的权威与尊严的挑战和破坏。

3. 任何组织和个人的违法行为都必须依法受到追究。我国《宪法》第5条明确规定："一切国家机关和武装力量、各政党和

各社会团体、各企业事业组织都必须遵守宪法和法律。一切违反宪法和法律的行为，必须予以追究。”违法者必须受到追究是法律尊严的重要体现，也是维护法律权威的重要保障。

（二）维护宪法和法律的权威

维护宪法和法律的权威的基本要求如下：

1．确立法律是人们生活基本行为准则的观念。维护法律的权威，必须确立法律是人们生活基本行为准则的观念。在一个法治社会中，法律对人们的社会生活起着最基本的，同时也是最有力的规范和约束作用。整个社会和全体公民都必须树立法律意识，自觉尊重和服从法律，自觉将法律作为指导和规范自身社会活动的基本行为准则。

2．维护宪法的权威。维护法律权威，必须首先维护宪法权威。宪法是我国的根本大法，具有最大的权威性和最高的法律效力。全国各族人民、一切国家机关和武装力量、各政党和各社会团体、各企业事业组织，都必须以宪法为根本的活动准则，并负有维护宪法尊严、保证宪法实施的职责。

3．维护社会主义法制的统一和尊严。维护法律权威，必须努力维护社会主义法制的统一和尊严。社会主义法制的统一是法律权威的重要标志。我国的社会主义法律体系，是一个有机统一的整体，任何法律、法规、规章都不得同宪法相抵触。下位法不得同上位法相抵触，地方性法规不得同全国性法律相抵触，必须确保国家法律在全国范围内的一体遵行，这就是社会主义法制的统一性。

4．树立执法部门的公信力。维护法律权威，必须树立执法部门的公信力。法律的权威不仅在于在立法中体现了人民的意志，得到人民的拥护，而且在于执法中的严格公正，得到人民的信任。因此，实现司法公正，提高执法部门的公信力，是维护法律权威的一项重要措施。

（三）严格依据法律办事

严格依法办事，是依法治国的基本要求，就是要做到“有法可依、有法必依、执法必严、违法必究”。对于一切国家机关特别是专门履行执法、司法职责的政法机关来说，严格依法办事体现在以下四个方面：

1. 职权由法定。职权法定原则要求，执法机关的权力必须来自法律具体而明确的授予，执法机关必须在严格依据法律规定的权限内履行职责。无法定授权的执法就是越权，就是对法律权威与尊严的损害。

2. 有权必有责，即权利义务相一致原则。行使法定权力，就必须对行使权力的过程和结果承担法律责任。同时，政法机关的权力本身相对于社会来说，也是一种必须履行的职责，肩负着法定职责而不履行、不尽职、不作为，就是失职、渎职。

3. 用权受监督。依法治国首先是依法治权。因此，政法机关的权力必须严格依照法定权限、程序行使，整个行使过程必须受到严格的监督和制约。

4. 违法受追究。违法必究是社会主义法制的基本要求。为了维护社会主义法律的权威与尊严，我们必须建立起对执法犯法者的严厉追究机制。只有执法者的违法行为都毫无例外地依法受到追究和惩罚，才能给整个社会树立依法办事的良好典范。

三、实施依法治国方略的根本保障

（一）大力发展社会主义民主政治

发展社会主义民主政治，建设社会主义政治文明，是我们党提出的全面建设小康社会的战略目标。民主是法制的前提和基础，法制是民主的确认和保障，二者相辅相成、不可分割。依法治国是发展社会主义民主政治的必然要求。实行依法治国，就是要把社会主义民主与法制紧密地结合起来，实现民主的制度化、法律化，从而保证人民群众在中国共产党的领导下，依法通过各种途径和形式管理国家事务，管理经济和文化事业，管理社会事务，真正当家做主。

（二）坚决树立和维护法律的权威

任何社会都必须树立有效的法律的权威，没有法律的权威就没有稳定的社会秩序。我国社会主义法律的权威性主要表现在以下几个方面：一是社会主义法律体现了全体人民的意志，是党的主张和人民意志的高度统一。二是法律具有规范性和确定性，非经法定程序不得修改或者废止。三是法律具有普遍性。法律在其有效期内，对全体社会成员具有普遍的约束力。四是法律具有国家强制性。法律以国家权力为后盾，由国家强制力来保证实施，任何个人或者组织违反法律，都必须承担相应的法律责任。

（三）高效务实地推进和谐社会建设

构建社会主义和谐社会，有益于建设社会主义法治国家。社会主义和谐社会有六条基本特征，即民主法治、公平正义、诚信友爱、充满活力、安定有序、人与自然和谐相处。其中，民主法治居于首要位置，制约和影响着其他特征。社会主义民主是社会主义和谐社会的制度之源，只有发展社会主义民主，保证人民依法行使民主权利，才能为社会主义和谐社会建设提供广泛的力量支持，使社会主义事业充满生机和活力。

构建和谐社会与实施依法治国，二者是相辅相成的。法的基本价值包括秩序、公平、正义、人权等，这些核心价值同时也是和谐社会的内涵和本质或主要内容，是构建和谐社会的必要条件。法治的建立有利于保持社会的安定有序，可以推动社会公平和正义的实现，可以充分调动公民的积极性，激发他们的创造力，可以推动社会信用水平的提高。

公平是和谐社会的核心内涵之一，正义是和谐社会的本质。公平正义既是和谐社会的价值取向，是协调社会各阶层相互关系的基本准则，也是法的两个基本核心价值。实行社会主义法治，有利于促进社会的公平正义事业。

第二章　我国社会主义法律制度

第一节　法的基本知识

一、法的含义、本质与作用

（一）法的含义及特征

所谓法，是指由国家制定、认可并由国家强制力保证实施的，反映由特定物质生活条件所决定的统治阶级的意志，以权利和义务为内容，以确认、保护和发展统治阶级所期望的社会关系、社会秩序和社会发展目标为目的的行为规范体系。

在中国传统文化中，法与刑是同一的，法即刑，刑即法。相对而言，西方国家界定的法的内涵比较丰富，他们不仅把法看做国家主权者制定的一种社会规范，还创造出了自然法或主观法这样的内在规则。

在现代社会，作为社会规范系统的法，具有以下几个方面的基本特征：

其一，法是一种社会规范系统。法是调整人与人之间关系的行为规范体系。

其二，法是国家意志的体现。法是由国家制定或认可的行为规范系统，它与国家权力有着不可分割的联系，体现了法的国家意志的属性。

其三，法由国家强制力保证实施。国家强制力包括军队、警察、监狱、法庭等国家暴力机关，这些机关使法的实施得到直接的保障。

其四，法规范着人们的权利义务。法以规定人们的权利义务作为主要调整手段。如宪法规定着公民的基本权利与基本义务；民法规定着民事当事人的权利与义务。

（二）法的本质是统治阶级意志的体现

从本质上看，法是统治阶级意志的体现，是由国家制定或认可的，并由国家强制力保证实施的规范体系。

具体地说，法的本质表现为以下几个方面：

1. 法是统治阶级意志的体现。法是在政治上、经济上占统治地位的那个阶级或阶级联盟的意志的体现。统治阶级可以根据本阶级的需要而对被统治阶级作出某些让步，吸收被统治阶级的某些要求，但其目的是稳定社会秩序、巩固自己的统治。

2. 法所体现的是统治阶级的共同意志。法所体现的不是统治阶级的某个成员或某个集团的意志，而是统治阶级的整体意志。这种整体意志的形成是通过统治阶级内部和外部的曲折斗争实现的。也就是说，法只能是体现统治阶级成员意志中相互一致的那部分，即共同意志，而排斥任何个别集团、个别人的与共同意志相违背的意志。

3. 法是提升为国家意志的统治阶级的意志。所谓国家意志，就是统治阶级通过国家政权表现出来的意志，即通过国家机关，把本阶级的意志用法律的形式表现出来，使之成为以国家强制力为后盾，具有普遍约束力的行为规则。

4. 法的内容是由统治阶级的物质生活条件所决定的。物质生活条件主要是指物质生活资料的生产方式、地理环境和人口等因素。生产方式是决定社会发展方向的根本因素，也是决定法的本质、内容的根本因素。地理环境、人口等因素对法的影响主要通过它们对社会生产方式的影响来实现。统治阶级意志的内容如何，归根到底由统治阶级的物质生活条件来决定。因为任何意志都不是随心所欲的，它总要受到意志本身赖以产生和存在的客观条件的

制约。

（三）法所具有的规范作用

所谓法的规范作用，是指法作为行为规则直接作用于人的行为所产生的影响。在法学上，法的规范作用也可称为“法的功能”。它主要包括法的指引作用、法的评价作用、法的预测作用、法的警示作用等。

1. 法的指引作用。法的指引作用，是指法通过授权性行为模式（权利）和义务性行为模式（禁止性行为和命令性行为）的规定，指引人们作出一定行为或不作出一定行为。法的指引作用的对象是每个人的行为。法的指引是一种规范指引，具有连续性、稳定性和高效率的优势，是建立社会秩序必不可少的条件和手段。

2. 法的评价作用。法的评价作用，是指法作为一种行为标准和尺度，对人的行为进行评价所起到的作用。也就是说，法的评价作用的对象是人的行为。并且，法的评价不同于道德评价、政治评价等一般社会评价，法的评价是用法的规范性、统一性、普遍性、强制性等标准来评价人们的行为，这是由法的评价标准和评价重点决定的。

3. 法的预测作用。法的预测作用，是指人们根据法可以预先估计相互间将怎样行为以及行为的后果等，从而对自己的行为作出合理的安排。法的预测作用的对象是人们的相互行为。法的规范性、确定性的特点告知人们如何行为，使人们可以进行相互行为的预测。加之法的内容的明确性，并在一定时期内保持连续性，就给人们进行行为预测提供了可能的前提。

4. 法的警示作用。法的警示作用，是指法以其所包含的强制性、责任性的信息给人以启示（如威慑）和教育，从而提高人们的法治观念和责任意识，达到预防违法和犯罪的目的。法的警示作用的对象是人们今后的行为。法律一经颁布就会发生警示作用，它无须通过法的实际运行。这种作用主要是通过禁止性规范和法律后果（特别是罚则部分）而形成的，它实际上已经包含了规范教育和规范强制的意义。

（四）法所具有的社会作用

所谓法的社会作用，是指法为达到一定的社会目的或政治目的而对一定的社会关系产生的影响。法的社会作用具体表现为以下两个方面：

1．法的政治作用。法的政治作用，是指法在调整各种政治关系，维护政治统治秩序方面的作用。这种作用包括调整不同阶级、利益集团之间的统治与被统治、管理与被管理之间的关系，维护政治统治秩序方面的作用。

2．法的社会公共作用。法的社会公共作用，是指法在维护人类基本生活条件、确认技术规范等方面对社会公共事务管理所起的作用。包括组织和管理经济建设与社会化大生产，推进教育、科学和文化事业的发展，维护社会的正常生产与交换秩序，保护人类生存的环境和条件等。

法对国家、社会的作用虽然是巨大的，但是法的作用并不是无限的。在现代社会，社会关系的领域极为广泛，法不可能也没有必要把调整社会关系的所有方面作为己任。而且在很多问题上，法是不宜介入的，只能通过道德、政策、纪律或宗教教规等社会规范来调整。

二、社会主义法的特征、本质与作用

（一）社会主义法的概念、特征

社会主义法是由社会主义国家制定或认可并以国家强制力保证实施的行为规范体系，它体现着我国以工人阶级为领导的广大人民的意志，用规定法律上权利、义务的方法，确认、保护和发展有利于生产力的解放和发展、人民生活水平提高、综合国力增强的社会主义社会关系，是实现人民当家做主和建设有中国特色社会主义的有力武器。

社会主义法，除具有法的一般特征外，还具有社会主义国家性

质的一些主要特征。具体表现在以下几点：

1. 社会主义法是阶级性和人民性的统一。社会主义法是实现人民民主专政的工具，因此它具有鲜明的阶级性。同时，社会主义法又是广大人民意志和利益的体现，具有最广泛的人民性。社会主义法的阶级性和人民性统一的具体表现是：阶级性和人民性相互渗透，相互依存；人民性以阶级性为前提和基础，阶级性通过人民性来体现和保障；社会主义法的阶级性和人民性将随着社会主义的不断发展而日趋一致。

2. 社会主义法是科学性和公正性的统一。法的科学性是指法正确反映客观规律性的程度；法的公正性是指法反映着一定社会中占统治地位的正义观。社会主义法的科学性、公正性是统一的，它的性质决定了它有可能充分地反映客观规律，成为最有实效、始终起进步作用的法。

3. 社会主义法贯彻了公民的权利和义务的一致性。在社会主义国家，公民在法律面前一律平等，没有无权利的义务，也没有无义务的权利。全体公民既平等地享有权利，又平等地履行义务，不允许只享有权利而不履行义务，也不允许只享有权利的现象存在，更不允许任何人有超越宪法和法律之上的特权。

4. 社会主义法的实施以国家的强制力和人民的自觉遵守有机结合为保障。社会主义法的实施虽然也需要依靠国家的强制力，但它是多数人对少数人、广大人民对敌对分子和各种违法犯罪分子的强制。由于社会主义法是人民意志和利益的体现，是由国家制定或认可的，更由于社会主义法的实施过程就是人民利益的实现过程，所以广大人民群众是能够积极支持和自觉遵守的。

（二）社会主义法的本质

由于社会主义法是建立在生产资料社会主义公有制经济基础之上的规范体系，它体现了工人阶级领导的广大人民的意志。所以，对于社会主义法的本质，可以从以下几个方面理解：

1. 社会主义法反映广大人民的共同利益。社会主义国家是工人阶级领导的、以工农联盟为基础的人民民主专政的社会主义国家，我们国家的这一性质决定了我国的法只能是工人阶级领导的广大人民共同意志的体现，是实行人民民主专政、维护社会秩序和推动社会进步的有力武器。我国现阶段人民的范畴相当广泛，凡是拥护并积极参加社会主义建设事业、热爱中华人民共和国、拥护祖国统一的人，都属于人民的范畴，这些人同工人阶级的利益在根本上是一致的。同时我们也应当看到，在社会主义发展的不同历史时期，不同阶级、阶层的人民还有自己的具体利益和要求，我国社会主义法在体现工人阶级利益的同时，也应维护他们的具体利益和要求。

2. 社会主义法是上升为国家意志的广大人民的共同意志。工人阶级领导的广大人民的共同意志的内容和形式十分广泛，只有那些与社会主义社会的发展方向和基本秩序直接相关的内容才有必要上升为社会主义法。工人阶级领导的广大人民通过掌握国家政权，依照法定程序，将自己意志中最重要的部分通过制定或认可的形式，使之上升为国家意志而成为社会主义法，获得人人必须遵守的普遍效力。

3. 社会主义法的内容是由社会主义社会的物质生活条件决定的。社会主义法归根结底是由社会主义社会的生产关系决定的，它直接决定着人们在经济生活中的地位，从而也决定着人们在政治和社会生活中的地位以及社会主义社会的总体利益和分配关系。因而，它必然决定着工人阶级和广大人民的意志和愿望的基本内容。除了物质生活条件以外，政治、思想、道德、宗教信仰、文化传统、民族习惯等因素，也对社会主义法产生着不同程度的影响。

（三）社会主义法的作用

社会主义法作为一种由社会主义国家制定或认可并以国家强制力保证实施的行为规范体系，在社会主义国家的经济、政治、文化、外交等各个方面，都发挥着重要作用。

1. 促进和保障社会主义经济建设的作用。社会主义法作为社

会主义经济基础的上层建筑，对社会主义国家的经济建设具有积极引导、推进、保障和服务的作用。

2．保障人民民主及对敌专政和打击刑事犯罪的作用。社会主义法作为反映广大人民意志，体现人民当家做主和保障社会主义国家的有力武器，具有保障人民民主及对敌专政和打击刑事犯罪的作用。

3．保障和促进精神文明建设的作用。社会主义国家的精神文明建设包括思想道德建设和教育科学文化建设两个方面，对于这两方面的建设，社会主义法发挥着重要作用。社会主义法是社会主义国家进行思想道德建设的重要手段，是促进社会主义国家文化教育发展的保障。

三、法律关系及其构成要素

（一）法律关系的含义

所谓法律关系，是指法律规范在调整主体行为的过程中所形成的法律上的权利与义务关系，是法律规范在实施过程中产生的一种特殊的社会关系。法律关系具有以下特征：

其一，法律关系是思想社会关系，是通过主体的意志形成的社会现象，属于上层建筑范畴。

其二，法律关系是根据法律规范产生的社会关系。法律关系的产生必须以存在调整和规定这一社会关系的法律规范为前提。

其三，法律关系是体现法律上的权利、义务的社会关系，主要是体现主体根据法律规范而实际应当实现的权利义务关系。

其四，法律关系是由国家强制力保证实现的社会关系。法律关系的主体是法律上的权利义务的承担者，国家有责任运用国家强制力支持和保证他们权利的实现、义务的履行。

（二）法律关系的构成要素

法律关系的构成有三个要素，即法律关系的主体、法律关系的客体和法律关系的内容。

1．法律关系的主体，是指参加法律关系，享受权利、承担义务的公民或组织。法律关系的主体具备权利能力和行为能力。享有权利的一方称为权利人，承担义务的一方称为义务人。

社会主义法律关系的主体一般有下列几种：自然人、法人、非法人团体、国家。

2．法律关系的客体。法律关系的客体可以分为以下几类：

（1）物质财富。物质财富又称标的物，是指具有一定使用价值并能够被主体支配的有形或无形的财产，物质财富是有关财产的各种法律关系的客体，包括自然物、人造物等。

（2）行为。行为的方式有两种：一是作为，是主体的积极行为；二是不作为，是主体的消极行为。

（3）智力成果。智力成果又称精神财富，是主体从事脑力劳动取得的成果，如作品、发明、商标、外观设计、实用新型等即是知识产权法律关系的客体。

3．法律关系的内容，是指主体之间的法律上的权利和义务，这种权利和义务是法律规范所规定的，它得到国家的确认和保护。

（三）法律关系的产生、变更与消灭

法律关系不是固有的，也不是一经产生就固定不变的，而是经常处于变动之中，法律关系的产生、变更和消灭是由法律事实引起的。

法律事实是指能够引起法律关系的发生、变更和消灭的客观情况，法律事实主要分为事件与行为两部分。事件是指与法律关系主体（当事人）的主观意志无关的能引起法律关系发生、变更和消灭的客观事实。法律事件又分为自然事件和社会事件。自然事件是不以人的意志为转移的自然灾害及人的生死；社会事件是不以人的意志为转移的社会变迁或社会变革。行为是指法律关系主体（当事人）有意识地进行的，引起法律关系的发生、变更和消灭的法律事实。行为包括作为和不作为。作为是指积极地、主动地去实施的行为；不作为是指有作出一定行为的责任和义务而不做，是消极

的、被动的行为。行为依其性质不同，可分为合法行为与违法行为；依其主体不同，可分为国家的行为与当事人的行为。

四、法律责任与法律制裁

（一）法律责任的概念和特点

所谓法律责任，是指人们对自己的违法行为所应承担的带有强制性的法律后果。看一个人或组织是否必须承担法律责任，须从他行为的主观、客观等方面全面分析和考虑。没有违法行为的存在，就谈不上追究法律责任。有些行为虽然具有社会危害性，但只要它不违法，就不能认为其行为主体应承担法律责任。

法律责任与其他社会责任，如政治责任、道义责任等有根本的区别，法律责任具有如下鲜明的特点：

1. 法律责任与违法有密不可分的联系，违法是承担法律责任的根据。

2. 法律责任是由法律规定的。法律责任的大小、范围、期限、性质，都是由法律明确规定的。

3. 法律责任的认定和追究必须由国家专门机关通过法定程序来进行，其他组织和个人无此项权力。

4. 法律责任的承担以国家强制力作保证。

（二）法律责任的种类

法律责任可分为以下四类：

1. 违宪责任。违宪责任，是指因国家机关、政党、社会团体和其他组织、公民所作的违反宪法的行为以及有关国家机关制定的某种法律、法规和规章与宪法相抵触而产生的法律责任。简单地说，违宪责任就是由于违宪行为而必须承担的法律责任。违宪责任是法律责任中最为特殊的一种，其特殊性主要表现为政治上的、领导上的责任。此外，其责任主体、追究和责任实现形式也是特殊的。

2. 刑事责任。刑事责任，是指行为人因其犯罪行为应当承受的，由国家司法机关以国家名义根据刑法对该行为所作的否定评价和对行为人进行的谴责。刑事责任是最严厉的一种法律责任：认定和追究刑事责任的只能是国家审判机关，承担刑事责任的主体只能是犯罪行为实施的主体。简而言之，刑事责任就是由于刑事犯罪行为而承担的法律责任。刑事责任是所有法律责任中性质最为严重、制裁最为严厉的一种。刑事责任主要是人身责任，它的主体主要是公民，但也可以是法人。

3. 民事责任。民事责任，是指由于民事违法行为、违约行为、侵权行为及按民法的规定应承担的法律责任。民事责任的方式有十余种之多，但其中最主要的是财产责任。民事责任的主体主要是公民或法人。

4. 行政责任。行政责任，是指行政主体在行政管理中因违法失职、滥用职权或行政不当而产生的法律责任。换句话说，行政责任就是由于行政违法行为而承担的法律责任。行政责任的主体比较广泛，除了以国家机关和国家公务人员为主之外，还可以是普通公民或其他组织、团体。

（三）法律责任的免除

在以下几种情况下，法律责任可以免除：

1. 时效免责，即违法者在其违法行为发生一定期限后仍未被发现，则不再承担法律责任。例如，《中华人民共和国刑法》（以下简称《刑法》）规定，法定最高刑为不满5年有期徒刑的，经过5年不再追诉；法定最高刑为5年以上不满10年有期徒刑的，经过10年不再追诉；法定最高刑为10年以上有期徒刑的，经过15年不再追诉；法定最高刑为无期徒刑、死刑的，经过20年不再追诉。这就意味着如果没有法律特别规定，违反法律的行为超过一定的期限后，就不再追究法律责任，法律责任因时间流逝而消失。

2. 不诉免责，即“告诉才处理”、“不告不理”。不告不理意味着当事人不告，国家就不会将法律责任归咎于违法者，亦即意味着违法者实际上被免除了法律责任。在我国，不仅大多数民事违法

行为是受害当事人或有关人员告诉才处理的，而且有些刑事违法行为也是不诉免责的。

3. 自首、立功免责，即对那些违法之后有立功表现的人，免除其部分或全部法律责任。

4. 补救免责，即对那些实施了违法行为、造成一定损害，但在国家机关归责之前采取及时补救措施的人，免除其部分或全部法律责任。

5. 协议免责，即基于双方当事人在法律允许范围内的协商同意的免责。这种免责仅适用于民事违法行为。

（四）法律制裁的含义

所谓法律制裁，是指国家专门机关对违法者依其所应承担的法律责任而实施的强制性惩罚措施。

法律制裁与法律责任有着密切的联系。二者都是基于违法、侵权或违约而产生的。法律责任是法律制裁的前提，法律制裁是法律责任的后果。

法律制裁的目的在于保护权利，惩罚违法行为，恢复被损害的法律秩序。法律制裁具有以下主要特点：它是由国家专门机关依法实施的；它是一种惩罚性的强制措施；它必须以违法行为和法律责任为前提；它是一种“要式”的法律行为，即实施惩罚的国家机关必须遵守严格的程序，并制作相应的法律文书。

（五）法律制裁的种类

根据违法行为的性质，法律制裁可分为以下几类：

1. 刑事制裁，也称刑罚，是人民法院对犯罪分子实施的刑罚，也即人民法院对于犯罪行为实施的惩罚措施。刑事制裁是最严厉的一种法律制裁，包括主刑和附加刑。主刑有管制、拘役、有期徒刑、无期徒刑、死刑，附加刑包括罚金、剥夺政治权利和没收财产。

2. 民事制裁是人民法院对违反民事法律的当事人实施的惩罚措施。由于民事违法的多样性和复杂性，民事制裁的方式也多种多样，主要包括：停止侵害、排除妨碍、消除危险；返还财产；恢复原状；修理、重作、更换；赔偿损失；支付违约金；消除影响，恢复名誉；赔礼道歉等。此外，还可处以训诫、责令具结悔过、收缴从事非法活动的财物和非法所得等。

3. 行政制裁是国家行政机关对违反行政法律规范的人进行的制裁，主要包括行政处罚、行政处分和劳动教养三种。行政处罚有警告、罚款、拘留等形式。行政处分主要有警告、记过、记大过、降级、撤职、开除等形式。劳动教养是由专门的行政机关对违反行政法规定、破坏社会秩序但尚不构成犯罪的违法行为所实施的惩罚措施。

4. 违宪制裁是依据宪法的特殊规定对违宪行为实施的强制措施。制裁的措施有：撤销同宪法相抵触的法律、行政法规、地方性法规，罢免国家机关的领导成员。行使违宪制裁的是监督宪法实施的国家机关，如全国人大常委会有权撤销同宪法相抵触的行政法规、地方性法规。

第二节　我国的社会主义立法与法的实施

一、我国的立法体制与立法原则

（一）立法的含义

立法即法的制定，是指有关国家机关依照法定权限和程序制定规范性文件的活动。广义的立法包含国家最高权力机关及其常设机关制定法律这种规范性文件的活动，也包括由有关国家行政机关和有关地方国家权力机关及其常设机关，依法定权限和程序制定行政法规、地方性法规和规章的活动。而狭义的立法仅指国家最高权力机关制定法律这种特定的规范性文件的活动。

（二）我国的立法体制

立法体制是有关法的制定的权限划分的制度。根据我国宪法、

有关组织法、立法法的规定，我国立法体制的具体内容如下：

第一，全国人民代表大会和全国人民代表大会常务委员会行使国家立法权。全国人民代表大会制定和修改刑法、民法、国家机构的和其他基本法律。全国人民代表大会常务委员会制定和修改除应当由全国人民代表大会制定的法律以外的其他法律；在全国人民代表大会闭会期间，对全国人民代表大会制定的法律进行部分补充和修改，但不得同该法律的基本原则相抵触。

第二，国务院根据宪法和法律，制定行政法规。国务院各部、委员会、中国人民银行审计署和具有行政管理职能的直属机构，可以根据法律和国务院的行政法规、决定、命令，在本部门的权限范围内制定适用于本部门的行政法规。

第三，省、自治区、直辖市的人民代表大会及其常务委员制定地方性法规。

第四，民族自治地方的人民代表大会制定自治条例和单行条例。

第五，省、自治区、直辖市以及省、自治区人民政府所在地的市和经国务院批准的较大的市的人民政府可以根据法律和行政法规制定地方行政规章。

第六，特别行政区的立法机关，在不同特别行政区基本法相抵触的前提下，享有独立的立法权。

（三）我国社会主义立法的基本原则

立法的基本原则是指立法者在法的创制过程中，应该遵循的基本准则。它是立法指导思想在立法过程中的具体体现，我国社会主义立法的基本原则主要有以下几个方面：

1. 合宪性原则。合宪性原则是指立法应当与宪法相符合。首先，必须是宪法赋予立法权或经特别授权的主体才有权立法，凡没有法定职权或超越法定职权的立法行为都是无效的。其次，立法的内容应当符合宪法的基本原则和规定，不得与宪法相抵触。最后，立法的程序也应当符合宪法和其他专门法律的规定，违反法定程序的立法行为同样是无效的。

立法遵循宪法的基本原则，在我国，最根本的是要以经济建设为中心，坚持四项基本原则，坚持改革开放。“一个中心，两个基本点”是新时期党的基本路线，党和国家的一切工作都要坚持这个基本路线。立法工作是党和国家的一项重要工作，应当也必须坚持这个基本路线，这是立法工作沿着正确方向前进的政治保证。

2. 维护法制统一原则。这一原则首先要求我国社会主义立法活动应以宪法为依据，在宪法的基础上实现国家法制的高度统一，绝不能通过立法搞地方保护主义和部门保护主义。其次，各有权机关应严格依照法定职权、法定程序，在其立法权限范围内进行立法活动，防止超越职权、违反程序立法。最后，各个法律部门之间的规范性法律文件不得冲突、抵触或重复，应该相互协调和补充。国家权力机关、上级国家机关应当认真行使宪法、法律赋予的对违背宪法、不符合法制统一要求的规范性文件的撤销权和改变权，及早发现并解决可能存在的违宪、有损法制统一的问题。

3. 民主原则。我国社会主义立法的民主原则，具体表现为三个方面：其一，立法必须在人民主权的基础上进行，以确认和保障人民当家做主的权力。其二，立法应当符合民主程序，使直接参与立法工作的人民代表真正有机会充分表达民意，形成符合人民意志和实际情况的国家意志。民主程序直接关系或影响社会主义立法的民主原则。在立法中坚持民主程序，使立法活动依法进行，才能避免立法随领导人的更迭或领导人认识的改变而改变，才能使直接参与立法工作的人民代表真正有机会充分表达民意，形成符合人民意志和实际情况的国家意志。其三，立法工作应坚持群众路线。要求在立法工作中为人民群众提供平等地参与立法的机会，认真听取群众的意见，调动广大群众参与立法活动的积极性，保障人民群众通过多种途径参与立法活动。

4. 科学性原则。社会主义立法的科学性原则具体表现为：其一，法是人类认识理性化的体现，立法活动要建立在对法律制度、

法律价值观、法律理想等重大问题的理性思维、理性判断的基础上。其二，立法活动对人们的行为和各种社会关系的规定要具有合理性。立法应当适应社会主义市场经济、民主政治和精神文明建设的需要，维护正义，保证公平，体现效率。其三，坚持实事求是，从实际出发，使主观的立法活动符合客观实际。地方立法还要符合本地的实际情况，科学、合理地规定权利与义务、权力与责任。

二、我国的立法程序及要求

（一）我国的立法程序

所谓立法程序，是指有立法权的机关制定、修改、补充或废止法律或其他规范性法律文件的法定步骤和方法。立法程序有狭义和广义之分。狭义的立法程序，仅指最高国家权力机关制定、修改、补充或废止法律的程序；广义的立法程序，除包括狭义的立法程序之外，还包括其他国家机关制定、修改、补充或废止所有规范性法律文件的活动程序。我国的立法程序，通常可以分为以下四个步骤：

1. 提出法律议案，即在法律制定机关开会时，提出关于法律的制定、修改和废除的提案或建议，并请求该机关列入日程讨论。

2. 讨论法律草案，即法律制定机关对列入日程的法律草案正式进行审议和讨论。

3. 通过法律，即法律制定机关对法律草案经过正式讨论后表示正式同意，从而使法律草案成为法律。

4. 公布法律，即法律制定机关将通过的法律用一定形式予以正式公布。

（二）对不同类型法律的立法

根据宪法的规定，我国社会主义法律分为基本法律和非基本法律两类。这两类不同的法律，其立法主体也是不同的。

1. 基本法律是对由全国人民代表大会制定的调整国家和社会生活中某种带有普遍性的社会关系的规范性法律文件的统称。根据

《中华人民共和国立法法》（以下简称《立法法》）第7条第2款的规定："全国人民代表大会制定和修改刑事、民事、国家机构的和其他的基本法律。"根据宪法规定，全国人民代表大会常务委员会在全国人民代表大会闭会期间，有权对全国人民代表大会制定的法律进行部分补充和修改，但不得同该法律的基本原则相抵触。

2. 非基本法律是对由全国人民代表大会常务委员会制定的调整国家和社会生活中某种具体社会关系或其中某一方面内容的规范性文件的统称。《立法法》第7条第3款规定："全国人民代表大会常务委员会制定和修改除应当由全国人民代表大会制定的法律以外的其他法律……"

（三）我国的授权立法

在我国，授权立法是指全国人民代表大会及其常务委员会专门作出决定，授权有关国家机关立法和有关国家机关根据决定行使立法权的活动。

关于授权立法，可以从以下三个角度理解：

其一，从授权主体看，包括授权主体和被授权主体两个方面。根据《立法法》第9条的规定："本法第八条规定的事项尚未制定法律的，全国人民代表大会及其常务委员会有权作出决定，授权国务院可以根据实际需要，对其中的部分事项先制定行政法规……"

其二，从授权活动看，有时是指授权主体作出授权的活动，有时是指被授权主体根据授权进行立法的活动。而作为一个完整的授权立法概念，应当包括这两个方面。

其三，从授权的形式看，授权立法包括专门作出授权决定和在法律中作出授权规定两种。

三、我国社会主义法的实施

（一）法的实施的概念

法的实施，是指法在现实生活中的贯彻和实现，即通过一定的方式使法律规范在社会生活中得到贯彻和实现的活动，它是法作用于社会关系的特殊形式。法的实施不仅包括国家机关及其工作人员实现法律规范的活动，还包括社会团体和公民实现法律规范的活动。通过这种活动，把法律规范中设定的权利和义务关系转化为现实生活中的权利和义务关系，转化为人们的具体行为和活动。

法的实施主要包括两个方面：一是国家执法，即司法机关及其公职人员严格执行法律、运用法律、保证法律的实施；二是一切国家机关和包括国家工作人员在内的全体公民用法律规范来约束自己行为的活动，即法的遵守。即凡行为受法律调整的个人和组织，都要遵守法律。这两种形式对于法的实施都是不可缺少的。

（二）法的执行

执法又称法的执行，有广义和狭义两种理解。广义的执法，是指国家行政机关、司法机关和法律授权、委托的组织及其公职人员，依照法定职权和程序，贯彻实施法律的活动。狭义的执法，是指国家行政机关和法律授权、委托的组织及其公职人员在行政管理活动中，依照法定职权和程序，贯彻实施法律的活动。

从总体上讲，在我国，法的执行所要遵循的基本原则就是："有法可依，有法必依，执法必严，违法必究。"

（三）法的遵守

法的遵守即守法，是指国家机关、社会组织和公民严格依照法律规定享有权利、履行义务，从事各种事务的活动。守法也就是依法办事，是法治社会的必然要求。守法是法的实施最重要的环节，也是法的实施的最普遍的基本形式之一。

守法的主体包括一切国家机关、武装力量、政党、社会团体、企事业单位以及全体公民，守法的主体不仅具有普遍性，而且具有平等性，任何组织和个人都没有超越宪法和法律的特权，在法律面前人人平等。

守法的内容包括两个方面：一是公民或社会组织都应依照法律享有权利；二是遵守法律所规定的义务，依照法律承担义务。

守法的范围指的是要求遵守国家机关制定的、具有普遍约束力的规范性文件和某些非规范性文件。具体包括我国的宪法、法律、行政法规、地方性法规、自治条例和单行条例、特别行政区法律等。对于执法、司法机关所制定的某些非规范性文件，如人民法院的判决书、调解书等，有关组织和个人也必须遵守。

守法是每一个社会公民应尽的法律义务，它既是巩固人民民主专政的需要，也是维护社会主义社会秩序的要求。我国《宪法》明确规定：中华人民共和国公民必须遵守宪法和法律，一切国家机关和武装力量、各政党和各社会团体、各企业事业组织都必须遵守宪法和法律。在我国，所有人都是守法主体，任何组织和个人都不得有超越宪法和法律的特权，一切违反宪法和法律的行为都必须予以追究。

（四）法律监督

法律监督，是指国家机关、社会组织和人民群众对法律实施过程中的合法性所进行的监察、督促。其目的是为了使法律得以公正、公平、准确、有效、完全地实施。法律监督是法的实施的一种重要途径，对于防止权力腐败、保障法律权威具有重要意义。

法律监督有广义和狭义之分。狭义的法律监督专指有关国家机关依照法定职权和法定程序，对立法、执法和司法活动的合法性所进行的监察和督促。国家机关的监督包括：国家权力机关的监督、国家行政机关的监督和国家司法机关的监督。国家机关关于法律监督的权限和范围由宪法和法律作出规定，这类监督具有法律效力和法律强制力。

广义的法律监督是指除国家机关的监督外，社会组织和公民对各种法律活动的合法性所进行的监察和督促。社会组织监督包括工会、共青团、妇联组织等人民团体以及群众性的专门性、学术性团体所进行的监督，形式主要是建议、批评、申诉、控告和举报等。

第二篇　国家基本法律

第三章　宪　法

第一节　宪法概述

一、宪法是国家的根本大法

（一）宪法的概念及特征

宪法是国家的根本大法，它规定国家各项基本制度和根本任务，规定国家机关的组织与活动的基本原则，保障公民的基本权利和义务。它集中反映掌握国家政权的统治阶级的意志和根本利益，是维护和巩固统治阶级专政的重要工具。

宪法在国家的整个法律体系中居于主导地位，具有最高的法律权威和最大的法律效力，既是国家治国安邦的总章程，也是公民立身行事的总依据。在本质上，它是国家的根本法，是阶级力量对比关系的集中体现，是民主制度的法律化，是实现阶级统治的重要工具。

宪法是我国治国安邦的根本法律依据和总章程，是保持国家统一、民族团结、经济发展、社会进步和长治久安的法律基础，是我们党执政兴国、团结带领全国各族人民建设有中国特色社会主义的法制保证。

宪法是我国社会主义法律体系中的核心组成部分，它同我国行政法、刑法、民法、商法、经济法、社会法、诉讼法等一样，是以工人阶级为领导的广大人民群众的共同意志和利益的体现，是党的主张和人民群众意志的统一，是具有普遍约束力的行为规范，一切组织和个人都必须遵守和执行。然而，它与其他法律相比，又有自身的基本特征。

作为国家的根本大法，宪法与其他法律相比，具有以下鲜明的法律特征：

1. 宪法的内容与其他法律不同。宪法所规定的内容是国家的根本任务、根本制度、公民的基本权利和义务、国家机构的组织与活动原则等国家和社会生活各方面最根本、最重要的问题。其他法律的内容则只规定国家生活和社会生活中某一方面或某几个方面的具体问题。

2. 宪法的法律效力与其他法律不同。宪法在一国的法律体系中具有最高的法律地位和法律效力；宪法是日常立法的基础，是制定其他法律的依据；一切法律都必须符合宪法的规定，且不得与宪法的原则相违背、与宪法的条文相抵触，凡与宪法相抵触的法律和其他规范性文件，均属无效，应予废止或修改；宪法确认公民的权利和义务，宪法是一切组织和个人的最高行为准则。

3. 宪法的制定和修改的程序与其他法律不同。宪法的制定和修改通常是由特定的机关依照特定的程序进行的。其他法律由立法机关制定。宪法的制定和修改通常须由立宪机关以全体成员的2/3以上或3/4以上多数通过，而其他法律的通过，则只需由立法机关的1/2以上多数的同意。

（二）准确理解宪法的本质

关于宪法的本质，可以从以下两个方面理解：

1. 宪法是公民权利的保障书。宪法的基本出发点在于保障公民的权利和自由，这种对公民的权利和自由的保障，是民主最直接的表现，是民主事实的必然结果。近代意义上的宪法是资产阶级革命

取得胜利，有了民主事实之后的产物，是资产阶级民主事实法律化的基本形式。社会主义宪法也是如此，是无产阶级民主制度的法律化。

2. 宪法是各种政治力量对比关系的集中体现。在制定或修改宪法的时候，统治阶级必须全面综合考察当时各种政治力量的对比关系，确定宪法的基本内容。在政治力量对比中，阶级力量的对比居于首要地位，宪法只能由掌握国家权力的统治阶级制定，并体现阶级斗争中各种力量的实际对比关系。

（三）深刻认识宪法的作用

宪法的作用亦称宪法的功能，是指宪法对国家机关、社会组织和公民个人的行为，以及社会现实生活的能动影响，是国家意志实现的具体表现。宪法的主要作用可以概括为确认和巩固作用、限制和规范作用、指引和协调作用、评价和宣传作用四大方面。

1. 确认和巩固作用。宪法是国家的根本大法，它确认了国家的政治、经济、文化和社会生活等各方面的基本制度，并将统治阶级在各方面的意志集中表现为国家意志，从而巩固统治阶级的地位。

在政治方面，宪法确认和巩固国家政权以及相应的政治制度和法律制度。

在经济方面，首先，宪法通过其本身规范来确认其赖以存在的经济基础，使特定的所有制转化为所有权，进而影响经济基础的发展；其次，通过宪法规定的国家的基本经济政策也影响到国家经济的发展。

在文化方面，宪法通过确认符合统治阶级利益的社会政治思想和道德意识，规定国家统治和社会进步所必需的科学、文化政策，从而为统治阶级实现统治职能提供思想文化基础。

2. 限制和规范作用。宪法是公民权利的保障书，对国家权力予以限制。近代宪法对权力的限制，主要是通过授权的形式实现的。宪法明确规定：各种权力机构是如何组成的，对这些机构赋予了什么职权，这些职权是如何行使的。这样，宪法就把国家机构的活动限制在一定范围和程度上。宪法对国家权力的规范作用，是指宪法通过规定国家权力运行的范围、方式和程序，使国家权力在宪法设定的轨道上有效地运行。任何国家权力都必须通过适当的形式才能实现，宪法则通过规定国家的政体、政权组织形式和国家结构形式等问题，使国家权力的运行和实现有着稳定的基础。

3. 指引和协调作用。宪法的指引作用是指宪法为人们的宪政行为提供导向作用。主要包括以下几个方面：

（1）指引的行为主体包括国家机关、公民与其他宪法主体的国家行为、公民行为和其他宪法行为；

（2）指引的范围涉及政治、经济、文化和法制等社会生活的各个方面；

（3）宪法的指引具有最高的法律效力，当然它离不开宪法司法化、司法审查等制度；

（4）宪法的指引贯穿着基本的民主精神。

宪法的协调作用体现为，宪法为政治危机的解决、公民权利的保障和国家权力的有效运行之间的冲突与矛盾提供了一种缓冲机制，使社会的发展在平稳的状态下进行，从而避免了社会冲突所带来的社会震荡。

4. 评价和宣传作用。宪法的评价作用具有鲜明的特色，主要体现在三个方面：其一，宪法评价具有广泛性。由于宪法关系的广泛性，国家和社会生活的各主要方面，都能在宪法中找到评价的依据和标准，而其他法律则不可能做到这一点。其二，宪法评价具有集中性。其三，宪法评价具有最高性。宪法是母法，具有最高的法律效力，我国的一切法律、法规都必须以宪法为依据，一切机关组织和公民个人都必须以宪法为根本的活动准则。

除此以外，宪法还具有宣传作用，它对于提高公民的思想意识，特别是公民意识和法律意识都具有极为重要的影响。

二、宪法的指导思想和基本原则

（一）我国现行宪法的指导思想

我国在制定、修改和实施宪法的过程中，逐步形成了具有中国特色的宪法指导思想，并在实践中不断发展。

坚持四项基本原则是我国宪法的指导思想。坚持共产党的领导，坚持人民民主专政，坚持社会主义道路，坚持马克思列宁主义、毛泽东思想，是中国人民在长期革命和建设中取得胜利的经验总结，是团结全国各族人民不断前进的共同政治基础。现行宪法在总结历史经验、分析现实状况的基础上，将四项基本原则作为一个整体写入宪法，成为宪法总的指导思想。

随着改革开放和社会主义现代化建设的纵深发展，现行宪法的指导思想也不断得到丰富和发展。1993 年 3 月 29 日，第八届全国人民代表大会第一次会议进行的第二次修宪，将建设有中国特色社会主义的理论和党的基本路线增加为宪法的指导思想，从而使修改后的现行宪法在指导思想上获得了新的发展。

1999 年 3 月 15 日，第九届全国人民代表大会第二次会议通过的宪法修正案，把邓小平理论与马克思列宁主义、毛泽东思想一起确立为指导我国社会主义现代化建设的理论基础，使其成为贯穿整个宪法的指导思想。将邓小平理论写入宪法，奠定了邓小平理论作为国家指导思想的宪法地位，从而使现行宪法在指导思想上又得到了进一步发展。

2004 年，第十届全国人民代表大会第二次会议通过的宪法修正案，又将“三个代表”重要思想作为国家的指导思想载入宪法之中，使之与马克思列宁主义、毛泽东思想、邓小平理论一起确立为国家的指导思想。这表明我国宪法的指导思想始终与时俱进。

（二）我国现行宪法的基本原则

宪法的基本原则是体现在制宪和宪法实施中要求国家机关必须遵循的原则，它是宪法精神的集中体现。我国现行宪法的基本原则主要有人民主权原则、基本人权原则、法治原则和权力制约原则。

1. 人民主权原则。主权是指国家的最高权力。人民主权是指国家中绝大多数人拥有国家的最高权力。人民主权原则之所以成为宪法的基本原则，是由于它首先解决了权力和权利这一宪法调整对象之间的关系。它回答了公共权力的来源及应当如何处理与人民之间关系的问题。《宪法》第 2 条第 1 款以根本法的形式确立了人民主权原则：“中华人民共和国的一切权力属于人民。”其中，人民代表大会制度是实现人民主权原则的主要形式。

2. 基本人权原则。人权是指作为一个人所应该享有的权利，在本质上属于应有权利和道德权利。基本人权原则是各国宪法的根本原则，借助于此项原则，公民宪法权利得以不断扩大。《宪法》在第 33 条第 3 款规定了基本人权原则：“国家尊重和保障人权。”此外，《宪法》第二章“公民的基本权利和义务”对公民的权利和自由作了比较全面的列举。

3. 法治原则。法治是相对于人治而言的政府治理形式，是指按照民主原则把国家事务法律化、制度化，并依法进行管理的一种方式。法治原则意味着政府和公民都要严格依照法律规定办事，以法律作为行为的基本准则，国家和政府权力来自于宪法和法律的授权，必须受到宪法和法律的限制。法治原则的基本要求，就是通过规范和限制政府权力，以保障公民权利。《宪法》第 5 条第 1 款规定了法治原则：“中华人民共和国实行依法治国，建设社会主义法治国家。”这是以根本法的形式确立了法治原则是宪法的基本原则。法治原则要求，国家机关应当严格依法办事，不得作出没有法律依据的行为，也不得拒绝履行法律所要求履行的行为。

4. 权力制约原则。权力制约原则指国家机关各权力之间相互监督、相互牵制、相互制约，以保障公民权利的原则。在资本主义国家的宪法中，权力制约原则主要表现为分权、制衡原则；在社会主义国家的宪法中，权力制约原则主要表现为监督原则。我国宪法规定，全国人民代表大会和地方各级人民代表大会都由民主选举产

生，对人民负责，受人民监督。国家行政机关、审判机关、检察机关都由人民代表大会产生，对它负责，受它监督。这是中国特色权力制约的主要形式。

第二节　国家基本制度

一、我国的国家性质

国家性质又称国体，是指社会各阶级在国家中的地位，它集中表现为一个阶级对另一个阶级的专政，也体现统治阶级内部领导者与被领导者的关系。国家性质是国家制度的核心。

（一）人民民主专政是我国的国家性质

我国《宪法》第1条第1款规定：“中华人民共和国是工人阶级领导的、以工农联盟为基础的人民民主专政的社会主义国家。”宪法在序言中还指出：“工人阶级领导的、以工农联盟为基础的人民民主专政，实质上即无产阶级专政，得到巩固和发展。”宪法对人民民主专政的表述，符合我国国情，表明了我国的阶级状况和国家政权的广泛基础，体现了我国国家政权的民主性质。

人民民主专政是对人民的民主。工人阶级是人民民主专政的领导力量；工农联盟是人民民主专政的基础；知识分子同工人、农民一样，是人民民主专政的主要依靠力量。

此外，在国家性质上，我国还存在着一个广泛的爱国统一战线，它表明我国人民民主专政的阶级基础十分广泛。现阶段的爱国统一战线，正如宪法序言指出的，是由中国共产党领导的，由各民主党派和各人民团体参加的，包括全体社会主义劳动者、社会主义事业的建设者，拥护社会主义的爱国者和拥护祖国统一的爱国者的广泛的统一战线。

（二）我国人民民主专政的基本特征

我国人民民主专政具有以下几个方面的基本特征：

1. 我国的人民民主专政是民主与专政的结合。首先，对人民实行民主。人民依照法律规定，通过各种途径和形式，管理国家事务，管理经济和文化事业，管理社会事务；公民享有广泛的权利和自由。

其次，对敌人实行专政。依照宪法和法律，镇压叛国和其他反革命的活动，打击经济领域和其他领域蓄意破坏和推翻社会主义制度的严重犯罪分子，都属于国家的专政职能。此外，武装力量在巩固国防，抵抗侵略，保卫祖国，保卫人民等方面也承担重要的职责。

2. 工人阶级的领导是人民民主专政的根本标志。人民民主专政之所以要由工人阶级领导，这是由工人阶级的特点、优点和担负着的伟大历史使命共同决定的。工人阶级是社会先进生产力的代表，它最有远见，大公无私，最富有革命的彻底性，最具有革命的组织性和纪律性。因此，工人阶级是最先进的阶级，只有工人阶级才能担负起消灭剥削，消灭阶级，解放全人类，最终实现共产主义的历史使命。

工人阶级的领导是通过自己的政党——中国共产党实现的。中国共产党是中国工人阶级的先锋队，是中国人民和中华民族的先锋队，是马克思列宁主义、毛泽东思想、邓小平理论和“三个代表”重要思想武装起来的党，是社会先进生产力的代表、人类先进文化的代表、人民群众根本利益的代表。我国工人阶级只有在中国共产党的领导下，才能认识自己的伟大历史使命，才能作为一个阶级组成强大的革命力量，去夺取革命和建设的胜利。

3. 工人阶级领导下的工农联盟是人民民主专政的阶级基础。工人阶级和农民阶级都是劳动者阶级，这两个阶级约占我国人口总数的90%以上，是我国革命和建设的基本力量。农民阶级始终是工人阶级的天然同盟军。工人阶级只有得到广大农民的积极支持和参与，才能彻底实现自己的历史使命；广大农民也只有在工人阶级的领导下，才能求得自己的翻身解放，成为国家的主人，走上社会

主义道路，直至实现共产主义。

4. 爱国统一战线是人民民主专政的重要特征。爱国统一战线是我国人民民主专政国家政权的重大特征之一。在中国不同的革命历史时期，统一战线的性质是变化、发展着的。在现阶段，爱国统一战线是中国共产党领导的，由各民主党派和各人民团体参加的，包括全体社会主义劳动者、社会主义事业的建设者、拥护社会主义和祖国统一的爱国者的广泛的联盟。它包括两个范围的联盟：一个是由祖国大陆范围内全体劳动者、社会主义事业的建设者、拥护社会主义的爱国者组成的，以社会主义为政治基础的联盟；另一个是广泛团结台湾同胞、港澳同胞、海外侨胞，以拥护祖国统一为政治基础的联盟。统一战线在我国的新民主主义革命时期和社会主义革命与建设时期都发挥了巨大作用，在改革开放和社会主义现代化建设的新的历史时期，统一战线将一如既往地发挥更大的作用。

（三）我国的多党合作与政治协商制度

中国共产党领导的多党合作和政治协商制度是我国的一项基本政治制度。同其他国家的政治制度相比，它是我国政治制度的特点和优点，是一种符合中国国情的社会主义政党制度，将长期存在和发展下去。这一制度包括如下内容：中国共产党是中国社会主义的领导核心，是执政党；各民主党派是各自所联系的社会主义劳动者和爱国者的政治联盟，是接受中国共产党领导的，同中国共产党通力合作，共同致力于社会主义事业的亲密友党，是参政党；坚持四项基本原则，是中国共产党同各民主党派合作的政治基础；“长期共存、互相监督、肝胆相照、荣辱与共”是中国共产党与各民主党派合作的基本方针；以参政议政和互相监督作为多党合作的主要内容；以坚持社会主义初级阶段的基本路线，把我国建设成为富强、民主、文明的社会主义现代化国家和统一祖国、振兴中华为中国共产党和各民主党派的共同目标；以宪法为多党合作的根本活动准则。

目前，由中国共产党领导的多党合作和政治协商制度的形式主

要有以下几种：一是中国共产党与民主党派政治协商，主要采取民主协商会、谈心会、座谈会以及就重大问题向中共中央提出书面政策性建议和约请中共中央负责人交谈等方式。二是民主党派成员或无党派人士在国家权力机关参政议政和进行民主监督。三是民主党派成员和无党派人士担任各级政府及司法机关领导职务。四是通过中国人民政治协商会议发挥各民主党派的作用。

二、我国的政权组织形式

政权组织形式也称政体，是指特定社会的统治阶级采取何种原则和方式去组织旨在反对敌人、保护自己、治理社会的政权机关。政权组织形式与国家性质密切相关，两者是形式与内容的关系。这意味着，有什么性质的国家，就必然有与之相适应的政权组织形式；同时，政权组织形式反映并积极作用于国家性质。

（一）我国的政权组织形式是人民代表大会制度

人民代表大会制度是我国的根本政治制度，是我国人民在长期的革命斗争实践中创建的国家政权组织形式，是我国人民在中国共产党的领导下，贯彻民主集中制的基本表现。

我国《宪法》第2条第1款和第2款规定，中华人民共和国的一切权力属于人民。人民行使国家权力的机关是全国人民代表大会和地方各级人民代表大会。

人民代表大会制度的具体含义是：国家的一切权力属于人民；人民民主选举产生人民代表组成各级人民代表大会作为人民行使权力的机关；其他国家机关由人民代表大会产生，受它监督，向它负责；人大常委会向本级人民代表大会负责，人民代表大会向人民负责。

人民代表大会制度最直接地反映了我国国家的阶级本质，更全面地体现了社会各阶级、阶层和民族在国家生活中的地位。它是由人民革命直接创造出来的，一经产生就成为其他法律和制度赖以产生的基础；这一制度反映了我国政治生活的全貌，体现了我国政治

力量的源泉。

（二）人民代表大会制度的优越性

新中国成立60多年来，特别是改革开放的30多年来，我国的人民代表大会制度不断得到巩固和完善，体现了其作为我国的根本政治制度的优越性。

1．人民代表大会制度加强和改善了中国共产党对国家事务的领导。人民代表大会通过充分发扬民主，依照法定程序，把党的主张和人民意志统一起来；人大及其常委会根据中国共产党制定的大政方针和提出的立法建议，经过法定程序制定法律、地方性法规，作出决定，使党的主张成为国家意志；按照党组织推荐的干部人选，经过法定程序使其成为国家机关领导人员，并对他们进行监督；国家权力机关围绕党和国家工作大局，依法对“一府两院”的工作进行监督，促进行政机关依法行政、司法机关公正司法，从制度上保证党的路线、方针、政策和重大决策得到贯彻实施。

2．人民代表大会制度有利于保障人民当家做主。人民代表大会制度便于人民参加国家管理。人民代表大会制度将国家权力的所有者（人民）与国家权力的运用高度地结合起来。我国各级人民代表大会由民主选举的代表组成，人大代表来自各民族、各党派、各人民团体、各阶层、各地区，具有广泛的代表性。同时，国家保证人民依法实行民主选举、民主决策、民主管理、民主监督，保证人民依法管理国家事务和社会事务、经济和文化事业，保证人民享有宪法和法律规定的广泛的民主、权利和自由。

3．人民代表大会制度有利于保证国家机关协调高效运转。人民代表大会制度便于中央的集中领导和充分发挥地方的主动性和积极性。中央和地方之间的关系是一个宪法问题，也是人民代表大会制度中的一个重要问题。人民代表大会制度将中央和地方衔接起来，使之成为一种良性的、互动的机制。在人民代表大会统一行使国家权力的前提下，明确划分了国家的行政权、审判权、检察权。国家机关这种合理分工，体现了民主和效率的统一，使国家的各项工作协调一致地进行。

4. 人民代表大会制度有利于维护国家统一和民族团结。我国是统一的多民族国家。我国的人民代表大会制度在组织、运作以及其他各方面充分考虑到各民族情况，便于少数民族参加国家事务的管理。

（三）人民代表大会制度的核心是选举制度

人民代表大会制度的核心是选举制度。所谓选举制度，是指选举国家代表机关代表和国家公职人员的制度总和，包括选举的组织、程序和方法等。

我国的选举采用直接选举与间接选举相结合的方式。不设区的市、市辖区、县、自治县、乡、民族乡、镇的人民代表大会代表，由选民直接选出；全国人民代表大会代表，省、自治区、直辖市、设区的市、自治州的人民代表大会代表，由下一级人民代表大会选出。

我国的选举采用无记名的秘密投票制度，使选民不受外力的影响，完全按照自己的意愿选出自己认为合适的人选。

我国的选举制度体现出充分的民主性，具体表现在以下几点：一是选举权的普遍性。凡年满18周岁的中华人民共和国公民，除依法被剥夺政治权利的人以外，不分民族、种族、性别、职业、家庭出身、宗教信仰、教育程度、财产状况和居住期限，都享有选举权和被选举权。二是选举权的平等性，每个选民在每次选举中只能在一个地方享有一个投票权。但是，我国着重于实质上的平等，而不单纯是形式上的规定。各级人大代表的名额都以一定的人口数为基础，但城乡每一代表所代表的人口比例却不相同。三是直接选举和间接选举并存。不设区的市、市辖区、县、自治县、乡、民族乡、镇的人大代表，由选民直接选出；全国人大代表，省、自治区、直辖市、设区的市、自治州的人大代表，由下一级人大选出。四是秘密投票，采用无记名投票的方法。选民如果是文盲或者因残疾不能写选票的，可以委托他信任的人代写。

此外，全国和地方各级人大的代表，受选民和原选举单位的监督。选民或者选举单位都有权罢免自己选出的代表。

三、我国的国家结构形式

国家结构形式与政体同属国家形式，是国家制度的重要内容之一。它是指国家整体和部分之间、中央和地方之间的相互关系。国家结构形式所要解决的问题，就是统治阶级对国家领土如何划分及如何处理国家整体和组成部分之间的关系，关键在于中央和地方或组成部分之间的权限划分问题。

（一）我国是统一的多民族国家

国家结构形式，是指国家整体与其组成部分之间、中央政权与地方政权之间的相互关系。我国是单一制国家。所谓单一制，是指国家由若干普通行政单位或者自治单位、特别行政区等组成，各组成单位都是国家不可分割的一部分。单一制的基本标志是：全国只有一部宪法，只有一个中央国家机关体系；每个公民只有一个统一的国籍；各行政单位和自治单位所拥有的权力通常由中央以法律形式授予；国家整体是代表国家进行国际交往的唯一主体。

我国宪法表明：中华人民共和国是统一的多民族国家。我国实行单一制国家的结构形式，其主要理由是：第一，我国拥有长期实行单一制的历史传统。第二，我国的民族分布广、民族成分复杂。第三，我国具有融洽的民族关系。实行单一制国家的独立和统一，有利于国家的发展和社会主义建设，有利于各民族的共同繁荣和发展。我国是统一的多民族国家，所以在国家结构上采取在单一制国家中建立民族区域自治制度和特别行政区制度的形式。在我国，在中央政府领导下既有一般地方行政区域，又有民族自治地方和特别行政区域。

（二）我国的行政区划

行政区划，是指按照经济发展和行政管理的需要，将全国的领土划分为若干不同层次的区域，并设立相应的政权机关。我国作为社会主义国家，为了实现民族平等和民族团结、便于人民群众参加国家管理、有利于经济的发展及社会主义现代化建设，在划分行政区域时，一般坚持下列几项基本原则：一是有利于经济发展的原则；二是有利于民族团结的原则；三是便于管理的原则；四是照顾自然条件和历史状况的原则。

根据宪法的规定，我国的行政区域划分如下：全国分为省、自治区、直辖市；省、自治区分为自治州、县、自治县、市；县、自治县分为乡、民族乡、镇；直辖市和较大的市分为区、县；自治州分为县、自治县、市。我国现有23个省、5个自治区、4个直辖市和2个特别行政区。

（三）我国的民族区域自治

民族区域自治制度，是指在国家的统一领导下，以少数民族聚居区为基础，建立相应的自治地方，设立自治机关，行使自治权，实行区域自治的民族人民自主管理本民族内部事务的制度。我国采用民族区域自治的办法解决民族问题，是根据本国的历史发展、文化特点、民族关系和民族分布等具体情况作出的制度安排，符合各民族人民的共同利益和发展要求。《宪法》和《中华人民共和国民族区域自治法》（以下简称《民族区域自治法》）对民族区域自治及其实施作出明确规定。

民族区域自治制度是中国的一项基本政治制度。这一制度的主要内容包括：

1. 各民族自治地方都是中华人民共和国不可分离的部分，各民族自治地方的自治机关，都是中央统一领导下的地方政权机关。

2. 民族区域自治必须以少数民族聚居区为基础，是民族自治与区域自治的结合。

3. 在民族自治地方，设立自治机关。民族自治机关，是指该自治地方的人民代表大会和人民政府。

4. 民族自治机关除行使宪法规定的地方国家政权机关的职权外，还可以依法行使广泛的自治权。

我国的民族自治地方分为自治区、自治州、自治县三级。中华人民共和国成立之前的1947年，在中国共产党领导下，已经解放的中国蒙古族聚居地区就建立了中国第一个省级民族自治地方——内蒙古自治区。新中国成立后，中国政府开始在少数民族聚居的地方全面推行民族区域自治。1955年10月，新疆维吾尔自治区成立；1958年3月，广西壮族自治区成立；1958年10月，宁夏回族自治区成立；1965年9月，西藏自治区成立。目前，中国共建立了155个民族自治地方，其中包括5个自治区、30个自治州、120个自治县（旗）。

民族区域自治机关行使广泛的自治权。依据《宪法》和《民族区域自治法》的规定，民族自治地方的自治机关，是自治区、自治州、自治县的人民代表大会和人民政府，它们在行使同级地方国家机关职权的同时，拥有自治权。

一是自主管理权。自主管理本民族、本地区的内部事务。中国155个民族自治地方的人民代表大会常务委员会中都有实行区域自治的民族的公民担任主任或副主任，自治区主席、自治州州长、自治县县长则全部由实行区域自治的民族的公民担任。

二是立法自治权。享有制定自治条例和单行条例的权力。

三是自主使用和发展本民族语言文字权。目前，中国有22个少数民族使用28种本民族文字。

四是尊重和保护少数民族宗教信仰自由权。西藏自治区共有1700多处藏传佛教活动场所，住寺僧尼约4.6万人；新疆维吾尔自治区共有清真寺约2.39万座，教职人员约2.7万人。

五是自主安排、管理和发展经济、文化权。民族自治地方还有权保持或者改革本民族风俗习惯，自主安排、管理和发展本地方经济建设事业，自主管理地方财政，自主发展教育、科技、文化、卫生、体育等社会事业。

（四）我国的特别行政区

所谓特别行政区，是指在我国版图内，根据我国宪法和法律的规定所设立的具有特殊的法律地位，实行特别的政治、经济制度的行政区域。《宪法》第31条规定："国家在必要时得设立特别行政区。在特别行政区内实行的制度按照具体情况由全国人民代表大会以法律规定。"特别行政区是我国"一国两制"构想在宪法上的体现，是考虑到香港、澳门、台湾问题而设立的。特别行政区与一般行政区相比，有许多共同的地方，主要表现在两个方面：一是它们都是中华人民共和国不可分离的一部分，是我国地方制度的有机组成部分；二是特别行政区是中华人民共和国的一级地方行政区，直辖于中央人民政府。此外，特别行政区又有其特殊性，主要表现在四个方面：一是特别行政区实行高度自治，享有行政管理权、立法权、独立的司法权和终审权；二是特别行政区不实行社会主义制度和政策，保持原有资本主义制度和生活方式50年不变；三是特别行政区的行政机关和立法机关由该区永久性居民依照基本法的有关规定组成；四是特别行政区原有的法律基本不变。

四、我国的基本经济制度

（一）我国的基本经济制度

经济制度是一个国家通过宪法和法律规定的各种生产资料所有制以及它们所构成的经济成分，国家对各种经济成分的基本政策与管理国民经济的原则等方面的制度的总和。经济制度的核心内容是生产资料的所有制形式，它决定一个国家的政权性质，是一国政治、经济、文化发展的物质基础。

《宪法》第6条第1款规定："中华人民共和国的社会主义经济制度的基础是生产资料的社会主义公有制，即全民所有制和劳动群众集体所有制……"1999年第九届全国人民代表大会第二次会议通过的宪法修正案又确定："国家在社会主义初级阶段，坚持公有制为主体、多种所有制经济共同发展的基本经济制度……"

1. 我国社会主义经济制度的基础是生产资料的公有制。《宪法》第6条第1款规定，中华人民共和国的社会主义经济制度的基础是

生产资料的社会主义公有制，即全民所有制和劳动群众集体所有制。

全民所有制经济，是生产资料和劳动成果归全体人民共同占有的一种公有制形式。它是国民经济中的主导力量。

集体所有制，是指集体经济组织内的劳动者共同占有生产资料的一种公有制形式。国家对集体所有制经济进行鼓励、指导和帮助。

2. 多种所有制经济共同发展。由于我国尚处于社会主义初级阶段，经济、文化和生产力水平还比较低，所以在坚持以社会主义公有制经济为主体的前提下，还将允许非公有制经济的存在和发展。2004 年第十届全国人民代表大会第二次会议通过的宪法修正案规定："国家保护个体经济、私营经济等非公有制经济的合法的权利和权益。国家鼓励、支持和引导非公有制经济的发展，并对非公有制经济依法实行监督和管理。" 在我国，目前非公有制经济主要有以下几种形式：

一是个体经济。它是由城乡个体劳动者占有少量生产资料和产品，以自己从事劳动为基础的一种经济形式。国家保护个体劳动者合法的权利和利益。国家鼓励、支持和引导个体经济的发展，并对个体经济依法实行监督和管理。

二是私营经济。它是在法律规定范围内生产资料属于私人所有，并存在雇佣劳动关系的一种经济形式。国家保护私营经济的合法的权利和利益。国家鼓励、支持和引导私营经济的发展，并对私营经济依法实行监督和管理。

三是中外合资经营、合作经营和外商独资企业。这几种经济形式是我国实行对外开放后出现的新的经济形式，是我国社会主义市场经济的重要组成部分。

(二) 我国的分配制度

分配制度直接关系着广大人民的切身利益，因而它必然是我国经济制度的重要组成部分。我国是工人阶级领导的、以工农联盟为基础的社会主义国家，社会主义公有制经济是我国经济制度的基础。因此，必须实行按劳分配的分配制度。宪法规定，按劳分配是我国社会主义分配制度的主要形式，同时也允许与非公有制经济相适应的其他分配方式的存在。

1. 坚持按劳分配为主体。除按劳分配之外，存在着可能的分配形式至少有以下三种：

（1）按资分配，即资本所有者凭借其资本所有权参与他人劳动成果的分配；

（2）按经营收入分配，即按商品生产者和经营者在一定时期内生产和经营的最终收益量来分配；

（3）按社会保障原则分配，即国家、企业和社会为保障社会公平和保障各部门、各地区和各行业的协调发展而实行的分配。

2. 允许多种分配形式并存。我国处于社会主义初级阶段，经济制度是在公有制为主体的条件下多种所有制经济共同发展。随着公有制实现形式的多样化，个体、私营等非公有制经济的发展，以及各种所有制经济相互混合，在分配制度方面必然形成以按劳分配为主体、多种分配形式并存的局面。实行以按劳分配为主体，多种分配形式并存的原则，符合我国社会主义初级阶段的生产力发展状况，有利于调动各方面的积极性，促进社会主义市场经济的发展，巩固和发展社会主义经济制度。

第三节　公民的基本权利和义务

一、公民的基本权利和义务概述

（一）公民的基本权利和义务的含义

公民是一个法律概念，指的是具有一国国籍，并根据该国宪法和法律规定享有权利、承担义务的人。我国宪法规定，凡是具有中华人民共和国国籍的人都是我国公民。

国民与公民的含义相同，只是不同国家或同一国家不同时期的使用习惯不同而已。

人民是相对于敌人而言的政治概念，同公民是有区别的。

公民的基本权利与义务，是宪法的主要内容之一。所谓公民的基本权利与义务，是指公民的最基本的、最主要的、必不可少的权利和义务，它是公民其他权利与义务产生的前提。

公民在国家中的地位和相互关系，反映在法律上，就是公民依照法律享有权利并履行义务。公民的基本权利是指由宪法规定的、为保障公民基本人权而必须享有的平等、政治、人身、社会经济文化等方面的权利。公民的基本义务是指由宪法规定的为保障一个有序的社会而必须由公民履行的最主要的义务。

公民依照宪法和法律的规定，可作或不作某种行为，也可要求他人作或不作某种行为，这就是公民的权利。公民按照宪法和法律规定，必须履行某种责任，如果公民不履行这种责任，国家就要强制履行，情节严重的还要受到法律的制裁，这就是公民的义务。公民的权利和义务很多，不可能都由宪法予以规范。宪法所规定的只是公民享有和履行的最主要的权利和义务，即公民的基本权利和义务。它是公民根本的活动准则，也是国家制定有关法律、法规的依据。

（二）我国公民的基本权利和义务的特点

根据宪法，我国公民的基本权利和义务具有以下特点：

1. 公民权利的广泛性。我国公民的权利十分广泛。首先，享有权利主体非常广泛。全国人口绝大多数的工人、农民、知识分子、拥护社会主义的爱国者和拥护祖国统一的爱国者，都是享受权利的主体。其次，公民权利的范围十分广泛。除《宪法》第二章列举的公民享有政治、经济、文化、宗教和人身自由的权利外，在总纲和国家机构中还确认了公民在其他方面的权利和自由，如保护公民个人的合法财产权、继承权、民主管理权等。

2. 公民权利的现实性。宪法在确认公民的基本权利和义务时，从我国的实际出发，充分考虑到现阶段我国政治、经济、文化发展的实际水平，来确认权利的范围、内容。同时，宪法所规定的公民享有的权利是有法律保障和物质保障的，从而使宪法规定的公民的

基本权利得以实现。

3. 公民权利和义务具有平等性。我国公民平等享有宪法规定的权利，同时，又平等履行宪法规定的义务。公民在享有权利和适用法律上都一律平等。国家机关在适用法律上一律平等。国家不允许任何组织和个人享有宪法和法律之上的特权。

4. 公民权利和义务具有一致性。公民享有权利就必须履行义务；公民履行义务才能享有权利，任何公民享有宪法和法律规定的权利，同时必须履行宪法和法律规定的义务。某些权利和义务是相互结合的，如劳动和受教育，既是公民的权利，又是公民的义务。权利和义务是相互促进的。

二、我国公民的基本权利与基本义务

（一）我国公民的基本权利

按照宪法规定，我国公民享有以下基本权利：

1. 平等权。平等权，是指公民平等地享有权利，不受任何差别对待，要求国家同等保护的权利。平等权即公民在法律面前一律平等。平等权是我国宪法规定的一项基本权利，是权利主体参与社会生活的前提与基本条件。它包含三个方面的内容：

（1）任何公民都平等地享有宪法和法律规定的权利，同时平等地履行法定义务；

（2）国家机关在适用法律时，对于任何人的保护或惩罚都是平等的；

（3）任何组织或个人都不得有超越宪法和法律的特权。

2. 政治权利和自由。政治权利和自由，是指公民作为国家政治主体而依法享有的参加国家政治生活的权利和自由。公民有言论、出版、集会、结社、游行、示威的自由。公民的政治权利和自由包括：

（1）选举权和被选举权；

（2）言论、出版、集会、结社、游行、示威的自由；

（3）监督权，即公民享有批评权、建议权、申诉权、控告权、检举权和取得赔偿权。

3. 人身自由和宗教信仰自由。人身自由，是指公民个人在符合国家法律要求的范围内，有一切举止行动的自由。公民的人身自由包括：

（1）公民的人身自由不受侵犯；

（2）公民的人格尊严不受侵犯；

（3）公民的住宅不受侵犯；

（4）公民的通信自由和通信秘密受法律保护。

公民的宗教信仰自由，是指公民既有信教的自由，也有不信教的自由；有信仰此种宗教或彼种宗教的自由，也有在同一宗教中信仰此种教派或彼种教派的自由等。

4. 社会经济文化权利。社会经济权利，是指公民依照宪法规定享有的经济物质利益的权利，是公民实现其他权利的物质保障。文化教育权利是公民依照宪法规定，在教育和文化领域享有的权利。公民的社会经济文化权利包括：劳动权，休息权，退休人员的社会保障权，取得物质帮助权，受教育权，科研、文艺创作和其他文化活动的自由权。

5. 特定公民的权利。我国宪法除了对一切公民所应普遍享有的权利和自由作出了全面的规定外，还对具有特定情况的公民设置专条，给予特殊保护。特定公民的权利包括：对妇女权益的特别保护，对婚姻、家庭、老人、儿童的特别保护，对华侨的正当利益的特别保护。

（二）我国公民的基本义务

我国公民的基本义务主要有以下几个方面：

1. 维护国家统一和各民族团结。国家统一和各民族团结是我国社会主义革命和建设取得胜利的根本保证，也是推进改革开放、建设有中国特色社会主义的根本前提。因此，全体公民必须自觉维护国家的统一和各民族的团结，坚决反对任何分裂国家和破坏民族团结的行为。

2. 遵纪守法和尊重社会公德。我国的宪法和法律是全国各族人民意志和利益的集中体现，是保护人民、打击敌人，促进社会主义现代化建设顺利发展的重要工具。因此，遵纪守法也即维护宪法和法律的尊严是每个公民对国家和社会应尽的神圣职责。尊重社会公德方面，国家秘密关系到国家的安全和利益，因而严守国家秘密是关系国家安危的大事。公共财产是巩固国家政权、使国家日益繁荣富强的物质基础，因而所有公民都必须爱惜和维护国家和集体的财产。公民遵守劳动纪律，对于保证社会化大生产的正常进行，提高劳动效率，保护劳动者的安全生产具有重要意义。公共秩序和社会公德也是保证人民正常生活和工作、谋求社会正常运行的重要条件。因此，遵守公共秩序和尊重社会公德是公民的基本义务。对于破坏公共秩序，扰乱社会治安的行为，尚不构成犯罪的，要依照治安管理处罚法的规定进行处罚。

3. 维护祖国的安全、荣誉和利益。《宪法》第54条规定："中华人民共和国公民有维护祖国的安全、荣誉和利益的义务，不得有危害祖国的安全、荣誉和利益的行为。"祖国的安全、荣誉和利益与每一个公民都休戚相关，任何公民都不得为了私利或小集团的利益而危害国家的安全、荣誉和利益，这是我们每个公民的神圣职责。

4. 保卫祖国，依法服兵役和参加民兵组织。保卫祖国，抵抗侵略，依法服兵役和参加民兵组织，这是维护国家独立和安全的需要，是保卫社会主义现代化建设、保卫人民的幸福生活所必需的，所以每一个公民都必须自觉地依法履行这一义务和职责。

《中华人民共和国兵役法》和《中华人民共和国国防法》对某些人不能或暂缓服兵役的情况作了一些具体规定：一是不得服兵役，依法被剥夺政治权利终身的人不得服兵役；二是不征集服兵役，主要是犯罪嫌疑人、被告人和已决犯；三是缓征，主要是针对维持家庭生活的唯一劳动力和在校学生。

5. 依法纳税。公民依法纳税，对于增加国家财政收入，保证

国家经济建设资金的需要，对于改善和提高人民生活均有重要意义。根据宪法规定的这一精神，国家制定和实施各种税收法规和政策，每个公民都应自觉遵守和执行这些税收法规和政策。偷税、漏税是违法的，国家要依法追究其法律责任，以维护国家的利益。

6. 其他义务。除上述义务外，宪法还规定了公民有受教育的义务、劳动的义务、夫妻双方有实行计划生育的义务、父母有抚养教育未成年子女的义务以及成年子女有赡养扶助父母的义务等内容。

《宪法》第51条规定："中华人民共和国公民在行使自由和权利的时候，不得损害国家的、社会的、集体的利益和其他公民的合法的自由和权利。"这一规定表明，任何自由和权利都是有限制的。公民应当正确地行使自己的权利和自由，不得对其加以滥用。

第四节　国家机构

一、国家机构的性质与组织活动原则

（一）国家机构的含义与性质

国家机构，是指统治阶级为了实现国家职能而建立起来的互有联系的国家机关的总和。国家机构的性质是由国家的性质决定的。国家有剥削阶级专政的国家和无产阶级专政的国家之别，与此相适应也就有剥削阶级国家机构和社会主义国家机构之分。我国是工人阶级领导的、以工农联盟为基础的人民民主专政的社会主义国家。因此，我国的国家机构必然是社会主义性质的，必然是实现人民民主专政和建设中国特色社会主义的有力工具。

国家机构是国家权力的载体和体现。我国宪法规定，我国的国家机构实行民主集中制原则、法治原则、责任制原则、联系群众为人民服务原则、精简和效率原则。我国的中央国家机构包括全国人民代表大会、国务院等。

（二）我国国家机构组织活动的原则

由于各国政治体制不同，其国家机构组织活动的原则也就不同。在资本主义国家，一般坚持分权制衡的原则。同时在联邦制国家，联邦主义是其纵向国家机构的组织原则。我国是社会主义国家，实行的是中国特色的国家机构组织活动原则。

1．民主集中制原则。民中集中制原则是我国国家机构根本的组织和活动原则。民主集中制原则是党的政治原则和组织原则在国家制度上的体现。我国宪法规定，我国国家机构实行民主集中制的原则。

民主集中制原则的具体表现是：全国人民代表大会和地方各级人民代表大会都由民主选举产生，对人民负责，受人民监督；国家行政机关、审判机关、检察机关都由人民代表大会产生，对它负责，受它监督；中央和地方的国家机构职权的划分，遵循在中央的统一领导下，充分发挥地方的主动性、积极性的原则。

2．责任制原则。责任制原则是指国家机关及其工作人员行使职权和履行职务均应对其后果负责的制度。责任制原则是我国国家机关活动的普遍原则。国家机关和它的工作人员行使职权、履行职权，均应对其后果负责。根据宪法和有关组织法的规定，人民代表大会要对人民负责，人民代表大会常务委员会要对人民代表大会负责；行政机关、审判机关、检察机关都要对人民代表大会及其常务委员会负责并报告工作；在行政机关、审判机关、检察机关中，下级机关要对上级机关负责，地方机关要对中央机关负责并报告工作。这些机关内部也有各自的责任制。

3．社会主义法制原则。社会主义法制原则是国家机构组织和活动最重要的基本原则之一。我国国家机构是按照宪法和法律的规定建立起来的，它们必须执行、遵守宪法和法律，必须依法办事。只有这样，才能达到依法治国、建设社会主义法治国家的要求。任何国家机关及其工作人员违反宪法和法律，都要承担法律责任，受到法律的追究。

4．精简和效率的原则。精简和效率的原则指国家机关及其工

作人员的设置必须依法确定限额，定员定岗，职责明确，层次清楚，精兵简政；处理国家事务时能够及时、正确、妥善、低成本和具有活力。任何现代国家的国家机构在实现其政治统治和社会管理的职能时，都要求尽可能节约财政开支，减轻社会负担，勤政廉政，克服官僚主义。《宪法》第 27 条第 1 款规定："一切国家机关实行精简的原则，实行工作责任制，实行工作人员的培训和考核制度，不断提高工作质量和工作效率，反对官僚主义。"

5. 联系群众，为人民服务的原则。为人民服务原则是指国家机关及其工作人员应从人民群众的利益出发，树立群众观点，坚持群众路线，做好人民的公仆，努力为人民服务。《宪法》第 27 条规定了这一原则。依靠人民群众，联系人民群众，接受人民群众的监督，为人民服务，对人民负责，是国家机构组织和活动的重要原则和根本宗旨。一切国家机关及其工作人员必须依靠人民群众，经常保持同人民的密切联系，倾听人民的意见和建议，接受人民监督，努力为人民服务。

二、我国国家机构的体系

（一）中央国家机关

根据宪法的规定，我国的中央国家机关主要包括以下几个组成部分。

1. 全国人民代表大会及其常务委员会。全国人民代表大会是全国人民行使国家权力的最高机关，又是行使国家立法权的机关。全国人民代表大会由省、自治区、直辖市的人民代表大会和军队选出的代表组成。

全国人民代表大会行使国家立法权，监督宪法的实施，选举、决定和罢免中央国家机关领导人，决定国家重大问题。

全国人民代表大会常务委员会是全国人民代表大会的常设机关，是全国人民代表大会闭会期间经常行使国家权力机关，也是行使国家立法权的机关。全国人民代表大会常务委员会受全国人民代

表大会的领导和监督，对全国人民代表大会负责并报告工作。全国人民代表大会常务委员会可以制定应当由全国人民代表大会制定的基本法律以外的其他法律，解释宪法和法律，决定、任免国家机关工作人员，决定或规定国家生活中的重要事项。

2. 中华人民共和国主席。中华人民共和国主席是中华人民共和国的代表，由全国人民代表大会选举产生，根据全国人民代表大会及其常务委员会的决定行使国家元首的职权。根据宪法规定，有选举权和被选举权且年满 45 周岁的我国公民，可以当选为国家主席、副主席。国家主席、副主席每届任期 5 年，连续任职不得超过两届。国家主席的职权包括公布法律，发布命令，提名国务院总理人选，根据最高国家权力机关的决定任免政府领导人员，授予国家的勋章和荣誉称号，发布特赦令，宣布进入紧急状态，发布动员令等。中华人民共和国主席代表中华人民共和国进行国事活动，接待外国使节，根据全国人民代表大会常务委员会的决定，派遣和召回驻外全权代表；批准和废除同外国缔结的条约和重要协定。

3. 国务院。国务院即中央人民政府，是最高国家权力机关的执行机关，是最高国家行政机关。国务院对全国人民代表大会负责并报告工作；在全国人民代表大会闭会期间，对全国人大常委会负责并报告工作。

根据宪法规定，国务院实行总理负责制。总理负责制也就是首长负责制，它的含义是国务院总理在领导国务院工作中处于主导地位，对国务院工作负全部责任，并有完全的决定权。

4. 中央军事委员会 。中华人民共和国中央军事委员会领导全国武装力量。中央军委由主席、副主席若干人、委员若干人组成。中央军委主席由全国人民代表大会选举产生。副主席和委员的人选，根据中央军委主席的提名，由全国人民代表大会或者全国人民代表大会常务委员会决定。

（二）地方国家机关

根据宪法的规定，地方国家机关有以下几个组成部分：

1. 地方各级人民代表大会。地方各级人民代表大会是地方国家权力机关。地方各级人民代表大会的职权包括保证宪法、法律、行政法规和上级人民代表大会及其常务委员会决议的遵守和执行，决定重大的地方性国家事务，选举和罢免本级国家机关的负责人，行使对本级人民代表大会常务委员会、人民政府、人民法院和人民检察院的监督权，在职权范围内通过和发布决议，省、自治区、直辖市和较大的市人民代表大会可以制定和颁布地方性法规等。

2. 地方各级人民政府。地方各级人民政府是地方各级人大的执行机关，是地方各级国家行政机关，都是国务院统一领导下的国家行政机关。地方各级政府执行本级人大及其常务委员会的决议，以及上级国家行政机关的决定和命令，同时享有广泛的行政权力。

3. 民族自治地方的自治机关。自治机关包括自治地方（自治区、自治州、自治县）的人民代表大会和人民政府。自治机关的职权有：条例制定以及变通执行上级决定的权力，维持治安权，经济管理自主权和优先发展经济权，财政收入自主权，其他自治权。

（三）司法机关

根据宪法的规定，我国的司法机关主要有以下几个组成部分：

1. 人民法院。人民法院是我国的审判机关。中华人民共和国设立最高人民法院、地方各级人民法院和军事法院等专门人民法院。各省、自治区、直辖市设有高级人民法院，以下为中级人民法院和基层人民法院。人民法院审理案件，除法律规定的特别情况外，一律公开进行。被告人有权获得辩护。人民法院依照法律规定独立行使审判权，不受行政机关、社会团体和个人的干涉。最高人民法院是最高审判机关。最高人民法院监督地方各级人民法院和专门人民法院的审判工作，上级人民法院监督下级人民法院的审判工作。最高人民法院对全国人民代表大会及其常务委员会负责。地方各级人民法院对产生它的国家权力机关负责。各级各类人民法院的审判工作统一接受最高人民法院的监督。地方各级人民法院根据行政区划设置，专门法院根据需要设置。

地方各级人民法院分为基层人民法院、中级人民法院、高级人民法院。基层人民法院包括县、自治县、不设区的市、市辖区人民法院。由基层人民法院设若干人民法庭，作为派出机构，但人民法庭不是一个审级。中级人民法院包括在省、自治区内按地区设立的中级人民法院，在中央直辖市的中级人民法院，省、自治区辖市和自治州中级人民法院。专门人民法院是指根据实际需要在特定部门设立的审理特定案件的法院，目前在我国设有军事、海事、铁路运输法院等专门法院。

2. 人民检察院。人民检察院是我国的法律监督机关，它代表国家行使检察权或法律监督权。其基本职能是行使国家的检察权，维护社会主义法制的统一和尊严。它代表国家对直接受理的案件行使侦查权；对公诉案件行使控诉权；对刑事诉讼、民事诉讼、行政诉讼活动是否合法行使法律监督权。同时，它还行使审查批准逮捕的职权。

我国的人民检察院由最高人民检察院、地方各级人民检察院和专门人民检察院组成。地方各级人民检察院由省级人民检察院、省级人民检察院分院和基层人民检察院组成。专门人民检察院由军事检察院和其他专门检察院组成。

第四章　民　法

第一节　民法概述

一、民法的含义与调整对象

（一）民法的含义及特征

民法是法律体系中一个独立的法律部门，在法律体系中，它居于基本法的地位。民法一词有广义和狭义之分。广义的民法，是指调整民事活动的所有法律规范的总称，它不仅包括形式上的民法或民法典，也包括单行的民事法规和其他法规中的民事法律规范。狭义的民法，是指形式上的民法。我国目前尚未颁布正式的民法典，通常所称的民法是指广义的民法，其内容涉及民法通则、婚姻法、继承法、收养法、合同法等。我国狭义的民法是指民法典，目前仍在起草过程中。目前，调整狭义民事关系的法律主要是 1987 年 1 月 1 日实施的《中华人民共和国民法通则》（以下简称《民法通则》）。

民法的调整对象是平等法律主体之间的财产关系和人身关系。所谓财产关系，是指围绕财产所有权所形成的具有经济内容的社会关系。所谓人身关系，是指与特定的人身不可分离，且不直接具有财产内容的社会关系，包括人格关系和身份关系。

民法具有以下三个方面的基本特征：

1. 民法是权利法。民法的基本任务是确认与保护民事权利。《民法通则》第 1 条规定，制定民法的首要目的，就是为了保障公民、法人合法的民事权益，正确调整民事关系。在民法上，通过对物权、债权、人格权、知识产权、继承权等基本民事权利的规范，为人们的社会生活确立了基本的权利范畴。

2. 民法属于典型的私法。在各部门法中，没有哪一部法律像民法这样，把当事人之间的平等与意思自治作为最高准则。民法的思维完全是一种尊重个体的权利与尊严，对于公权力保持着高度戒备态度的思维方式。民法在法律层面上保障着人们选择自己行为方式的自由，只要没有违反法律的强制性规范，对于这种选择的干预就是不恰当的、非法的。因此，民法是典型的私法。

3. 民法规范以任意性规范为主。与行政法、刑法、经济法等公法领域的法律不同，民法对于社会生活的调整主要依靠任意性规范而非强制性规范来完成。在民法上，当事人有权以自己的意志决定民事法律关系的产生、变更与消灭。任意性规范为主的特征反映了市场规律的本质要求。

（二）民法的调整对象

民法的调整对象，是指民法所调整的社会关系的范围与性质。《民法通则》第2条规定："中华人民共和国民法调整平等主体的公民之间、法人之间、公民和法人之间的财产关系和人身关系。"

1. 平等主体之间的财产关系。财产关系，是指以财产为客体，人们在社会财富的占有、使用、分配、交换和消费等过程中形成的具有经济内容的社会关系。其中，占有、使用等环节主要体现了具有物权内容的静态财产关系，而分配、交换和消费等环节主要体现了具有债权内容的动态财产关系。

这种财产关系的特点在于尊重财产所有权，财产依当事人的意愿而流转。例如，财产的占有和支配是一种静态的财产关系，与财产的所有关系具有密切的联系，它在民法中的反映是所有权、相邻权、知识产权等制度。财产的交换和分配是一种动态的财产关系，它表现为财产的让渡和移转，与财产的流通关系紧密相连，在民法中的反映就是债权、合同制度、继承权等。

2. 平等主体之间的人身关系。人身关系，是指与民事主体的人身不可分离而无直接财产内容的社会关系。人身关系包括人格关系和身份关系，是由于人的出生或者人的特定身份而产生的，其特点在于人格尊重和身份平等。人格关系，是指因民事主体之间为实现人格利益而发生的关系。人格利益，是指民事主体的生命、健康、姓名、名称、肖像、名誉等利益，在法律上体现为人格权。例如，姓名权、肖像权、隐私权等。身份关系，是指民事主体之间因彼此存在的身份利益而发生的社会关系。身份利益，是指民事主体之间因婚姻、血缘和法律因素而形成的利益，在法律上体现为身份权、亲权和监护权等。

民法调整的人身关系是平等主体之间发生并且能够用民事方法加以保护的那部分人身关系，包括人格关系和身份关系，前者指与公民、法人作为民事主体有密切联系的社会关系，如生命、健康、姓名、名誉等社会关系；后者指因血缘、婚姻等身份关系而发生的家庭、收养、抚养、赡养、监护等社会关系。

二、民法的基本原则与主要内容

（一）民法的基本原则

民法的基本原则，是指民事、司法以及民事活动所应遵循的准则。我国民法贯彻着以下几项基本原则：

1. 地位平等原则，是指当事人在民事活动中民事权利能力一律平等；在享受民事权利、承担民事义务过程中的地位平等；在适用法律上一律平等。当事人的民事地位平等是民法的首要原则。民法调整的社会关系的特征就是平等的财产关系和人身关系，民法必然把当事人在民事活动中地位平等作为它的一项基本原则。

2. 公平原则，是指当事人在民事关系中享有的权利和承担的义务基本相当。其目的是兼顾民事关系中各方当事人的利益，预防各种明显不公平现象。公平原则是典型法律化的民事道德行为准则。

3. 自愿原则，是指民事主体在进行社会活动时，在法律许可的范围内，享有完全的自由，意志独立、行为自主，有权按照自己的真实意思设立、变更和终止民事法律关系，不受他人非法干涉。

4. 诚实信用原则，是指在经济交往活动中要诚实待人，谨慎从事，信守诺言，恪守约定，不能出尔反尔，轻诺寡信，尔虞我诈。

5. 权利神圣原则，是指公民法人的合法的民事权利受法律保护，任何组织和个人不得侵犯。《民法通则》具体规定了公民和法人享有的各种民事权利，如所有权、债权、人身权、知识产权等，这些权利不容受到任何非法的限制与践踏。

6. 公共利益原则，是指民事活动应当尊重社会公德，遵守国家相关法律与政策，维护社会公共利益，但不得滥用民事权利，损害公共利益，破坏社会主义公德。

（二）民法的主要内容

民法的内容十分丰富和复杂，涉及人们生产、工作、生活的各个方面。其主要制度有以下几个方面：

1. 民事主体制度。民事主体包括自然人、法人和非法人组织，涉及民事主体的权利能力与行为能力、监护制度、宣告失踪和宣告死亡制度、法人的分类与特征等具体制度。

2. 物权制度。物权是由法律确认的民事主体对物享有的支配权利，包括所有权和他物权。其中，所有权是所有制在法律上的表现，是确认和保护所有制最有力的法律工具；他物权包括用益物权和担保物权。

3. 债与合同制度。债是按照合同的约定或者依照法律的规定，在当事人之间产生的特定的权利和义务关系。合同是产生债的最普遍的依据。债与合同制度是调整商品流通领域里经济关系的主要民事法律制度，在民法学中占有十分重要的地位。

4. 知识产权制度。知识产权是人们从事脑力劳动取得成果后依法享有的权利。随着我国经济体制改革的发展，智力成果也已进

入商品市场而受民法的调整。

5. 继承制度。财产继承权实际上是财产所有权的自然延伸。它既解决公民个人财产所有权在其死亡后的归属问题，又是公民个人取得财产所有权的一种方式。它涉及的主要内容包括继承人的范围、继承顺序、遗产的范围、遗嘱有效的条件等。

6. 人身权制度。人身关系是民法调整的两大社会关系之一。人身权制度是区别于财产权制度的一项独立的民法制度，它主要涉及人身权制度的意义、人身权的分类、人身权的保护等具体内容。

7. 民事法律行为与代理制度。民事法律行为制度主要涉及法律行为的分类、特征、成立、要件、表现形式、效力类型、无效民事行为及其后果等具体内容。代理制度则是最具典型意义的法律行为制度之一。

8. 民事责任制度。民事责任是自然人和法人违反民事义务所应承担的法律责任，即民法对违反民事法律规范的行为给予的制裁。民事责任制度主要涉及民事责任的法律特征、构成要件、归责原则、责任分类、责任形式、免责条件、侵权民事责任等具体内容。

三、民事法律关系与民事主体

（一）民事法律关系的含义及特征

所谓民事法律关系，是指由民法规范调整所形成的以民事权利和民事义务为核心内容的社会关系，是民法所调整的平等主体之间的财产关系和人身关系在法律上的表现。当社会关系被民法调整时，便形成民事权利和义务关系，而这种权利和义务又是受国家强制力保障实现的，从而形成了约束双方当事人的法律关系。

民事法律关系具有以下特征：

其一，民事法律关系是一种思想的社会关系。社会关系可分为物质的社会关系和思想的社会关系。作为物质的横向经济关系和人身关系被民法调整时，便形成民事法律关系——思想的社会关系，

即由体现为国家意志的民事法律规范所确认和保护的一种社会关系。

其二，民事法律关系是一种具体的权利、义务关系。民事法律关系一经建立，当事人一方便享有某种权利，而对方即负有相应的义务；双方当事人均享有权利，又都负有相应的义务。因而民事法律关系是一种具有民事权利和义务内容的社会关系。

其三，民事法律关系是由国家强制力保障其实现的社会关系。民法是国家意志的表现形式之一。民事法律关系既然是由民法规定或承认的一种社会关系，就必然由国家强制力来保障实现。法律关系的任何一方必须履行所承担的义务。国家通过建立民事权利、义务的法律关系，维护正常的经济秩序，实现对社会关系调整的职能。

（二）民事法律关系的三要素

民事法律关系是以享有民事权利和承担民事义务为内容的社会关系。民事法律关系主要由主体、客体和内容三个要素构成。

1. 民事法律关系的主体，是指在民事法律关系中享有民事权利和承担民事义务的当事人。其中享有权利的一方称为权利主体，承担义务的一方称为义务主体。在大多数民事法律关系中，双方当事人往往既是权利主体又是义务主体。但在某些民事法律关系中，可以一方当事人只享有权利，而另一方当事人只承担义务。民事主体是民事法律关系的要素之一，在法律上民事主体不仅包括自然人，还包括法人和其他组织，其中自然人和法人是最主要的民事主体类型。

2. 民事法律关系的客体，是指民事主体的民事权利和民事义务所指向的对象。它包括物、行为、智力成果和人身利益等。这里的物，是指在法律关系中可以作为财产权利对象的物品或其他物质财富。物是民事法律关系最普遍、最重要的客体。行为，是指民事法律关系的主体为了行使民事权利或履行民事义务而进行的活动。

3. 民事法律关系的内容，是指民事主体所享有的民事权利和

承担的民事义务。民事权利，是指民事法律规范赋予民事主体依法享有的，为实现某种利益而作出或不作出一定行为的权利。它表现为民事主体可以直接作出或不作出某种行为，或要求相应的义务人作出或不作出某种行为；当民事权利受到侵害时，当事人有权请求有关部门给予救济。民事义务，是指民事法律关系中的义务主体依照法律规定或合同的约定，实施一定行为或不实施一定行为，以满足权利主体的利益和要求。民事义务要求义务人必须履行，否则将承担相应的法律责任。

民事法律关系的三个要素相互联系，缺一不可。民事法律关系的主体是民事权利的享受者和民事义务的承担者；而民事法律关系的客体则是民事主体权利义务所指向的对象；民事法律关系的内容直接体现了民事法律关系主体所享有的民事权利和所承担的民事义务。

第二节　民事法律行为及代理

一、民事法律行为

（一）民事法律行为的含义及特征

民事法律行为一般称为法律行为，是指民事主体旨在设立、变更、终止民事权利义务关系而实施的行为。

《民法通则》规定，民事法律行为的有效条件具体包括行为人合格、意思表示真实、内容合法和形式合法。在实施民事法律行为的过程中，可以约定将某种客观情况作为所附条件或所附期限而影响其效力。其中，约定条件的叫作附条件民事法律行为，而约定期限的即为附期限民事法律行为。

在我国，民事法律行为具有以下几个特征：

其一，民事法律行为是一种产生、变更、消灭民事权利义务关系的行为。在法理学上，民事法律行为作为法律行为的一种，与行政法律行为、民事诉讼法律行为、刑事诉讼法律行为是并列的。

其二，民事法律行为以行为人的意思表示作为构成要素。这里所谓的“意思表示”，是指行为人将追求民事法律后果的内心意思用一定的方式表示于外部的活动。例如，旅客在饭店将其要下榻某一房间的想法用口头方式告诉前台接待人员的表示就是意思表示。缺少民法所确认的意思表示的行为就不是民事法律行为。

其三，民事法律行为能够实现行为人所预期的民事法律后果。民事法律行为是一种目的性行为，即以设立、变更或终止民事法律关系为目的。这一目的是行为人在实施民事法律行为之时所追求的预期后果。基于法律确认和保护民事法律行为的效力，行为人所追求的预期后果必然可以实现。可见，民事法律行为的目的与实际产生的后果是相互一致的。这一特点使得民事法律行为区别于民事违法行为。民事违法行为（如侵权行为）也产生法律后果（侵权责任）。但是，这种法律后果并不是行为人实施民事违法行为时所追求的后果，而是根据法律规定直接产生，并非以当事人的意思表示为根据。

（二）无效民事行为

无效民事行为，是指已经成立，但欠缺法律行为的有效要件，因而不能依当事人意思发生效力的行为。无效民事行为有以下几种类型：无民事行为能力人实施的民事行为；限制民事行为能力人实施的依法不能独立实施的单方行为；一方以欺诈、胁迫的手段所为的损害国家利益的民事行为；恶意串通，损害国家、集体或者第三人利益的民事行为；以合法行为掩盖非法目的的民事行为；损害社会公共利益的民事行为；违反法律、行政法规的强制性规定的民事行为。

（三）可撤销、可变更的民事行为

可撤销、可变更的民事行为，是指民事行为虽已成立，但因欠缺民事行为的生效要件，行为人可以请求法院或仲裁机构予以撤销或变更，而使民事行为自始归于无效的民事行为。

可撤销、可变更的民事行为有以下几种：

1．基于重大误解所实施的民事行为。这种行为是指民事行为的当事人在作出意思表示时，对涉及行为法律效果的重要事项存在认识上的显著缺陷。从主观方面看，行为人的认识应与客观事实存在根本性的背离，如对行为的性质、对方当事人和标的物的品种、质量、数量和规格等的错误认识，使行为的后果与自己的意思相悖；从客观方面看，因为发生这种背离，应给行为人造成较大损失。

2．显失公平的民事行为。这种行为是指一方当事人实施民事行为时，利用优势或者利用对方没有经验，致使双方的权利义务明显违反公平、等价有偿原则的民事行为，从而使民事行为的结果对一方当事人过分有利，对他方当事人过分不利。

3．一方以欺诈、胁迫或者乘人之危所为的民事行为。这种行为是指一方当事人以欺诈、胁迫的手段或者乘人之危，使对方当事人作出不真实的意思表示，严重损害对方当事人利益的民事行为。这种行为明显地违背了诚实信用和公平原则。

可撤销、可变更的民事行为发生后，享有撤销权的一方当事人应当在知道或应当知道撤销事由之日起1年内向法院或仲裁机构请求撤销，但当事人仅请求变更的，法院或仲裁机构不得撤销。被撤销的民事行为从行为开始起无效，产生与无效民事行为同样的法律后果。

对于重大误解或者显失公平的民事行为，当事人请求变更的，人民法院应当予以变更；当事人请求撤销的，人民法院可以酌情予以变更或者撤销。

二、法律行为的代理

（一）代理的含义及特征

法律行为的代理，是指代理人在代理权范围内，以被代理人名义与第三人实施的，其法律后果由被代理人承担的民事法律行为。

代理关系至少涉及三方当事人，即被代理人（又称本人）、代理人和第三人（又称相对人）。其中，被代理人与代理人之间是一种内部的代理关系；代理人与第三人之间是一种外部的表意行为关系；被代理人与第三人之间是一种外部的法律后果归属关系。在这三种关系中，被代理人与第三人之间的关系，即法律后果归属关系是代理关系的核心。

代理的法律特征主要有以下几点：

1. 代理人必须以被代理人的名义实施民事法律行为；

2. 代理人应该在代理权限范围内独立作出意思表示；

3. 代理行为必须具有法律意义；

4. 代理行为的法律后果直接由被代理人承受。

（二）代理有哪些种类

按照代理权产生的基础不同，可以把代理分为以下几种：

1. 委托代理，又称授权代理或意志代理，是指代理人根据被代理人的授权委托行为所产生的代理。在委托代理关系中，被代理人称为委托人，代理人称为受托人。委托代理是实际生活中运用最广泛的一种代理形式，也是最重要的代理形式。

2. 法定代理，是指法律根据一定的社会关系的存在而设立的代理。法定代理最突出的特点在于，代理权直接根据法律的规定而产生，代理的权限范围也由法律直接规定。法定代理主要是为无民事行为能力人和限制民事行为能力人所设立的代理方式。

3. 指定代理，是指根据指定单位或人民法院的指定而产生的代理。通常对于无法定代理人的未成年人和丧失民事行为能力人，有关指定机关，如未成年人的父母所在单位或住所地的居民委员会等，可以为其指定监护人，由监护人代理他们参与民事活动。另外，如果法定监护人不愿或无资格作为法定代理人，可以由法院在审理过程中作出裁决，指定由关心子女成长的其他亲属或朋友担任法定代理人。

4. 表见代理，是指行为人没有代理权，但善意的交易相对人

有理由相信行为人有代理权的无权代理。该无权代理可产生与有权代理同样的法律效果。所谓相对人的善意，是指相对人不知道或不应当知道无权代理人实际上没有代理权。

(三) 代理人、委托人的权利与义务

代理人既享有一定的权利，也必须承担一定的义务。

1. 代理人的权利与义务。代理人有以下权利：

(1) 获取佣金或报酬。这是代理人最主要的权利。委托人应按照合同约定的佣金标准、支付条件、支付时间、支付方式向代理人支付佣金或报酬。若委托人故意拖延支付或拒付，代理人有权暂停代理行为。

(2) 获取有关代理业务的资料与信息。委托人应按约定向代理人提供进行代理业务所需的货样、模型、价目单、广告资料、交易条件等，以便有效地开展代理业务。

(3) 查阅账目。尤其是在商业代理中，代理人有权查阅委托人与其往来业务的财务账目，维护其合法权益。

代理人的义务主要有：

(1) 代理人应勤勉地履行代理职责。

(2) 代理人对被代理人应诚信、忠实，不得滥用代理权。

(3) 代理人不得受贿或密谋私利，或与第三人串通损害被代理人的利益。

(4) 代理人不得泄露其在代理业务中所获得的保密情报和资料。

(5) 代理人应保持正确的账目。

(6) 代理人不得擅自无故把代理权转托给他人。

2. 委托人的权利与义务。委托人的权利参见代理人的义务。

委托人的义务主要有：

(1) 向代理人提供有关业务资料和信息，以便代理人尽快有效地开展代理业务，如提供货样、模型、价目单、广告资料、交易条件等。

（2）支付佣金或报酬。这是委托人最主要的义务。委托人应按照合同约定的佣金标准、支付条件、支付时间、支付方式向代理人支付佣金或报酬。

（3）偿还代理人因履行代理义务而特别支出的费用或遭受的损失。

上述义务只存在于委托代理中，法定代理和指定代理中的被代理人不承担这些义务。

第三节　民事权利

一、民事权利的概述

（一）民事权利的含义

民事权利，是指民事主体为实现某种利益而依法为某种行为或不为某种行为的自由（或者说可能性）。形象地说，民事权利就是法律赋予民事主体的一种可以自由支配的利益，而这种利益能够得到法律强制力的保护。

民事权利具体包括三个方面的自由：一是权利人依法直接享有某种利益，或者实施一定行为的自由（如所有权）。二是权利人可以请求义务人为一定行为和不为一定行为，以保证其享有实现某种利益的自由（如债权）。三是这种自由是有法律保障的自由。这表现在当权利受到侵犯时，权利人有权请求国家机关予以保护。民事权利都是民法赋予的，并且构成民法的内容。一般来说，权利是可以行使，也可以不行使的，它是一种自由或可能性。

与民事权利相对应的是民事义务。民事义务，是指民事主体为满足权利人的利益而为某种行为或不为某种行为的必要性。民事义务与民事权利一样，也是由国家法律确认的，它规定了义务主体的行为范围，即义务人必须做什么、不得做什么，两者是对立统一的。民事义务的履行保障了民事权利的实现，民事权利的实现有赖

于民事义务的履行。

民事权利与义务共同构成了民事法律关系的内容，权利的内容往往决定了义务人的行为，而义务人必须履行义务以保障权利目的的实现。民法正是通过这种权利——义务模式，实现调整社会平等主体之间人身和财产关系的法律目标。

民事权利是民法学的核心概念，它代表了民法对于自由、平等、正义等人类社会理想价值的永恒追求，同时也为民事法律制度庞大的体系结构奠定了基础。

（二）民事权利的类型

根据权利客体的性质不同，可以将民事权利分为财产权、人身权、知识产权和社员权。

1. 财产权，是以财产为客体的民事权利的统称，财产权所保护的利益具有经济价值，可以脱离权利人而在不同主体之间进行流转。财产权中最重要的是物权和债权，其中物权是指权利人对于物进行支配，从而排他地享有物上利益的权利；债权是指权利人要求其他主体作出一定行为，以满足自己特定利益的权利。

2. 人身权，是以主体的人身性要素作为客体的权利，主要包括人格权和身份权。人身权本身没有经济价值，不能与权利主体相分离，因此也就不能进行转让。其中，人格权主要包括以生命利益为客体的生命权；对自己的肢体器官进行支配不受他人非法侵害的身体权；享有身体的生理、心理系统健康运行及功能正常发挥的健康权；享有身体可以自由活动并不受非法干预的人身自由权；享有自主设定、变更、使用姓名并不受他人干涉的姓名权，等等。身份权则包括对自己孩子身心抚养、教育、监护的亲权；赡养父母、祖父母、外祖父母，扶助生活困难的兄弟姐妹以及得到他们相应帮助的亲属权；夫妻之间共同生活、相互扶助的配偶权。

3. 知识产权，是指权利人对于其创造出的智力成果进行支配和独占性使用的权利，知识产权中既有财产性内容，也有人身性内容。知识产权的客体是智力成果，如作品、专利发明和商标等，因此，知识产权主要包括著作权、专利权和商标权。

4. 社员权，是一种因社员资格而产生的对于团体所享有的权利，最典型的社员权就是股权。

（三）民事权利的行使和保护

民事权利的行使，是指权利人依照权利内容所实施的，为了实现个人利益而作出的特定行为。而民事权利的保护就是当现实生活中权利人行使权利遭到妨碍或侵害时，法律所提供的去除妨碍、停止侵害、赔偿损失等维护权利目的实现的措施和方法。

民事权利的行使需要遵循以下几个基本原则：

1. 权利行使自由原则，是指权利人可以自由决定是否行使权利以及怎样行使权利，除非法律明确规定，否则任何个人和组织都不得加以干涉。权利行使自由原则赋予了民事主体在现实生活中作出有利于自己的各种选择的自由，通过对于自主选择的尊重达到个人利益实现及社会经济与日常生活有序的双重目的。

2. 诚实信用原则，是指在行使权利时要诚实行事，不欺诈、不隐瞒，重信用，守规则。市场经济社会乃是建立在自由、平等、秩序等价值理念基础上的，诚信的缺失必然导致投机的横行和秩序的紊乱，从而严重影响交易安全和经济增长率。因此，即便是已由法律赋予了自由的民事权利行使，也必须依从诚实信用原则的要求。

3. 禁止权利滥用原则，是指民事权利的行使不得违反权利应有的社会目的，也不能超出权利范围的界限。禁止权利滥用原则是为了避免权利人行使权利不当，而损害他人或社会公共利益，这与诚实信用原则有异曲同工之妙。

综上所述，权利行使的三个原则作为整体，既保证了权利主体个人利益的实现，又很好地协调了个体与社会之间利益的平衡。

民事权利的保护是民法制度中不可或缺的重要部分，它主要通过救济权的方式实现。救济权是一个广义的概念，它主要包括公力救济和自力救济。公力救济，是指通过公权力机关的介入，以公权

力机关行使法律授权的强制行为对民事权利予以保护。自力救济，是指由权利主体依靠自己的力量强制阻止侵害人的行为，维护自身的利益。自力救济的合理性在于，公力救济往往发生在权利侵害行为之后，除了时间上的滞后性外，损失也可能已经产生而难以弥补。自力救济主要包括自卫行为、紧急避险和自助行为。需要注意的是，只有在法律规定的特殊条件满足时，权利人才能采取自力救济，这主要包括权利确实受到损害、情况紧急，且自力救济不得超出必要的限度等要求。

二、财产权

财产权，是指以财产利益为内容，直接体现财产利益的民事权利。财产权是可以用金钱计算价值的，一般具有可让与性。财产权主要包括物权和债权两大类。

（一）财产权之一：物权

物权，是指权利人直接支配其标的物，并享受其利益的排他性权利。

物权具有四个主要特征：其一，物权是权利人对于物的权利。物权的客体是物。这里的物，原则上是有体物，但也包括无形物。例如，担保物权也有在其他权利之上设立的，如土地使用权抵押、知识产权质押。其二，物权是由权利人直接行使的。物权的特征在于直接支配其标的物，物权人可以依自己的意思对其标的物直接行使权利，无须他人的意思或义务人行为的介入。其三，物权是以权利人直接支配标的物并享受其利益为内容。物权作为财产权，是一种具有物质内容的、直接体现为财产利益的权利。因此，物权的内容在于享受利益。物权的利益分为三种：一是物的归属；二是物的利用；三是就物的价值而设立的债务的担保。其四，物权是排他性的权利。物权的排他性是指物权人有权排除他人对于他行使物上权利的干涉。同一物上不能有内容不相容的物权并存。

1. 物权的种类。根据分类标准的不同，物权可以分为不同的类别：根据权利人对物的支配范围标准可分为自物权与他物权；根据权利人对物的支配内容可分为用益物权与担保物权；根据物权的客体支配范围标准可分为动产物权与不动产物权；根据物权的独立性标准可分为主物权与从物权。

2. 物权的取得、变更、转让和消灭。物权的取得可分为原始取得和继承取得两类。原始取得，是指不以他人既存的权利为前提而取得物权，如先占、没收等。继承取得，是指基于他人既存的权利而取得物权。它又可分为创设与移转两种方式。前者如买卖、赠与，后者如设定抵押权等。

物权的变更，是指物权内容的变更，即在不影响物权属性的情况下，物权的客体和效力范围以及方式等方面的改变。例如，典权期限的延长或缩短。

物权的转让，是指物权主体的变更，即原权利主体丧失了物权而新权利主体取得了物权。

物权的消灭，是指物权本身不再存在，如标的物灭失。

值得注意的是，物权的取得和转让等变动通常要遵循两大原则：公示原则与公信原则。

（二）财产权之二：债权

所谓债权，是指按照合同的约定或者法律的规定，在当事人之间产生的特定的权利义务关系。享有权利的人为债权人，债权人有权要求债务人按照合同的约定或者依照法律的规定履行义务；负有义务的人是债务人，债务人负有满足该项请求的义务。

1. 债权发生的原因，是指引起债的法律关系产生的法律事实。可发生债的法律事实主要有：

（1）合同。当事人通过签订合同来设定债权债务关系，合同依法成立后，就会在当事人之间形成民事权利义务关系，所以，因合同产生的债就是合同之债，是债的最常见也是最重要的发生原因。

（2）单方允诺。单方允诺成为债的发生原因主要是基于意思

自治原则，单方民事行为一经成立即生效，债的关系也随即产生。社会生活中最常见的单方允诺主要有悬赏广告、捐助行为和遗嘱等。

（3）侵权行为。当侵权行为发生后，受害人有权向加害人请求赔偿损失，加害方有义务承担侵权责任。这种特定主体之间依侵权行为而形成的权利义务关系，即为侵权之债。

（4）无因管理。所谓无因管理，是指没有法定或约定的义务，为了避免他人利益受到损失而进行管理或者服务的行为。在受益人和管理人之间形成的权利义务关系，就是无因管理之债。管理人可以请求受益人支付因管理或服务而支出的必要费用以及因管理事务而受到的实际损失。

（5）不当得利。依据法律规定，取得不当利益的一方有义务将所获的不当利益返还给受损方，受损人有权请求受益人返还不当得利。

2. 债权的移转与消灭。债权的移转，是指在债的内容不发生改变的情况下，债的主体发生变更的一种法律事实。债权的移转包括债权的让与和债务的承担。债权的让与须通知债务人，且须以有效的债权存在为前提。同时依《中华人民共和国合同法》（以下简称《合同法》）第79条的规定，有个别债权是不得让与的，主要包括：①根据合同性质不得转让；②按照当事人约定不得转让；③依照法律规定不得转让。债务承担有债务全部或部分移转给第三人承担的两种情况，但都必须征得债权人的同意，且性质上不可移转的债务、当事人特别约定不能移转的债务均不能构成债的承担。

债权的消灭，是指债的双方当事人之间的权利义务终止的情况。债权的消灭主要有以下几个原因：

（1）清偿。清偿即履行，是指债务人按照法律规定或者合同的约定向债权人履行义务。

（2）抵消。它是指当事人双方相互负有同种类的债务，将两项相互冲抵，使其冲抵部分消灭的情况。

（3）提存。它是指因债权人的原因或其他原因致使债务人无法向债权人履行到期债务，不得已将标的物提交有关部门保存的行为。

（4）免除。它是指债权人放弃其债权，从而全部或部分终止债的关系的单方行为。

（5）混同。它是指债权和债务同归于一人，致使债的关系消灭的事实。

三、人身权

（一）人身权的含义及特征

人身权，是人格权和身份权的合称，又称非财产权利，是民事主体依法享有的与其人身不可分离又不可转让的，以特定精神利益为内容的民事权利。

与其他民事权利相比较，人身权具有以下几个方面的特征：

其一，人身权与人身紧密联系，具有不可分离性。任何民事主体都具有人身权，包括自然人和法人。

其二，非财产性。人身权没有直接的财产内容，是一种非财产权。

其三，人身权虽无直接的财产内容，但它与财产权又有着密切联系；人身权的确认和享有是某种财产权发生的前提和条件；企业法人的名称权本身就具有财产权利的性质；人身权受侵犯时，往往也会产生财产损害；对人身权的侵犯，即使仅造成非财产损害，依法也可以产生财产损害赔偿问题。

其四，人身权是支配权。权利人直接支配其人格利益，并排除他人的干涉。

其五，人身权是绝对权。任何人都负有不侵害权利人人身权的义务。

（二）人身权之一：人格权

人格权，是指法律确认民事主体固有的为维护自身独立人格所必备的，对人格利益支配的权利。

人格权具有普遍性。任何民事主体都具有人格权，并始终与民事主体共存。人格权具有不可转让性。民事主体不能转让、继承或抛弃这种权利。人格权还具有保护范围法定性。在不同国家、不同时期，法律对人格利益的保护范围、法律确认和维护民事主体的人格权的具体内容和保护方法各不相同。

具体的人格权有以下几种：

1. 生命权、身体权和健康权。

（1）生命权。它是自然人维护生命安全和维护生命安全利益不受损害的权利。生命权是人格权的基础和前提。权利人对自己的生命不能像对自己财产那样自由处分。

（2）身体权。它是自然人维护其肢体、器官和其他组织完整并支配其肢体器官和其他身体组织的权利。

（3）健康权。它是以自然人维护其身体机能正常和维护健康利益的权利。

2. 姓名权、名称权、肖像权和名誉权。

（1）姓名权。它是指自然人依法享有的决定、使用、改变自己姓名以及排除他人干涉、盗用、假冒的权利。

（2）名称权。它是指社会组织依法享有的决定、使用、改变、转让自己的名称以及排除他人侵害的权利。

（3）肖像权。它是指自然人对体现自己人格的肖像所享有的拥有、制作和使用的权利。肖像具有可重复利用性和再生性。未经本人同意，以营利为目的使用他人的肖像，是常见的侵犯肖像权的行为。

（4）名誉权。它是指民事主体就自身属性和价值所获得的社会评价和自我评价享有的保有和维护的权利。

3. 自由权和隐私权。

（1）自由权。它是指在法律规定的范围内，自然人享有按照自己的意志活动，不受他人非法约束和限制的权利。

（2）隐私权。隐私权一般是指自然人享有的私人生活安宁和私人生活信息依法受到保护，不受他人侵扰、知悉、使用、披露和公开的权利。

（三）人身权之二：身份权

身份，是指民事主体在特定的家庭和亲属团体中所享有的地位或者资格。身份权，是指民事主体基于某种特定身份而享有的维护一定社会关系的权利。身份权与人格权不同，身份权为权利和义务的集合体。民事主体的身份权主要包括亲权、亲属权、配偶权。

1. 亲权，是指父母对其未成年子女所行使的权利，该权利的基础在于父母与未成年子女这一特定的身份关系。其主要内容包括：对未成年子女进行管教、保护的权利；作为未成年子女的法定代理人，代理未成年子女的民事法律行为；管理未成年子女的财产等。亲权的权利主体为父母双方，且由父母双方共同行使。父母双方不能行使亲权时，则由监护人行使监护权。

2. 亲属权，是指民事主体因婚姻、血缘、收养等关系产生的特定身份而享有的民事权利。它具体可划分为以下三种：一是父母与成年子女之间的权利，如父母享有请求成年子女赡养的权利。二是祖父母、外祖父母与孙子女、外孙子女之间的权利，如父母已经死亡的未成年的孙子女、外孙子女享有请求有负担能力的祖父母、外祖父母抚养的权利。三是兄弟姐妹之间的权利，如父母无力抚养的未成年弟、妹享有请求有负担能力的兄、姐抚养的权利。

3. 配偶权，是指在合法有效的婚姻关系存续期间，夫妻双方基于夫妻身份所互享的民事权利。其内容主要包括：

（1）同居权，即夫妻双方享有请求对方与自己同居的权利，负有与对方同居的义务。

（2）忠诚权，即夫妻双方互享请求对方保持对自己忠诚的权利，如恪守贞操。

（3）协助权，即夫妻双方互享请求对方在生活中给予自己帮助、照顾和配合的权利，负有帮助、照顾和配合对方的义务。

四、知识产权

（一）知识产权的含义及特征

知识产权，是指权利人对于其创造出的智力成果进行支配和独占性使用的权利，知识产权中既有财产性内容，也有人身性内容。知识产权的客体是智力成果，如作品、专利发明和商标等。

知识产权具有如下特征：

其一，知识产权是一种无形财产权。其客体是智力成果，主要体现为无形的思想、方法和技术。知识产权需要附着于一定的有形物质载体，这是法律对其保护的必要前提。

其二，知识产权具有法定性。知识产权的保护对象和范围必须通过法律明确规定才能得到保护。

其三，知识产权具有专有性。权利人对其知识产权享有独占性和排他性的权利，除法律另有规定外，非经本人同意，任何人不得非法占有、使用或许可他人使用。

其四，知识产权具有地域性。它只在特定的国家或地区范围内得到确认和保护。

其五，知识产权具有时间性。知识产权只能在法定的期限内有效。保护期限届满后，任何人都可以无偿使用。但知识产权中的人身权没有时间限制。

（二）知识产权之一：著作权

著作权，是指作者对自己的文学、艺术和科学创作品依法享有的人身权和财产权等民事权利。我国法律对著作权的主体、客体、内容、保护等进行了规范。

1．著作权的主体即著作权人，包括作品的作者和其他依照法律享有著作权的公民、法人或者其他组织，如依据委托合同或者职务合同取得著作权的人。外国人、无国籍人的作品首先在中国境内出版的，也享有著作权。未与中国签订协议或者共同参加国际条约的国家的作者以及无国籍人的作品首次在中国参加的国际条约的成员国出版的，或者在成员国和非成员国同时出版的，受法律保护。

2. 著作权的客体就是作品。我国著作权法保护的作品有：口述作品，文字作品，音乐、戏剧、曲艺、舞蹈、杂技艺术作品，美术、建筑作品，摄影作品，电影作品和以类似摄制电影的方法创作的作品，工程设计图、产品设计图、地图、示意图等图形作品和模型作品，计算机软件，法律、行政法规规定的其他作品。

3. 著作权的内容。著作权人的权利包括人身权和财产权。人身权包括发表权、署名权、修改权和保护作品完整权等。财产权包括发表权、署名权、修改权、保护作品完整权、复制权、展览权、表演权、发行权、出租权、放映权、广播权、信息网络传播权、摄制权、改编权、翻译权和汇编权等。

4. 著作权的保护。作者的署名权、修改权、保护作品完整权的保护期不受限制。公民的作品，其发表权、著作财产权的保护期为作者终生及其死亡后 50 年，截止于作者死亡后第 50 年的 12 月 31 日；法人或者其他组织的作品、电影作品和以类似摄制电影的方法创作的作品、摄影作品的发表权，著作财产权的保护期为 50 年，截止于作品首次发表后第 50 年的 12 月 31 日，但作品自创作完成后 50 年内未发表的，法律将不再给予保护。

侵犯著作权的侵权人应当承担停止侵害、消除影响、赔礼道歉、赔偿损失等民事责任；同时损害公共利益的，可以由著作权行政管理部门责令停止侵权行为，没收违法所得，没收、销毁侵权复制品，并可处以罚款；情节严重的，著作权行政管理部门还可以没收主要用于制作侵权复制品的材料、工具、设备等；构成犯罪的，依法追究刑事责任。

（三）知识产权之二：专利权

所谓专利权，是指法律赋予权利人在一定期限内对其发明、实用新型和外观设计等创造成果享有的专有（即独占）的权利。专利权的主体是指提出专利申请和获得专利权的自然人、法人和其他组织。专利权的客体是指能够取得专利权的发明创造，包括发明、

实用新型和外观设计。

1．专利权人的权利主要有：

（1）独占实施权，即制造、使用、销售专利产品和使用专利方法的权利；

（2）许可权，即许可他人使用其专利权并收取专利使用费的权利；

（3）转让权，转让专利权应当签订书面合同，并向国务院专利行政部门登记；

（4）标记权，即在专利产品或该产品的包装上署名或标明标记和专利号的权利。

2．专利权的取得，须符合实质性条件和程序性条件。

（1）实质性条件。发明和实用新型专利的取得，应当具备新颖性、创造性和实用性。

（2）程序性条件。申请发明或者实用新型专利的，应当提交请求书、说明书及其摘要和权利要求书等文件。申请外观设计专利的，应当提交请求书以及该外观设计的图片或者照片等文件，并且应当写明使用该外观设计的产品及其所属的类别。

3．专利权的保护，应从以下几个方面做起：

（1）保护期限。发明专利权的保护期限为20年；实用新型和外观设计专利权的保护期限为10年，均自申请之日起计算。

（2）保护范围。发明或者实用新型专利的保护范围以其权利要求的内容为准，说明书及附图可以用于解释权利要求。外观设计专利权的保护范围以表示在图片或者照片中的该外观设计的专利产品为准。

（3）侵权纠纷的解决。未经专利权人许可，实施其专利，属侵权行为。引起纠纷的，由当事人协商解决；不愿协商或者协商不成的，专利权人或者利害关系人可以向人民法院起诉，也可以请求管理专利工作的部门处理。

（4）侵权行为的行政和刑事责任。假冒他人专利的，除依法承担民事责任外，由管理专利工作的部门责令改正并予公告，没收违法所得，可以并处违法所得 3 倍以下的罚款，没有违法所得的，可以处 5 万元以下的罚款；构成犯罪的，依法追究刑事责任。

以非专利产品冒充专利产品、以非专利方法冒充专利方法的，由管理专利工作的部门责令改正并予公告，可以处 5 万元以下的罚款。侵犯专利权的赔偿数额，按照权利人因被侵权所受到的损失或者侵权人因侵权所获得的利益确定；被侵权人的损失或者侵权人获得的利益难以确定的，参照该专利许可使用费的倍数合理确定。

（四）知识产权之三：商标权

商标权，是指商标注册后所取得的商标专用权利。只有经过商标局核准注册的商标，才能取得商标权，受法律保护。未经注册的商标可以使用，但发生纠纷时不受法律保护。商标权的内容是指商标权人的权利和义务。

1. 商标权人的权利与义务。商标权人的权利是：商标专用权，商标注册人有权标明“注册商标”或者注册标记；商标转让权；许可他人使用并取得使用费的权利。转让注册商标的，转让人和受让人应当共同向商标局提出申请，经商标局核准后予以公告。商标使用许可合同应当报商标局备案。商标权人的义务是：确保使用商标的商品的质量。转让注册商标的，受让人应当确保使用该注册商标的商品的质量；签订商标使用许可合同的，许可人应当监督被许可人使用其注册商标的商品的质量，被许可人应当保证使用该注册商标的商品质量，并且必须在该商品上标明被许可人的名称和商品产地。缴纳规定的各项费用。

2. 商标权的保护，保护商标权应从以下几个方面着手：

（1）国家工商行政管理局商标局为商标注册和管理主管部门。生产者要取得商标权，须向商标局提出申请，由商标局初步审定，予以公告。两个或两个以上的申请人在同一种商品上，以相同或相似的商标申请注册的，商标局公告申请在先的商标；同一天申请的，公告使用在先的商标。经公告后 3 个月内无异议或异议不成

立，商标局予以核准注册，发给商标注册证，并予以公告。

国家规定并由国家工商行政管理局公告的人用药品和烟草制品，必须使用注册商标。

各级工商行政管理部门通过商标管理，监督商品质量，制止欺骗消费者的行为。

（2）注册商标的有效期为10年。期满需要继续使用的，应当在期满前6个月内申请续展注册；在此期间未能提出申请的，可以给予6个月的宽展期。宽展期满仍未提出申请的，注销其注册商标。每次续展注册的有效期为10年。续展注册经核准后，予以公告。

（3）侵犯商标专用权行为的应承担民事责任。未经商标注册人的许可，在同一种商品或者类似商品上使用与其注册商标相同或者近似的商标的；销售侵犯注册商标专用权的商品的；伪造、擅自制造他人注册商标标志或者销售伪造、擅自制造的注册商标标志的；未经商标注册人同意，更换其注册商标并将该更换商标的商品又投入市场的，此等行为，均属侵犯商标专用权的行为，应当承担相应的民事责任。

第四节　民事责任

一、民事责任概述

（一）民事责任的含义及特征

所谓民事责任，是指民事主体因违反合同或者不履行其他民事义务所应承担的民事法律后果。民事责任不同于民事义务，民事义务是民事责任的前提，无义务就无责任；民事责任则是不履行民事义务的法律后果。虽然民事责任和民事义务在内容上经常一致，但两者存在本质的区别：民事义务的履行为社会所倡导和鼓励，民事责任的承担则体现社会对不履行民事义务的谴责和制裁。民事责任主要分为违约责任和侵权责任，因违约责任将在合同法中阐述，本节仅阐述侵权责任。

法律责任可分为民事责任、刑事责任与行政责任。与刑事责任、行政责任相比，民事责任具有以下特征：

1. 财产性。因为民法是调整财产关系的，所以民事责任内容主要是一种财产责任，行为人应支付一定的财产代价。

2. 补偿性，又称平等性。追究民事责任时，行为人与受害人是平等的，追究民事责任的目的不是惩罚行为人，而是使受害人遭受的损失能通过追究行为人责任来得以补偿。也就是说，行为人承担的民事责任的大小与其给受害人带来的损失相适应，受害人原则上不能通过追究行为人责任来发家致富。

3. 任意性。这一特征表现在以下两个方面：一方面，行为人给受害人造成损失的，受害人是否追究行为人责任，取决于受害人的意愿，法院、仲裁机关不得主动受理；另一方面，受害人不想追究行为人责任，可与行为人协商，互谅互让，也可撤诉，判决生效后也可以放弃权利。

（二）民事责任的构成要件

构成民事责任的条件共有以下几项：

1. 民事违法行为的存在。行为的违法性是构成民事责任的必要条件之一。民事违法行为有两种表现形式，一种是作为的违法行为；另一种是不作为的违法行为。凡法律所禁止的行为，如果违反法律而作为时，称为作为的违法行为。民事法律要求行为人在某种情况下，有作出某种行为的义务，行为人必须履行这种义务，如果负有这种义务的人不履行其义务，便是不作为的违法行为。

2. 损害事实的存在。只有在民事违法行为引起损害后果的情况下，行为人才负民事责任。可见，损害事实是构成民事责任的条件之一。如果仅有违法行为，而无损害的结果，就构不成民事责任。

损害包括两种类型：凡是能以货币来表现的损害属于财产权利

方面的损害；凡是不能用货币来表现的损害，则属于非财产权利方面的损害。非财产权利包括自然人享有的生命健康权、姓名权、肖像权、名誉权、荣誉权以及法人所享有的名称权、名誉权、荣誉权等人身权利。

3. 违法行为与损害事实之间存在因果关系。民事责任是民事违法行为人对自己的不法行为后果应承担的责任，行为人只对自己的行为后果负责，而对于自己行为以外的后果一般是不负责任的。因此，只有违法行为和损害事实之间有因果关系，行为人才能对该损害承担责任。所谓因果关系，是指客观现象之间的一种本质的必然联系。如果某一违法行为是某一损害事实的原因，而该损害事实恰是该违法行为实施的结果，则该违法行为和损害事实间就存在因果关系。

4. 行为人主观上须有过错。过错，是指违法行为人对自己的行为及其后果的一种心理状态，分故意和过失两种状态。故意，是指行为人明知自己行为的不良后果，而希望或者放任其发生的心理。过失是指行为人应当预见自己的行为可能发生不良后果而没有预见，或者已经预见而轻信不会发生或自信可以避免的心理。故意和过失的区分，在刑法上对于定罪量刑有重要意义。

(三) 民事责任的分类

民事责任作为违反民事义务或侵犯民事权利产生的法律后果，因产生的根据、适用的原则以及性质和形式的不同而不同。但最基本的分类是以产生根据的不同而将其分为违约责任与侵权责任。

违约责任，是指合同关系中的债务人违反合同的规定，侵犯债权人的债权而应承担的民事责任。侵权责任，是指侵犯债权之外的其他权利而应承担的民事责任。违约责任与侵权责任的区分是民事责任最根本的区分。

侵权责任，又可分为一般侵权责任和特殊侵权责任。

1. 一般侵权责任，是指行为人基于过错而造成他人的财产或人身损失而应承担的民事责任。包括以下几种：

（1）侵占、损害国家、集体或其他法人和公民的财产的行为；

（2）侵害公民人身权利，造成人身伤害或死亡的侵权行为；

（3）侵犯权利人知识产权的侵权行为；

（4）侵害公民、法人非财产利益的侵权行为等。

2. 特殊侵权责任，包括共同侵权行为、实行无过错归责原则的侵权行为以及实行过错推定归责原则的侵权行为。

二、民事责任的归责原则及承担方式

（一）民事责任的归责原则

承担民事责任的原则，在民法学上也叫归责原则。《民法通则》在确认“过错责任原则”为一般原则的基础上，同时又规定了无过错责任原则、推定过错责任原则及公平责任原则。

1. 过错责任原则，是指以当事人的主观过错为构成侵权行为的必备要件的归责原则。我国侵权法原则上采用过错原则。

2. 无过错责任原则，是指不以当事人的主观过错为构成侵权行为的必备要件的归责原则。无论当事人主观上是否有过错，都应承担民事责任。只有法律明文规定的侵权行为才采用无过错责任原则。

3. 推定过错责任原则，它是过错责任的一种特别形态，指当事人只有证明自己无过错才能不承担民事责任。否则，就推定其有过错，应承担民事责任。例如，医生的医疗事故，就应该采用推定过错责任原则。

4. 公平责任原则，是指对于损害的发生双方当事人都没有过错，而且不能适用无过错责任原则，可是受害人遭受的损失若不予补偿又显失公平的情况下，由法院根据具体情况，要求双方当事人公平分担损失的原则。例如，甲出于好意帮助乙，在其帮助的过程中，却将自己的物品损坏，这时乙就负有义务帮助甲来共同承担损失。

（二）民事责任的承担方式及免除条件

1. 民事责任的承担方式，是指为使受害人的合法权益恢复到未受损害的状态，加害人所应当为或者不为的一定的行为。例如，根

据《中华人民共和国侵权责任法》（以下简称《侵权责任法》）第15条的规定，承担侵权责任的方式主要有：①停止侵害；②排除妨碍；③消除危险；④返还财产；⑤恢复原状；⑥赔偿损失；⑦赔礼道歉；⑧消除影响、恢复名誉。

以上承担侵权责任的方式，可以单独适用，也可以合并适用。侵权人因同一行为应当承担行政责任或者刑事责任的，不影响依法承担侵权责任。因同一行为应当承担侵权责任和行政责任、刑事责任，侵权人的财产不足以支付的，先承担侵权责任。除上述承担侵权责任的方式外，人民法院审理民事案件时对违法者还可以予以训诫、责令其悔过、收缴进行非法活动的财物和非法所得，并可以依照法律规定处以罚款、拘留。

2．民事责任的免责条件。行为人有违约或侵权之事实，但由于有不可归责之事由，法律规定可以不承担民事责任。这种情形即免除民事责任的条件，简称免责条件。免除民事责任的情况主要有下列几种：

（1）正当防卫。自然人为使公共利益、本人或者他人的人身安全和其他合法权利免受正在进行的非法侵害而加以反击的合法行为，如果造成了损害，不承担民事责任。

（2）紧急避险。自然人为使公共利益、本人或他人的人身和其他合法权利免受正在发生的危险袭击，不得已而采取的损害他人较小利益的行为，不承担民事责任。

（3）不可抗力。所谓不可抗力，是指不能预见、不能避免并不能克服的客观情况，如水灾、火灾、地震、风暴、旱灾、飓风、战争、罢工等。自然人因不可抗力不能履行合同或者造成他人损害的，不承担民事责任，法律另有规定的除外。

第五章 刑 法

第一节 刑法概述

一、刑法的含义与我国的刑法

（一）刑法的内涵

刑法是规定犯罪和刑罚的法律的总称，是掌握国家政权的阶级为了维护其统治，根据本阶级的意志，规定哪些行为是犯罪，并给犯罪人以何种刑罚处罚的法律的总和。刑法有广义和狭义之分，狭义的刑法，是指规定犯罪和刑罚的一般原则和具体犯罪与刑罚的法律规范的刑法典；广义的刑法，是指一切规定犯罪、刑事责任和刑罚的法律规范的总称，包括刑法典和单行刑事法律及非刑法规范性文件中的刑法规范。

刑法与其他法律相比，有以下重大区别：首先，刑法调整的社会关系范围非常广泛，凡是其他法律所调整的社会关系，刑法都予以调整，涉及社会生活的各个方面。其次，刑法用最为严厉的制裁方法——刑罚来调整社会关系。刑罚可以剥夺行为人的财产、自由，甚至生命。由于这两个法律特征，刑法被认为是“后盾法”，是其他部门法的保护法。

我国现行《刑法》是于 1979 年 7 月 1 日由第五届全国人民代表大会第二次会议通过，并自 1980 年 1 月 1 日起施行的。该法于 1997 年 3 月 14 日由第八届全国人民代表大会第五次会议进行了修订，自 1997 年 10 月 1 日起施行。这部刑法典由总则、分则和附则

3部分构成，共452条。其中，总则5章，共101条；分则10章，共350条；附则由一个条文和两个附件组成。

（二）我国刑法所担负的重大任务

根据《刑法》第2条的规定，我国刑法的任务，是用刑罚同一切犯罪行为作斗争，以保卫国家安全，保卫人民民主专政的政权和社会主义制度，保护国有财产和劳动群众集体所有的财产，保护公民私人所有的财产，保护公民的人身权利、民主权利和其他权利，维护社会秩序、经济秩序，保障社会主义建设事业的顺利进行。

1. 保卫国家安全，保卫人民民主专政的政权和社会主义制度。运用刑罚手段同一切危害我国人民民主专政的政权和社会主义制度、危害国家安全的犯罪行为作斗争，是我国刑法的首要任务。

2. 保护公私财产，维护经济秩序。运用刑罚手段同一切破坏社会主义市场经济秩序的犯罪行为作斗争，保护国有财产和劳动群众集体所有的财产，保护公民私人所有的财产，维护社会主义市场经济秩序，打击经济领域的犯罪，是我国刑法的重要任务。

3. 保护公民的人身权利、民主权利和其他权利。为了惩罚犯罪、保护人民，运用刑罚手段同一切侵犯公民的人身权利、民主权利和其他权利的犯罪行为作斗争，保护公民的合法权益不受侵犯，使公民享有的合法权利得到切实的保障，是我国刑法的另一重要任务。

4. 维护社会秩序。刑法是维护社会秩序的重要武器。运用刑罚手段同一切破坏社会秩序的犯罪行为作斗争，使人民群众有一个良好的、安定的生活和工作条件，创造一个稳定的社会环境，保障社会主义建设事业的顺利进行。

二、刑法的基本原则

刑法的基本原则，是指刑法特有的，并贯穿整部刑法的根本准则。我国刑法的基本原则体现着我国刑事立法与刑事司法的基本精神，贯穿刑法规范、指导刑事立法、刑事司法的基本准则。我国刑法明确规定了以下三大基本原则：

（一）罪刑法定原则

罪刑法定原则，即“法律明文规定为犯罪行为的，依照法律定罪处罚；法律没有明文规定为犯罪行为的，不得定罪处罚”。其基本要求是：罪刑法定化，罪刑明确化，不得采用类推定罪处罚。

罪刑法定原则的基本含义是：什么样的行为是犯罪，是什么犯罪以及应予以什么样的刑罚处罚，都必须由法律明文规定，即所谓“法无明文规定不为罪，法无明文规定不处罚”。由此进一步派生出一些具体原则，如排斥习惯法、禁止适用类推法、刑法（重法）的效力不溯及既往、禁止绝对不定期刑等。罪刑法定是刑法中的法制原则，可有效保护公民的权利，防止公共权力滥用刑罚。刑事司法应当严格遵守罪刑法定原则，依法定罪处刑。

（二）适用刑法人人平等原则

适用刑法人人平等原则，即“对任何人犯罪，在适用法律上一律平等，不允许任何人有超越法律的特权”。这是公民在法律面前一律平等的宪法原则在刑法中的体现。这一原则意味着对所有的人，不论其社会地位、民族、种族、性别、职业、宗教信仰、财产状况如何，在定罪量刑以及行刑的标准上都平等地依照刑法规定处理，不允许有任何歧视或者优待。

适用刑法人人平等原则的基本要求是：任何人犯罪都应当受到刑法追究；无论其地位多高，功劳多大，都应当平等适用刑法；对任何人犯罪，都应当适用相同的刑罚标准；任何人受到犯罪侵害，都应当受到刑法的保护。

（三）罪刑相适应原则

罪刑相适应原则，也称罪刑等价主义或者罪刑相均衡原则。《刑法》第5条规定：“刑罚的轻重，应当与犯罪分子所犯罪行和承担的刑事责任相适应。”据此，刑法规定的罪刑相适应原则包括两方面的内容：一是刑罚的轻重与客观的犯罪行为及其危害结果相

适应，就是按照犯罪行为对社会造成的现实的危害性大小决定刑罚轻重；二是刑罚的轻重与犯罪人主观恶性的深浅、再次犯罪危险性的大小相适应。

罪刑相适应原则的基本要求是：重罪重罚，轻罪轻罚，罪刑相当，罚当其罪。刑事立法应以罪、刑相当为依据，使犯罪分子所犯的罪行和承担的刑事责任与刑罚轻重相一致。刑事司法应根据法律规定，综合犯罪事实、情节，综合量刑，杜绝畸轻畸重的现象。

三、刑法的效力范围

刑法的效力范围，即刑法的适用范围，是指刑法发生效力的大小范围，说明刑法在何时、何地，对什么人有效。刑法的效力范围分为空间效力和时间效力两个方面。

（一）刑法的空间效力范围

刑法的空间效力，是指刑法对什么人有效，在多大的空间范围内发生法律效力，实质就是国家刑事管辖权的范围。

依据《刑法》第6条、第8条、第9条和第10条的规定，我国刑法的空间效力包括以下内容：

其一，凡是发生在我国领域内的犯罪都适用我国刑法，但是法律有特别规定的除外。我国领域，是指国境内的全部区域，包括领陆、领水、领空。另外，依照国际条约和惯例，我国的船舶、航空器和驻外大使馆、领事馆，属于我国领土的延伸，也适用我国刑法。

其二，有些犯罪属于法律有特别规定的犯罪，这类犯罪即使发生在我国领域内，也不能适用我国刑法。这种特殊的情况包括两种：一是享有外交特权和豁免权的外国人的刑事责任需通过外交途径解决；二是由于政治和历史原因，我国刑法的效力不及于我国香港、澳门和台湾地区。香港、澳门特别行政区基本法对此作出了例外规定。

其三，我国公民在我国领域外犯罪，原则上适用我国刑法。我国公民在域外犯罪已受过刑罚处罚的，适用我国刑法追究刑事责任时，依法可以免除或减轻刑罚。

其四，外国人在我国领域内犯罪，一律适用我国刑法（享有外交特权和豁免权的除外）。

其五，对于我国缔结或参加的国际条约所规定的犯罪，不论犯罪分子是哪国人，不论罪行发生在什么地方，只要罪犯在我国境内被发现，我国就应当在所承担条约义务范围内行使刑事管辖权。

（二）刑法的时间效力范围

1．刑法的生效时间。有两种方式：一种是自公布之日起生效；另一种是公布之后经过一段时间再生效。

2．刑法的失效时间。有两种方式：一是由国家立法机关明确宣布失效；二是自然失效，即新法施行后，同类内容的旧法自行废止。

3．刑法的溯及力。刑法的溯及力，是指刑法对它生效以前发生的、未经审判或者判决尚未确定的案件的效力。刑法能适用于它生效以前的案件就叫做有溯及力，反之就是无溯及力。我国现行刑法关于溯及力问题的规定采取“从旧兼从轻”的原则。

第二节　犯罪、犯罪构成与犯罪形态

一、犯罪的含义及构成要件

（一）犯罪的含义及特征

所谓犯罪，是指国家以法律规定的具有社会危害性并且应当受刑罚处罚的行为。根据《刑法》第 13 条规定，一切危害国家主权、领土完整和安全，分裂国家、颠覆人民民主专政的政权和推翻社会主义制度，破坏社会秩序和经济秩序，侵犯国有财产或者劳动群众集体所有的财产，侵犯公民私人所有的财产，侵犯公民的人身权利、民主权利和其他权利，以及其他危害社会的行为，依照法律应当受刑罚处罚的，都是犯罪，但是情节显著轻微危害不大的，不认为是犯罪。

根据这一规定，犯罪必须是同时具有以下特征的行为：

1. 具有社会危害性，即行为人通过作为或者不作为的行为对社会造成一定危害。没有危害社会的行为，不能认为是犯罪。

2. 具有刑事违法性，即犯罪行为应当是刑法禁止的行为。不是所有危害社会的行为都是犯罪，只有其社会危害性达到一定程度，刑法才规定为犯罪。

3. 具有应受刑罚惩罚性，即犯罪是依照刑法规定应当受到刑罚处罚的行为。这也是犯罪行为与其他违法行为的基本区别。

以上三点是犯罪缺一不可的基本特征，缺少任何一个特征都不能构成犯罪。但是，根据《刑法》第 13 条规定，“情节显著轻微危害不大的，不认为是犯罪”，即行为的社会危害性未达到应当受刑罚处罚的程度，法律规定不认为是犯罪。这一规定是对犯罪要件的重要补充。

(二) 犯罪构成的要件

所谓犯罪构成，是确定某一行为构成犯罪所必须具备的主观和客观要件的总和。任何一种犯罪的成立，都必须具备犯罪客体、犯罪客观方面、犯罪主体和犯罪主观方面这些要件，缺少任何一个方面的要件都不构成犯罪。

1. 犯罪客体，是指刑法所保护的、为犯罪行为所侵害的社会关系。犯罪行为侵害的社会关系性质不同，其所构成的犯罪性质也就不同。犯罪客体与犯罪对象存在明显区别。犯罪对象是犯罪行为直接作用的人或物，它不决定犯罪性质，只是某些犯罪的必要构成要件。犯罪客体可分为一般客体、同类客体和直接客体。

2. 犯罪客观方面，是指刑法规定的说明侵害刑法所保护的社会关系的客观外部表现。内容主要包括危害行为、危害结果及其因果关系，以及犯罪的时间、地点和手段。

3. 犯罪主体，是指实施了危害社会行为，依法应当承担刑事责任的自然人和单位。作为自然人犯罪主体应当具备的条件是：必须达到一定年龄；必须具有刑事责任能力。单位犯罪主体，是指实施了法律规定的犯罪行为的公司、企业、事业单位、机关团体。

4. 犯罪主观方面，是指犯罪主体对其危害行为及其危害结果所持的心理态度，包括犯罪故意、过失、犯罪的目的和动机。例如，抢劫罪的犯罪构成就是由以下要件组成的：

（1）年满 14 周岁、有辨认和控制自己行为的能力的自然人；

（2）有抢劫的故意；

（3）使用暴力、胁迫或者其他方法抢劫公私财物；

（4）侵犯了财产的所有权和人身权。

这四个条件紧密结合为一体，就形成了抢劫罪的犯罪构成。在这个集合体（也即犯罪构成）中，四个条件互相联系、互相作用，共同确立了法律上的一种“犯罪”，即抢劫罪。在现实生活中，如果某人及其所实施的行为完全符合上述四个条件，就是具备了抢劫罪的犯罪构成，也就构成了抢劫罪。

（三）不构成犯罪的行为

根据刑法的规定，以下行为不是构成犯罪的行为。

1. 正当防卫，是指为了使国家、公共利益、本人或者他人的人身、财产和其他权利免受正在进行的不法侵害，而采取的制止不法侵害，且对不法侵害人未造成明显超过必要限度损害的行为。正当防卫行为的成立具有严格的条件限制。

2. 紧急避险，是指用损害一种合法权益的方法保全另一种受到正在发生的危险威胁的合法权益的紧急措施。《刑法》第 21 条第 1 款规定：“为了使国家、公共利益、本人或者他人的人身、财产和其他权利免受正在发生的危险，不得已采取的紧急避险行为，造成损害的，不负刑事责任。”

二、犯罪的各种形态

（一）犯罪的形态之一：犯罪既遂

犯罪既遂，是指行为人所实施的行为已经具备刑法分则对某一具体犯罪所规定的全部构成要件。

犯罪既遂虽然以行为具备某种犯罪构成为标志，但由于犯罪的复杂性，刑法对具体犯罪所规定的构成要件也呈多样性的特点。犯罪既遂表现出多种形式，从我国刑法分则规定看，犯罪既遂大致有以下几种形式。

1. 举动犯，是指行为人着手实施刑法分则条文规定的某种犯罪行为就构成犯罪既遂的犯罪。这种犯罪既遂的特点是，只要行为人着手实施犯罪的客观要件的行为，不管事实上有没有造成危害结果，都构成犯罪既遂。

2. 行为犯，是以法定的犯罪行为的完成作为犯罪既遂的标志。行为犯与举动犯虽都不以危害结果的实际发生作为犯罪既遂的要件，但举动犯是以着手实施犯罪作为犯罪既遂的条件，而行为犯则是当实行行为发展到一定程度即完成法定的行为时，才构成犯罪既遂。

3. 危险犯，是指行为人实施的行为足以造成某种危害结果发生的危险状态，虽然尚未造成严重结果，仍然构成犯罪既遂的犯罪。危险犯尚未造成严重结果，事实上仍是犯罪未完成形态。但刑法鉴于某些犯罪危害性质特别严重，通过危险状态犯的方式将犯罪的既遂提前到发生危险的时刻，是为了加强与这些犯罪的斗争。此外，刑法中规定的放火罪、投放危险物质罪等都是危险犯。

4. 结果犯，是指不仅要实施犯罪行为，而且要发生法定的危害结果才构成犯罪既遂的犯罪。结果犯是刑法中典型的、基本的既遂形式。例如，故意杀人罪，行为人不仅要实施杀人行为，而且要引起了他人死亡结果才构成犯罪的既遂。行为人实施了杀人行为后被害人没有死亡，则可能是故意杀人的中止或未遂。应当指出的是，结果犯中所发生的“危害结果”，是指对客体造成的物质性的、有形的、直接的并且可以具体测定计算的损害结果，不包括无形的危害结果。

既遂犯的刑事责任，应按照刑法分则对该种犯罪的定罪标准和对该种犯罪所确定的法定刑加以确定。

（二）犯罪的形态之二：犯罪预备

为了犯罪，准备工具、制造条件的是犯罪预备。在理解犯罪预备的概念时，应当从主观和客观两个方面来把握其特征。

1. 犯罪预备的主观特征，即犯罪预备的目的，是为了顺利地进行犯罪活动。大多数故意犯罪都有一个预备过程。有些犯罪必须经过犯罪预备才能进入实行阶段，如伪造货币，事先必须准备纸张、油墨、颜料和印刷工具等，否则就无法着手伪造货币；有些犯罪则是经过预备以后，实现犯罪意图的可能性就更大，如重大盗窃案件，准备越充分越有利于实现预期的目的。总之，无论犯罪预备对进一步实行犯罪的作用大小，其目的只有一个，就是为了便于完成犯罪。正是这一点体现了犯罪预备的主观恶性，这就是预备犯承担刑事责任的主观基础。

2. 犯罪预备的客观特征，即具有为进一步实施犯罪而准备工具、制造条件的行为。在司法实践中，犯罪预备行为是多种多样的，准备犯罪工具是其中常见的一种。犯罪预备行为是着手实施犯罪以前的行为，因此，它不是我国刑法分则所规定的具体犯罪构成客观方面的实行行为，但这并不意味着犯罪预备的犯罪构成客观方面是一个空白。由于《刑法》第 22 条明确规定了犯罪预备行为，从而使犯罪预备的犯罪构成客观方面得到补充。当然，我们在认定犯罪预备行为时，必须结合我国刑法分则规定的有关条文，否则就无法确定其犯罪预备的种类。

（三）犯罪的形态之三：犯罪未遂

所谓犯罪未遂，是指已经着手实施犯罪，由于犯罪分子意志以外的原因而未得逞的形态。犯罪未遂是犯罪的未完成形态之一。成立犯罪未遂，必须具备以下条件：

1. 已着手实行犯罪，是指犯罪分子已经开始实施刑法分则条文所规定的某种犯罪行为。是否已“着手”实施犯罪是犯罪未遂与预备犯区别的根本标志。预备犯是“准备实施犯罪”，由于遭到意志以外原因的阻止，未能开始实施犯罪。

2. 犯罪未得逞，是指犯罪没有既遂，即犯罪行为尚未完整地形成刑法分则规定的全部犯罪构成事实。犯罪未得逞是犯罪未遂与既遂区别的标志。倘若犯罪已得逞，即已完成，不会有成立犯罪未完成形态的可能性。

3. 犯罪未得逞是由于犯罪分子意志以外的原因，是指违背犯罪分子本意的原因。犯罪未得逞并不是犯罪分子自愿的，而是由不可克服的客观障碍造成的。所以，犯罪未遂也可称为障碍的未遂。犯罪分子意志以外的原因主要有：被害人的反抗、第三者的阻止、自然力的阻碍、物质的阻碍、犯罪人能力不足、认识发生错误等。

（四）犯罪的形态之四：犯罪中止

《刑法》第 24 条第 1 款规定：“在犯罪过程中，自动放弃犯罪或者自动有效地防止犯罪结果发生的，是犯罪中止。”从这一规定中可以看出，犯罪中止的特征如下：

1. 行为人主观上具有中止犯罪的决意。行为人在客观上能够继续犯罪和实现犯罪结果的情况下，自动作出的不继续犯罪或不追求犯罪结果的选择。首先，行为人明确认识到自己能够继续犯罪或实现犯罪结果；其次，中止行为的实施是行为人自动作出的选择；再次，中止犯罪的决意必须是完全的、无条件的、彻底的，不是部分的、有条件的或暂时的。犯罪中止的主观原因，不影响犯罪中止的成立。

2. 行为人客观上实施了中止犯罪的行为。第一，中止行为是停止犯罪的行为，是使正在进行的犯罪中断的行为。第二，中止行为既可以作为的形式实施，也可以不作为的形式实施。第三，中止行为以不发生犯罪结果为成立条件，但这种结果，是行为人主观追求的和行为所必然导致的结果。

3．犯罪中止必须发生在犯罪过程中，而不能发生在犯罪过程之外。这里的犯罪过程，包括预备犯罪的过程、实行犯罪的过程与犯罪结果发生的过程。不在这些过程之内实施的行为，不属于犯罪中止行为。

4．犯罪中止必须是有效地停止了犯罪行为或者有效地避免了危害结果。

第三节　我国刑法分则规定的犯罪种类

根据犯罪行为所侵犯的同类客体和社会危害程度，我国刑法分则将犯罪分为10类，即危害国家安全罪，危害公共安全罪，破坏社会主义市场秩序罪，侵犯公民人身权利、民主权利罪，侵犯财产罪，妨害社会管理秩序罪，危害国防利益罪，贪污贿赂罪，渎职罪和军人违反职责罪。现将各类犯罪分别简述如下。

一、危害国家安全罪

（一）危害国家安全罪的含义及特征

危害国家安全罪，是指故意危害中华人民共和国的主权、领土完整与安全，分裂国家，颠覆国家政权，推翻社会主义制度的行为。

危害国家安全罪具有如下特征：

1．犯罪客体是中华人民共和国的国家安全。

2．客观方面表现为行为人实施了危害国家安全的行为，包括危害国家政权、分裂国家行为；叛乱、叛逃行为以及间谍、资敌行为。

3．犯罪主体多数为一般主体，背叛国家罪、投敌叛变罪、叛逃罪等少数犯罪为特殊主体。

4．主观方面只能由故意构成。

（二）危害国家安全罪的分类及其罪名

危害国家安全罪大致可以分为三类：

1．危害国家政权、分裂国家罪。包括：背叛国家罪，分裂国家罪，煽动分裂国家罪，武装叛乱、暴乱罪，颠覆国家政权罪，煽动颠覆国家政权罪，资助危害国家安全犯罪活动罪等。

2．叛乱、叛逃犯罪。包括：投敌叛变罪，叛逃罪等。

3．间谍、资敌犯罪。包括：间谍罪，为境外窃取、刺探、收买、非法提供国家秘密、情报罪，资敌罪等。

这三类犯罪的共同特点是危害国家安全。危害国家安全罪是最严重的犯罪行为，最高刑是死刑，一般应当剥夺政治权利。

二、危害公共安全罪

（一）危害公共安全罪的含义及特征

危害公共安全罪，是指故意或者过失地实施危害不特定多数人的生命、健康或者重大公共财产安全的行为。

危害公共安全罪具有如下特征：

1．犯罪客体是公共安全。所谓公共安全，是指不特定多数人的生命健康和重大公私财产安全。“不特定”包括侵害对象、危害范围和后果的不特定。

2．客观方面表现为行为人实施了危害公共安全的行为。可以由作为或不作为构成。

3．犯罪主体多数为一般主体，少数为特殊主体。违规制造、销售枪支罪等少数犯罪主体只能是单位。

4．主观方面，有的只能由故意构成，如放火罪；有的只能由过失构成，如失火罪。

（二）危害公共安全罪的分类及其罪名

危害公共安全罪大致可以分为以下几类：

1．以危险方法危害公共安全的犯罪。包括：放火罪、决水罪、爆炸罪、投放危险物质罪、以危险方法危害公共安全罪等。

2. 破坏公用工具、设施，危害公共安全的犯罪。包括：破坏交通工具罪，破坏交通设施罪，破坏电力设备罪，破坏易燃易爆设备罪，破坏广播电视设备、公用电信设施罪等。

3. 实施恐怖、危险活动危害公共安全的犯罪。包括：组织、领导、参加恐怖组织罪，劫持航空器罪，劫持船只、汽车罪，暴力危及飞行安全罪等。

4. 违反枪支、弹药、爆炸物管理规定危害公共安全的犯罪。包括：非法制造、买卖、运输、邮寄、储存枪支、弹药、爆炸物罪，非法制造、买卖、运输、储存危险物质罪，违规制造、销售枪支罪，盗窃、抢夺、抢劫枪支、弹药、爆炸物、危险物质罪，非法持有、私藏枪支、弹药罪，非法出租、出借枪支罪，丢失枪支不报罪，非法携带枪支、弹药、管制刀具、危险物品危及公共安全罪等。

5. 重大事故危害公共安全的犯罪。包括：重大飞行事故罪，铁路运营安全事故罪，交通肇事罪，重大责任事故罪，重大劳动安全事故罪，危险物品肇事罪，工程重大安全事故罪，教育设施重大安全事故罪，消防责任事故罪等。

三、破坏社会主义市场秩序罪

（一）破坏社会主义市场秩序罪的含义及特征

破坏社会主义市场秩序罪，是指违反国家市场经济管理法规，破坏社会主义市场经济秩序，情节严重的行为。

破坏社会主义市场秩序罪具有如下特征：

1. 犯罪客体是社会主义市场经济秩序。具体表现为侵犯工商、外贸、海关、税务、金融等次级客体。

2. 客观方面表现为行为人违反海关、税务、金融、工商、外贸、知识产权等经济管理法规，实施了各种各样的危害社会主义市场经济秩序的行为。表现为生产、销售伪劣产品，走私，妨害公司企业的管理秩序，破坏金融管理秩序，金融诈骗，危害税收征收管

理秩序，侵犯知识产权和扰乱市场秩序等几类行为。

3．犯罪主体多数为一般主体，少数犯罪为特殊主体。许多犯罪主体可以是单位，也可以是自然人。

4．主观方面，绝大多数只能由故意构成，个别的可以由过失构成。

（二）破坏社会主义市场秩序罪的分类及其罪名

破坏社会主义市场秩序罪大致可以分为以下几类：

1．生产、销售伪劣商品罪。包括：生产、销售伪劣产品罪，生产、销售假药罪，生产、销售劣药罪，生产、销售不符合卫生标准的食品罪，生产、销售有毒、有害食品罪等。

2．走私罪。包括：走私武器、弹药罪，走私核材料罪，走私假币罪，走私文物罪，走私贵重金属罪，走私普通货物、物品罪等。

3．妨害对公司、企业的管理秩序罪。包括：虚报注册资本罪，欺诈发行股票、债券罪，提供虚假财会报告罪，妨害清算罪，公司、企业人员受贿罪，对公司、企业人员行贿罪，非法经营同类营业罪，为亲友非法牟利罪，签订、履行合同失职被骗罪，徇私舞弊低价折股、出售国有资产罪等。

4．破坏金融管理秩序罪。包括：伪造货币罪，出售、购买、运输假币罪，金融工作人员购买假币、以假币换取货币罪，持有、使用假币罪，擅自设立金融机构罪，伪造、变造、转让金融机构经营许可证罪，高利转贷罪，非法吸收公众存款罪，伪造、变造金融票证罪等。

5．金融诈骗罪。包括：集资诈骗罪，贷款诈骗罪，票据诈骗罪，金融凭证诈骗罪，信用证诈骗罪，信用卡诈骗罪，有价证券诈骗罪，保险诈骗罪等。

6．危害税收征管罪。包括：偷税罪，抗税罪，逃避追缴欠税罪，骗取出口退税罪，虚开增值税专用发票、用于骗取出口退税、抵押税款发票罪，伪造、出售伪造的增值税专用发票罪，非法出售增值税专用发票罪，非法购买增值税专用发票、购买伪造的增值税专用发票罪等。

7. 侵犯知识产权罪。包括：假冒注册商标罪，销售假冒注册商标的商品罪，非法制造、销售非法制造的注册商标标识罪，假冒专利罪，侵犯著作权罪，销售侵权复制品罪，侵犯商业秘密罪等。

8. 扰乱市场秩序罪。包括：损害商业信誉、商品声誉罪，虚假广告罪，串通投标罪，合同诈骗罪，非法经营罪，强迫交易罪，伪造、倒卖伪造的有价票证罪，倒卖车票、船票罪，非法转让、倒卖土地使用权罪，中介组织人员提供虚假证明文件罪，中介组织人员出具证明文件重大失实罪，逃避商检罪等。

四、侵犯公民人身权利、民主权利罪

（一）侵犯公民人身权利、民主权利罪的含义及特征

侵犯公民人身权利、民主权利罪，是指故意或者过失地侵犯公民人身权利、民主权利的犯罪行为。

侵犯公民人身权利、民主权利罪的特征：

1. 犯罪客体是公民的人身权利和民主权利。

2. 客观方面表现为行为人实施剥夺、限制、破坏、损害等侵害公民人身权利和民主权利的行为。可以由作为或不作为构成。

3. 犯罪主体，多数为一般主体，少数为特殊主体。少数犯罪的主体可以是单位。

4. 主观方面，多数由故意构成，少数由过失构成。

（二）侵犯公民人身权利、民主权利罪的分类及其罪名

侵犯公民人身权利、民主权利罪大致可以分为7类：

1. 侵犯他人的生命、健康的犯罪。包括：故意杀人罪，故意伤害罪等。

2. 侵犯妇女、儿童的身心健康的犯罪。包括：强奸罪，强制猥亵、侮辱妇女罪，拐卖妇女、儿童罪等。

3. 侵犯他人人身自由的犯罪。包括：非法拘禁罪，绑架罪等。

4．侵犯他人人格和名誉的犯罪。包括：侮辱罪，诽谤罪等。

5．侵犯他人民主权利的犯罪。包括：破坏选举罪，报复陷害罪等。

6．妨害婚姻家庭权利的犯罪。包括：暴力干涉婚姻自由罪，虐待罪，遗弃罪等。

7．民族歧视、仇恨犯罪。包括：煽动民族仇恨、民族歧视罪，出版歧视、侮辱少数民族作品罪等。

五、侵犯财产罪

（一）侵犯财产罪的含义及特征

侵犯财产罪，是指以非法占有为目的，盗取公私财物，或者故意毁坏公私财产的行为。

侵犯财产罪的特征：

1．犯罪客体是公私财产的所有权。侵犯的对象是财物。

2．客观方面表现为行为人实施了将他人的财产占为已有、故意破坏生产经营或损毁他人财物的行为。

3．犯罪主体，多数为一般主体，个别犯罪为特殊主体。单位不能成为此类犯罪的主体。

4．主观方面，只能由故意构成。

（二）侵犯财产罪的分类及其罪名

侵犯财产罪大致可以分为几类：

1．占有型犯罪。包括：抢劫罪、盗窃罪、诈骗罪、抢夺罪、聚众哄抢罪、侵占罪、职务侵占罪等。

2．挪用型犯罪。包括：挪用资金罪、挪用特定款物罪等。

3．毁坏型犯罪。包括：故意毁坏财物罪、破坏生产经营罪等。

六、妨害社会管理秩序罪

（一）妨害社会管理秩序罪

妨害社会管理秩序罪，是指故意妨害国家机关对社会管理的正常活动，破坏社会秩序，情节严重的行为。

妨害社会管理秩序罪的特征：

1. 犯罪客体是国家机关依法对社会实行管理所形成的正常社会管理秩序。

2. 客观方面表现为行为人实施了严重妨害国家机关管理社会活动的行为。

3. 犯罪主体，多数为一般主体，少数犯罪为特殊主体。少数犯罪的主体可以是单位。

4. 主观方面，绝大多数由故意构成。个别犯罪属过失犯罪。

（二）妨害社会管理秩序罪的分类及其罪名

妨害社会管理秩序罪大致可以分为以下几类：

1. 扰乱公共秩序罪。包括：妨害公务罪，招摇撞骗罪，赌博罪，聚众扰乱社会秩序罪，聚众斗殴罪，寻衅滋事罪，组织、领导、参加黑社会性质组织罪等。

2. 妨害司法罪。包括：伪证罪，妨碍作证罪等。

3. 妨害国（边）境管理罪。包括：组织他人偷越国（边）境罪，运送他人偷越国（边）境罪等。

4. 妨害文物管理罪。包括：故意损毁文物罪、故意损毁名胜古迹罪等。

5. 危害公共卫生罪。包括：妨害传染病防治罪、医疗事故罪、非法行医罪等。

6. 破坏环境资源保护罪。包括：重大环境污染事故罪、盗伐林木罪等。

7. 走私、贩卖、运输、制造毒品罪。包括：走私、贩卖、运输、制造毒品罪，非法持有毒品罪等。

8. 组织、强迫、引诱、容留、介绍卖淫罪。包括：组织卖淫罪，强迫卖淫罪，引诱、容留、介绍卖淫罪等。

9. 制作、贩卖、传播淫秽物品罪。包括：制作、复制、出版、贩卖、传播淫秽物品牟利罪，传播淫秽物品罪等。

七、危害国防利益罪

（一）危害国防利益罪的含义及特征

危害国防利益罪，是指故意或过失危害作战和军事行动，危害国防建设和国防秩序的行为。

危害国防利益罪的特征：

1. 犯罪客体是国防利益。

2. 客观方面表现为行为人实施了违反国防法规，严重危害国防利益的行为。

3. 犯罪主体，包括一般自然人和单位。

4. 主观方面，绝大多数由故意构成，少数由过失构成。

（二）危害国防利益罪的分类及其罪名

危害国防利益罪大致可以分为两类：

1. 平时危害国防利益罪。包括：阻碍军人执行职务罪，破坏武器装备、军事设施、军事通信罪，冒充军人招摇撞骗罪，煽动军人逃离部队罪，雇用逃离部队军人罪等。

2. 战时危害国防利益罪。包括：战时拒绝、逃避征召、军事训练罪，战时拒绝、逃避服役罪等。这类犯罪的基本特征是军人之外的自然人或单位实施危害国防利益的行为。

八、贪污贿赂罪

（一）贪污贿赂罪的含义及特征

贪污贿赂罪，是指国家工作人员利用职务之便，贪污、挪用、私分公共财物，以及个人与单位受贿与行贿等行为。

贪污贿赂罪的特征：

1. 犯罪客体是国家工作人员职务行为的廉洁性和国家财产的所有权。

2. 客观方面表现为行为人利用职务上的便利，贪污、挪用、索取、收受贿赂，或者私分公共财物的行为。

3. 犯罪主体，少数为一般主体，绝大多数为特殊主体。单位受贿罪、单位行贿罪的犯罪主体由单位构成。

4. 主观方面，只能由故意构成，过失不构成犯罪。

（二）贪污贿赂罪的分类及其罪名

贪污贿赂罪大致可以分为两类：

1. 贪污型犯罪。包括：贪污罪、挪用公款罪、巨额财产来源不明罪、隐瞒境外存款罪、私分国有资产罪、私分罚没财物罪等。

2. 贿赂型犯罪。包括：受贿罪、单位受贿罪、行贿罪、对单位行贿罪、介绍贿赂罪、单位行贿罪等。

九、渎职罪

（一）渎职罪的含义及特征

渎职罪，是指国家机关工作人员徇私舞弊、滥用职权、玩忽职守，妨害国家机关的正常活动，致使公共财产和国家、人民利益遭受重大损失的行为。

渎职罪的特征：

1. 犯罪客体是国家机关的正常活动。

2. 客观方面表现为行为人实施了徇私舞弊、滥用职权、玩忽职守等各种渎职行为。

3. 犯罪主体为特殊主体，即国家机关工作人员；但少数犯罪可以由一般主体构成。

4. 主观方面，故意或过失。

（二）渎职罪的分类及其罪名

渎职罪大致可以分为以下几类：

1. 滥用职权型犯罪。包括：滥用职权罪、故意泄露国家秘密罪、私放在押人员罪等。

2. 徇私型犯罪。包括：徇私枉法罪，徇私舞弊减刑、假释、暂予监外执行罪等。

3. 失职型犯罪。包括：玩忽职守罪、过失泄露国家秘密罪等。

十、军人违反职责罪

（一）军人违反职责罪的含义及特征

所谓军人违反职责罪，是指军人违反职责，危害国家军事利益，依照法律应当受刑罚处罚的行为。

军人违反职责罪的特征：

1．犯罪客体是国家军事利益，也就是关于国防建设、作战行动、军队物质保障、军事机密和军事科学研究等方面的利益。

2．客观方面表现为违反军人职责，危害国家军事利益的行为，行为方式可能是作为，也可能是不作为。

3．犯罪主体是特殊主体，是指中国人民解放军的现役军官、文职干部、士兵及具有军籍的学员和中国人民武装警察部队的现役警官、文职干部、士兵及具有军籍的学员，以及执行军事任务的预备役人员和其他人员。

4．主观方面，多数是故意，少数为过失。

（二）军人违反职责罪的分类及其罪名

《刑法》第420条至第451条规定，军人违反职责罪的具体罪名有：战时违抗命令罪，隐瞒、谎报军情罪，拒传、假传军令罪，投降罪，战时临阵脱逃罪，战时自伤罪，擅离、玩忽军事职守罪，阻碍执行军事职务罪，军人叛逃罪，私放俘虏罪，故意泄露军事秘密罪，过失泄露军事秘密罪，武器装备肇事罪，遗弃武器装备罪，虐待部属罪，遗弃伤病军人罪，虐待俘虏罪等。

第四节　刑事责任与刑罚

一、刑事责任

（一）刑事责任的含义及特征

刑事责任，是指实施犯罪行为后应当承担的法律责任，即对犯罪分子依照刑事法律的规定追究的法律责任。刑事责任与犯罪和刑罚有紧密联系，一方面，一个人实施了刑法规定的犯罪行为，随之就产生了法律上的责任，即因触犯刑法而应当承担的责任，司法机关有权依照法律对其进行追究，刑事诉讼即由此开始；另一方面，一个人因犯罪而负有刑事责任，随之就产生如何适用刑罚的问题，刑事责任是适用刑罚的前提。

刑事责任具有以下基本特征：

1. 强制性。刑事责任是一种由犯罪行为所引起的法律效应，是一种强制犯罪人向国家承担的法律责任。

2. 严厉性。刑事责任是一种性质最为严重、否定评价最为强烈、制裁最为严厉的法律责任。

3. 专属性。刑事责任只能由犯罪的个人和单位承担，具有专属性，不可转嫁，不能替代。

4. 准据性。刑事责任是犯罪事实的综合反映，也是刑法规范的现实化，因而，刑事责任为确定刑罚提供根据。刑事责任一经确定，犯罪人和被害人均不能自行变更，也不容许法外解决。

（二）刑事责任的解决方式

按照我国刑法的规定，刑事责任的解决，根据不同的情况可以分别采取以下几种不同的方式：

1. 定罪判刑方式。对犯罪人在作出有罪判决的同时予以刑事制裁即适用刑罚，是解决刑事责任最常见的一种方式。

2. 定罪免刑方式。确定有罪而免除刑罚处罚，是解决刑事责任的另一种方式。

3. 消灭处理方式。刑事责任的消灭处理方式，是指本来行为人的行为已构成犯罪，应负刑事责任和受刑罚处罚，但是由于存在法律规定的实际阻却追究行为人刑事责任的事实，因而使刑事责任归于消灭，即行为人不应再负刑事责任。

4. 转移处理方式。刑事责任的转移处理方式，只能对享有外交特权和豁免权的外国人适用。

二、刑罚

（一）刑罚的含义及特征

刑罚，是指刑法所规定的、由人民法院依法对犯罪的人或者单位所适用的强制措施。刑罚体系，是指刑法所规定的、人民法院必须遵循适用的、按照一定次序排列的各种刑罚方式的有机整体。

由于刑罚是国家审判机关依法对犯罪分子实行惩罚的一种最严厉的强制措施，所以，其适用的对象是犯罪分子；内容是严厉限制或剥夺犯罪分子一定权益；适用主体是人民法院；适用依据是刑法。刑罚目的在于预防犯罪，包括一般预防和特殊预防。

刑罚具有以下几个基本特征：

其一，刑罚是最严厉的制裁方式，区别于民事制裁、行政制裁。

刑罚可以剥夺犯罪人的一切权利，自由、财产、资格，甚至生命。刑罚可以同时剥夺数种不同的权利，如生命权和财产权、自由权和财产权等。古代社会的刑罚极其严厉，近代以后趋于缓和，但和其他制裁方式相比，其严厉性是不言而喻的。

其二，刑罚只能由国家最高权力机关以成文法的方式制定，其他任何机关无权制定刑罚，最高权力机关制定刑罚时也只能在成文法中明确地加以规定。

其三，刑罚只适用于特定的对象，即犯罪分子。

其四，刑罚只能由国家特定机关依照《刑法》的规定并依照法定程序适用，即由人民法院依照刑法、刑事诉讼法的规定加以适用。

其五，刑罚只能由特定国家机关执行，我国的刑罚执行机关包括人民法院、监狱、公安机关等，其他任何机关或者人员无权执行刑罚。

（二）刑罚的体系与种类

刑罚的体系，指刑法所规定的，并按照一定次序排列的各种刑罚方式的总和。我国刑罚分主刑和附加刑两类，主刑和附加刑又各有多种，每个刑种又有其特定的内容和作用，轻重衔接，互相配合，构成一个完整的刑罚体系。

《刑法》第32条规定："刑罚分为主刑和附加刑。"所谓"主刑"是对犯罪分子进行惩罚的主要刑种。它只能独立适用，不能相互附加适用。对一个犯罪，只能判处一个主刑。"附加刑"是补充主刑惩罚罪犯的刑种。它既能附加主刑适用，又可以独立适用。我国刑法规定了5种主刑与3种附加刑。

1. 主刑。根据《刑法》第33条的规定，主刑共有以下几种：

一是管制。管制是对犯罪分子不实行关押，但限制其一定人身自由，由公安机关依靠群众监督执行的刑罚方式。

二是拘役。拘役是对犯罪分子短期剥夺人身自由，实行就近关押改造的轻刑刑罚方式，适用于罪行较轻的犯罪分子。

三是有期徒刑。有期徒刑是对犯罪分子剥夺一定时期人身自由，并实行强制劳动改造的刑罚方式。

四是无期徒刑。无期徒刑是剥夺犯罪分子终身自由的刑罚方法，是仅次于死刑的一种严厉的刑罚方式，只适用于严重的犯罪。

五是死刑。死刑是剥夺犯罪分子生命的刑罚方式，是一种最古老、最严厉的刑罚。适用于罪行极其严重、危害极大的犯罪分子。

2. 附加刑。附加刑一般是随主刑附加适用的，但也可以独立适用。这里规定的"可以独立适用"是指依照刑法分则单处附加刑的规定适用，而不是随意适用。它适用于犯罪性质、情节较轻的犯罪，罪行比较严重的，不能独立适用附加刑。

根据《刑法》第34条的规定，附加刑有以下几种：

一是罚金。罚金，是指强制犯罪分子向国家缴纳一定数额的金钱，对罪犯进行经济制裁的一种刑罚方式，主要适用于破坏社会主义市场秩序的犯罪和其他牟利性的犯罪。

二是剥夺政治权利。剥夺政治权利，是指依法剥夺犯罪分子在一定期限内参加国家管理和政治活动权利的刑罚方式。主要适用于

危害国家安全和其他危害社会治安的犯罪分子。

三是没收财产。没收财产，是指将犯罪分子个人所有的财产的一部分或者全部强行无偿地收归国有的一种刑罚方式。主要适用于危害国家安全罪、破坏社会主义市场秩序罪、侵犯财产罪及妨害社会管理秩序罪中较重的犯罪。

三、量刑

（一）量刑的含义及特征

量刑又称刑罚裁量，是指人民法院依据刑事法律，在认定行为人构成犯罪的基础上，确定对犯罪人是否判处刑罚、判处何种刑罚以及判处多重的刑罚，并决定所判刑罚是否立即执行的刑事司法活动。

量刑作为一种刑事司法活动，其主要任务如下：

1．决定是否对犯罪人判处刑罚。量刑的基础是行为人的行为构成犯罪。但是，我国刑法规定了多种免除处罚的情节，对于具有某种情节的犯罪人应当或者可以免除刑罚处罚。所以，量刑首先要解决的问题是决定对犯罪人是否判处刑罚。

2．决定对犯罪人判处何种刑罚和多重的刑罚。我国刑法所规定的法定刑均为相对确定的法定刑，在这种条件下，量刑活动就必须决定具体应判处的主刑刑种及其轻重程度，以及是否判处附加刑。

3．决定对犯罪人所判处的刑罚是否立即执行。按照我国刑法的规定，绝大多数对犯罪人判处刑罚的判决一旦产生法律效力，其所判刑罚便应立即交付执行。但由于我国刑法规定了缓刑制度，在符合法定条件的情况下，对犯罪人所判处的刑罚可以暂缓执行。因此，在量刑的内容中，也当然包括决定所判刑罚是否立即执行。

（二）量刑中对累犯、自首和立功的认定

累犯，是指在刑罚执行完毕或者赦免以后的一定时间内又犯一定之罪的犯罪分子。累犯分为一般累犯和特别累犯。一般累犯，是

指被判处有期徒刑以上刑罚的犯罪分子，在刑罚执行完毕或者赦免以后，5 年以内再次故意犯应当判处有期徒刑以上刑罚之罪的犯罪分子。特别累犯，是指危害国家安全的犯罪分子在刑罚执行完毕或者赦免以后，在任何时候再犯危害国家安全罪的犯罪分子。对于累犯，应当从重处罚。

自首，是指犯罪以后自动投案，如实供述自己的罪行的行为。被采取强制措施的犯罪嫌疑人、被告人和正在服刑的罪犯，如实供述司法机关还未掌握的本人其他罪行的，以自首论。对于自首的犯罪分子，可以从轻或者减轻处罚。其中，犯罪较轻的，可以免除处罚。

立功，是指犯罪分子有揭发他人犯罪行为，查证属实，或者提供重要线索，从而得以侦破其他案件的行为。立功分为一般立功和重大立功。犯罪分子有一般立功表现的，可以从轻或者减轻处罚。有重大立功表现的，可以减轻或者免除处罚。犯罪后自首又有重大立功表现的，应当减轻或者免除处罚。

（三）量刑中对缓刑的认定

缓刑，是指被判处一定刑罚的犯罪分子，在其具备法定条件的情况下，附条件地暂缓执行原判刑罚，当犯罪人满足一定条件后，便不再执行原判刑罚。如果违反应当遵守的条件，则原判刑罚仍要执行的一种刑罚制度。缓刑不是刑种，而是刑罚具体运用的一项制度。根据刑法的规定，适用缓刑应当符合以下条件：犯罪人被判处的刑罚是拘役或者 3 年以下有期徒刑；犯罪人不是累犯；必须是根据犯罪人的犯罪情节和悔罪表现，适用缓刑确实不致再危害社会。

拘役的缓刑考验期为原判刑期以上 1 年以下，但是不能少于 2 个月。有期徒刑的缓刑考验期限为原判刑期以上 5 年以下，但不能少于 1 年。缓刑的考验期限，从判决确定之日起计算。

第六章　行政法

行政法作为国家法律体系的重要组成部分，是国家权力机关和行政机关针对公共行政行为而制定的专项法律规范。行政法是调整行政关系、规范行政机关及公务员活动的法律准则和行为规范。行政法所调整的行政关系，直接关系到国家权力的行使，直接涉及广大公民的权利，它体现着政府的职能，规定着行政机关和公务员的行政执法行为。

第一节　行政法概述

一、行政法律关系与行政法

（一）行政的含义、行政与法的关系

“行政”一词，英文为“Administration”，德文为“Verwaltung”，日文为“行政”。在我国，现代意义上的“行政”一词，清末由日本引入。

1. 广义的行政泛指一切国家机关、公共组织的办事机构的行政管理活动，如立法、执法、司法等都属于国家管理工作。“行政是国家的组织活动。”也可以概括地说，行政是指国家意志的执行活动。

行政法学所要研究的行政，是指国家行政机关对政府事务的决策、组织、领导和调控，即除国家立法、司法和检察之外的国家职能活动的总称，其核心是国家的组织和对社会的管理活动。具体的行政管理活动，包括国家行政机关自身的管理和国家行政机关对经

济、政治、文化和社会生活的管理。

2. 行政与法的关系。法约束行政，法保障行政，一个国家离不开行政，也离不开法，行政与法具有相辅相成、密不可分的关系。下面进行具体阐述：

（1）行政与法密不可分。由于行政是行使行政权的活动，为了保障行政权的行使不背离实现国家职能和为人民服务的根本目的，就必须要有法来规范行政，通过法来约束和防止行政活动的随意性。

（2）法约束行政。行政必须依据法律，行政应在法律之下而不是在法律之上、之外、之旁。法律是行政活动的控制器，法律对行政起着支配的作用，不允许有“法外行政”的存在，更不允许行政有凌驾于法律之上的特权。

（3）法保障行政。法律虽然规范行政，但法律并不是将行政视为敌人对待。法律除限制行政权的非法行使或滥于行使外，还鼓励、促进和引导合法的行政行为。所以，法不仅支配、约束着行政，而且还配合着行政，保障着行政。

3. 法对行政的规范作用。法对行政的规范是综合、全面的规范，而不只是对行政权力的限制。法对行政的规范目的是双重的：一方面，是防止行政权力的行使者滥用行政权力从而保障公民的合法权益不受非法侵害；另一方面，则是使行政权能有效运作，从而使行政活动发挥效能，并使之为人民服务。

行政法对行政的规范的内容是多方面的，主要表现在：

（1）权限规范。法通过赋予行政机关或者其他行政组织以一定的行政权及明确其权限范围来规范行政权的行使，从而使行政机关在法律所许可的范围内进行活动，越权无效。

（2）组织规范。这方面的法律规范往往是对行政权力的行使主体的要求。主体是权力的构成要素，行政机关是行政权力行使的主要担当者，此外还有其他行政组织。因此，行政法往往要对行政机关及其他组织的相互关系、内部结构、公务员职位以及它们作为

行政权力主体的资格、条件等作出规定，从而使之成为有效、有活力的行政权行使主体。

(3) 行为规范。行政法主要是关于行政权如何行使（即行政机关如何作出行政活动）的法。行为规范，包括行政实体规范和行政程序规范，行政法通过这两类规范为行政行为提供行为准则、确定合法行为标准，从而使行政机关能够有法可依并做到依法行政。

(4) 裁判规范。裁判规范是有关机关或者人们对一定行为作出评判的依据和标准，旨在解决和处理纠纷。在行政法中，一般而言，裁判规范并不直接针对行政权的行使作出规定，但这种规范对行政权的行使却起着一种监督和制约的作用。

(二) 行政法律关系

1. 所谓行政法律关系，是指行政机关在行政管理活动过程中所形成的，并由国家行政法律规范调整的社会关系。

行政法律关系的产生与行政管理活动有着密切的联系，它是行政机关在实现其行政职能的过程中与社会中各有关机关、组织、团体、公民个人之间所发生的一种特殊关系。行政机关在其实现行政职能过程中所形成的社会关系并非都是行政法律关系，只有那些受到行政法律规范调整的社会关系才是行政法律关系。

2. 行政法律关系的主体与客体。

(1) 所谓行政法律关系的主体，是指行政法律关系的参加者，亦即行政法律关系中享有权利、承担义务的人或组织。行政法律关系主体通常包括国家机关、社会组织、企业事业单位、中国公民、外国人和无国籍人以及在华的外国企业或组织等。行政法律关系的主体通常应当具有权利能力和行为能力。

(2) 所谓行政法律关系的客体，是指行政法律关系主体的权利和义务所指向的对象或标的。如果没有行政法律关系主体的权利和义务所指向的对象或标的，就不能构成具体的行政法律关系。行政法律关系客体是行政法律关系的要素之一，包括物、与人身相联系的精神财富和行为等。

3．行政法律关系的内容。行政法律关系主体之间依法形成的具体权利和义务，构成了行政法律关系的内容，它是行政法律关系的要素之一，也是行政法律关系的核心。行政法律关系中的权利，是指行政法律关系主体可以依法自主作出某种行为或要求相对人为一定行为或不为一定行为的可能性。

行政法律关系中的义务，是指行政法律关系主体依法承担的某种必须履行的责任，即作出一定行为或不作出一定行为。

（三）行政法的地位与作用

1．行政法，是指调整一定范围内行政关系的法律规范的总和，是国家法律体系中极为重要的组成部分。

2．行政法的地位。在我国的法律体系中，行政法担任着重要的角色，占据重要的地位。具体地说，行政法的地位可以概括为如下两个方面：

（1）行政法是一个独立的部门法。行政法不依附于其他部门法，是一个独立的部门法律，原因在于，行政法具有相对独立的调整对象和调整方法。从调整对象来看，行政法主要调整的是行政主体在行使行政权的过程中与公民或组织所发生的行政关系。在调整方法上，行政法强调依法行政、命令与服从以及无偿提供公共服务等。

（2）行政法是宪法的重要实施法。宪法是法律体系中最重要、地位最高的法律，它主要规定国家根本制度、国家权力的范围与结构、公民的基本权利义务等内容。宪法是国家的根本法，刑法、民法、行政法等都是其实施法，但比较而言，刑法、民法都实施着宪法某一方面的规定，而行政法却较为全面地实施着宪法，它与宪法的关系更为密切。宪法所规定的国家基本政治、经济、文化社会制度和公民的基本权利义务，无一不涉及行政权力的行使和监督问题，没有行政法律规范的具体规定，宪法的价值就难以落实。

3．行政法的作用。行政法的作用，是指行政法所应当具备的功能或效用。行政法的作用可以概括为以下四个方面：

(1) 规范和控制行政权，实现法治行政。法治行政的核心内涵即政府守法。行政法就其实质而言，可以界定为规范和控制行政权的法。

(2) 合理地设定行政权，促进效率行政。行政法必须在符合法治原则的前提之下，从社会的现实需要出发，合理构筑行政组织，科学设定行政权，创造现代化的行政管理机制，为行政权的有效行使创造条件，实现行政的高效率。实际上，法治行政与效率行政在更高的层次上可以实现统一，二者并行不悖。

(3) 保障公民的权利和自由。行政法通过对公民权利的确认及建立相应的行政法律制度来保障公民权利和自由的实现。譬如，建立行政公开制度与听证制度可确保公民对行政的知情权和参与权的实现，减少行政审批环节也相应扩大了公民活动的自由空间，拓宽行政诉讼的受案范围增加了公民合法权益获得救济的机会。

(4) 维护社会的稳定与发展，促进民主与法治。行政法旨在营造一个平等、自由、秩序和责任的社会，这无疑有利于社会的稳定与发展。

二、行政主体与行政相对人

(一) 行政主体

1. 行政主体的概念。所谓行政主体，一般是指享有国家行政权力，能以自己的名义从事行政管理活动，并能独立地承担由此所产生的法律责任的组织。

2. 行政主体的类型。

(1) 职权行政主体，即行政机关。行政机关，又称国家行政管理机关，是指依法设立的为完成行政职能并根据法律规定行使行政职权、对国家内政外交事务和社会事务进行组织管理的国家机关体系。根据我国宪法规定，国务院，即中央人民政府，是最高行政机关，地方各级人民政府是地方各级国家权力机关的执行机关，是地方国家行政机关。

(2) 授权行政主体。授权行政主体，是指行政职权并不因组织的成立而依据宪法和组织法自然获得，而是来自于有权机关以法律、法规形式授予的行政主体。授权行政主体的类型主要包括依照法律、法规授权而设立的专门行政机构、行政机关内设的行政机构、行政机关派出机构、其他社会组织等。

(二) 行政相对人

1. 行政相对人的概念。行政相对人，是指在行政法律关系中与行政主体互有权利义务的另一方当事人，即行政主体实施的行政行为影响其权益的个人和组织。

2. 行政相对人的分类。依据不同的标准，可以对行政相对人进行不同的分类：

(1) 个人相对人与组织相对人。这是以行政相对人自身存在形式的不同为标准所作的分类。个人相对人是自然人形态的行政相对人，包括一人和多人两种。组织相对人是团体形态的行政相对人，包括法人和非法人组织两种。

(2) 特定相对人与不特定相对人。这是以行政主体行政行为的对象是否确定为标准所作的分类。特定的相对人是行政主体行政行为所指向的、可确定的对象。这类相对人在范围上明确、具体，通常是行政主体具体行政行为的相对人。不特定的相对人是行政主体行政行为所指向的、广泛而不确定的对象，通常是行政主体抽象行政行为的相对人。

(3) 直接相对人与间接相对人。这是以受行政主体行政行为约束和影响的方式不同所作的分类。直接相对人是行政主体行政行为的直接对象，其权益受到行政行为的直接影响，如行政处罚的被处罚人、行政征收的被征收人等。间接相对人是行政主体行政行为的间接对象，其权益受到行政行为的间接影响，如行政处罚中受到被处罚人行为侵害的被害人、行政许可中权益可能受到许可行为不利影响的与申请人有利害关系的人等。

3．行政相对人的法律地位。行政相对人的法律地位可以从他与行政主体之间的关系及其权利、义务等方面来确定。行政相对人与行政主体之间的关系体现在三个方面：

（1）行政相对人是行政主体行政管理的对象，必须服从行政主体的管理，履行行政主体行政行为为之确定的义务，遵守行政管理秩序，否则，行政主体可以对其实施行政强制或行政制裁。

（2）行政相对人也是行政管理的参与人。在现代社会，行政相对人不是消极被动地接受管理，而是可以通过各种途径和形式积极地参与到行政管理中去，成为行政活动的共同创造者。

（3）行政相对人在行政救济法律关系和行政法制监督关系中可以转化为救济对象和监督主体。

第二节　行政行为与行政程序

一、行政行为概述

（一）行政行为的含义

行政行为，是指行政主体行使行政职权所作出的能够产生行政法律效果的行为。行政行为的概念包含以下几层含义：其一，行政行为是行政主体所作出的行为；其二，行政行为是行使行政职权，进行行政管理的行为；其三，行政行为是行政主体实施的能够产生行政法律效果的行为。

（二）行政行为的种类

根据不同的标准，可对行政行为作出如下分类：

1．以行政行为的对象是否特定为标准，可将行政行为分为抽象行政行为和具体行政行为。抽象行政行为，是指行政机关针对不特定管理相对人所实施的行为；具体行政行为，是指行政主体针对特定管理相对人所实施的行为。

2．以行政主体作出行政行为时受法律规范的拘束程度为标准，可将行政行为分为羁束行政行为和自由裁量行政行为。

3. 以行政法律关系中当事人意思表示为标准，可将行政行为分为单方行政行为和双方行政行为。

4. 以行政行为的性质为标准，可将行政行为分为行政立法行为、行政执法行为和行政司法行为。

5. 以行政行为本身所能产生的法律效果为标准，可将行政行为分为强制性行政行为与非强制性行政行为。

除上述以外，行政行为还有不同的分类方法。

（三）行政行为的形式

1. 口头语言形式。所谓口头语言形式，是指行政公务人员用口头表达行政主体意志（行政行为的内容）的语言形式。口头语言形式的优点是便捷、易于执行，缺点是具有不易保留证据的缺点，发生争议时不利于问题的解决。

2. 书面文件形式。所谓书面文件形式，是指行政行为以书面文件形式来表现。这种书面形式因不同的行政行为又可分为两类：一类是规范性文件，一类是非规范性文件。书面形式的缺点是繁难不便，优点是郑重庄严和证据确实。按照依法行政的要求，内容复杂、对当事人权利和义务影响较大的行政行为都应当采用书面形式。行政行为依法必须采用书面形式而未采用的，属于无效的行政行为，行政主体应当承担由此而产生的不利的法律后果。

3. 表达意见的其他形式。行政行为在形式上主要表现为上述两种形式，另外还有表达并反映行政主体意志的其他行为形式，它们也构成行政行为的形式。这些形式既有可能是一定的动作姿势，也有可能是其他表现形态，如交通警察以言语、手势或口哨来指挥交通，这些都是行政行为的形式。另外，对于不作为形式，在认定上难以找到合适的形式，此时只要有不作为的表现形态即可。

二、行政行为的成立与时效性

（一）行政行为的成立与效力

行政行为的成立，是指行政行为的实际存在，即行政行为的形成或作出。行政行为发生法律效力是以其成立为前提的。在行政管理实践中，行政行为成立的标志有两种：一是由某一组织通过一定的组织会议形式作出的行政行为。这一组织可以是行政机关或被授权的组织，也可以是被委托的组织。二是由行政主体或被委托组织的工作人员代表它们直接作出行政行为。此种情形下行政行为形成的标志是工作人员在执行公务时，有明确的意思表示并作出了具有行政法律意义的行为。

1. 行政行为的合法要件。行政行为的合法要件，是指合法行政行为所必须具备的法定条件。

一般来说，行政行为的合法要件主要包括以下几个方面：

（1）主体合法。所谓主体合法，是指作出行政行为的组织必须具备行政主体资格，能以自己的名义作出行政行为，并能独立承担法律责任。根据我国有关法律、法规的规定，能够成为行政主体的应当是依法设置的行政机关或依法被授予行政职权的组织。

（2）权限合法。合法行政行为必须是具有行政权能的组织在其法定的权限范围内实施的行政行为。如果行政主体的行为超越权限，则其行为不合法。

（3）内容合法。行政行为的内容合法要求：①行为有确凿的证据证明，有充分的事实根据。②行为有明确的法律依据，正确适用了法律、法规、规章以及其他规范性文件。③行为必须公正、合理，符合立法目的和立法精神。

（4）程序合法。程序是实施行政行为所经过的步骤、时限、方式等。任何行政行为均须通过一定的程序表现出来，没有脱离程序的行政行为。行政行为程序是否合法影响着行政行为实体的合法性。

2. 行政行为的法律效力。一般认为，行政行为的法律效力包括公定力、确定力、拘束力和执行力四个方面。

（1）行政行为的公定力。公定力，是指行政行为一经成立，不论是否合法，均具有被推定为合法而要求所有的机关、组织或个人予以尊重的一种法律效力。

（2）行政行为的确定力。确定力，是指已经生效的行政行为对行政主体和行政相对人所具有的不受任意改变的法律效力，确定力是一种不可改变力。

（3）行政行为的拘束力。拘束力，是指行政行为具有法律规定的或行政机关所决定的法律效果，行政机关和行政相对人都必须尊重并遵守。

（4）行政行为的执行力。执行力，是指行政行为生效后，行政主体依法有权采取一定的强制手段和措施，使行政行为的目的得以完全实现。

（二）行政行为的生效与失效

行政行为的时效性所要解决的是行政行为的生效时间问题，即行政行为从何时起开始发生法律效力，持续到何时不再具有法律效力。

1. 行政行为的生效，是指行政行为从何时开始发生法律效力。一般而言，行政行为一经作出就具有法律效力，行政行为自作出之时即开始发生法律效力。但是，行政行为作出之时，行政相对人并不一定马上就能够知晓，行政相对人并不知晓的行政行为对其不能产生法律效力，因而行政行为的生效根据情况不同可以分为即时生效、告知生效和附款生效。

2. 行政行为的失效，是指已经成立并发生法律效力的行政行为，因某种情况的出现也会丧失法律效力。

三、行政程序

（一）行政程序的含义与构成要素

所谓行政程序，是指行政权力运用的程序，具体指行政机关行使行政权力，作出行政决定所遵循的方式、步骤、时间和顺序。

行政程序的构成要素是构成一个完整的行政程序所必需的程序步骤。不同的行政程序就是以某几个或全部构成要素为核心，通过对程序形式的适当变换、程序内容的适当增减，并按照不同的顺序衔接而成的。通过对不同行政程序的解剖和分析，可以把行政程序分为调查程序、听取当事人意见程序、决定程序、救济程序、执行程序等。

（二）行政程序法的基本制度

行政程序法的基本制度是一个相对比较独立的、完整的程序法律制度体系。如果说行政程序法的基本原则是行政程序中具有高屋建瓴意义的行为准则，那么行政程序法的基本制度则将这些行为准则化解为具体的行为操作过程，并通过行政程序法表现出来。

1．保障公正的基本制度。为了保证公正原则的真正实现，各国一般通过法律或政策确立回避制度、合议制度、听证制度、调查制度、审裁分离等制度。

2．保障公开的基本制度。我国除《立法法》、《行政法规制定程序条例》、《规章制定程序条例》、《法规规章备案条例》、《行政处罚法》、《中华人民共和国行政许可法》（以下简称《行政许可法》）等单行法律、法规对行政公开作出规定外，《中华人民共和国政府信息公开条例》（以下简称《政府信息公开条例》）对保障公开的基本制度亦作出了比较系统明确的规定。

（1）公开的范围。该制度在公开的范围方面主要包括以下两点：一是应当主动公开的政府信息范围。二是依申请公开的范围。

（2）不公开的范围。在不公开的范围方面，同样包括以下两点：一是行政机关不得公开涉及国家秘密、商业秘密、个人隐私的政府信息。二是行政机关对政府信息不能确定是否可以公开时，应当依照法律、法规和国家有关规定报有关主管部门或者同级保密工作部门确定。

3. 保障行政相对人参与的基本制度。保障行政相对人参与的基本制度体现为，行政主体在实施行政行为时，要通过一定方式向行政相对人表明自己的身份，包括配有明显标志或出示证件，还包括说明理由制度。

4. 保障效率的基本制度。保障效率的基本制度包括以下一些基本内容：

（1）时效限制的规定。任何行政行为的作出必然要经过一定的时期，但时期应有一定的限制，并且要与行政活动的特点和效率相一致。

（2）行为方式在时间上有先后顺序的规定。行为方式的环节顺序在时间上也需要有先后安排，如先调查、取证，然后作出裁决。

（3）简易程序的适用。在紧急情况下或者对于比较简单的事项，从提高行政效率的角度出发，可采用简易程序。

第三节　行政执法的具体行为

一、行政许可

（一）行政许可的概念

行政许可，是指行政主体依据行政相对人的申请，依法赋予具备法定条件的特定行政相对人从事为法律所一般性禁止的活动的权利或资格的行政行为。它涉及行政许可的设定、申请、审查，证照颁发、使用、效力、检查、撤销以及废止等一系列内容和过程。

（二）行政许可的主体

1. 全国人大。全国人大及其常务委员会可以通过法律设定所

有行政许可事项。

2．国务院。国务院在尚未制定法律的行政管理领域，可以通过行政法规设定行政许可。必要时，国务院可以采用发布决定的方式设定行政许可。实施后，除临时性行政许可事项外，国务院应当及时提请全国人大及其常务委员会制定法律，或者自行制定行政法规。行政法规可以在法律设定的行政许可事项范围内对实施该行政许可作出具体规定。

3．地方人大和省级政府。地方人大在尚未制定法律、行政法规的行政管理领域，可以通过地方性法规设定行政许可。在尚未制定法律、行政法规和地方性法规的行政管理领域，因行政管理的需要，确需立即实施行政许可的，省、自治区、直辖市人民政府规章可以设定临时性的行政许可。临时性的行政许可实施满一年需要继续实施的，应当提请本级人民代表大会及其常务委员会制定地方性法规。

4．其他主体。对于除上述规定的主体以外的其他主体，包括国务院各部门，省级政府部门，设区的市以下政府及部门在他们的规范性文件中一律不得设定行政许可。

行政许可作为一项重要的行政权力，原则上只能由行政机关实施。因此，《行政许可法》规定，行政许可由具有行政许可权的行政机关在其法定职权范围内实施。同时，从我国目前的实际情况出发，《行政许可法》又作了两点补充性规定。一是法律、法规授权的具有管理公共事务职能的组织，在法定授权范围内，以自己的名义实施行政许可；二是行政机关在其职权范围内，依照法律、法规、规章的规定，可以委托其他行政机关实施行政许可。

（三）行政许可的设定

1．行政许可的设定范围。行政许可的设定范围，是指根据设定行政许可应当遵循的价值取向，确定在立法上什么事项可以设定行政许可，什么事项不能设定行政许可。《行政许可法》根据行政许可的原则，确立了一系列重要制度，从行政许可的设定和实施两

个环节对行政许可进行了全面规范。

(1) 可以设定行政许可的事项范围。根据《行政许可法》第12条的规定，下列事项可以设定行政许可：直接涉及国家安全、公共安全、经济宏观调控、生态环境保护以及直接关系人身健康、生命财产安全等特定活动，需要按照法定条件予以批准的事项；有限自然资源开发利用、公共资源配置以及直接关系公共利益的特定行业的市场准入等，需要赋予特定权利的事项；提供公众服务并且直接关系公共利益的职业、行业，需要确定具备特殊信誉、特殊条件或者特殊技能等资格、资质的事项；直接关系公共安全、人身健康、生命财产安全的重要设备、设施、产品、物品，需要按照技术标准、技术规范，通过检验、检测、检疫等方式进行审定的事项；企业或者其他组织的设立等，需要确定主体资格的事项；法律、行政法规规定可以设定行政许可的其他事项。

(2) 可以不设定行政许可的事项范围。根据《行政许可法》的规定，对可以设定行政许可的事项，也可以不设定行政许可，而通过采取其他方式解决。《行政许可法》第13条规定，该法第12条所列事项，通过下列方式能够予以规范的，可以不设行政许可：公民、法人或者其他组织能够自主决定的事项；市场竞争机制能够有效调节的；行业组织或者中介机构能够自律管理的；行政机关采用事后监督等其他行政管理方式能够解决的。

2. 行政许可的设定权限与期限。《行政许可法》对设定行政许可的权限作了以下规定：

(1) 凡行政许可法规定可以设定行政许可的事项，法律都可以设定行政许可。

(2) 对可以设定行政许可的事项，尚未制定法律的，行政法规可以设定行政许可。必要时，国务院可以通过发布决定的方式设定行政许可，实施后，除临时性行政许可事项外，应当及时提请全国人大及其常委会制定法律，或者自行制定行政法规。

(3) 对于可以设定行政许可的事项，尚未制定法律、行政法

规的，地方性法规可以设定行政许可；尚未制定法律、行政法规和地方性法规，因行政管理需要，确需立即实施行政许可的，省、自治区、直辖市人民政府可以设定临时性的行政许可。

《行政许可法》对行政许可的期限也作了规定：除可以当场作出行政许可决定的外，应当自受理行政许可申请之日起20日内作出行政许可决定。20日内不能作出决定的，经本行政机关负责人批准，可以延长10日，并应当将延长期限的理由告知申请人。行政许可采取统一办理或者联合办理、集中办理的，办理的时间不得超过45日；45日内不能办结的，经本级人民政府负责人批准，可以延长15日，并应当将延长期限的理由告知申请人。此外，法律还对应当报上级行政机关决定的行政许可，需要听证、招标、拍卖、检验、检测、检疫、鉴定和专家评审的行政许可等作出了规定。

（四）行政许可的程序

1. 申请和受理。行政许可的申请和受理程序是：

申请。申请书需要采用格式文本，行政机关应当向申请人提供行政许可申请书格式文本。许可申请可以通过信函、电报、电传、传真、电子数据交换和电子邮件等方式提出。

受理。行政机关对申请人提出的行政许可申请，应当根据下列情况分别作出处理：不需要取得行政许可的，应当即时告知不受理；不属于本行政机关职权范围的，应当即时作出不予受理的决定，并告知向有关行政机关申请；申请材料存在可以当场更正的错误的，应当允许当场更正；申请材料不齐全或者不符合法定形式的，应当当场或者在5日内一次性告知需要补正的全部内容；申请事项属于本行政机关职权范围，申请材料齐全、符合法定形式，或者申请人按照本行政机关的要求提交全部补正申请材料的，应当受理行政许可申请。

在申请和受理阶段，《行政许可法》对行政机关还作出了行政许可公开的要求，要求行政机关将法律、法规、规章规定的有关行政许可的事项、依据、条件、数量、程序、期限以及需要提交的全部材料的目录和申请书示范文本等在办公场所公示。申请人要求行政机关对公示内容予以说明、解释的，行政机关应当说明、解释，提供准确、可靠的信息。

2. 审查与决定。行政许可的审查和决定的主要程序是行政机关应当对申请人提交的申请材料进行审查；依法应当先经下级行政机关审查后报上级行政机关决定的行政许可，下级行政机关应当在法定期限内将初步审查意见和全部申请材料直接报送上级行政机关；审查申请时，发现行政许可事项直接关系他人重大利益的，应当告知该利害关系人。申请人、利害关系人有权进行陈述和申辩。行政机关应当听取申请人、利害关系人的意见；作出准予行政许可的决定，需颁发行政许可证件的，应当向申请人颁发加盖本行政机关印章的下列行政许可证件：许可证、执照或者其他许可证书；资格证、资质证或者其他合格证书；行政机关的批准文件或者证明文件等。

3. 听证。在行政许可实施程序中设立听证程序，有助于提高行政许可决定的公正性、公开性和可接受性。适用听证程序的行政许可事项有以下两类：

(1) 行政机关应当主动举行听证的事项。根据《行政许可法》规定，行政机关应当主动举行听证的事项限于两类：一是法律、法规、规章规定实施行政许可应当听证的事项；二是行政机关认为需要听证的事项，一般是涉及公共利益的重大事项。参加听证的人员范围不仅应当包括申请人，还应当包括对行政许可事项有关的其他社会公众。

(2) 行政机关应申请举行听证的行政许可事项。根据《行政许可法》的规定，行政许可直接涉及申请人与他人之间重大利益关系的，行政机关在作出行政许可决定前，应当告知申请人、利害关系人享有要求听证的权利；申请人、利害关系人在被告知听证权利之日起5 日内提出听证申请的，行政机关应当在 20 日内组织

听证。

4. 变更与延续。被许可人要求变更行政许可事项的，应当向作出行政许可决定的行政机关提出申请；被许可人需要延长依法取得的行政许可的有效期的，应当在该行政许可有效期届满30日前向作出行政许可决定的行政机关提出申请。但是，法律、法规、规章另有规定的，依照其规定。符合法定条件、标准的，行政机关应当依法办理变更手续或者在该行政许可有效期届满前作出是否准予延续的决定；逾期未作决定的，视为准予延续。

5. 撤销、吊销和注销。行政许可证的撤销，是指颁发许可证的法定条件不完备或者不充分，由有关机关予以撤销，至行政许可证自颁发之日起失去效力的行政决定。这种撤销可以是法律救济的结果，也可以是行政主体内部监督的结果。许可证的吊销，是指许可证持有者未能正确履行应当履行的义务，丧失持有者的条件，由主管行政机关予以吊销，并自吊销之日起永久或暂时失去效力的行政决定。注销行政许可，是指基于特定事实的出现，而由行政机关依据法定程序收回行政许可证件或公告行政许可失去效力的活动。已经作出的行政许可决定自注销决定生效之日起失去效力，公民、法人或者其他组织继续从事该项活动的行为属于违法行为。

二、行政处罚

（一）行政处罚概述

行政处罚，是指行政机关或法律、法规授权的其他行政主体依照法定职权和程序，对违反行政法律规范尚未构成犯罪的公民、法人或其他组织给予的一种以惩戒违法行为为目的的具有制裁性的具体行政行为。

行政处罚分为警告，罚款，没收违法所得、没收非法财物，责令停产停业，暂扣或者吊销许可证，行政拘留等。

（二）行政处罚的适用

行政处罚的适用必须具备一定的条件，否则即为违法或无效的行政处罚。行政处罚适用的条件一般包括事实条件、主体条件、对象条件和时效条件。行政处罚适用的事实条件是行政违法行为的客观存在。行政处罚适用的主体条件，即行政处罚必须由法定的行使行政处罚权的适格主体实施。行政处罚适用的对象条件，必须是违反行政管理秩序的行政违法者，且具有一定的责任能力。行政处罚适用的时效条件是指对行为人实施行政处罚，还需其违法行为未超过追究时效；超过法定的追究违法者责任的有效期限，则不得对违法者适用行政处罚。

（三）行政处罚的程序

1. 行政处罚的简易程序。行政处罚的简易程序又称当场处罚程序，指在具备某些条件的情况下，由执法人员当场作出行政处罚的决定，并且当场执行的步骤、方式、时限、形式等过程。简易程序适用的条件是：违法事实确凿；处罚有法定依据；罚款数额有限，对公民处以50元以下、对法人或其他组织处以1000元以下罚款以及警告的处罚。

2. 行政处罚的一般程序是行政处罚典型的和普遍适用的程序。其主要特征：一是它适用于除适用简易程序和听证程序以外的其他所有形式，广泛适用于各种行政处罚；二是实行办案调查人员和处罚决策人员的分离制度。行政处罚的一般程序包括行政调查和行政处罚决定。

（四）行政处罚的执行程序

行政处罚的执行程序是指有关国家机关对违法者执行行政处罚决定的程序，是行政处罚决定的实现阶段。行政处罚决定依法作出后，当事人应当在行政处罚决定的期限内予以履行。

三、行政征收

（一）行政征收概述

行政征收，是指行政机关为了实现特定的公共利益，以强制方式取得公民、法人或者其他组织的合法财产或者劳务的所有权或者

使用权，并给予适当补偿的行为。行政征收的目的是为了满足特定的公共利益的需要。

（二）行政征收的内容

1．行政征税。所谓行政征税，是指国家税务机关凭借其行政权力，依法无偿地取得财政收入的一种手段。按照税收支配权的不同，可分为流转税、资源税、收益（所得）税、财产税和行为税五种。国家通过对各种税的征管，可以及时、足额地取得财政收入，并可以通过征税调节资源分配与收入分配，使各行业协调发展。

2．行政收费。所谓行政收费，是指行政主体为满足特别的行政支出，向与特别支出存在特定关系的行政相对人收取货币的行为。其具体征收的费用主要包括资源使用费、建设资金费、排污费、管理费以及其他法定征收。

（三）行政征收的方式与程序

1．行政征收的方式。

（1）行政征收的行为方式。根据我国现行法律、法规的规定，行政征收的行为方式有：查账征收、查定征收、查验征收、定期定额征收以及代征、代扣、代缴等。在实际征收过程中具体运用哪种征收方式应由征收机关根据法律、法规的规定及应征人的具体生产经营情况而定。但无论采取何种征收方式，都必须使用书面形式。

（2）行政征收的计算方式。行政征收的计算方式，是征收额的尺度，是行政征收的核心要素，反映了行政征收的深度，直接关系国家的财政收入和应征人的负担。所以，其计算方式不仅应当合理、科学，而且应当规范化、法律化，避免主观随意性。一般来讲，行政征收的计算方式大多由法律、法规明确规定。

2．行政征收的程序。行政征收的程序是指行政征收行为应采取何种步骤，按照何种顺序进行。行政征收的程序主要如下：

（1）行政征收事项的登记。凡从事依法应实施行政征收的有关活动的，无论是公民个人，还是法人或其他组织，都应向行政征收主体进行征收事项的登记。

（2）缴纳鉴定。缴纳鉴定，是行政征收机关依据有关法律和缴纳主体的实际情况，对缴纳主体应缴纳款项的种类、比率、缴纳环节、征收依据、缴纳方式等进行的鉴定。

（3）缴纳申报。缴纳申报，是缴纳主体履行缴纳义务的必经手续。缴纳主体应按有关法律、法规的规定，按期向行政征收机关进行缴纳申报，这是缴纳主体履行缴纳义务的必经手续。

（4）款项征收。这是指各级行政征收机关依法向缴纳主体征收各种税和各种社会费用，将应收款项及时足额地收齐，把已收款项及时解交入库。

四、行政强制

（一）行政强制概述

行政强制，是指行政机关根据法律、法规的规定享有的，对违反法律、法规及规章规定或者不履行行政机关依法设定的特定义务的行政相对人所采取的，通过一定的强制力迫使其遵守行政管理规范、履行法定义务或者实现特定的行为效果的行为。行政强制分为行政强制措施和行政强制执行。

（二）行政强制措施

行政强制措施有两层含义：广义的行政强制措施泛指行政机关依法实施行政强制时所采取的强制力的具体形式，是各种行政强制活动中都会涉及的强制手段和举措，如强制带离现场、约束至酒醒以及查封、冻结、扣押等；狭义的行政强制措施又称即时强制，则是与行政强制执行相对称的，特指行政机关依法对违反行政管理规范、破坏社会秩序及公共利益的行政相对人或嫌疑人所采取的行政强制，即引起行政强制的原因不是基于业已确定的行政义务，而是基于一般的行政守法义务的违反。

根据强制的对象和目的不同，行政强制措施表现为多种强制手段，具体有以下几种：

1. 强制传唤与讯问。传唤，是指行政主体通知相对人强制到达某一公务场所的强制措施。讯问，是指行政主体对相对人强行查问的强制措施。

2. 强行约束。强行约束是指行政主体强制禁止和限制相对人正在进行的不法行为或不合规定行为。

3. 强行留置与盘问。留置，是指行政主体依法将相对人带至一定场所，在一定时间内限制其人身自由的强制措施。盘问，是指行政主体对相对人的查问。

4. 强制带离。是指行政主体对在现场有危险的人强行带离现场的措施。

5. 强制隔离。强制隔离主要适用于传染病防治领域。根据《传染病防治法》第 24 条的规定，医疗保健机构、卫生防疫机构应对甲类传染病人和病源携带者，乙类传染病中的艾滋病病人、炭疽中的肺炭疽病人予以隔离治疗。

6. 强制检查。是指行政主体依法对相对人的有关事实作单方强制了解的行政行为。它包括：对物的检查、对人体的检查、对人身的搜查和对场所的检查。

7. 查封、扣押和冻结。查封，指行政主体对相对人的财物予以查实和封存，以待具体行政行为作出后加以处理的具体行政行为。扣押，指行政主体对违禁品等进行强制留置。冻结，指行政主体对相对人的存款和账号进行冻结。

（三）行政强制执行

行政强制执行是针对负有特定义务而拒不履行该义务的行政相对人所实施的强制，因此，行政强制执行的一个先决条件，就是行政机关必须首先通过一个具体行政机关依法为行政相对人设定一个具体的、具有可执行性的行政义务，并且在该行政相对人逾期不履行该义务时，才产生行政强制执行的必要前提和事实基础，这是行政强制执行区别于即时强制的主要方面。

行政强制执行作为一种要式行政行为，实施的具体方式必须由

法律法规作出明确的规定，执行机关必须严格依法实施。

1. 对财产行政强制执行的方式。

（1）强制划拨。如果义务人不履行金钱给付义务，行政机关可以通知银行从义务人的存款中强行划拨相当数额的金钱。

（2）强制扣缴。如果义务人不履行缴纳金钱的义务，有关行政机关可以从义务人的另一笔款项中扣除并代为缴纳。强制扣缴与强制划拨并无本质上的区别，只是形式不同。后者是指在银行账目上的变动，前者则是指扣除或取出实币。

（3）强行退还。强行退还目前仅限于土地。根据《中华人民共和国城市规划法》的规定，对违反该条例规定侵占土地的，可以责令其退还违章占用的土地。

（4）强行拆除。对于违章建筑在规定期限内不自动拆除的，行政机关可以强行拆除。此外，罚缴滞纳金、查封、扣押、冻结、强制抵缴等，都属于对财产的行政强制执行方式。

2. 对人身强制执行的方式。

（1）强制拘留。它是指受拘留处罚的人应当在限定的时间内，到指定的拘留所接受处罚。对抗拒执行的，强制拘留。

（2）强制传唤。它是指对于无正当理由不接受传唤或者逃避传唤的，公安机关可以强制传唤。

（3）强制履行。根据《中华人民共和国兵役法》的规定，有服兵役义务的公民拒绝、逃避兵役登记的，应征公民拒绝、逃避征集的，预备役人员拒绝、逃避军事训练的，经教育不改，基层人民政府应当强制其履行兵役义务。

（4）遣送出境。根据《外国人入境出境管理法》的规定，对非法入境、非法居留的外国人，县级以上公安机关可以拘留审查、监视居住或者遣送出境。

3. 对行为的强制执行方式。对行为的强制执行方式，是指当义务人逾期不履行某些作为或不作为的行为义务时，执行机关依照行政强制执行程序，采取的强制性措施。目前仅有个别法律对此作

了一些规定。

五、行政指导

（一）行政指导概述

行政指导，是指行政机关以非强制的方法，取得公民、法人或者其他组织的合作，鼓励、引导或者请求其自主地作出或者不作出一定行为，以实现行政管理目标的活动。行政指导不具备行政行为的特征，因为它不产生直接的法律效果，不具有强制性，但它是行政机关为实现行政管理目标所实施的行为，属于行政机关管理的职责范围，对管理目标的实现有积极意义。

（二）行政指导的种类

1．法定性行政指导和职能性行政指导。以行政指导有无具体的法律依据为标准，可分为法定性行政指导和职能性行政指导。法定性行政指导，又称为有具体法律依据的行政指导，是指有法律、法规、规章明文规定的行政指导。职能性行政指导，又称为无具体法律依据的行政指导，是指没有法律明文规定的行政指导，行政主体可以在其职权范围内，基于行政组织法的一般授权，按照法律精神或原则，实施行政指导。

2．普遍行政指导和具体行政指导。以行政指导的对象是否具体为标准，可分为普遍行政指导和具体行政指导。普遍行政指导，是指行政主体针对不特定的行业、地区的行政相对方所进行的行政指导。普遍的行政指导具有全局性、长期性的特点。具体行政指导，是指行政主体针对特定的行业、地区的行政相对方所进行的行政指导。具体行政指导带有局部性、具体性、临时性的特点。

3．激励性行政指导和抑制性行政指导。以行政指导所体现的行政主体对行政相对人的期望为标准，可分为激励性行政指导和抑制性行政指导。激励性行政指导是行政主体通过具体的指导措施，鼓励行政相对人积极实施某种行为的行政指导，如对失业人员提供的再就业指导等。抑制性行政指导是指行政主体通过具体的指导措施，劝导行政相对人不为一定行为的行政指导。例如，劳动部门劝导用工单位不要恶意拖欠职工的工资。

（三）行政指导的实施

行政指导虽不具有法律上的强制力，对行政相对方的权益不会造成直接的影响。但其以行政职权为后盾，对行政相对方是一种无形的压力，如果运用不当，同样会对行政相对人的合法权益造成损害。

行政指导通过建议、劝告、引导等非强制性手段，按照一定的程序实施。

1. 行政指导的一般程序。

（1）行政指导行为的发动。发动方式大致分为两类：依职权的发动方式和依申请的发动方式，而前者是最主要和最大量的方式。

（2）调查了解真实情况，确定有无进行该指导行为的必要性。

（3）在进行技术指导类行政指导时，向专家和专业部门进行咨询论证，以确定该指导行为的适当方式、恰当力度和配套措施。

（4）与有关相对人进行商谈、协商或其他方式的交流，以取得理解、谅解和配合。

（5）主动或应请求提供与该指导行为有关的文件、资料、数据供利害关系人和有关方面（如监督部门）参考。

（6）主动听取利害关系人和其他行政相对人的意见。

（7）留出足够时间由利害关系人辩明理由、提出意见，并作书面记载。

（8）重大的行政指导行为，还可应行政相对人的申请举行或主动举行听证会、专题审议会等。

2. 行政指导的法律程序。行政指导的优势在于简便、灵活、高效，而复杂烦琐的程序规则有可能束缚和抵消行政指导的这一优势，但是为了防止行政指导权的恣意滥用，仍然有必要建立健全基本的程序规则。行政指导应当遵循的基本法律程序主要包括：

（1）说明，即指导方向相对人说明行政指导的目的、宗旨、理由、依据及负责人等；

（2）交付，即行政指导以口头方式实施时，如相对人要求取得记载有前述事项的书面资料，指导方除有行政上的特别阻碍外，应交付之；

（3）陈述意见，即在行政指导的实施过程中，相对人可以就行政指导的方式和内容向指导方进行询问和提出意见；

（4）公布，即指导方将有关行政指导的信息向相对人和社会公开。

第五节　行政复议与行政诉讼

一、行政复议

（一）行政复议概述

行政复议是指公民、法人或者其他组织认为行政机关的具体行政行为侵犯其合法权益，依法向法定的行政机关提出申请，由受理机关依据法定程序对具体行政行为的合法性和适当性进行审查并作出相应决定的一种法律制度。

（二）行政复议的范围与受理条件

行政复议的范围，是指公民、法人或者其他组织不服行政机关的具体行政行为，向行政复议机关提出复议申请要求对具体行政行为进行审查的范围。对于复议机关来说，行政复议范围是指复议机关受理行政复议案件的主管权限。其中包括可申请复议的行政行为与不可申请复议的行政行为两种。

1. 可申请复议的行政行为。可申请复议的行政行为，包含在行政复议范围之中。公民、法人和其他组织对下列具体行政行为不服的，可以依法提起行政复议：

（1）对行政机关作出的警告、罚款、没收违法所得、没收非法财物、责令停产停业、暂扣或者吊销许可证、暂扣或者吊销执照、行政拘留等行政处罚决定不服的；

（2）对行政机关作出的限制人身自由或者查封、扣押、冻结财产等行政强制措施决定不服的；

（3）对行政机关作出的有关许可证、执照、资质证、资格证等证书变更、中止、撤销的决定不服的；

（4）对行政机关作出的关于确认土地、矿藏、水流、森林、山岭、草原、荒地、滩涂、海域等自然资源的所有权或者使用权的决定不服的；

（5）认为行政机关侵犯其合法的经营自主权的；

（6）认为行政机关变更或者废止农业承包合同，侵犯其合法权益的；

（7）认为行政机关违法集资、征收财物、摊派费用或者违法要求履行其他义务的；

（8）认为符合法定条件，申请行政机关颁发许可证、执照、资质证、资格证等证书，或者申请行政机关审批、登记有关事项，行政机关没有依法办理的；

（9）申请行政机关履行保护人身权利、财产权利、受教育权利的法定职责，行政机关没有依法履行的；

（10）申请行政机关依法发放抚恤金、社会保险金或者最低生活保障费，行政机关没有依法发放的；

（11）认为行政机关的其他具体行政行为侵犯其合法权益的。

2. 不可申请复议的行政行为。根据法律规定，以下行政行为是不可申请复议的行政行为：

（1）国务院制定的行政行为和规章。

（2）行政处分和其他人事处理决定。

（3）行政机关对民事纠纷作出的调解或者其他处理决定。

3. 行政复议申请的受理。行政复议申请的受理，是指行政复议机关对申请人所提出的行政复议申请审查后认为该申请符合法定

条件，作出的接受申请予以立案的决定。受理意味着行政复议程序的正式启动。公民、法人或者其他组织认为行政机关的具体行政行为侵犯其合法权益提出行政复议申请，除不符合《行政复议法》和《行政复议法实施条例》规定的申请条件的，行政复议机关必须受理。行政复议机关在收到复议申请后，依法应当在收到之日起5日内对申请书进行审查并作出处理：对于符合申请复议条件，且没有向人民法院提起诉讼的，依法应当决定受理；对于不符合申请复议条件的，依法决定不予受理，并告知申请人不予受理的理由；对于复议申请请求的内容有欠缺的复议申请，依法决定发还申请人并限期补正；对于复议申请符合《行政复议法》规定，但不属该机关管辖的，应当告知申请人向有管辖权的复议机关提出。

（三）行政复议机关与行政复议参加人

1. 行政复议机关是指依照法律的规定，有权受理行政复议的申请，依法对被申请的行政行为进行合法性、适当性审查并作出决定的行政机关。

2. 行政复议机构的职责。行政复议机构是指行政复议机关内部设立的专门负责行政复议案件受理、审查和裁决工作的办事机构。根据《行政复议法》的规定，行政复议机构履行下列职责：受理行政复议申请；向有关组织和人员调查取证，查阅文件和资料；审查申请行政复议的具体行政行为是否合法与适当，拟订行政复议决定；处理或者转送有关抽象行政行为的审查申请；对行政机关违反复议法规的行为依照规定权限和程序提出处理建议；办理因不服行政复议决定而提起行政诉讼的应诉事项；法律、法规规定的其他职责。

行政复议机构的活动适用准司法程序。普通行政机构的活动适用行政程序。复议机构要适用证据、审理、决定、送达、执行等准司法程序。

3. 行政复议的管辖。行政复议的管辖，是指各行政复议机关对行政复议案件在受理上的具体分工，即相对人提起行政复议申请之后，应当由哪一个行政复议机关来行使行政复议权。我国现行法律、法规对行政复议的管辖作出了具体的规定：

（1）选择管辖。对县级以上地方各级人民政府工作部门作出的具体行政行为不服的复议，由申请人选择，由该部门的本级人民政府或上一级主管部门管辖。

（2）级别管辖。所谓级别管辖，是指在行政系统内，确定上级行政机关对下级行政机关具体行政行为引起的行政争议的管辖范围，上级行政机关对行政案件管辖的权限，包括一般级别管辖和特殊级别管辖。

（3）本机关管辖。对国务院部门或者省、自治区、直辖市人民政府的具体行政行为不服的，向作出该具体行政行为的国务院部门或者省、自治区、直辖市人民政府申请行政复议。对行政复议决定不服的，可以向人民法院提起行政诉讼，也可以向国务院申请裁决，国务院依照《行政复议法》的规定作出最终裁决。

（4）法律、法规授权的组织管辖。对法律、法规授权的组织作出的具体行政行为不服申请复议的，由直接主管该组织的地方人民政府、地方人民政府的工作部门或者国务院部门管辖。

4. 行政复议的参与人。

（1）行政复议的申请人。行政复议的申请人是指依法申请行政复议的人。行政复议的申请人应当同时具备两个条件：一是必须是作为行政管理相对人的公民、法人或者其他组织；二是与被申请复议的具体行政行为有法律上的利害关系。申请人可以是具体行政行为直接针对的对象，也可以是因具体行政行为导致自身权益受到实际影响的其他人。

（2）行政复议的被申请人。行政复议的被申请人，是指其具体行政行为被行政复议的申请人指控违法、侵犯其合法权益，并由行政复议机关通知参加行政复议的行政主体。被申请人包括行政机关和法律、法规授权的组织。

（3）行政复议中的第三人。行政复议中的第三人，是指因与

被申请复议的具体行政行为有利害关系，通过申请或由复议机关通知，参加复议的公民、法人或者其他组织。第三人在行政复议中具有独立的法律地位。

二、行政诉讼

（一）行政诉讼概述

行政诉讼，是指公民、法人或者其他组织对行政机关作出的具体行政行为不服，依法向人民法院提起诉讼，由人民法院进行审理并作出裁判的法律制度。

（二）行政诉讼的受案范围与管辖

行政诉讼的受案范围既是法院审查行政行为的范围，也是行政机关接受法院司法监督的范围。《行政诉讼法》第11条具体规定了行政诉讼的受案范围，人民法院受理公民、法人或其他组织对下列具体行政行为不服提起的诉讼：对拘留、罚款、吊销许可证和执照，责令停产停业、没收财物等行政处罚不服的；对限制人身自由或者对财产的查封、扣押、冻结等行政强制措施不服的；认为行政机关侵犯法律规定的经营自主权的；认为符合法定条件申请行政机关颁发许可证和执照，行政机关拒绝颁发或者不予答复的；申请行政机关履行保护人身权、财产权的法定职责，行政机关拒绝履行或者不予答复的；认为行政机关没有依法发给抚恤金的；认为行政机关违法要求履行义务的；认为行政机关侵犯其人身权、财产权的。

根据《行政诉讼法》及相关司法解释的规定，以下行为在行政诉讼中不予受理：国家行为；刑事强制措施行为；不具强制力的行政指导行为；当事人对行政行为提起申诉的重复处理行为；法定行政终局裁决行为；行政机关作出的抽象行政行为；行政调解行为和法定行政仲裁行为。

行政诉讼的管辖通常分为级别管辖和地域管辖两种。

1. 级别管辖。级别管辖是不同审级的人民法院在受理行政案件上的权限分工。级别管辖的标准是一般行政案件由基层人民法院管辖，特殊行政案件分别由中级、高级以及最高人民法院管辖。

2. 地域管辖。地域管辖又称“区域管辖”，是指同级人民法院之间受理第一审行政案件的分工和权限。它是在级别管辖确定的前提下，对管辖权的深化。它主要根据人民法院的辖区与当事人所在地或者与诉讼标的所在地的关系确定第一审行政案件的管辖。《行政诉讼法》所确定的地域管辖分为一般地域管辖和特殊地域管辖。

（三）行政诉讼的参加人

1. 行政诉讼的原告，是指认为行政主体及其工作人员的具体行政行为侵犯其合法权益，而向人民法院提起诉讼的个人或者组织。

2. 行政诉讼的被告是指因实施具体行政行为被作为原告的个人、法人或者其他组织指控侵犯其行政法上的合法权益，而由人民法院通知应诉的行政主体。

3. 共同诉讼人与第三人。共同诉讼人，是指当事人一方或者双方为两人以上，因同一具体行政行为发生的行政案件，或者因同样的具体行政行为发生的行政案件，人民法院认为可以合并审理的，为共同诉讼。行政诉讼中的第三人是指与被诉具体行政行为有利害关系，依申请或人民法院通知，参加到诉讼中来的公民、法人或其他组织。

4. 诉讼代理人。行政诉讼代理人，是指在行政诉讼中，依照法律规定，或由法院指定，或受当事人委托，以当事人的名义，在代理权限范围内为当事人进行诉讼活动，但其诉讼法律后果由当事人承受的人。

（四）行政诉讼程序与判决执行

1. 行政诉讼的起诉与受理。行政诉讼要遵循相关法律的规定进行起诉，法院依法进行受理。公民、法人或者其他组织必须在法定的期限内提起诉讼，超过了期限又无正当理由的，人民法院将不予受理。起诉期限可以分为不服复议决定的期限、复议机关不作为

的起诉期限和直接起诉的期限三种，《行政诉讼法》对此分别作出了相关的期限规定。

人民法院在接到起诉后，依法进行受理。

（1）决定受理的期限。人民法院应当组成合议庭对原告的起诉进行审查。符合起诉条件的，应当在7日内立案。7日内不能决定是否受理的，应当先予受理；受理后经审查不符合起诉条件的，裁定驳回起诉。受诉人民法院在7日内既不立案，又不作出裁定的，起诉人可以向上一级人民法院申诉或者起诉。

（2）对不符合起诉条件案件的处理。依照有关法律规定，有下列情形之一的，应当裁定不予受理；已经受理的，裁定驳回起诉：请求事项不属于行政审判权限范围的；起诉人无原告诉讼主体资格的；起诉人错列被告且拒绝变更的；法律规定必须由法定或者指定代理人、代表人为诉讼行为，未由法定或者指定代理人、代表人为诉讼行为的；由诉讼代理人代为起诉，其代理不符合法定要求的；起诉超过法定期限且无正当理由的；法律、法规规定行政复议为提起诉讼必经程序而未申请复议的；起诉人重复起诉的；已撤回起诉，无正当理由再行起诉的；诉讼标的为生效判决的效力所羁束的；起诉不具备其他法定要件的。前款所列情形可以补正或者更正的，人民法院应当指定期间责令补正或者更正；在指定期间已经补正或者更正的，应当依法受理。

2. 行政诉讼的第一审。行政诉讼的第一审程序，是指人民法院自立案至作出第一审判决的诉讼程序。由于我国行政审判制度实行两审终审原则，因此第一审程序是所有行政案件必经的基本程序，第一审程序也成为行政审判的基础程序。

（1）审理前的准备。审理前的准备，主要包括组成合议庭，向被告送达起诉状副本，向原告发送答辩状副本，确认、更换和追加当事人等。

（2）庭审程序。人民法院开庭审理必须依据法定程序进行。一般的庭审程序分为开庭准备、开庭审理、法庭调查、法庭辩论、合议庭评议、宣判六个阶段，与民事审判的庭审程序基本相同。

（3）审理期限。人民法院应当在立案之日起三个月内作出第一审判决。三个月的审理期限是指从立案之日起至裁判宣告之日止的期间。鉴定、处理管辖争议或者异议以及中止诉讼的时间不计算在内。

（4）诉讼中止与诉讼终结。依据相关规定，有下列情况之一的中止诉讼：原告死亡，须等待其近亲属表明是否参加诉讼的；原告丧失诉讼行为能力，尚未确定法定代理人的；作为一方当事人的行政机关、法人或者其他组织终止，尚未确定权利义务承受人的；一方当事人因不可抗力的事由不能参加诉讼的；案件涉及法律适用问题，需要送请有权机关作出解释或者确认的；案件的审判须以相关民事、刑事或者其他行政案件的审理结果为依据，而相关案件尚未审结的；其他应当中止诉讼的情形。中止诉讼的原因消除后，恢复诉讼。在诉讼过程中，有下列情形之一的终结诉讼：原告死亡，没有近亲属或者近亲属放弃诉讼权利的；作为原告的法人或者其他组织终止后，其权利义务的承受人放弃诉讼权利的。

（5）撤诉。行政诉讼中的撤诉，是指原告或上诉人（或原审原告或原审上诉人）自立案至人民法院作出裁判前，向法院撤回自己的诉讼请求，不再要求人民法院对案件进行审理的行为。根据撤诉所处的审级不同，撤诉可分为撤回起诉、撤回上诉和撤回再审申请三类，其主体分别为原告、上诉人或原审原告或原审上诉人。

3. 行政诉讼的第二审。第二审是上级人民法院对下级人民法院就第一审案件所作的判决、裁定，在发生法律效力以前，基于当事人的上诉，依据事实和法律，对案件进行审理。人民法院审理行政案件实行两审终审制度。因此除了最高人民法院所作的第一审判决、裁定是终审判决、裁定外，当事人不服地方各级人民法院所作的第一审判决、裁定（部分），都有权依法向上一级人民法院提起上诉，从而引起第二审程序。

上诉是当事人不服人民法院的一审判决、裁定，依法要求第二

审人民法院审理的诉讼行为。当事人不服人民法院第一审判决的，有权在判决书送达之日起15日内向上一级人民法院提起上诉。当事人不服人民法院第一审裁定的，有权在裁定书送达之日起10日内向上一级人民法院提起上诉。第二审人民法院审理上诉案件，除《行政诉讼法》对第二审程序有特别规定外，均适用第一审程序。

行政诉讼第二审的审结期限，应当自收到上诉状之日起两个月内作出终审判决，有特殊情况需要延长的，由高级人民法院批准，高级人民法院审理上诉案件需要延长的，由最高人民法院批准。

4. 行政诉讼裁定与判决。行政诉讼裁定，是指人民法院在案件审理过程中，或者在判决的执行过程中，就程序问题所作的处理。行政诉讼判决，简称行政判决，是指人民法院审理行政案件终结时，根据审理所查清的事实，依据法律规定对行政案件实体问题作出的结论性处理决定。

5. 行政诉讼判决的执行。执行是指人民法院按照法定程序，对已经生效的法律文书，在负有义务的一方当事人拒不履行义务时，强制其履行义务，保证生效法律文书的内容得以实现的活动。

第七章 诉讼法

第一节 诉讼法律制度概述

一、诉讼法的含义与原则

（一）诉讼与诉讼法的含义

所谓诉讼，是指国家机关在当事人和其他诉讼参加人的参加下，按照一定法定程序和方式审理并裁判具体案件的活动。根据诉讼性质的不同，可以分为民事诉讼、行政诉讼和刑事诉讼。

所谓诉讼法，是指规定诉讼活动程序的法律规范，是国家机关和当事人以及其他诉讼参与人进行诉讼活动必须遵守的法律规范的总称。根据诉讼法所调整的社会关系的不同，可以分为民事诉讼法、行政诉讼法和刑事诉讼法。

诉讼法作为程序法，它保障着刑法、民法和行政法的实现，保护着公民、法人和其他社会组织的权利。我国的诉讼法律制度主要由《中华人民共和国民事诉讼法》（以下简称《民事诉讼法》）、《中华人民共和国行政诉讼法》① （以下简称《行政诉讼法》）和《中华人民共和国刑事诉讼法》（以下简称《刑事诉讼法》）构成。

民事诉讼法是国家制定或认可的规范人民法院与当事人和其他诉讼参与人的诉讼活动，调整人民法院与当事人和其他诉讼参与人诉讼法律关系的法律规范的总和，它规定了民事诉讼法律关系中各

① 行政诉讼法部分在前文已有论述，本章不再赘述。

个主体的诉讼权利和诉讼义务以及确认和保障当事人的实体权利义务得以实现的诉讼程序和制度。《民事诉讼法》于1982年颁布，1991、2012年进行了两次修改。

行政诉讼法是规范公民、法人或者其他组织因不服行政机关作出的具体行政行为，向人民法院提起诉讼而发生的各种关系的法律规范的总称。我国于1989年制定了《行政诉讼法》，对行政诉讼的范围、方式、程序、效力等问题作了较为详细的规定。

刑事诉讼法是国家制定的有关刑事诉讼程序的法律规范的总称，它调整公安、司法机关进行刑事诉讼的活动和诉讼参与人参加刑事诉讼的活动。《刑事诉讼法》规定了刑事诉讼的任务和基本原则，公安、司法机关办理刑事案件的职权和相互关系，应当遵守的基本原则，诉讼参与人的诉讼权利和义务，刑事案件立案、侦查、起诉、审判和执行的具体程序。《刑事诉讼法》于1979年颁布，1996年进行了全面修改并于1997年1月1日起生效，2012年又进行了修改，并于2013年1月1日起生效。

在本章中，主要讨论民事诉讼法和刑事诉讼法，有关行政诉讼法的内容，将在第十二章中进行论述。

（二）诉讼法的基本原则

诉讼法有以下基本原则：

1. 以事实为根据，以法律为准绳的原则，就是司法机关在办理案件时，应忠于案件的客观事实，重证据，在查明案件的基础上，根据法律规定作出各种裁判，不得主观臆断，不得枉法裁判。

以事实为根据，就是要从客观事实出发，实事求是，忠于案件事实，不能以主观的想象、推测或想当然为根据。以法律为准绳，就是在各类诉讼活动中，都必须严格依照法律的规定办事，只有严格依法办事，才能做到正确处理案件。

2. 公民在适用法律上一律平等的原则。主要包括两个方面的内容：一是公民在法律的适用或执行上，一律平等；二是公民不分民族、种族、性别、出身、职业、宗教信仰、财产状况、教育程

度、居住期限和社会职务，在法律面前都是平等的，其合法权益受到国家法律的保护，也同样承担法律规定的义务和法律责任。

3. 司法机关依法独立行使职权的原则。主要包括三个方面的内容：一是国家司法权由司法机关统一行使，其他任何机关、团体和个人都无权行使这些权力；二是司法机关依法行使职权，不受行政机关、社会团体和个人的干涉；三是独立行使职权，指依照法律的规定进行，而不是离开法律规定独立行使职权。

4. 审判公开的原则，是指人民法院在审理案件时，除法律规定应当或可以不公开外，应当向社会和媒体公开，允许公民旁听。

5. 使用本民族语言文字进行诉讼的原则。这项原则的内容包含两点：一是在少数民族聚居或者多民族杂居的地区，人民法院应当用当地通用的语言、文字进行审理和发布法律文书；二是人民法院和人民检察院对于不通晓当地通用的语言、文字的诉讼参与人，应当为他们提供翻译。

6. 回避原则，是指与案件和案件当事人有利害关系或其他关系的案件审判人员以及公安人员、检察人员、书记员、鉴定人、翻译人员等，不得参与该案的诉讼活动。

7. 实行合议和两审终审制度的原则。合议是我国人民法院审理案件的基本组织形式。它是指人民法院的审判活动必须由审判人员或者审判员与陪审员 3 人以上组成合议庭来进行。

两审终审，是指案件经第一审人民法院审理判决或裁定后，当事人不服的，可以依法向上一级人民法院提起上诉；二审法院经过审理作出的判决或裁定，就是终审判决或裁定，当事人不能再提起上诉。

8. 人民检察机关对诉讼活动实行法律监督的原则。人民检察院有权对民事诉讼和行政诉讼实行法律监督，对于刑事诉讼中公安机关的侦查活动、人民法院的审判活动及其判决、裁定的执行以及监狱的活动是否合法，实行法律监督。

（三）民事诉讼法的特殊原则

民事诉讼法除了体现上述一般原则外，还体现自身的一些特殊原则。

1. 当事人诉讼权利平等原则。《民事诉讼法》第 8 条规定：民事诉讼当事人有平等的诉讼权利。这个规定包含两层意思：一是当事人在诉讼中有均等的机会和手段维护自己的请求和主张；二是人民法院有义务保障和便利当事人行使诉讼权利。

2. 自愿合法调解原则。调解是我国解决民事争议的传统方式之一，由于民事案件都是人民内部的民事争议，当事人之间没有根本的利害冲突。以调解方式结案不仅有利于纠纷的解决，也有利于促进当事人之间的团结。

3. 辩论原则，具体是指当事人在诉讼过程中，在人民法院的主持下，有权对案件争议的事实和适用的法律，各自陈述自己的主张和根据，互相进行反驳和论证，以维护自己的合法权益。

4. 处分原则，是指当事人对其权利的支配，它既包括对权利的行使，也包括对权利的放弃。《民事诉讼法》第 13 条第 2 款规定："当事人有权在法律规定的范围内处分自己的民事权利和诉讼权利。"

5. 支持起诉原则，是指国家机关、社会团体、企事业单位，对损害国家、集体或公民个人民事权益的行为，可以支持受损害的单位或个人向人民法院起诉。

（四）刑事诉讼法的特殊原则

刑事诉讼法的特殊原则，是指刑事诉讼法规定的仅适用于刑事诉讼活动的基本原则，具体包括以下几个方面：

1. 公、检、法分工负责，互相配合，互相制约的原则。刑事诉讼是公、检、法三机关通力完成的惩罚犯罪的活动，是调整三机关之间关系的一项原则，具体就是分工负责、互相配合、互相制约。

所谓分工负责，是指公安机关、人民检察院和人民法院在刑事诉讼中应按照法律的规定各司其职，各负其责。分工负责要求公安、司法机关在法定范围内行使职权，不得互相代替，也不得互相推诿。所谓互相配合，是指公安机关、人民检察院和人民法院应在分工负责的基础上互相支持和合作、互相协调，使刑事诉讼程序顺利衔接，共同完成揭露犯罪、证实犯罪、惩罚犯罪的任务，保障无罪的人不受刑事追究。所谓互相制约，是指公安机关、人民检察院和人民法院在刑事诉讼中互相监督、互相约束，防止发生错误和及时纠正错误，以保证正确适用法律。

2．被告人有权获得辩护的原则。在刑事诉讼中，犯罪嫌疑人、被告人及其辩护人可以进行辩护，即根据事实和法律反驳起诉书中指控的罪状，为证明被告人无罪或者罪轻而提出对被告人有利的证明材料和辩解意见，要求减轻或免除被告人刑罚。宪法和刑事诉讼法赋予所有被告人在刑事诉讼中的辩护权。犯罪嫌疑人、被告人行使辩护权有三种方式：自行辩护、委托辩护和指定辩护。

3．未经人民法院依法判决对任何人不得确定有罪的原则。该原则的要求有两点：一是只有人民法院有确定某人有罪或犯有何种罪的权力；二是人民法院的一切判决都必须是依法作出的。不管是有罪判决，还是无罪判决，都必须严格遵守刑法和刑事诉讼法等有关法律的规定。

4．检察机关对刑事诉讼依法监督的原则。人民检察院是国家的法律监督机关，有权对刑事诉讼、民事诉讼、行政诉讼行使法律监督权。在刑事诉讼中，人民检察院的法律监督是全过程的，包括立案监督、侦查监督、审判监督和执行监督；同时也是全方位的，既包括对专门机关的监督，也包括对诉讼参与人的监督。

二、诉讼参与人

（一）民事诉讼的参与人

所谓民事诉讼参与人，是指参与民事诉讼的当事人和诉讼代理人。当事人包括原告和被告、共同诉讼人、第三人。民事诉讼参与

人不同于诉讼参与人，诉讼参与人除民事诉讼参与人以外，还包括证人、鉴定人和翻译人员等。

1. 当事人。民事诉讼中的当事人，是指因民事权利义务发生争议而进行诉讼，并受人民法院的裁判约束的利害关系人。当事人可以是公民、法人，也可以是其他组织。

2. 共同诉讼人。当事人一方或双方为两人以上，其诉讼标的是共同的，或者诉讼标的是同一种类，人民法院认为可以合并审理并经当事人同意的，为共同诉讼。共同诉讼中的当事人，统称为共同诉讼人。

3. 诉讼代表人，是指由人数众多的一方当事人推选出来，代表该方当事人进行诉讼的人。诉讼代表人分为人数确定的诉讼代表人和人数不确定的诉讼代表人。

4. 第三人，是指在民事诉讼中，对他人之间的诉讼标的有独立的请求权，或者与诉讼结果有法律上的利害关系而参加诉讼的人。第三人分为有独立请求权的第三人和无独立请求权的第三人。

人民法院判决承担民事责任的无独立请求权的第三人，有当事人的诉讼权利和义务。

5. 诉讼代理人，是指为了被代理人的利益，以被代理人的名义，在法定的、指定的或者委托的权限范围内，进行诉讼活动的人。委托他人代为诉讼，必须向人民法院提交由委托人签名或者盖章的授权委托书。

(二) 刑事诉讼的参与人

刑事诉讼的参与人，包括刑事诉讼的当事人与其他刑事诉讼参与人。

1. 刑事诉讼当事人具体包括被害人、自诉人、犯罪嫌疑人、被告人、刑事附带民事诉讼的原告人与被告人五种当事人。

(1) 被害人。直接遭受犯罪行为侵害的自然人、法人和其他组织。

(2) 自诉人。在自诉案件中直接向人民法院提起刑事诉讼，要求追究被告人刑事责任的自然人。自诉人通常是被害人，也可以是被害人的法定代理人或近亲属。

（3）犯罪嫌疑人。在公诉案件中涉嫌犯罪而被公安机关、人民检察院立案侦查，且尚未交付人民法院审判的人。

（4）被告人。因涉及犯罪而被公诉人或自诉人提起刑事诉讼，请求人民法院审判以追究其刑事责任的人。

（5）附带民事诉讼的原告人。因被告人的犯罪行为而在财产上遭受损失，并在刑事诉讼过程中提出赔偿要求的人。

2. 其他诉讼参与人，是指在刑事诉讼中除当事人之外并根据诉讼需要而参加诉讼的人，包括法定代理人、诉讼代理人、辩护人、证人、鉴定人和翻译人员等。

（1）法定代理人，是指根据法律规定代替或协助被代理人参加刑事诉讼的人；

（2）辩护人，是指受犯罪嫌疑人、被告人及其法定代理人的委托，或者经人民法院指定为犯罪嫌疑人、被告人辩护而参加刑事诉讼的人；

（3）证人，是指就自己所了解的案件情况向司法机关作证的人；

（4）鉴定人，是指受司法机关指派或聘请，运用专门知识和技能对案件中专门问题作鉴定的人；

（5）翻译人员，是指受司法机关指派或聘请，在诉讼中提供语言、文字翻译的人。

第二节　诉讼证据

一、诉讼证据的含义

诉讼证据是证据的一种，是指能够证明案件真实情况的事实及各种方法、信息。“证据”一词在使用上有两种含义：一是当事人

在诉讼初始阶段，为证明自己主张的事实向法庭提供的书证、物证、证人证言等；二是法院在判决中，用来认定案件事实的各种书证、物证、视听资料等。前一种如果尚未经过法庭的审核，是否符合证据的条件，能否用来认定要证明的案件事实尚不能确定，因此，将它们称作证据是不确切的。准确地讲，应当称其为“证据材料”。也就是说，后一种才是确切意义上的诉讼证据。

诉讼证据具有以下三个特征：

一是客观性，即证据所反映的内容必须与案件的实际情况相符合。它必须是以客观事实存在为基础的，任何主观臆断、推理和虚假的材料都不能成为诉讼证据。

二是关联性，即证据必须与正在解决的案件有紧密的联系，各证据之间也能够相互印证。另外，它必须与特定的案件有内在的必然联系，与该案件没有关联的事实不能成为诉讼证据。

三是合法性，即证据要受法律的调整，并且不受法律的排除。诉讼证据区别于一般证据的主要标志就是合法性。

二、举证责任

（一）什么是举证责任和举证责任倒置

举证责任又称证明责任，是指由法律规定的，谁在诉讼中负有运用证据证明案件事实的义务。举证责任的承担，是由法律根据诉讼性质、结构、形式的不同而予以明确规定的。

《民事诉讼法》第64条第1款规定：“当事人对自己提出的主张，有责任提供证据。”按照这一规定，即“谁主张，谁举证”。无论是原告提出诉讼请求，被告反驳、否定原告的主张以及提出反诉，还是有独立请求权的第三人对原告、被告之间争议的诉讼标的主张独立的请求权，都必须承担举证责任。人民法院也可以调查收集证据。

举证责任倒置，实际上是对一般案件中的举证责任规定进行的变通。普通诉讼中，举证责任从原告开始，在原告完成举证责任之前，被告不承担任何举证责任。在举证责任倒置的案件中，则被告首先对自己主张的反驳事实举证。

（二）民事诉讼中的举证责任

民事诉讼，是指平等民事主体之间就民事争议所提起的诉讼，不论原告、被告还是第三人，谁主张一定事实，谁就有责任提出证据加以证明。具体来说，原告向人民法院起诉或者被告提出反诉，应当附有符合起诉条件的相应的证据材料；当事人对自己提出的诉讼请求所依据的事实或者反驳对方诉讼请求所依据的事实，有责任提供证据加以证明。

2001年12月21日，最高人民法院公布了《关于民事诉讼证据的若干规定》，对民事诉讼作了全面而具体的规定。一般来讲，“谁主张，谁举证”，但是《民法通则》和相关司法解释规定，对下列侵权诉讼，按照“举证责任倒置”的规定承担举证责任：

1. 因新产品制造方法同发明专利引起的专利侵权诉讼，由制造同样产品的单位或者个人对其产品制造方法不同于专利方法承担举证责任；

2. 高度危险作业致人损害的侵权诉讼，由加害人就受害人故意造成损害的事实承担举证责任；

3. 因环境污染引起的损害赔偿诉讼，由加害人就法律规定的免责事由及其行为与损害结果之间不存在因果关系承担举证责任；

4. 建筑物或者其他设施以及建筑物上的搁置物、悬挂物发生倒塌、脱落、坠落致人损害的侵权诉讼，由所有人或者管理人对其无过错承担举证责任；

5. 饲养动物致人损害的侵权诉讼，由动物饲养人或者管理人就受害人有过错或者第三人有过错承担举证责任；

6. 因缺陷产品致人损害的侵权诉讼，由产品的生产者就法律规定的免责事由承担举证责任；

7. 因共同危险行为致人损害的侵权诉讼，由实施危险行为的人就其行为与损害结果之间不存在因果关系承担举证责任；

8. 因医疗行为引起的侵权诉讼，由医疗机构就医疗行为与损害结果之间不存在因果关系及不存在医疗过错承担举证责任。

（三）刑事诉讼中的举证责任

刑事诉讼法中的举证责任，是指对被告人是否有罪，应当由谁提出证据并加以证实的责任。

1. 公诉案件中的举证责任。在公诉案件中，主要由检察机关承担举证责任。

公安机关需要逮捕犯罪嫌疑人时，应当向人民检察院提供证据证明有犯罪事实；在侦查中，不仅有责任收集能够证实犯罪嫌疑人有罪、罪重的证据，而且有责任收集犯罪嫌疑人无罪或罪轻的证据。

人民检察院决定提起公诉，必须做到犯罪事实清楚，证据确实、充分。

人民法院对案件审理，有责任积极主动地调查核实证据，对被告人定罪量刑必须建立在犯罪事实清楚，证据确实、充分的基础上。

2. 自诉案件中的举证责任。在自诉案件中，举证责任的承担与公诉案件有所不同。自诉人对指控负有举证责任，应当对自己的控诉进行举证。被告人提出反诉的，应对反诉承担相应的举证责任。人民法院从审判的角度也负有一定的举证责任。

3. 被告人的举证责任。一般情况下，犯罪嫌疑人、被告人不承担证明自己无罪的责任，但应如实陈述案情。在极少数情况下，被告人对被指控的犯罪应承担举证责任，如“巨额财产来源不明罪”中，被告人认为自己不构成犯罪，须提供证明自己巨额财产合法来源与出处的相关证据。

第三节 诉讼程序

一、民事诉讼的程序

（一）民事诉讼的普通程序

普通程序，是民事诉讼法规定的人民法院审理第一审民事案件通常所适用的程序，也是进行第一审民事案件通常所遵循的程序。普通程序包括以下三个阶段：

1. 起诉和受理。起诉，是指公民、法人或者其他组织在其民事权益受到侵害或与他人发生争议时，向人民法院提起诉讼，请求人民法院通过审判程序给予司法保护的行为。根据民事诉讼法的规定，起诉应符合以下几个条件：

（1）原告必须是与本案有直接利害关系的公民、法人和其他组织；

（2）有明确的被告；

（3）要有具体的诉讼请求和理由；

（4）案件应属于人民法院受理民事案件的范围和归这个法院管辖。

受理，是指法院在审查原告的起诉书后，认为符合起诉条件，决定立案审理的行为。《民事诉讼法》第123条明确规定："人民法院应当保障当事人依照法律规定享有的起诉权利。对符合本法第一百一十九条的起诉，必须受理。符合起诉条件的，应当在七日内立案，并通知当事人；不符合起诉条件的，应当在七日内作出裁定书，不予受理；原告对裁定不服的，可以提起上诉。"

2. 审理前的准备。为了便于当事人参加诉讼，也为了使被告人事先做好应诉的准备，人民法院受理起诉后，应当在立案之日起5日内将起诉状副本发送被告，要求被告在收到之日起15日内提出答辩状。同时告诉当事人有关诉讼的权利和义务，以使当事人的

权益得到真正的保护。

3. 开庭审理。开庭审理也称为法庭审理，是指人民法院在当事人及其他诉讼参与人参加下，依照法定形式和程序，在法庭上对案件进行全面审理并作出裁判的诉讼活动。根据民事诉讼法的规定，开庭审理分为开庭准备、法庭调查、法庭辩论、合议庭评议和宣判等阶段。各个阶段之间是紧密相连的，这些阶段的先后顺序和主要任务是民事诉讼法明确规定的，是法定的程序，任何人都不能随意变更。

（二）民事诉讼的简易程序与特别程序

简易程序是简化了的普通程序，是基层人民法院和它派出的人民法庭审理简单的民事、经济纠纷案件所适用的一种简便易行的诉讼程序。

与普通程序相比，简易程序的特点是：起诉的方式简便，原告可以口头起诉；受理的程序简便，当事人双方可以同时到基层人民法院或者它的派出法庭，请求解决纠纷；传唤方式简便，可以用简便的方式，如广播、电话等，随时传唤当事人、证人；审判组织简便，实行独任制；部分案件的裁判文书对认定事实或者判决理由部分可以适当简化。

特别程序是指人民法院审理某些特别类型的案件时所适用的程序。按照特别程序审理的案件有两类：一是选民资格案件；二是非讼案件。

选民资格案件是指公民对选举委员会所公布的选民名单有不同意见，向选举委员会申诉后，对其所作的决定不服，而依法向选区所在地的基层人民法院起诉的案件。

非讼案件包括四种：一是宣告公民失踪的案件；二是宣告公民死亡的案件；三是认定公民无民事行为能力或限制民事行为能力的案件；四是认定财产无主的案件。

（三）民事诉讼的第二审程序

第二审程序，是指人民法院审理上诉案件所适用的诉讼程序，包括上诉的提起和受理、上诉案件的审理和裁判。

我国实行的是两审终审制，二审法院的判决一经作出即发生法律效力，因此，第二审程序又是通常意义上的终审程序。二审人民法院审理上诉案件，应当组成合议庭对案件进行审理；合议庭应当以开庭审理为原则，但是二审法院通过阅卷和调查，并通过询问当事人，在事实核查清楚的情况下，合议庭认为不需要开庭的，也可以径行判决或裁定。

二审法院审理不服判决的上诉案件应当在3个月内审结，特殊情况需要延长的，应报本院院长批准。二审法院审理不服裁定的上诉案件应在30日内审结。第二审人民法院审理上诉案件，也可以进行调解。如果当事人就案件的争议问题达成协议，法院应制作调解书，调解书送达后，原审人民法院的判决即视为撤销。

第二审人民法院对上诉案件审理终结后，经合议庭评议，按照民事诉讼法的规定，就不同情况，分别作出不同的判决、裁定，具体表现为：原判决认定事实清楚，适用法律正确的，应当作出判决，驳回上诉，维持原判；原判决适用法律错误的，应当作出判决，依法改判；原判决认定事实错误，证据不足，裁定撤销原判决，发回原审人民法院重审，或者查清事实后改判；原判决违反法定程序，可能影响案件正确解决的，裁定撤销原判决，发回原审人民法院重审。

（四）民事诉讼的审判监督程序

审判监督程序是对已经发生法律效力的判决、裁定、调解书，发现确有错误，依法再次进行审判的程序，也称为再审程序。

当事人申请再审必须具备下列条件：一是只能对准予申请再审的判决提出；二是申请再审的案件必须符合法定情形；三是在法定期限内，向人民法院递交申请书。

1. 提起再审的程序。提起再审的程序因提起的主体不同而有所区别：

首先，各级人民法院院长对本院已经发生法律效力的判决、裁定，发现确有错误，认为需要再审的，应当提交审判委员会讨论决定。

其次，最高人民法院对地方各级人民法院已经发生法律效力的判决、裁定，上级人民法院对下级人民法院已经发生法律效力的判决、裁定，发现确有错误的，有权提审或者指令下级人民法院再审。

再次，当事人对已经发生法律效力的判决、裁定，认为有错误的，可以向原审人民法院或者上一级人民法院申请再审，符合法定情形的，人民法院应当再审。

最后，最高人民检察院对各级人民法院已经发生法律效力的判决、裁定，上级人民检察院对下级人民法院已经发生法律效力的判决、裁定，发现有法定抗诉情形，应当按照审判监督程序抗诉。

2. 再审案件的诉讼程序。再审案件的诉讼程序有以下几种：

（1）自行再审案件的诉讼程序。自行再审的案件，指本院院长提交审判委员会讨论决定再审的案件。

（2）指令再审案件的诉讼程序。指令再审案件，是指上级人民法院发现下级人民法院已发生法律效力的判决、裁定和调解书确有错误，指令原作出生效裁判的人民法院对案件进行再审。

（3）提审案件的诉讼程序。提审案件，是指上级人民法院发现下级人民法院已发生法律效力的判决、裁定、调解书确有错误，再提起再审。

（五）民事诉讼的执行程序

民事执行，是指人民法院的执行组织依据具有民事执行效力的法律文书，采取强制措施，迫使不履行义务的当事人履行义务，从而使上述法律文书的给付内容得以实现的活动。

民事执行通常是在当事人提出执行申请或人民法院移送执行之后而开始的。

1. 申请执行，是指享有权利的一方当事人，在对方拒不履行义务的情况下，向有管辖权的人民法院提交具有法律效力的法律文书，要求法院强制实现法律文书中所确定的内容的行为。人民法院生效的判决书、裁定书、调解书，义务人拒不履行的，权利人可以向案件的第一审人民法院申请强制执行；仲裁机关的仲裁书，义务人拒不履行的，权利人可以向有管辖权的人民法院申请强制执行，有管辖权的人民法院应当执行；公证机关依法赋予强制执行效力的债权文书，义务人不履行的，权利人可以向义务人住所地或可供执行的财产所在地的人民法院申请执行。

2. 移送执行，是指人民法院的裁判生效后，由该案的审判人员将判决书或裁决书直接交付执行人员。执行员接到申请执行或者移交执行书，应当向被执行人发出执行通知，责令其在指定的期间内履行，逾期不予履行的，强制执行。

3. 执行中止，是指人民法院在执行过程中，由于某些特殊情况的发生而暂时停止执行程序。

民事诉讼法规定的适用执行中止的情形主要有五种：第一，申请人表示可以延期执行的；第二，案外人对执行标的提出确有理由或异议的；第三，作为一方当事人的公民死亡，需要等待继承人享受继承权利或者承担义务的；第四，作为一方当事人的法人或其他组织终止，尚未确定权利义务承受人的；第五，人民法院认为应当中止执行的其他情形，“其他情形”由人民法院根据最高人民法院有关的司法解释来掌握。

4. 执行终结，是指人民法院在执行过程中，由于发生了某些特殊情况，使得执行程序无法继续进行下去或没有必要继续进行，从而结束执行程序。

民事诉讼法规定的适用执行终结的情形主要有六种：第一，申请人撤销执行申请；第二，据以执行的法律文书被撤销；第三，作为被执行人的公民死亡，无遗产可供执行，又无义务承担人；第四，追索赡养费、抚养费、抚育费案件的权利人死亡；第五，作为被执行人的公民因生活困难无力偿还借款，无收入来源，又丧失劳动能力的；第六，人民法院认为应当终结执行的其他情形。

二、刑事诉讼的程序

（一）立案应当具备的条件

立案是公安机关、人民检察院、人民法院对报案、举报、控告或者犯罪嫌疑人自首的材料进行审查，发现犯罪事实或者犯罪嫌疑人，决定是否将案件交付侦查或者审判的诉讼活动。

我国的刑事诉讼程序是从立案开始的，立案是诉讼活动的开始和必经程序。根据刑事诉讼法的规定，立案包括三方面的内容：发现立案材料或对立案材料的接受；对立案材料的审查和处理；人民检察院对不立案的监督。立案阶段以上三个方面的内容相互衔接、相互联系，构成了立案程序的完整体系。

立案的条件是指立案的法定理由和根据。《刑事诉讼法》第110条规定："人民法院、人民检察院或者公安机关对于报案、控告、举报和自首的材料，应当按照管辖的范围，迅速进行审查，认为有犯罪事实需要追究刑事责任的时候，应当立案；认为没有犯罪事实，或者犯罪事实显著轻微，不需要追究刑事责任的时候，不予立案，并且将不立案的原因通知控告人。控告人如果不服，可以申请复议。"根据这一规定，立案应同时具备两个条件：一是有犯罪事实发生；二是依法需要追究刑事责任。

有犯罪事实是指客观上存在某种危害社会的犯罪行为。要有一定的事实材料证明犯罪事实确已发生。

需要追究刑事责任是指依法应当追究犯罪行为人的刑事责任。这是立案必须具备的另一个条件。只有依法需要追究行为人刑事责任的犯罪事实，才具有立案的价值。只有当有犯罪事实发生，并且依法需要追究行为人刑事责任时，才有必要而且应当立案。

（二）刑事诉讼的一般程序

刑事诉讼程序包括立案、侦查、起诉、审判和执行五个程序：

1. 立案，是指公安机关、人民检察院和人民法院对所接受的控告、检举和自首材料等进行审查，认为存在需要追究刑事责任的犯罪事实，并决定将案件提交侦查或审理的活动。

2. 侦查，是指公安机关、人民检察院对已立案的案件依法采取的专门调查工作和有关的强制性措施。

3. 起诉分为公诉和自诉两种。公诉，是指人民检察院代表国家依法向人民法院提起控诉，请求人民法院追究被告人刑事责任的诉讼活动。自诉，是指被害人以及法定代理人或近亲属；直接向人民法院起诉，请求人民法院追究被告人刑事责任的诉讼活动。

4. 审判，是指人民法院在控辩双方及其他诉讼参与人的参加下，依照法定的权限和程序，对依法提出诉讼的刑事案件进行审理和裁判的诉讼活动。

5. 执行，是指执行机关依法将已经发生法律效力的判决和裁定所确定的内容付诸实施的活动。

（三）审判的程序

审判，是指人民法院依法对刑事案件进行审理和作出裁判的诉讼活动。人民法院的审判活动必须通过一定的审判组织进行。审判的具体程序如下：

1. 第一审程序，是人民法院对刑事案件进行初次审判的诉讼程序。第一审刑事案件是指人民法院按照级别管辖的规定受理的公诉案件和自诉案件。审判第一审案件的人民法院称为一审人民法院。

公诉案件的第一审程序按照以下程序进行：

(1) 开庭时，由审判长查明当事人是否到庭，然后宣布案由，宣布合议庭组成人员、书记员、公诉人、辩护人、诉讼代理人、鉴定人和翻译人员的名单，告知当事人有申请回避、被告人有辩护的权利。

(2) 法庭调查是指在公诉人、当事人和其他诉讼参与人的参加下，当庭对案件事实和证据进行调查核对。其重点是审查案件事实，核实证据，查明犯罪事实和情节。

(3) 法庭辩论是在法庭调查的基础上，控诉方和辩护方就被告人的行为是否构成犯罪、犯罪性质、罪责轻重、证据是否确实充分，以及如何适用刑罚等问题进行互相争论和反驳的诉讼活动。

（4）根据《刑事诉讼法》第193条的规定，审判长宣布辩论终结后，被告人有最后陈述的权利。

（5）在被告人作最后陈述之后，审判长可宣布休庭，合议庭成员进行评议。评议以后当庭宣判或定期宣判。

2. 第二审程序又称上诉审程序，是指上一级人民法院根据上诉或抗诉，对下一级人民法院作出的未生效的判决和裁定进行第二次审理的诉讼程序。

上诉是被告人、自诉人和他们的法定代理人以及经被告人同意的辩护人、近亲属，还有附带民事诉讼的当事人及其法定代理人，不服地方各级人民法院的一审判决或裁定，依法提请上一级法院重新审理的诉讼活动。

抗诉是指地方各级人民检察院认为同级人民法院的一审判决或裁定确有错误，依法提请上一级人民法院重新审理的诉讼活动。人民检察院只有在有充分根据认定原判决、裁定确有错误的情况下，才能提出抗诉。

第二审人民法院实行全面审理原则，即对第一审人民法院的判决认定的事实和适用法律进行全面审查，不受上诉或者抗诉范围的限制。

3. 死刑复核程序是我国刑事诉讼中的一种特殊程序，是对死刑案件进行复查核准的程序。所有中级、高级人民法院判处死刑的案件都要经过死刑复核程序才能交付执行。

死刑由最高人民法院核准。中级人民法院判处死刑的第一审案件，被告人不上诉的，应当由高级人民法院复核后，报请最高人民法院核准。

死刑复核程序作为我国刑事诉讼中的特别审判程序，其目的和意义在于：保证死刑判决的正确性，防止错杀，有利于控制死刑的适用，有利于贯彻少杀的原则。

第四节 诉讼中的强制措施

一、民事诉讼中的强制措施

（一）民事诉讼中的强制措施的含义

民事诉讼中的强制措施，是指人民法院为保障审判活动的正常进行，对有妨害民事诉讼行为的人所采取的强制性手段。针对不同的妨害民事诉讼的行为，要适用不同的强制措施。

民事诉讼中的强制措施在下列情况下适用：

其一，人民法院对违反法庭规则的人，可以予以训诫、责令退出法庭或者予以罚款、拘留。

其二，人民法院对哄闹、冲击法庭，侮辱、诽谤、威胁、殴打审判人员，严重扰乱法庭秩序的人，依法追究刑事责任；情节较轻的，予以罚款、拘留。

其三，诉讼参与人或者其他人有下列行为之一的，人民法院可以根据情节轻重予以罚款、拘留：伪造、毁灭重要证据，妨碍人民法院审理案件的；以暴力、威胁、贿买方法阻止证人作证或者指使、贿买、胁迫他人作伪证的；隐藏、转移、变卖、毁损已被查封、扣押的财产，或者已被清点并责令其保管的财产，转移已被冻结的财产的；对司法工作人员、诉讼参加人、证人、翻译人员、鉴定人、勘验人、协助执行的人，进行侮辱、诽谤、诬陷、殴打或者打击报复的；以暴力、威胁或者其他方法阻碍司法工作人员执行职务的；拒不履行人民法院已经发生法律效力的判决、裁定的。

其四，有义务协助调查、执行的单位有下列行为之一的，人民法院除责令其履行协助义务外，并可予以罚款：有关单位拒绝或者妨碍人民法院调查取证的；银行、信用合作社和其他有储蓄业务的单位接到人民法院协助执行通知书后，拒不协助查询、冻结或者划拨存款的；有关单位接到人民法院协助执行通知书后，拒不协助扣

留被执行人的收入、办理有关财产权证照转移手续、转交有关票证、证照或者其他财产的；其他拒绝协助执行的。

（二）民事诉讼中强制措施的种类

根据我国《民事诉讼法》的规定，强制措施的种类如下：

1. 拘传，是人民法院对于必须到庭的被告，经两次传票传唤，无正当理由拒不到庭，而采取的强制其到庭参加诉讼活动的一种措施。

2. 训诫，是人民法院对妨害民事诉讼情节轻微的人，以口头形式进行批评教育，指出其行为的违法性，并责令其改正，不得再犯的一种强制措施。

3. 责令退出法庭，是人民法院为排除妨害以使法庭审理继续进行，对违反法庭规则情节较轻的人，责令其离开法庭的一种措施。

4. 罚款，是人民法院对于实施妨害民事诉讼行为较为严重的人或单位，所实行的令其向国家缴纳一定数额的金钱，以示制裁的一种强制措施。

5. 拘留，是人民法院为制止严重妨害和扰乱法庭秩序的人继续违法活动，所采取的短期限制其人身自由的强制措施。拘留的期限为 15 日以下。被拘留的人由人民法院交由公安机关看管。

强制措施的作用是保证诉讼的正常进行。当事人、其他诉讼参与人或者案外人无论是在审判过程中，还是在执行过程中，只要实施了妨害民事诉讼的行为，人民法院均可依法适用，其他任何单位和个人都无权行使。

二、刑事诉讼中的强制措施

（一）刑事诉讼中的强制措施的含义

刑事诉讼中的强制措施，是指公、检、法三机关为了防止犯罪嫌疑人、被告人或者现行犯、重大嫌疑分子逃匿、自杀、隐匿或毁灭证据、继续犯罪，依照刑事诉讼法的规定所采取的限制其人身自由的各种强制手段。强制措施只是在刑事诉讼中对犯罪嫌疑人、被告人的人身自由进行暂时限制的一种手段，它对于防止犯罪嫌疑人、被告人、现行犯逃避或妨碍侦查、起诉和审判，保证刑事诉讼的顺利进行，具有重要意义。

（二）刑事诉讼中强制措施的种类

我国《刑事诉讼法》规定了拘传、取保候审、监视居住、拘留和逮捕五种强制性措施。

1．拘传。刑事诉讼中的拘传，是指公、检、法三机关对未被拘留、逮捕，经合法传唤，无正当理由拒不到案的犯罪嫌疑人、被告人采取的一种强制其到案接受讯问的措施。刑事诉讼中的拘传是一种较轻的、较短暂的强制措施。

2．取保候审。取保候审，是指人民法院、人民检察院和公安机关责令犯罪嫌疑人、被告人提供保证人或交纳保证金，并出具保证书，由保证人保证其不逃避或妨碍侦查、起诉和审判，并随传随到的一种强制措施。

取保候审这种强制措施在刑事诉讼中经常采用，但因为它毕竟限制了被取保候审人的人身自由，所以，取保候审的期限最长不得超过12个月。

3．监视居住。监视居住，是指人民法院、人民检察院和公安机关为防止犯罪嫌疑人、被告人逃避侦查、起诉和审判，限制其活动区域或场所，限制其行动自由的一种强制方法。

监视居住适用的对象和条件与取保候审基本相同，一般是在犯罪嫌疑人、被告人需要逮捕，但又不够逮捕条件，不能将其长期羁押，而采取取保候审又找不到保证人或不能交纳保证金的情况下，采用的强制方法。

4．拘留。刑事诉讼中的拘留，是指公安机关在紧急情况下，对现行犯或重大嫌疑分子所采取的限制其人身自由的一种临时性强制方法。采用刑事拘留措施必须同时具备两个条件：一是拘留的对象只能是现行犯或者重大犯罪嫌疑人；二是有法定的某种紧急情形。

5．逮捕。逮捕，是指人民法院、人民检察院和公安机关为防

止犯罪嫌疑人、被告人逃避或者妨碍侦查和审判的进行，防止其继续危害社会，依法采用羁押方式暂时剥夺其人身自由的强制措施。这是一种最严厉的强制措施，其适用的对象只能是犯罪嫌疑人或被告人。

根据《宪法》规定，我国公民非经人民检察院批准或决定，或人民法院决定，并由公安机关执行，不受逮捕。如果错捕将涉及侵犯公民人身自由的问题。因此，《刑事诉讼法》对逮捕的条件作出了明确规定：

（1）有证据证明有犯罪事实，且有证据证明犯罪事实是犯罪嫌疑人实施的，证明犯罪嫌疑人实施犯罪行为的证据已查证属实的；

（2）可能判处有期徒刑以上刑罚的犯罪嫌疑人、被告人；

（3）采取取保候审、监视居住等方法尚不足以防止发生社会危险性，而有逮捕必要的。

第三篇 职工权益保障相关法律

第八章 劳动法

第一节 概述

一、劳动法的概念

劳动法有广义和狭义之分，狭义上的劳动法，一般指国家最高立法机构制定颁布的全国性、综合型的劳动立法，对劳动关系以及与劳动关系有密切联系的社会关系进行统一调整。1994 年 7 月 5 日，我国第八届全国人民代表大会常务委员会第八次会议通过了《中华人民共和国劳动法》（以下简称《劳动法》），这部法律对劳动法总则、促进就业、劳动合同、集体合同、工作时间、休假制度、工资、劳动安全卫生、女职工和未成年工特殊保护、职业培训、社会保险和福利以及劳动争议等方面作出了规定，这就属于狭义上的劳动法。

广义上的劳动法是指调整劳动关系以及与劳动关系有密切联系的其他社会关系的法律规范的总称。所谓劳动关系就是劳动者与用人单位在从事劳动过程中发生的社会关系。在我国，劳动关系具体表现为劳动者与用人单位——企业、事业单位、国家机关、社会团体、个体经济组织之间发生的关系，这是劳动法调整的最重要、最

基本的关系；与劳动关系密切联系的其他的社会关系主要有：劳动管理关系、劳动保险关系、劳动争议关系、劳动监督关系等。

从劳动法的各种定义可以看出，尽管存在广义和狭义的劳动法，各国不同学者对劳动法的定义也有所不同，但劳动法均是和劳动有关的法律。劳动法上的“劳动”，并不是指一切劳动，而只是指从属劳动。从属劳动具有以下几个特征：（1）劳动法上的劳动关系双方具有管理与被管理关系，劳动者要服从用人单位对工作的安排；（2）劳动者一般会成为用人单位的内部成员，按照用人单位的内部分工，在各自的工作岗位上开展劳动；（3）劳动法上的劳动只能是有偿劳动。

二、劳动法律关系

劳动法律关系，是指劳动者与用人单位之间，在实现劳动过程中依据劳动法律规范而形成的劳动权利和劳动义务关系。它是劳动关系在法律上的表现，是当事人之间发生的符合劳动法律规范、具有权利义务内容的关系。劳动法律关系是由劳动法律关系主体、劳动法律关系内容和劳动法律关系客体这三个基本要素构成，缺一不可。

劳动法律关系主体。一方是劳动者，劳动法中的劳动者，指达到法定年龄、具有劳动能力、以从事某种社会劳动获取收入为主要生活来源的自然人。他们是依照法律或劳动法的规定，在用人单位管理下从事劳动并获取劳动报酬的劳动关系当事人。一方是用人单位，劳动法中的用人单位是指依法招聘和管理劳动者，并按法律规定或合同约定向劳动者提供劳动条件、劳动保护及支付劳动报酬的组织。

劳动法律关系内容。它是指劳动法律关系的主体双方依法享有的权利和承担的义务。劳动义务是实现劳动权利的条件，与劳动权利形成对立统一的关系，权利以义务为条件，义务以权利为前提。建立在平等主体之间的劳动权利与劳动义务具有对应性和一致性的特点。

劳动法律关系客体。劳动法律关系主体双方的权利义务共同指向的对象，具体表现为一定的劳动行为和财物。劳动行为是指劳动者和用人单位在实现劳动过程中所实施的行为。它包括劳动者完成用人单位所交付工作所为的行为，以及用人单位对劳动过程实施管理的行为。在劳动法律关系中，劳动行为的方式、质量、数量等都具有重要的法律意义。财物，是指劳动法律关系中体现双方当事人物质利益的实物与货币。在实践中，它一般是劳动条件和劳动福利待遇、报酬等的表现。

三、劳动法的地位及作用

（一）劳动法的地位

关于劳动法的地位，通常人们会有两种理解，一种是劳动法在整个法律体系中的地位，即劳动法是否是一个独立的法律部门；另外一种是劳动法在社会生活尤其是社会经济生活中的地位。二者是相互联系的，劳动法在社会生活中的地位是影响劳动法在整个法律体系中地位的重要因素，而劳动法在法律体系中的地位是劳动法在社会生活中地位的法律保障和反映。本部分主要讨论劳动法在整个法律体系中的地位。

1. 劳动法是一个独立的法律部门。

（1）劳动法有自己特定的调整对象。划分法律部门的主要依据是法律调整的社会关系所特有的性质和内容，劳动法调整特定的劳动关系和与劳动关系有密切联系的其他社会关系。这些关系不仅有人身关系和财产关系的内容，也有平等关系与隶属关系的特征。这是其他任何一个法律部门都无法调整和替代的。

（2）劳动法有自己特有的基本原则，我们将其概括为：维护劳动者的合法权益与兼顾用人单位的利益相结合的原则；贯彻以按劳分配为主的多种分配方式与公平救助相结合的原则；坚持劳动者平等竞争与特殊劳动保护相结合的原则；实行劳动行为自主与劳动

标准制约相结合的原则；坚持法律调节与三方对话相结合的原则。这些原则与民法的平等自由原则，经济法的宏观、微观经济协调原则以及行政法的依法行政原则等有着明显的不同。

（3）劳动法有自己完整的独立体系。从劳动法律规范构成形式来看，既有劳动法典，又有单行法规；既有实体法，又有程序法；还有劳动法执行的监督、检查法。从劳动法的内容来看，其在总则部分规定了劳动法的目的、原则、作用、适用范围及劳动者的基本权利等；在分则部分规定了促进就业、劳动合同与集体合同、工作时间与休息休假、工资、劳动安全卫生、特殊劳动保护、职业技能开发、社会保险与职工福利、劳动争议的处理及劳动监督检查等。总则与分则构成了一个完整的法律体系。

（4）司法实践中劳动法早已被确认为一个独立的法律部门。劳动法作为独立的法律部门，并非始于我国，也并非只有社会主义国家才是如此。劳动法是从19世纪初开始，为了适应社会经济发展的客观需要，并经过工人阶级的长期斗争，而逐步发展成为一个独立的法律部门的。从19世纪到20世纪初，资本主义国家调整劳动关系的法律有两种类型：一种是民法，按照契约自由原则，调整雇佣劳动关系。这种类型以德国民法的规定最为典型。另一种是工厂法以及其他各种单行劳动法规，其内容包括职业安全与卫生、职业训练、就业、保险、救济、工会组织等诸多方面，这些都是民法典中难以包含的内容。以20世纪20年代法国和前苏联着手编纂劳动法典为契机，调整劳动关系的两类法律规范汇集到一起，构成了劳动法这个法律部门。

2．劳动法与民法、行政法、社会保障法的区别。

（1）劳动法与民法的区别。①两者的调整对象不同。民法调整平等主体之间的财产关系以及与财产关系有密切联系的人身关系；劳动法调整的对象则是劳动关系以及与劳动关系密切联系的其他社会关系。②两者的主体不同。民事法律关系主体双方可能是自然人、法人、其他组织，也可能一方为自然人，另一方为法人、其

他组织；劳动法律关系的一方必须是劳动者，另一方为用人单位(劳动力使用者)。③两者调整的原则不完全相同。民法以平等主体双方意思自治、等价有偿等为原则；劳动法除一般性双方平等原则外，对某些主体还有特殊保护原则以及国家干预原则，如对女工与未成年工的特殊保护。但劳动法调整的某些关系也可能不是等价有偿的，如社会保险中的一些关系。

（2）劳动法与行政法的区别。①调整对象不同。行政法调整的对象主要是国家行政权在行使国家行政职能活动中发生的关系；劳动法调整的对象主要是劳动者与用人单位在劳动过程中发生的劳动关系。②法律关系的主体不同。行政法律关系发生在国家行政机关之间、国家行政机关与相对人之间，行政法律关系主体一方必定是国家行政机关；劳动法律关系主要发生在劳动者与用人单位之间，主体一方必定是劳动者。③法律关系的产生根据不同。行政法律关系是根据国家行政机关的行政职能在执行职务活动中产生的，具有单向性，即这种法律关系，只要具有该项职权的国家机关单方意思表示即可产生，无须征得另一方当事人的同意；劳动法律关系是根据劳动法律、劳动合同和集体合同产生的。

（3）劳动法与社会保障法的区别。劳动法与社会保障法的关系密切：社会保险是二者交叉的部分；二者的立足点都是保护弱势群体，实现社会公平和社会稳定。但二者又是相互独立、相互并列的两个法律部门，调整对象和调整方法有所不同。①从调整对象上讲，社会保障法调整的是社会保障、社会救济、社会福利等社会关系；劳动法调整的是劳动关系以及与劳动关系密切联系的其他社会关系。②从调整方法上讲，劳动法是通过劳动法律法规、集体合同、劳动合同对劳动关系进行调整；社会保障法更注重国家的责任与作用。

（二）劳动法的作用

劳动法以规范劳动行为、调整劳动关系为主要内容，并以保护劳动者的合法权益为立法宗旨。劳动行为是社会的基本行为，劳动

关系是社会关系中的核心部分，而劳动者则是这部分关系中的主力军。劳动关系能够得到科学合理的调整，就会形成稳定和谐的社会氛围；劳动者的合法权益能够得到有力的保障，便会产生极大的劳动积极性和创造性，这些正是促进社会生产力发展和推进社会进步的必要条件。劳动法在我国现实生活中的作用可以概括为以下几个方面：保护劳动者的合法权益；合理组织社会劳动，提高劳动生产率；规范劳动力市场，完善劳动力市场运行的法律保障体系；促进稳定和谐的劳动关系形成，维护社会安定团结。

第二节　权利和义务

一、劳动者的权利与义务

我国《宪法》规定，中华人民共和国公民有劳动的权利和义务，一个公民既有劳动的权利，同时又有劳动的义务。《劳动法》进一步明确规定了劳动者的具体权利和义务。

（一）*劳动者的权利*

劳动者的权利是指劳动者依照劳动法律行使的权利和享有的利益。根据《劳动法》第3条，劳动者享有以下权利：

1. 劳动者有平等就业择业的权利。在我国，劳动权也称劳动就业权，是指具有劳动能力的公民有获得职业的权利。在我国不分民族、种族、性别、宗教信仰，人人都平等地享有就业的权利。例如，对于性别而言，凡是适合妇女从事劳动的岗位，用人单位不得以性别为由拒绝录用；或者用人单位在招工时，不得提高妇女的录用标准。同样，用人单位不得以相貌、地域等与工作无关的标准拒绝录用合格劳动者。劳动者选择职业的权利是指劳动者根据自己的意愿选择适合自己才能、爱好的职业。劳动者具有支配自身劳动力的权利，其他任何人无权干涉劳动者择业的权利，无权阻止劳动者的调离与辞职。

2. 劳动者有获取报酬的权利。及时获得足额劳动报酬是劳动者的一项基本权利。《劳动合同法》将“劳动报酬”作为劳动合同的必备条款之一，并规定：劳动合同中缺少“劳动报酬”条款的，由劳动行政部门责令改正；给劳动者造成损害的，由用人单位承担赔偿责任。用人单位拖欠或者未足额支付劳动报酬的，劳动者可以依法向当地人民法院申请支付令，人民法院应当依法发出支付令。用人单位未按照劳动合同的约定或者国家的规定及时足额支付劳动者劳动报酬的，由劳动行政部门责令限期支付劳动报酬；劳动报酬低于当地最低工资标准的，应当支付差额部分；逾期不支付的，责令用人单位按应付金额50%以上、100%以下的标准向劳动者加付赔偿金。

3. 劳动者获得安全卫生保护的权利。用人单位必须建立健全劳动安全卫生制度，严格执行国家劳动安全卫生规程和标准，对劳动者进行劳动安全卫生教育，防止劳动过程中的事故，减少职业危害。如有违反，劳动者有权拒绝执行，有权提出批评、检举和控告。为了保障劳动者拒绝强迫劳动、违章指挥、冒险作业的权利的实现，法律规定：劳动者拒绝用人单位管理人员违章指挥、强令冒险作业的，不视为违反劳动合同；用人单位以暴力、威胁或者非法限制人身自由的手段强迫劳动者劳动的，或者用人单位违章指挥、强令冒险作业危及劳动者人身安全的，劳动者可以立即解除劳动合同，不需事先告知用人单位。用人单位有强迫劳动和违章指挥、冒险作业行为危及劳动者人身安全行为的，依法给予行政处罚；构成犯罪的，依法追究刑事责任；给劳动者造成损害的，应当承担赔偿责任。

4. 劳动者获得休息、休假的权利。国家实行劳动者每日工作时间不超过8小时，平均每周工作时间不超过40小时工作制度。用人单位应当保证劳动者每周至少休息1日；同时在元旦、春节、国际劳动节、国庆节等法律法规规定的其他休假节日，用人单位应当依法安排劳动者休假。不得违反劳动法规定延长劳动者的工作时

间，如有特殊情况，用人单位应当按一定标准支付高于劳动者正常工作时间工资的工资报酬。《劳动法》第44条规定，有下列情形之一的，用人单位应当按照下列标准支付高于劳动者正常工作时间工资的工资报酬：安排劳动者延长工作时间的，支付不低于工资的150%的工资报酬；休息日安排劳动者工作又不能安排补休的，支付不低于工资的200%的工资报酬；法定休假日安排劳动者工作的，支付不低于工资的300%的工资报酬。

5. 劳动者接受职业技能培训的权利。我国《宪法》规定，公民有受教育的权利和义务。受教育既包括受普通教育，也包括受职业教育。公民有劳动的权利，实现劳动权是离不开劳动者自身拥有职业技能的，在职业技能的获得越来越多地依赖职业培训的今天，公民没有职业培训权利，劳动就业权利就无法充分实现。国家通过各种途径，采取各种措施给劳动者提供职业培训的场所，劳动者根据国家和自身需要有接受职业技能培训的权利。

6. 劳动者享受社会保险和福利的权利。这是指劳动者在年老、患病、工伤、失业、生育等情况下从社会获得帮助的权利。社会保险是国家和用人单位依照法律规定或合同的约定，对具有劳动关系的劳动者在暂时或永久丧失劳动能力以及暂时失业时，为保证其基本生活需要，给予物质帮助的一种社会保障制度。该权利对于维护社会的稳定，保护职工的身体健康，解除职工的后顾之忧，调动职工的生产积极性，发挥了重要的作用。比如：最低工资保障制度；劳动者退休后享受养老保险待遇；患病、伤残或患职业病，享受医疗保险待遇；失业后享受保险待遇等。

7. 劳动者拥有提请劳动争议处理的权利。在劳动争议后，劳动者可以依法向有关部门提请争议处理。劳动争议又称劳动纠纷，是指存在劳动关系的用人单位和劳动者之间，因劳动权利义务问题产生分歧而引起的争议。用人单位与劳动者发生劳动争议，可以自行协商解决，也可以用其他形式来解决，如劳动者可以依法申请调解、仲裁，提起诉讼。劳动争议调解委员会由用人单位、工会和职工代表组成。劳动仲裁委员会由劳动行政代表、同级工会、用人单位代表组成。解决劳动争议应贯彻合法、公正、及时处理的原则。在发生争议时，有提请争议处理的权利，也是劳动者其他合法权利的保证。

8. 要求依法支付经济补偿的权利。经济补偿是用人单位承担的一种社会责任。在我国失业保险制度建立健全过程中，经济补偿可以有效缓解失业者的实际生活困难，维护社会稳定。同时，经济补偿也是国家调节劳动关系的一种经济手段，可以引导用人单位进行利益权衡，全面遵守《劳动法》的相关规定。《劳动合同法》赋予了劳动者要求用人单位依法支付经济补偿的权利，并对应当给予经济补偿的情形和补偿标准作了具体规定。

9. 法律法规规定的其他劳动权利。如在试用期内用人单位以暴力或非法强迫劳动或按照合同未支付约定的报酬时，可以解除劳动合同的权利。

（二）劳动者的义务

劳动者的义务是指劳动者必须履行的责任。根据《劳动法》第3条第2款规定，劳动者有以下义务：

1. 完成劳动任务。完成劳动生产任务是劳动者的主要义务。这不但是劳动者在劳动关系范围内的法定义务，同时也是强制性义务。劳动者不能完成劳动义务，就意味着劳动者违反劳动合同的约定，若满足一定条件，用人单位可以解除劳动合同。

2. 提高职业技能。提高职业技能既是劳动者享受的权利，又是劳动者履行的义务。职业技能是提高劳动生产率的关键因素。劳动生产率是劳动者在生产中的劳动效率，即劳动者在一定时期内创造的劳动成果与其相适应的劳动消耗量的比值。提高劳动者职业技能，既是用人单位的责任，更是劳动者自身的义务。在科学技术日新月异的今天，劳动者只有不断提高自身的职业技能，才能在生产中发挥主观能动性、创造性，促进劳动生产率的提高。现代社会是一个学习型社会、技能型社会，劳动者应当加强学习不断提高自身的职业技能。

3. 严格执行劳动安全卫生规程。劳动安全卫生规程不仅涉及保护劳动者自身的安全和健康，而且更重要的是涉及保护其他劳动者的安全和健康以及国家、单位的利益。《劳动法》第56条第1款规定："劳动者在劳动过程中必须严格遵守安全操作规程。"严格执行劳动安全卫生规程，是劳动者法定的义务。在劳动过程中，劳动者不仅要时刻注重自身的安全和健康，同时还要时刻兼顾其他人的安全和健康，对违反安全卫生规程的现象，应该及时加以制止，以防止安全卫生事故的发生。

4. 遵守劳动纪律和职业道德。劳动纪律是指劳动者在劳动中所应遵守的劳动规则和劳动秩序。任何一种社会劳动，特别是社会化大生产劳动，都是由劳动者集体进行的。在集体劳动过程中，由于劳动的分工与合作，每个劳动者的劳动都和劳动集体紧密相连，个别劳动者违反劳动纪律，有时也会影响其他劳动者劳动任务的完成及生产经营工作的正常进行。因此，劳动者必须严格遵守劳动纪律，相互协作，保证生产经营活动和其他各项工作有条不紊地顺利进行。职业道德，是同人们的职业活动紧密联系的符合职业特点所要求的道德准则、道德情操与道德品质的总和，它既是对本职人员在职业活动中行为的要求，同时又是职业对社会所负的道德责任与义务。劳动纪律和职业道德是劳动者在共同劳动过程中必须遵守的劳动规则、秩序和规范，它是保证劳动者按照规定的时间、质量、程序和方法完成自己所承担的生产任务或工作任务的行为准则。作为劳动者，应自觉遵守这些劳动纪律、职业道德。

5. 爱护和保卫公共财产。劳动者无论是在劳动过程中，还是在劳动结束后，都应当爱护公共财产，保护机器设备，节约原材料，降低能源消耗，降低产品成本，节约资源，爱护环境，执行有关设备保养和原材料、成品保管的规定。

6. 保守国家机密和商业机密。保守国家机密是公民的基本义务之一。保守国家秘密是指关系国家的安全和利益，依照法定程序规定，在一定时间内只限一定范围的人知悉的事项，不被泄露和遗失。商业机密，是指劳动者所在单位的不为公众所知悉，并能给单位带来经济利益、具有实用性并经单位采取保密措施的技术信息和经营信息。在经济法上也称为商业秘密。劳动者应当认真履行公民保守国家机密的公民义务，履行为用人单位保守秘密的义务。《中华人民共和国保守国家秘密法》和《劳动法》规定，对泄露国家机密的，可以酌情给予行政处分，情节严重的，追究刑事责任。劳动者违反劳动合同中约定的保密事项，给用人单位造成经济损失的，应当依法承担赔偿责任。

二、用人单位的权利和义务

（一）用人单位的权利

1．录用劳动者的权利。用人单位有权按照国家规定和本单位的需要录用劳动者，有权依法自主决定招用职工的时间、条件、方式、数量和用工形式。

2．组织劳动的权利。用人单位有权按照国家规定确定机构、编制和人员任职条件，有权任免、聘用管理人员和技术人员，下达生产或工作任务，并对生产过程实施指挥和监督。

3．决定劳动报酬分配方式的权利。用人单位有权按照国家的工资分配政策，确定本单位职工工资分配的方式，增薪、减薪办法以及条件和时间等，有权确定工资总额和最低工资标准。这是从劳动报酬分配角度对用人单位用人权利能力所作的限制。但是，凡由国家核定工资总额的用人单位，支付给职工的工资额不得超出核定的工资总额；用人单位支付职工的工资报酬不得低于最低工资标准。

4．制定劳动纪律的权利。用人单位有权制定和实施劳动纪律，有权依法或者依照用人单位的规章制度奖惩职工。

5．决定劳动关系是否存续的权利。在劳动合同到期后，用人单位有权决定是否同劳动者续订劳动合同，有权依法解除、终止劳

动合同。

(二) 用人单位的义务

1. 支付劳动报酬的义务。用人单位取得劳动者的劳动成果，就有向劳动者支付劳动报酬的义务。劳动报酬的核心是工资。一般来说，工资是根据劳动者提供劳动的数量和质量支付的，工资必须以法定的方式持续、定期支付。工资总额是指用人单位在一定时期内直接支付给本单位全部职工工资的总额。工资总额的计算应当以直接支付给职工的全部劳动报酬为依据，无论货币形式支付还是实物形式支付，均应列入工资总额的范围。根据1990年1月1日国家统计局发布的《关于工资总额组成的规定》，工资总额由计时工资、计件工资、奖金、津贴和补贴、加班加点工资和特殊情况下支付的工资这六部分组成。

（1）计时工资。计时工资是指按计时工资标准（包括地区生活费补助）和工作时间支付给个人的劳动报酬，其主要包括以下几个部分：①对已做工作按计时工资标准支付的工资；②实行结构工资制的单位支付给劳动者的基础工资和职务（岗位）工资；③新参加工作职工的见习工资（学徒的生活费）；④运动员体育津贴。

（2）计件工资。计件工资是指对已做工作按计件单价支付的劳动报酬，其主要包括以下几个部分：①实行超额累计计件、直接无限计件、限额计件、超定额计件等工资制，按劳动部门或主管部门批准的定额和计件单价支付给个人的工资；②按工作任务包干办法支付给个人的工资；③按营业额提成或者利润提成办法支付给个人的工资。

（3）奖金。奖金是指支付给职工的超额劳动报酬和增收节支的劳动报酬，其主要包括以下几个部分：①生产奖；②节约奖；③劳动竞赛奖；④机关、事业单位的奖励工资；⑤其他奖金。

（4）津贴和补贴。津贴和补贴是指为了补偿职工特殊或额外的劳动消耗和因其他特殊原因支付给职工的津贴，以及为了保证职工工资水平不受物价影响支付给职工的物价补贴。

(5) 加班加点工资。加班加点工资是指因延长劳动时间而支付的工资，主要包括用人单位按规定支付的加班工资和加点工资。加班工资是指用人单位安排劳动者在法定节假日、公休日从事劳动或工作而支付的工资；加点工资是指用人单位安排劳动者在标准工作时间以外的时间继续劳动或工作而支付的工资。

(6) 特殊情况下支付的工资。特殊情况下支付的工资主要包括根据国家法律、法规和政策的规定，因病、工伤、产假、计划生育假、婚丧假、事假、探亲假、定期休假、停工学习、执行国家和社会义务等原因按计时工资标准或者计时工资标准的一定比例支付的工资。

2. 劳动安全保护的义务。劳动安全保护是指为了达到安全生产和文明生产，避免和减少伤亡事故，保障劳动者在劳动过程中获得适宜的劳动条件和安全而采取的各项保护措施。获得劳动安全保护是公民劳动权的重要内容之一，也是用人单位的法定义务。如果不赋予劳动者劳动安全保护权，劳动者在生命、健康没有保障的情况下工作，那么，劳动权对劳动者而言就毫无意义。我国《劳动法》第 52 条、《安全生产法》第 21 条、第 50 条等法律法规对劳动安全保护问题作了较为详尽的规定。

(1) 提供安全工作、生产场所的义务。为员工提供安全的生产、工作场所，是用人单位依法承担的义务，是国家法律法规强制用人单位必须履行的义务。

(2) 提供卫生的工作场所的义务。提供卫生的生产、工作场所，是用人单位的法定义务。

(3) 妥善安置员工的义务。员工发生工伤、职业病或者出现用人单位依法破产等方面的情况时，妥善安置员工也是用人单位的法定义务。

(4) 建立职业健康监护档案的义务。用人单位应根据《职业病防治法》和《作业场所职业健康监督管理暂行规定》的要求，

对于从事特殊职业和工种的员工，建立健康监护档案。

3. 培训劳动者的义务。培训是指用人单位教育、指导劳动者具有基本工作技能、完成工作任务的过程。用人单位应当建立培训制度，对劳动者实施职业教育和技能培训。例如，《劳动法》第55条规定，从事特殊作业的劳动者必须经过专门培训并取得特种作业资格。

4. 完善劳动规章制度的义务。《劳动合同法》第4条规定，用人单位应当依法建立和完善劳动规章制度，保障劳动者享有劳动权利、履行劳动义务。

第三节　就业促进及对特殊劳动者的保护

一、我国关于促进就业方面的有关规定

劳动就业是每一位劳动者生存和发展的经济基础，促进就业不但是关系着劳动者及其家庭切身利益的经济问题，也是保障劳动者劳动权实现、实现社会和谐稳定的政治问题。基于这种重要性的考量，2007年8月30日第十届全国人民代表大会常务委员会第二十九次会议通过了《中华人民共和国就业促进法》（以下简称《就业促进法》），法律于2008年1月1日正式实施。这样标志着我国以《宪法》为指引，以《劳动法》、《劳动合同法》、《劳动促进法》、《社会保险法》等为主要内容的促进就业及劳动保障的法律体系已经相对完善。2012年1月，人力资源社会保障部、发展改革委、教育部、工业和信息化部、财政部、农业部、商务部制定了《促进就业规划（2011－2015年）》。我国就业促进方面的主要规定有：

（一）政府在就业促进方面的职责

《劳动法》第11条规定："地方各级人民政府应当采取措施，发展各种类型的职业介绍机构，提供就业服务。"该条明确了各级人民政府在劳动力市场上的地位和职责。2000年12月8日劳动和

社会保障部发布施行的《劳动力市场管理规定》，对政府对劳动力市场管理、提供就业服务的机构职责范围作了具体规定。《就业促进法》规定，县级以上人民政府把扩大就业作为经济和社会发展的重要目标，纳入国民经济和社会发展规划，并制定促进就业的中长期规划和年度工作计划。县级以上人民政府通过发展经济和调整产业结构、规范人力资源市场、完善就业服务、加强职业教育和培训、提供就业援助等措施，创造就业条件，扩大就业。国务院建立全国促进就业工作协调机制，研究就业工作中的重大问题，协调推动全国的促进就业工作。国务院劳动行政部门具体负责全国的促进就业工作。省、自治区、直辖市人民政府根据促进就业工作的需要，建立促进就业工作协调机制，协调解决本行政区域就业工作中的重大问题。县级以上人民政府有关部门按照各自的职责分工，共同做好促进就业工作。

（二）公共就业服务和就业管理

我国《劳动力市场管理规定》中对公共就业服务作了如下界定：本规定所称公共就业服务，是指由各级劳动保障部门提供的公益性就业服务，包括职业介绍、职业指导、就业训练、社区就业岗位开发服务和其他服务内容。《就业促进法》第 35 条规定，县级以上人民政府建立健全公共就业服务体系，设立公共就业服务机构，为劳动者免费提供的服务有：就业政策法规咨询；职业供求信息、市场工资指导价位信息和职业培训信息发布；职业指导和职业介绍；对就业困难人员实施就业援助；办理就业登记、失业登记等事务；其他公共就业服务。

就业管理主要是包括：

（1）对职业中介机构的管理。《就业促进法》规定，县级以上地方人民政府对职业中介机构提供公益性就业服务的，按照规定给予补贴。国家鼓励社会各界为公益性就业服务提供捐赠、资助。地方各级人民政府和有关部门不得举办或者与他人联合举办经营性的职业中介机构。地方各级人民政府和有关部门、公共就业服务机构

举办的招聘会，不得向劳动者收取费用。县级以上人民政府和有关部门加强对职业中介机构的管理，鼓励其提高服务质量，发挥其在促进就业中的作用。从事职业中介活动，应当遵循合法、诚实信用、公平、公开的原则。用人单位通过职业中介机构招用人员，应当如实向职业中介机构提供岗位需求信息。禁止任何组织或者个人利用职业中介活动侵害劳动者的合法权益。设立职业中介机构，应当依法办理行政许可。经许可的职业中介机构，应当向工商行政部门办理登记。未经依法许可和登记的机构，不得从事职业中介活动。国家对外商投资职业中介机构和向劳动者提供境外就业服务的职业中介机构另有规定的，依照其规定。

(2) 与就业相关的制度的建立。《就业促进法》规定，县级以上人民政府建立失业预警制度，对可能出现的较大规模的失业，实施预防、调节和控制。

国家建立劳动力调查统计制度和就业登记、失业登记制度，开展劳动力资源和就业、失业状况调查统计，并公布调查统计结果。统计部门和劳动行政部门进行劳动力调查统计和就业、失业登记时，用人单位和个人应当如实提供调查统计和登记所需要的情况。

(三) 职业教育和培训

职业教育和培训是提高劳动者自身素质，提高就业能力的重要举措。《就业促进法》规定，国家依法发展职业教育，鼓励开展职业培训，促进劳动者提高职业技能，增强就业能力和创业能力。县级以上人民政府根据经济社会发展和市场需求，制定并实施职业能力开发计划。县级以上人民政府加强统筹协调，鼓励和支持各类职业院校、职业技能培训机构和用人单位依法开展就业前培训、在职培训、再就业培训和创业培训；鼓励劳动者参加各种形式的培训。县级以上地方人民政府和有关部门根据市场需求和产业发展方向，鼓励、指导企业加强职业教育和培训。职业院校、职业技能培训机构与企业应当密切联系，实行产教结合，为经济建设服务，培养实用人才和熟练劳动者。企业应当按照国家有关规定提取职工教育经

费，对劳动者进行职业技能培训和继续教育培训。国家采取措施建立健全劳动预备制度，县级以上地方人民政府对有就业要求的初高中毕业生实行一定期限的职业教育和培训，使其取得相应的职业资格或者掌握一定的职业技能。地方各级人民政府鼓励和支持开展就业培训，帮助失业人员提高职业技能，增强其就业能力和创业能力。失业人员参加就业培训的，按照有关规定享受政府培训补贴。地方各级人民政府采取有效措施，组织和引导进城就业的农村劳动者参加技能培训，鼓励各类培训机构为进城就业的农村劳动者提供技能培训，增强其就业能力和创业能力。

（四）就业援助

就业援助是指就业困难人员通过政府各项促进就业扶持政策的贯彻落实以及就业服务机构为主的有关部门的具体帮助，实现再就业，以此达到增加家庭劳动收入，摆脱贫困的目的。《就业促进法》规定，各级人民政府建立健全就业援助制度，采取税费减免、贷款贴息、社会保险补贴、岗位补贴等办法，通过公益性岗位安置等途径，对就业困难人员实行优先扶持和重点帮助。政府投资开发的公益性岗位，应当优先安排符合岗位要求的就业困难人员。被安排在公益性岗位工作的，按照国家规定给予岗位补贴。地方各级人民政府加强基层就业援助服务工作，对就业困难人员实施重点帮助，提供有针对性的就业服务和公益性岗位援助。地方各级人民政府鼓励和支持社会各方面为就业困难人员提供技能培训、岗位信息等服务。各级人民政府采取特别扶助措施，促进残疾人就业。县级以上地方人民政府采取多种就业形式，拓宽公益性岗位范围，开发就业岗位，确保城市有就业需求的家庭至少有一人实现就业。法定劳动年龄内的家庭人员均处于失业状况的城市居民家庭，可以向住所地街道、社区公共就业服务机构申请就业援助。街道、社区公共就业服务机构经确认属实的，应当为该家庭中至少一人提供适当的就业岗位。对因资源枯竭或者经济结构调整等原因造成就业困难人员集中的地区，上级人民政府应当给予必要的扶持和帮助。

二、劳动法对女职工和未成年工的特殊劳动保护

对女职工和未成年工的特殊保护，是我国劳动安全卫生制度的重要组成部分。

（一）劳动对女职工的特殊保护

1．女职工禁忌劳动范围。根据2012年国务院颁布的《女职工劳动特别规定》，女职工禁忌劳动的范围有：矿山井下作业；体力劳动强度分级标准中规定的第四级体力劳动强度的作业；每小时负重6次以上、每次负重超过20公斤的作业，或者间断负重、每次负重超过25公斤的作业。

女职工在月经期间禁忌从事的劳动范围包括：冷水作业分级标准中规定的第二级、第三级、第四级冷水作业；低温作业分级标准中规定的第二级、第三级、第四级低温作业；体力劳动强度分级标准中规定的第三级、第四级体力劳动强度的作业；高处作业分级标准中规定的第三级、第四级高处作业。

怀孕女职工禁忌从事的劳动范围包括：作业场所空气中铅及其化合物、汞及其化合物、苯、镉、铍、砷、氰化物、氮氧化物、一氧化碳、二硫化碳、氯、己内酰胺、氯丁二烯、氯乙烯、环氧乙烷、苯胺、甲醛等有毒物质浓度超过国家职业卫生标准的作业；从事抗癌药物、己烯雌酚生产，接触麻醉剂气体等的作业；非密封源放射性物质的操作，核事故与放射事故的应急处置；高处作业分级标准中规定的高处作业；冷水作业分级标准中规定的冷水作业；低温作业分级标准中规定的低温作业；高温作业分级标准中规定的第三级、第四级的作业；噪声作业分级标准中规定的第三级、第四级的作业；体力劳动强度分级标准中规定的第三级、第四级体力劳动强度的作业；在密闭空间、高压室作业或者潜水作业，伴有强烈振动的作业，或者需要频繁弯腰、攀高、下蹲的作业。

乳母禁忌从事的劳动范围包括：作业场所空气中铅及其化合物、汞及其化合物、苯、镉、铍、砷、氰化物、氮氧化物、一氧化碳、二硫化碳、氯、己内酰胺、氯丁二烯、氯乙烯、环氧乙烷、苯胺、甲醛等有毒物质浓度超过国家职业卫生标准的作业；非密封源放射性物质的操作，核事故与放射事故的应急处置；体力劳动强度分级标准中规定的第三级、第四级体力劳动强度的作业；作业场所空气中锰、氟、溴、甲醇、有机磷化合物、有机氯化合物等有毒物质浓度超过国家职业卫生标准的作业。

2. 女职工的其他特殊保护。除了通过制定女职工禁忌劳动范围来对女职工进行特殊保护外，《女职工劳动保护特别规定》还规定了诸多对女职工的特殊保护措施。

《女职工劳动保护特别规定》规定，用人单位应当加强女职工劳动保护，采取措施改善女职工劳动安全卫生条件，对女职工进行劳动安全卫生知识培训。女职工比较多的用人单位应当根据女职工的需要，建立女职工卫生室、孕妇休息室、哺乳室等设施，妥善解决女职工在生理卫生、哺乳方面的困难。在劳动场所，用人单位应当预防和制止对女职工的性骚扰。

女职工孕期特殊保护。根据《女职工劳动保护特别规定》，用人单位不得因女职工怀孕降低其工资、予以辞退、与其解除劳动或者聘用合同。女职工在孕期不能适应原劳动的，用人单位应当根据医疗机构的证明，予以减轻劳动量或者安排其他能够适应的劳动。对怀孕7个月以上的女职工，用人单位不得延长劳动时间或者安排夜班劳动，并应当在劳动时间内安排一定的休息时间。

女职工产期特殊保护。根据《女职工劳动保护特别规定》，用人单位不得因女职工生育降低其工资、予以辞退、与其解除劳动或者聘用合同。女职工生育享受98天产假，其中产前可以休假15天；难产的，增加产假15天；生育多胞胎的，每多生育1个婴儿，增加产假15天。女职工怀孕未满4个月流产的，享受15天产假；怀孕满4个月流产的，享受42天产假。女职工产假期间的生育津贴，对已经参加生育保险的，按照用人单位上年度职工月平均工资的标准由生育保险基金支付；对未参加生育保险的，按照女职工产

假前工资的标准由用人单位支付。女职工生育或者流产的医疗费用，按照生育保险规定的项目和标准，对已经参加生育保险的，由生育保险基金支付；对未参加生育保险的，由用人单位支付。

女职工哺乳期特殊保护。根据《女职工劳动保护特别规定》，用人单位不得因女职工哺乳降低其工资、予以辞退、与其解除劳动或者聘用合同。对哺乳未满1周岁婴儿的女职工，用人单位不得延长劳动时间或者安排夜班劳动。用人单位应当在每天的劳动时间内为哺乳期女职工安排1小时的哺乳时间；女职工生育多胞胎的，每多哺乳1个婴儿每天增加1小时的哺乳时间。

（二）劳动法对未成年工的特殊保护

未成年工是指年满16周岁、未满18周岁的劳动者。未成年工的特殊劳动保护制度，是指国家根据未成年工的身体状况和生理特点而规定的对未成年工在劳动中的安全和卫生加以特殊保护的制度。我国对未成年人在劳动领域中的保护包括两个部分，一是未满16周岁的少年，除法规有特殊规定外，禁止进入劳动过程，《中华人民共和国未成年人保护法》（以下简称《未成年人保护法》）规定，任何组织或者个人不得招用未满16周岁的未成年人，国家另有规定的除外；二是对已满16周岁，未满18周岁的未成年人进入劳动过程后要进行特殊保护，即对未成年工的特殊保护。我国劳动法对未成年工的特殊保护规定主要有：

1. 未成年工禁忌劳动范围。《劳动法》第64条规定："不得安排未成年工从事矿山井下、有毒有害、国家规定的第四级体力劳动强度的劳动和其他禁忌从事的劳动。"未成年工的禁忌劳动范围包括：（1）《生产性粉尘作业危害程度分级》国家标准中第一级以上的接尘作业；（2）《有毒作业分级》国家标准中第一级以上的有毒作业；（3）《高处作业分级》国家标准中第二级以上的高处作业；（4）《冷水作业分级》国家标准中第二级以上的有毒作业；（5）《高温作业分级》国家标准中第三级以上的有毒作业；（6）《低温作业分级》国家标准中第三级以上的有毒作业，等等。

此外，对于未成年工患有某种疾病或者有某些生理缺陷时，也不能从事某些劳动。

2．对未成年工的定期健康检查制度。1994 年 12 月原劳动部颁布的《未成年工特殊保护规定》对未成年工定期健康检查制度做了具体规定：(1）用人单位对未成年工定期进行健康检查的情况包括：安排工作岗位之前；工作满一年；年满 18 周岁，距前一次的体检时间已超过半年。(2）未成年工的健康检查，应按原劳动部统一制作的《未成年工健康检查表》列出的项目进行。(3）用人单位应根据未成年工的健康检查结果安排其从事适合的劳动，对不能胜任原劳动岗位的，应根据医务部门的证明，予以减轻劳动量或安排其他劳动。

3．未成年工的工作时间。为保障未成年工的正常发育和身体健康，在我国，一般情况下，对未成年工要缩短工作时间，禁止安排未成年工从事夜班工作及加班加点工作。对某些招收 16 岁以下的学徒的特殊行业，国家还专门规定了对学徒的保护制度。如《关于技工学校学生的学习、劳动、休息时间的暂行规定》中规定，未满 16 周岁的学生，在进行生产实习时的劳动时间为：第一学年每天不得超过 6 小时，第二学年每天不得超过 7 小时，第三学年每天不得超过 8 小时。随着我国工时的缩短，对未成年工的工作时间也会有新的相应的规定。

4．对未成年工的使用和保护的登记制度。用人单位招收使用未成年工，除符合一般用工要求外，还须向所在地的县级以上劳动行政部门办理登记手续。各级劳动行政部门按规定审核体检情况以及用人单位拟安排的劳动范围，并根据《未成年工健康检查表》、《未成年工登记表》，核发《未成年工登记证》。《未成年工登记证》由国务院劳动行政部门统一印制，未成年工必须持证上岗。未成年工上岗前，用人单位应对其进行有关的职业安全卫生教育、培训。未成年工体检和登记，由用人单位统一办理，并承担费用。

第四节　劳动合同以及劳动争议的处理[①]

一、劳动合同

劳动合同是劳动者与用人单位确立劳动关系、明确双方权利和义务的协议。

(一) 劳动合同的订立及内容

1. 劳动合同订立双方必须坚持诚信原则。用人单位招用劳动者时，应当如实告知劳动者的工作内容、工作条件、工作地点、职业危害、安全生产状况、劳动报酬，以及劳动者要求了解的其他情况；用人单位有权了解劳动者与劳动合同直接相关的基本情况，劳动者应当如实说明。用人单位招用劳动者，不得扣押劳动者的居民身份证和其他证件，不得要求劳动者提供担保或者以其他名义向劳动者收取财物。

2. 劳动合同的订立应当采用书面形式。《劳动合同法》规定，用人单位自用工之日起即与劳动者建立劳动关系。用人单位应当建立职工名册备查。建立劳动关系，应当订立书面劳动合同。已建立劳动关系，未同时订立书面劳动合同的，应当自用工之日起一个月内订立书面劳动合同。用人单位与劳动者在用工前订立劳动合同的，劳动关系自用工之日起建立。

3. 劳动合同的内容。劳动合同的内容，即劳动合同条款，是指双方当事人达成的关于劳动权利义务的具体规定。根据《劳动法》的规定，劳动合同内容由法定条款和约定条款构成。法定条款，即法律规定劳动合同必须具备的条款。只有完全具备这种条款，劳动合同才能依法成立。劳动合同除法定条款外，当事人可以

---

① 关于劳动合同以及劳动争议的处理，本节只做概述，详见本书“第九章劳动合同法”“第十章劳动争议调解仲裁法”。

协商约定其他内容，亦称约定条款。

（二）劳动合同的履行和变更

1. 劳动合同的履行。根据《劳动合同法》规定，用人单位与劳动者应当按照劳动合同的约定，全面履行各自的义务。

2. 劳动合同的变更。根据《劳动合同法》规定，用人单位与劳动者协商一致，可以变更劳动合同约定的内容。变更劳动合同，应当采用书面形式。变更后的劳动合同文本由用人单位和劳动者各执一份。

（三）劳动合同的解除和终止

1. 劳动合同的解除。劳动合同的解除，是指当事人双方提前终止劳动合同的法律效力，解除双方的权利义务关系。可分为双方协商一致解除合同，劳动者或用人单位单方解除合同等形式。

2. 劳动合同的终止。劳动合同的终止，指合同当事人双方在合同关系建立以后，因一定的法律事实的出现，使合同确立的权利义务关系消灭。

二、劳动争议的处理方式

根据《劳动法》的规定，我国劳动争议的处理方式有四种：

（一）协商解决

通过协商方式自行和解，是双方当事人应首先选择解决争议的途径，同时也是在解决争议过程中可以随时采用的。当事人在自愿、互谅的基础上，通过直接对话摆事实、讲道理，分清责任，在相互作出一定让步或谅解的情况下，达成和解协议，使纠纷得以解决的活动。实践中，和解是一种快速、简便的争议解决方式，无论是对劳动者还是对用人单位，都不失为一种理想的途径。

（二）调解

劳动争议调解，是指第三方在劳动者与用人单位之间进行居间协调，促成双方相互谅解、妥协，最终形成调解协议而解决劳动纠纷。我国的劳动争议调解有企业劳动争议调解委员会主持的调解、

劳动争议仲裁委员会主持的调解、人民法院主持的调解三种方式。其中，企业劳动争议调解委员会主持的调解具有民间性质，这种调解结果不具有强制执行效力，实行自愿原则，即只有双方当事人都同意由企业劳动争议调解委员会处理该争议，调解委员会才能受理该案件。这不是劳动争议解决的必经程序。劳动争议仲裁委员会和人民法院主持的调解达成的调解协议具有法律效力，可以作为生效的法律文书要求强制执行。

（三）仲裁

仲裁是劳动争议仲裁机构对当事人请求解决的劳动争议，依法作出裁决从而解决劳动纠纷。我国劳动争议仲裁采取强制原则，即只要劳动者一方提起劳动争议，用人单位必须参加劳动争议仲裁，并尊重仲裁裁决结果。在劳动争议仲裁委员会对劳动争议案件依法作出裁决后，当事人对仲裁裁决不服，一般可以在15日内提起诉讼，另一方当事人也必须应诉。

（四）诉讼

劳动诉讼，这里特指劳动争议当事人不服劳动争议仲裁委员会的裁决，依法在规定的期限内向人民法院起诉，人民法院依照民事诉讼程序，依法对劳动争议案件进行审理的活动。此外，劳动争议的诉讼，还包括当事人一方不履行仲裁委员会已发生法律效力的裁决书或调解书，另一方当事人申请人民法院强制执行的活动。诉讼是以国家公权力解决劳动争议的机制，具有国家强制力，因而能使劳动争议得到最终解决。

第五节　劳动法律监督检查及相关法律责任

一、劳动法律监督检查

劳动法的监督检查从内容上是指对根据劳动法律法规的执行情况进行各项监督检查。从主体上讲，有广义和狭义之分，狭义上是指劳动行政机关对劳动法律规范进行专门的行政监督检查；广义上包括三个方面的监督检查，即劳动行政机关的监督检查、其他有关部门对执行劳动法的监督检查、工会组织和人民群众的监督检查。

（一）劳动行政机关的监督

1．劳动监督检查的机构和职权。《劳动法》规定，县级以上各级人民政府劳动行政部门依法对用人单位遵守劳动法律、法规的情况进行监督检查，对违反劳动法律、法规的行为有权制止，并责令改正。县级以上各级人民政府有关部门在各自职责范围内，对用人单位遵守劳动法律、法规的情况进行监督。2004 年 11 月 1 日，国务院发布《劳动保障监察条例》第 10 条、第 11 条明确规定了劳动保障监察职责与监察事项。

2．劳动监督检查人员的权力。《劳动法》第 86 条规定，县级以上各级人民政府劳动行政部门监督检查人员执行公务，有权进入用人单位了解执行劳动法律、法规的情况，查阅必要的资料，并对劳动场所进行检查。

3．劳动监察检查的工作方式。在实践中，劳动监督检查机构的工作方式主要有：经常性的监督检查；集中力量进行突击性的监督检查；对重点单位进行监督检查；联合有关部门开展集中大检查；实行年检。

（二）其他行政机关的监督检查

这主要包括企业主管部门的监督，工商、公安等专项执法机关的监督等。

（三）工会和人民群众的监督检查

根据《劳动法》规定，各级工会依法维护劳动者的合法权益，对用人单位遵守劳动法律、法规的情况进行监督。任何组织和个人对于违反劳动法律、法规的行为有权检举和控告。可见，工会和人民群众的监督检查也是法定的对劳动法进行监督检查的重要方式。

二、违反《劳动法》的法律责任

法律责任是行为者因其违法行为所应承担的不利的法律后果，是法律强制力的体现。劳动法律责任是法律责任的一种，它是指违反劳动法的法律责任。劳动法律责任是指企业、个体经济组织、民办非企业单位、国家机关、事业单位、社会团体等用人单位的行政领导人员或劳动者，因违反劳动法律、法规所应承担的各种法律责任。

（一）违反劳动法责任的构成要件

能成为劳动法律关系的当事人，实际上隐含了一个前提，当事人具有民事责任能力。所以在讨论违反劳动法责任时，我们不必考虑行为人的责任能力问题。行为人承担违反劳动法规定的法律责任，必须具备四个要件：

1. 行为人具有违反劳动法的行为。违反劳动法的行为是企业、机关、事业、团体等用人单位行政领导人员或劳动者违反《劳动法》、《劳动合同法》或其他单行劳动法律、法规的行为，例如违反《女职工劳动保护规定》、《禁止使用童工规定》、《企业职工奖惩条例》、《集体合同规定》等的行为。另外，也包括违反本单位依照劳动法律、法规和政策制定的内部劳动规则、考勤制度、保密制度等合理的规章制度。这些违法行为可以是积极的作为，也可以是消极的不作为。

2. 行为人有主观过错。这种过错的形式有两种：（1）故意。指责任人员明知自己的行为可能引起危害社会的结果，并且希望或者放任这种结果的发生。（2）过失。指责任人员应当预见自己的行为可能发生一定的危害，但因为疏忽大意而没有预见，或者是过于自信能够避免危害性后果的发生而未采取必要措施，致使危害性后果发生。不论是故意还是过失，有关责任人员都应承担违反劳动法的责任。但是，由于不可抗力、不能预见的原因造成不良后果的情况除外。

3. 危害后果违法行为。人的行为造成或足以造成一定的社会危害。如果违法行为显著轻微，不认为具有危害后果。

4. 因果关系。违反劳动法行为与危害后果之间必须有因果关系。也就是说，必须确定危害后果是不是由于违法行为所引起的。

（二）违反劳动法律责任的种类

在我国，对于违反劳动法律、法规的用人单位、劳动者和劳动行政部门的工作人员，一般是进行批评教育，但是，对于违反劳动法规范造成或足以造成国家或集体、个体经济组织一定的财产损失、损害人身安全或健康者，应分别不同情况，根据情节轻重，依法追究相应的法律责任。依据我国法律，劳动关系及与劳动关系密切联系的其他社会关系主体的违法行为的法律责任种类，包括民事责任、行政责任和刑事责任三种。

1. 民事责任。民事责任，也称经济责任，是指用人单位行政管理人员或劳动者实施违反劳动法律、法规所规定的行为，给国家、集体或劳动者个人造成一定的经济损失，依照有关劳动法律、法规应承担的经济补偿或者赔偿责任。在劳动法律关系中，双方当事人又互为民事主体，一方当事人所享有的权利要求另一方履行相应的义务，如果有一方当事人不履行义务或不能完全履行义务，给对方当事人造成损失的，应当承担民事责任。

2. 行政责任。行政责任是指违法行为人依法应当承担的，由有关行政机关或违法行为人所在单位以行政处罚或行政处分的方式予以追究的法律责任。

（1）行政处分。行政处分也称纪律处分，指对国家行政管理机关工作人员违反劳动法律、法规、规章，情节轻微，不够追究刑事责任而给予的一种行政制裁。它的种类、权限、程序由国家有关法律、法规规定。行政处分的形式分为：警告、记过、记大过、降级、撤职、开除六种，针对不同人员和不同的违法行为予以适用。《劳动法》规定可以给予行政处分的情形主要为：劳动行政部门或有关部门工作人员滥用职权，玩忽职守，徇私舞弊，不构成犯罪

的，给予行政处分；其他法律、法规规定的可以给予行政处分的违法行为。如我国《就业促进法》第 61 条规定："违反本法规定，劳动行政等有关部门及其工作人员滥用职权、玩忽职守、徇私舞弊的，对直接负责的主管人员和其他直接责任人员依法给予处分。"

（2）行政处罚。行政处罚是指劳动行政机关或有关部门对用人单位违反劳动法律、法规、规章而进行的处罚。根据我国《劳动法》、《劳动合同法》、《就业促进法》、劳动部 1994 年《违反〈中华人民共和国劳动法〉行政处罚办法》、劳动部 1996 年《劳动行政处罚若干规定》、国务院 2004 年《劳动保障监察条例》等劳动法律、法规、规章，以及《行政处罚法》，对用人单位实施的行政处罚的法律责任形式主要有：①罚款。罚款指对违法者给予的经济性惩罚。按照《劳动法》规定，可以实施罚款的违法行为主要有：用人单位无特殊原因任意延长工作时间；用人单位劳动安全设施和劳动卫生条件不符合国家规定，未向劳动者提供必要的劳动保护用品；用人单位非法雇用未满 16 周岁的未成年人；用人单位违反对女职工和未成年工特殊保护规定，侵犯其合法权益；用人单位无理阻挠劳动行政部门、有关部门及其工作人员行使监督检查，打击报复检举人；用人单位侵犯劳动者合法权益，已在其他法律、法规中规定可以处以罚款的；等等。罚款的具体办法和数额，由单项法律、法规或地方性法规规定。②警告。警告是指对违法者予以申诫和谴责的一种处罚，一般适用于情节比较轻微的违法行为，惩罚的程度较轻。警告和责令改正、罚款可以一并适用，也可单独适用。如《劳动保障监察条例》第 25 条规定："用人单位违反劳动保障法律、法规或者规章延长劳动者工作时间的，由劳动保障行政部门给予警告，责令限期改正，并可以按照受侵害的劳动者每人 100 元以上 500 元以下的标准计算，处以罚款。"③责令改正。责令改正是指对违法者给予的必须立即纠正其违法行为的一种强制性措施。在给予责令改正处罚时，可以并处罚款。④责令停产整顿。责令停产整顿是指对违法者给予一种限定其在一定时间内停止生产以纠正其违法行为的处罚，其特点是必须停止生产。《劳动法》第92条规定的应当适用责令停产整顿处罚的情况有：用人单位的劳动安全设施和劳动卫生条件不符合国家规定或者未向劳动者提供必要的劳动保护用品和劳动保护设施，情节严重的。⑤吊销营业执照或许可证。吊销营业执照是指给予违法者的终止生产经营资格的严厉处罚。它引起的直接法律后果是用人单位消亡。《劳动法》第94条规定：用人单位非法招用未满16周岁的未成年人，情节严重的，由工商行政管理部门吊销营业执照。《劳动保障监察条例》第28条第1款规定："职业介绍机构、职业技能培训机构或者职业技能考核鉴定机构违反国家有关职业介绍、职业技能培训或者职业技能考核鉴定的规定的，由劳动保障行政部门责令改正，没收违法所得，并处1万元以上5万元以下的罚款；情节严重的，吊销许可证。"⑥没收违法所得。没收违法所得，是指行政机关依法将行为人以违法手段取得的金钱、其他财物等收归国有的一种处罚。如我国《就业促进法》第65条规定："违反本法规定，职业中介机构提供虚假就业信息，为无合法证照的用人单位提供职业中介服务，伪造、涂改、转让职业中介许可证的，由劳动行政部门或者其他主管部门责令改正；有违法所得的，没收违法所得，并处1万元以上5万元以下的罚款；情节严重的，吊销职业中介许可证。"⑦行政拘留。行政拘留是公安机关短期限制违反治安管理秩序的行为人人身自由的一种处罚。我国《劳动法》第96条规定：用人单位有下列行为之一，由公安机关对责任人员处以15日以下拘留、罚款或者警告；构成犯罪的，对责任人员依法追究刑事责任：①以暴力、威胁或者非法限制人身自由的手段强迫劳动的；②侮辱、体罚、殴打、非法搜查和拘禁劳动者的。

3. 刑事责任。刑事责任指用人单位的行政管理人员、劳动者或国家机关工作人员等严重违反劳动法律、法规，造成严重后果，以致触犯刑法、构成犯罪应承担的法律责任。

《劳动法》规定应当追究刑事责任的，主要有以下七个方面：

①用人单位对事故隐患不采取措施，致使发生重大事故，造成劳动者生命和财产损失的，对责任人员追究刑事责任；②用人单位强迫劳动者违章冒险作业，发生重大伤亡事故，造成严重后果的，依法追究刑事责任；③用人单位以暴力威胁或非法限制人身自由的手段强迫劳动及侮辱、体罚、殴打、搜查劳动者，情节严重，构成犯罪的，依法追究刑事责任；④用人单位无理阻挠劳动行政部门、有关部门及其工作人员行使监督检查权，打击报复举报人员，构成犯罪的，依法追究刑事责任；⑤劳动行政部门或者有关部门的工作人员滥用职权、玩忽职守、徇私舞弊，构成犯罪的，依法追究刑事责任；⑥国家工作人员和社会保险基金经办机构的工作人员挪用社会保险基金，构成犯罪的，依法追究刑事责任；⑦违反《劳动法》依照其他法律、法规应当依法追究刑事责任的，也要依法追究刑事责任。

第九章 劳动合同法

第一节 概述

一、劳动合同的概念、特征

（一）劳动合同的概念

劳动合同是指用人单位与劳动者经协商一致确立劳动关系、明确双方的权利和义务的协议。根据《劳动法》、《劳动合同法》等法律、法规的规定，依法订立的劳动合同受国家法律保护，对订立合同的双方当事人具有约束力，是处理劳动争议的直接证据和依据。

（二）劳动合同的特征

劳动合同是合同的一种，它具有合同的一般特征，即合同是双方的法律行为，而不是单方的法律行为；合同是当事人之间的协议，经当事人平等自愿、协商一致达成，合同才成立；合同是合法行为，不能是违法行为，合同一经签订，即具有法律约束力。劳动合同除具有上述一般特征外，还有其自身的特征：

1. 劳动合同的主体是特定的。即一方是中华人民共和国境内的企业、个体经济组织、民办非企业单位等组织，另一方是具有劳动权利能力和劳动行为能力的劳动者。

2. 用人单位和劳动者在履行劳动合同的过程中，存在着管理与被管理的关系，即劳动者一方必须加入到用人单位的生产和工作中去，成为该单位的一名职工，接受用人单位管理，遵守用人单位

规章制度，对内享受本单位职工的权利，承担本单位职工的义务；用人单位则有权依照劳动合同的规定组织管理劳动者，使其完成劳动合同约定的劳动行为，并有义务支付劳动报酬及提供其他福利。

3．劳动合同的性质决定了劳动合同的内容具有法定性。这种法定性既表现在劳动合同内容直接由法律加以规定，双方当事人都无权变更，也表现在劳动合同内容只能在法律标准限度内选择，双方当事人不能突破法定标准许可的限度。

4．在特定条件下，劳动合同往往涉及第三人的物质利益，即劳动合同内容不仅限于当事人之间的权利和义务，有时还会涉及劳动者的直系亲属在一定条件下享受的物质帮助权。如《劳动法》规定，劳动者死亡后，其遗属依法享受遗属津贴；《工伤保险条例》规定职工因工死亡，其直系亲属可按规定从工伤保险基金领取丧葬补助金、供养亲属抚恤金和一次性工亡补助金。

二、劳动合同的内容与形式

（一）劳动合同的内容

劳动合同的内容是指劳动者与用人单位之间设定劳动权利与义务的具体规定。根据条款内容是否为劳动合同所必须，劳动合同的内容可分为法定条款和约定条款两部分。

1．劳动合同的法定条款。根据《劳动合同法》规定，建立劳动关系，应当订立书面劳动合同，并应当具备以下条款：

（1）用人单位的名称、住所和法定代表人或者主要负责人。

（2）劳动者的姓名、住址和居民身份证或者其他有效身份证件号码。

（3）劳动合同期限，劳动合同分为固定期限劳动合同、无固定期限劳动合同和以完成一定工作任务为期限的劳动合同。

固定期限劳动合同，是指用人单位与劳动者约定合同终止时间的劳动合同。用人单位与劳动者协商一致，可以订立固定期限劳动合同。

无固定期限劳动合同，是指用人单位与劳动者约定无确定终止时间的劳动合同。用人单位与劳动者协商一致，可以订立无固定期限劳动合同。有下列情形之一，劳动者提出或者同意续订、订立劳动合同的，除劳动者提出订立固定期限劳动合同外，应当订立无固定期限劳动合同：①劳动者在该用人单位连续工作满 10 年的；②用人单位初次实行劳动合同制度或者国有企业改制重新订立劳动合同时，劳动者在该用人单位连续工作满 10 年且距法定退休年龄不足 10 年的；③连续订立 2 次固定期限劳动合同，且劳动者没有本法第 39 条和第 40 条第 1 项、第 2 项规定的情形，续订劳动合同的。用人单位自用工之日起满 1 年不与劳动者订立书面劳动合同的，视为用人单位与劳动者已订立无固定期限劳动合同。

以完成一定工作任务为期限的劳动合同，是指用人单位与劳动者约定以某项工作的完成为合同期限的劳动合同。用人单位与劳动者协商一致，可以订立以完成一定工作任务为期限的劳动合同。

（4）工作内容和工作地点。这是劳动者应履行的主要义务，双方可在协商一致的基础上约定劳动者所从事的工作岗位、工作类型、数量指标、质量指标、具体工作地点等内容。

（5）工作时间和休息休假。工作时间是劳动者为用人单位提供劳动的时间，根据《国务院关于职工工作时间的规定》，职工每日工作 8 小时，每周工作 40 小时。任何单位和个人不得擅自延长职工工作时间。《劳动法》第四章对工作时间和休息休假作了专门规定。

（6）劳动报酬。劳动报酬指劳动法中调整的劳动者基于劳动关系而取得的各种劳动收入，其主要支付形式是工资，此外还有津贴、奖金等。在劳动合同中应明确工资的数额，支付方法，奖金、津贴的数额及获得的条件等。劳动者的劳动报酬必须以货币支付，不得以其他任何形式支付劳动者的报酬。

（7）社会保险。社会保险是对劳动者的一种保障，根据《社会保险法》规定，国家建立包括基本养老保险、基本医疗保险、

工伤保险、失业保险、生育保险等在内的社会保险制度，保障公民在年老、疾病、工伤、失业、生育等情况下依法从国家和社会获得物质帮助的权利。用人单位应当自行申报、按时足额缴纳社会保险费，非因不可抗力等法定事由不得缓缴、减免。职工应当缴纳的社会保险费由用人单位代扣代缴，用人单位应当按月将缴纳社会保险费的明细情况告知本人。无雇工的个体工商户、未在用人单位参加社会保险的非全日制从业人员以及其他灵活就业人员，可以直接向社会保险费征收机构缴纳社会保险费。

（8）劳动保护、劳动条件和职业危害防护。双方可在合同中约定各项劳动安全与卫生的措施，对女工和未成年工的劳动保护措施与制度，为劳动者提供劳动安全生产条件和必备的生产资料条件等。

（9）法律、法规规定应当纳入劳动合同的其他事项。

2. 劳动合同的约定条款。劳动合同除前款规定的必备条款外，用人单位与劳动者可以约定试用期、培训、保守秘密、补充保险和福利待遇等其他事项。

（1）试用期。试用期是指对新录用的职工进行试用的期限。劳动合同期限3个月以上不满1年的，试用期不得超过1个月；劳动合同期限1年以上不满3年的，试用期不得超过2个月；3年以上固定期限和无固定期限的劳动合同，试用期不得超过6个月。同一用人单位与同一劳动者只能约定一次试用期。以完成一定工作任务为期限的劳动合同或者劳动合同期限不满3个月的，不得约定试用期。试用期包含在劳动合同期限内。劳动合同仅约定试用期的，试用期不成立，该期限为劳动合同期限。劳动者在试用期的工资不得低于本单位相同岗位最低档工资或者劳动合同约定工资的80%，并不得低于用人单位所在地的最低工资标准。

（2）培训条款。《劳动法》第八章对职业培训作了专门规定。根据《劳动合同法》规定，用人单位为劳动者提供专项培训费用，对其进行专业技术培训的，可以与该劳动者订立协议，约定服务期。劳动者违反服务期约定的，应当按照约定向用人单位支付违约金。违约金的数额不得超过用人单位提供的培训费用。用人单位要求劳动者支付的违约金不得超过服务期尚未履行部分所应分摊的培训费用。用人单位与劳动者约定服务期的，不影响按照正常的工资调整机制提高劳动者在服务期期间的劳动报酬。

(3) 保守商业秘密条款。用人单位与劳动者可以在劳动合同中约定保守用人单位的商业秘密和与知识产权相关的保密事项。对负有保密义务的劳动者，用人单位可以在劳动合同或者保密协议中与劳动者约定竞业限制条款，并约定在解除或者终止劳动合同后，在竞业限制期限内按月给予劳动者经济补偿。劳动者违反竞业限制约定的，应当按照约定向用人单位支付违约金。竞业限制的人员限于用人单位的高级管理人员、高级技术人员和其他负有保密义务的人员。竞业限制的范围、地域、期限由用人单位与劳动者约定，竞业限制的约定不得违反法律、法规的规定。在解除或者终止劳动合同后，上述规定的人员到与本单位生产或者经营同类产品、从事同类业务的有竞争关系的其他用人单位，或者自己开业生产或者经营同类产品、从事同类业务的竞业限制期限，不得超过两年。

(4) 补充保险和福利待遇条款。补充保险是指用人单位与劳动者在劳动合同中约定的法定社会保险之外的保险，如意外伤害险、第三者责任险等所有商业保险都可以成为补充保险的内容。福利待遇是指用人单位与劳动者在劳动合同中约定的工资以外的利益。

此外，用人单位还可以与劳动者约定法律没有明确列示的其他双方约定的事项，比如规章制度、工资拒付通知、送达、告知及双方认为需要约定的其他事项等。

(二) 劳动合同的形式

1. 种类。劳动合同的形式是指订立劳动合同的方式。劳动合同的形式一般有书面形式和口头形式两种。书面合同是由双方当事人达成协议后，将协议的内容用文字形式固定下来，并经双方签

字，作为凭证的合同。口头合同是双方当事人口头承诺即告成立，不必用文字写成书面形式的合同。根据《劳动合同法》规定，劳动合同应当以书面形式订立。法律之所以这样规定，其目的在于用书面形式明确劳动合同当事人双方的权利与义务，以及有关合同期限、劳动报酬、福利待遇等事项，便于履行和监督检查，在发生劳动争议时，便于当事人举证，也便于有关部门处理。

2. 事实劳动关系。事实劳动关系是指用人单位与劳动者没有订立书面劳动合同，但双方实际履行了劳动权利义务而形成的劳动关系。事实劳动关系与劳动关系相比，只是欠缺了有效的书面合同这一形式要件，但并不影响劳动关系的成立。《劳动和社会保障部关于确立劳动关系有关事项的通知》（劳社部发［2005］12 号）规定，用人单位招用劳动者未订立书面劳动合同，但同时具备下列情形的，劳动关系成立：（1）用人单位和劳动者符合法律、法规规定的主体资格；（2）用人单位依法制定的各项劳动规章制度适用于劳动者，劳动者受用人单位的劳动管理，从事用人单位安排的有报酬的劳动；（3）劳动者提供的劳动是用人单位业务的组成部分。《工伤保险条例》第 18 条、第 61 条明确规定劳动关系包括事实劳动关系。最高人民法院《关于审理劳动争议案件适用法律若干问题的解释》（法释［2001］14 号）规定，劳动合同期满后，劳动者仍在原用人单位工作，原用人单位未表示异议的，视为双方同意以原条件继续履行劳动合同。这表明劳动合同到期后形成了事实劳动关系，用人单位与劳动者均继续享有原劳动合同约定的权利，并应履行原劳动合同约定的义务。

用人单位未与劳动者签订劳动合同，认定双方存在劳动关系时可参照下列凭证：（1）工资支付凭证或记录（职工工资发放花名册）、缴纳各项社会保险费的记录；（2）用人单位向劳动者发放的“工作证”、“服务证”等能够证明身份的证件；（3）劳动者填写的用人单位招工招聘“登记表”、“报名表”等招用记录；（4）考勤记录；（5）其他劳动者的证言等。其中，（1）、（3）、（4）项的有关凭证由用人单位负举证责任。

三、劳动合同法的适用范围

（一）劳动法的适用范围

根据《劳动法》第2条及1995年劳动部《关于贯彻执行〈中华人民共和国劳动法〉若干问题的意见》的规定，劳动法的适用范围为：

1. 中国境内的企业和与之形成劳动关系的劳动者。“企业”是指从事产品生产、流通或服务性活动等实行独立经济核算的经济单位，包括各种所有制类型的企业，如公司、工厂、农场等。

2. 中国境内的个体经济组织和与之形成劳动关系的劳动者。“个体经济组织”是指一般雇工在七人以下的个体工商户。中国境内的企业、个体经济组织与劳动者之间，只要形成劳动关系，即劳动者事实上已成为企业、个体经济组织的成员，并为其提供有偿劳动，均适用劳动法。中国境内的企业、个体经济组织在劳动法中被称为用人单位。

3. 国家机关、事业组织、社会团体实行劳动合同制度的以及按规定应实行劳动合同制度的工勤人员；实行企业化管理的事业组织的人员；其他通过劳动合同与国家机关、事业组织、社会团体建立劳动关系的劳动者，适用劳动法。

4. 公务员和比照实行公务员制度的事业组织和社会团体的工作人员，以及农村劳动者（乡镇企业职工和进城务工、经商的农民除外）、现役军人和家庭保姆等不适用劳动法。

5. 国家机关、事业组织、社会团体和与之建立劳动合同关系的劳动者依照劳动法执行。根据劳动法的这一规定，国家机关、事业组织、社会团体应当视为用人单位。

（二）劳动合同法的适用范围

《劳动合同法》在《劳动法》的基础上，扩大了适用范围，增加了民办非企业单位等组织作为用人单位，并且将事业单位聘用制

工作人员也纳入本法调整。规定中华人民共和国境内的企业、个体经济组织、民办非企业单位等组织（以下称用人单位）与劳动者建立劳动关系，订立、履行、变更、解除或者终止劳动合同，适用本法。国家机关、事业单位、社会团体和与其建立劳动关系的劳动者，订立、履行、变更、解除或者终止劳动合同，依照本法执行。根据《劳动合同法》第 2 条和《劳动合同法实施条例》第 3 条的规定，劳动合同法的适用范围如下：

1. 企业和与之形成劳动关系的劳动者。依法在工商行政管理部门办理公司或非公司企业登记，取得《企业法人营业执照》的企业，是适格的用人单位。

2. 个体经济组织和与之形成劳动关系的劳动者。个体经济组织，是指依照《城乡个体工商户管理暂行条例》申请从事个体工商业经营，依法经核准登记的个体工商户，一般雇工在七人以下。

3. 民办非企业单位和与之形成劳动关系的劳动者。民办非企业单位，是指企事业单位、社会团体和其他社会力量以及公民个人利用非国有资产举办的，从事非营利性社会服务活动的组织。其依照《民办非企业单位登记管理暂行条例》设立，取得民办非企业单位法律地位，如民办学校、幼儿园、敬老院、医院、图书馆等。

4. 国家机关和与之形成劳动关系的劳动者。国家机关虽然可以成为用人单位，但不是所有的工作人员与国家机关都建立劳动关系。国家机关工作人员是指依法履行公职、纳入国家行政编制、由国家财政负担工资福利的公务员，公务员适用《公务员法》。因此，国家机关只有在与工勤人员建立雇佣关系时，才会成为用人单位。

5. 事业单位和与之形成劳动关系的劳动者。事业单位，是指国家为了社会公益目的，由国家机关举办或者其他组织利用国有资产举办的，从事教育、科技、文化、卫生等活动的社会服务组织。事业单位经县级以上各级人民政府机构编制管理机关批准设立，应具有法人条件。不是所有事业单位与全部的工作人员都建立劳动关系，关键看工作人员本身性质。根据《劳动合同法》规定，国家机关、事业单位、社会团体和与其建立劳动关系的劳动者，订立、履行、变更、解除或者终止劳动合同，依照本法执行。事业单位与实行聘用制的工作人员订立、履行、变更、解除或者终止劳动合同，法律、行政法规或者国务院另有规定的，依照其规定；未作规定的，依照本法有关规定执行。人事部关于《事业单位试行人员聘用制度有关问题的解释》（国人部发［2003］61号），将聘用制度实施范围界定为：事业单位（含实行企业化管理的事业单位）除按照国家公务员制度进行人事管理的以及转制为企业的以外都要逐步试行人员聘用制度。试行人员聘用制度的事业单位中，原固定用人制度职工、合同制职工、新进事业单位的职工，包括工勤人员都要实行聘用制度。

6. 社会团体和与之形成劳动关系的劳动者。社会团体，是指中国公民自愿组成，为实现会员共同意愿，按照其章程开展活动的非营利性社会组织。社会团体按照《社会团体登记管理条例》的规定进行登记，取得《社会团体法人登记证书》。社会团体作为用人单位与劳动者建立劳动关系的，适用《劳动合同法》。

7. 其他组织和与之形成劳动关系的劳动者。《劳动合同法实施条例》第三条规定，依法成立的会计师事务所、律师事务所等合伙组织和基金会，属于《劳动合同法》规定的用人单位。在实践中，其他组织还包括税务师事务所、资产评估机构、破产清算事务所、司法鉴定机构和基层法律服务所等组织。

（三）非用人单位

通过归纳非用人单位的范围，有助于进一步明确《劳动合同法》的适用范围。最高人民法院《关于审理劳动争议案件适用法律若干问题的解释（二）》（法释〔2006〕6号文）第七条规定，下列纠纷不属于劳动争议：家庭或者个人与家政服务人员之间的纠纷；个体工匠与帮工、学徒之间的纠纷；农村承包经营户与受雇人之间的纠纷。根据《劳动合同法》及上述规定，非用人单位的范

围包括自然人、家庭、个体工匠、农村承包经营户、外国企业常驻代表机构。

第二节　劳动合同的订立、履行、变更、解除和终止

一、劳动合同的订立

（一）劳动合同订立的原则

订立劳动合同，应当遵循合法、公平、平等自愿、协商一致、诚实信用的原则。

1. 合法原则。劳动合同的订立必须符合法律、法规的要求，这是劳动合同有效并受到法律保护的前提条件。第一，订立劳动合同的当事人必须具备合法资格。用人单位应是在中国境内依法成立的企业、个体经济组织、民办非企业单位、国家机关、事业单位、社会团体和其他组织等。劳动者应是具有劳动权利能力和劳动行为能力，与用人单位建立劳动关系且年龄在16周岁以上退休年龄以下的自然人，包括外国人和台港澳人员。第二，劳动合同的形式要合法，除非全日制用工外，劳动合同应以书面形式签订。否则，用人单位就要承担不利后果，比如用人单位自用工之日起超过1个月但不满1年未与劳动者订立书面劳动合同的，应当向劳动者每月支付2倍的工资，用人单位自用工之日起满1年不与劳动者订立书面劳动合同的，视为用人单位与劳动者已订立无固定期限劳动合同。第三，劳动合同的内容要合法，不得违反法律和社会公共利益。《劳动合同法》规定了9项必备条款及其他约定条款，用人单位和劳动者必须在法律规定的限度内约定合同内容。

2. 公平原则。公平原则是指劳动合同内容的确立应公平、合理。对某些合同内容，相关劳动法律、法规仅规定了最低标准，在此基础上达成的协议虽然合法，但未必公平、合理。公平原则即要求双方当事人在确定权利义务时应大体平衡，防止劳动合同一方当

事人尤其是用人单位滥用优势地位而损害劳动者的权利。

3. 平等自愿原则。平等自愿原则包含两层含义：平等和自愿。平等是指用人单位与劳动者在订立劳动合同时在法律地位上是平等的，双方依法在协商一致的基础上达成协议。自愿是指订立劳动合同完全是出于用人单位与劳动者双方的真实意志，是双方协商一致的结果。

4. 协商一致原则。协商一致原则是指用人单位与劳动者对劳动合同的内容，在法律、法规允许的范围内，经充分协商，意思表示一致并最终达成协议。但在现实中，有些用人单位往往提供格式合同文本，对于此类合同，劳动者应认真研究条款，充分与用人单位协商，切实维护自身利益。

5. 诚实信用原则。诚实信用原则作为民事法律中的帝王条款，运用到劳动合同法中，就是要求用人单位与劳动者在签订合同时应始终贯彻诚实和信用原则，不得有欺诈行为。比如用人单位的如实告知义务，劳动者的说明义务等，都不应存在隐瞒。

（二）劳动关系建立的起点

1. 用人单位自用工之日起即与劳动者建立劳动关系。只要劳动者实际提供劳动，用人单位实际用工，双方即建立了劳动关系，而不管双方是否签订了书面的劳动合同。

2. 用人单位应当建立职工名册备查。职工名册应当包括劳动者的姓名、性别、公民的身份号码、户籍地址及现住址、联系方式、用工形式、用工起始时间、劳动合同期限等内容。

（三）用人单位和劳动者的义务

1. 用人单位的告之义务。用人单位招用劳动者时，应当如实告知劳动者的工作内容、工作条件、工作地点、职业危害、安全生产状况、劳动报酬以及劳动者要求了解的其他情况。用人单位作为劳动合同的强势一方，在招用劳动者时应如实告知劳动者涉及劳动合同履行的相关情况，也是遵循诚实信用原则的体现。

2. 劳动者的说明义务。用人单位有权了解劳动者与劳动合同

直接相关的基本情况，劳动者应当如实说明，比如学历、技能、职业资格、工作经历、健康状况以及部分与工作有关的劳动者的个人情况。但是，用人单位的知情权仅限于与劳动合同履行直接相关的劳动者的基本情况，而超出该范围则可能涉及侵犯劳动者的隐私权。

3. 用人单位不得扣押劳动者的证件和要求提供担保。

（四）劳动合同的效力

1. 劳动合同的生效。劳动合同由用人单位与劳动者协商一致，并经用人单位与劳动者在劳动合同文本上签字或者盖章生效。劳动合同文本由用人单位和劳动者各执一份。劳动合同的生效要件包括：主体合法，即劳动合同的双方当事人必须具备法定资格；内容和形式合法，即订立劳动合同不得违反法律的强制性规定或者社会公共利益，在法律规定的限度内约定，采用书面形式订立；订立程序合法，即为双方真实意思表达，任何一方采取欺诈、胁迫等手段与另一方签订的劳动合同无效。

2. 劳动合同的无效。劳动合同因违反法律、法规的规定，或者采取不正当手段订立，因而不具备法律效力，无效的劳动合同自始没有法律效力。包括如下情形：①以欺诈、胁迫的手段或者乘人之危，使对方在违背真实意思的情况下订立或者变更劳动合同的；②用人单位免除自己的法定责任、排除劳动者权利的；③违反法律、行政法规强制性规定的。对劳动合同的无效或者部分无效有争议的，由劳动争议仲裁机构或者人民法院确认。劳动合同部分无效，不影响其他部分效力的，其他部分仍然有效。劳动合同被确认无效，劳动者已付出劳动的，用人单位应当向劳动者支付劳动报酬。劳动报酬的数额，参照本单位相同或者相近岗位劳动者的劳动报酬来确定。

二、劳动合同的履行及变更

（一）劳动合同的履行

劳动合同的履行，是指劳动合同的双方当事人按照生效后的劳动合同约定实现各自权利和义务的行为。

1. 劳动合同的履行原则。

（1）劳动合同的亲自履行原则。因劳动关系具有人身关系性质，针对特定主体，劳动者提供劳动力，用人单位使用劳动力，决定了劳动关系当事人必须亲自履行劳动合同约定的权利和义务，不能由合同之外的第三人代为履行。

（2）劳动合同的实际履行原则。劳动合同双方当事人应按照合同规定的标的履行自己的义务和实现自己的权利。用人单位要为劳动者提供必要的劳动条件和支付约定的劳动报酬等，以保障劳动者正常的生活和工作需要。劳动者应依照约定按质按量提供劳动，保证用人单位生产经营活动的正常开展。

（3）劳动合同的全面履行原则。劳动合同双方当事人必须按照劳动合同约定的时间、期限、地点、条件和方式等内容，全面履行劳动合同约定的各项权利和义务，任何一方不得分割履行某些条款，否则将承担相应的法律后果。

（4）劳动合同的协作履行原则。劳动合同双方当事人在合同的履行过程中应相互理解，发扬协作精神，共同完成合同规定的义务，保证劳动合同履行的顺利进行。

2. 劳动合同履行中劳动者权利的保护。劳动者拒绝用人单位管理人员违章指挥、强令冒险作业的，不视为违反劳动合同。劳动者对危害生命安全和身体健康的劳动条件，有权对用人单位提出批评、检举和控告。

3. 特殊情形下的劳动合同履行。用人单位变更名称、法定代表人、主要负责人或者投资人等事项，不影响劳动合同的履行。用人单位发生合并或者分立等情况，原劳动合同继续有效，劳动合同

由承继其权利和义务的用人单位继续履行。

（二）劳动合同的变更

劳动合同的变更是指劳动合同依法订立生效以后，合同尚未履行或者尚未履行完毕之前，用人单位与劳动者就劳动合同内容作部分修改、补充或者删减的行为。

1. 劳动合同变更的形式。变更劳动合同，应当采用书面形式。

2. 劳动合同变更的情形。当劳动合同出现履行障碍时，法律允许双方当事人在劳动合同的有效期内，对原劳动合同的相关内容进行调整和变更。有下列情形之一的，合同双方可以变更本合同：

（1）在不损害国家、集体和他人利益的情况下，双方当事人协商同意变更。

（2）劳动合同订立时所依据的客观情况发生了重大变化，致使劳动合同无法履行的，经用人单位与劳动者协商，就变更劳动合同内容达成协议。

（3）由于不可抗力的因素致使劳动合同无法完全履行，这时应当允许当事人对劳动合同有关内容进行变更。不可抗力是指当事人不能预见、不能避免并不能克服的客观情况，如自然灾害、意外事故、战争等。

（4）劳动合同订立时所依据的法律、法规已修改或废止。如果出现上述情形而合同不变更，就可能出现与法律、法规不相符甚至是违反法律、法规的情况，导致合同因违法而无效。因此，双方应根据法律、法规的变化而变更劳动合同的相关内容。

（5）企业经上级主管部门批准或根据市场变化决定转产或调整生产任务。在这种情况下，有些工种、生产岗位就可能因此而撤销，或者为其他新的工种、岗位所替代，原劳动合同就可能因签订条件的改变而发生变更。

（6）劳动者的身体健康状况发生变化、劳动能力丧失或部分丧失、所在岗位与其职业技能不相适应、职业技能提高了一定等级等，造成原劳动合同不能履行或者如果继续履行原合同规定的义务对劳动者明显不公平。

（7）法律、法规规定的其他情形。

3. 劳动合同变更的程序。变更劳动合同的程序同订立劳动合同一样也需经过要约和承诺两个阶段。

（1）一方当事人向另一方当事人提出变更合同的要约。用人单位或劳动者提出变更劳动合同的要求，说明变更合同的理由、变更的内容以及变更的条件，请求对方在一定期限内给予答复。

（2）被请求方按期向请求方作出答复。合同另一方接到对方的变更请求后，应当及时进行答复，明确告知对方是否同意变更。

（3）双方经协商一致，订立书面变更协议。当事人双方就变更劳动合同的内容经过平等协商，取得一致意见后签订书面变更协议，协议载明变更的具体内容，经双方签字盖章后生效。变更后的劳动合同文本由用人单位和劳动者各执一份。

三、劳动合同的解除

（一）概念与种类

劳动合同的解除，是指劳动合同生效以后，尚未履行或者尚未履行完毕之前，当事人一方或双方依法提前消灭劳动关系的法律行为。

劳动合同解除的种类如下：

1. 协商解除。用人单位与劳动者协商一致，可以解除劳动合同。需要注意的是，协商解除若是由用人单位提出而劳动者接受，则用人单位应向劳动者支付经济补偿金，反之则不用支付。

2. 劳动者单方解除。

（1）预告解除。劳动者提前30日以书面形式通知用人单位，可以解除劳动合同。此外，劳动者在试用期内提前3日通知用人单位，可以解除劳动合同。

（2）即时解除。用人单位有下列情形之一的，劳动者可以解除劳动合同：①未按照劳动合同约定提供劳动保护或者劳动条件

的；②未及时足额支付劳动报酬的；③未依法为劳动者缴纳社会保险费的；④用人单位的规章制度违反法律、法规的规定，损害劳动者权益的；⑤以欺诈、胁迫的手段或者乘人之危，使对方在违背真实意思的情况下订立或者变更劳动合同的；⑥用人单位免除自己的法定责任、排除劳动者权利的；⑦违反法律、行政法规强制性规定的；⑧用人单位以暴力、威胁或者非法限制人身自由的手段强迫劳动者劳动的；⑨用人单位违章指挥、强令冒险作业危及劳动者人身安全的；⑩法律、行政法规规定劳动者可以解除劳动合同的其他情形。

3．用人单位单方解除。

（1）预告解除。有下列情形之一的，用人单位提前30日以书面形式通知劳动者本人或者额外支付劳动者一个月工资后，可以解除劳动合同：①劳动者患病或者非因工负伤，在规定的医疗期满后不能从事原工作，也不能从事由用人单位另行安排的工作的；②劳动者不能胜任工作，经过培训或者调整工作岗位，仍不能胜任工作的；③劳动合同订立时所依据的客观情况发生重大变化，致使劳动合同无法履行，经用人单位与劳动者协商，未能就变更劳动合同内容达成协议的。符合上述情形且用人单位选择额外支付劳动者一个月工资解除劳动合同的，其额外支付的工资应当按照该劳动者上一个月的工资标准确定。

（2）即时解除。劳动者有下列情形之一的，用人单位可以解除劳动合同：①在试用期间被证明不符合录用条件的；②严重违反用人单位的规章制度的；严重失职，营私舞弊，给用人单位造成重大损害的；③劳动者同时与其他用人单位建立劳动关系，对完成本单位的工作任务造成严重影响，或者经用人单位提出，拒不改正的；④以欺诈、胁迫的手段或者乘人之危，使对方在违背真实意思的情况下订立或者变更劳动合同的；⑤被依法追究刑事责任的。

需要注意，工会在劳动合同解除中具有监督作用，用人单位单方解除劳动合同，应当事先将理由通知工会。用人单位违反法律、

行政法规规定或者劳动合同约定的，工会有权要求用人单位纠正。用人单位应当研究工会的意见，并将处理结果书面通知工会。

4. 用人单位经济性裁员。

（1）经济性裁员的实体条件。有下列情形之一，需要裁减人员20人以上或者裁减不足20人但占企业职工总数10%以上的，用人单位提前30日向工会或者全体职工说明情况，听取工会或者职工的意见后，裁减人员方案经向劳动行政部门报告，可以裁减人员：①依照企业破产法规定进行重整的；②生产经营发生严重困难的；③企业转产、重大技术革新或者经营方式调整，经变更劳动合同后，仍需裁减人员的；④其他因劳动合同订立时所依据的客观经济情况发生重大变化，致使劳动合同无法履行的。所谓客观情况发生重大变化，是指遇不可抗力或者用人单位跨地区迁移、兼并、分立、合资、转（改）制、转产、进行重大技术改造等致使劳动合同所确定的生产、工作岗位消失，也可能是劳动者本人的诸如资格证吊销等情况。

（2）经济性裁员的程序条件。经济性裁员须按下列法律规定的程序进行：

①用人单位应提前30日向工会或者全体职工说明情况，并提供有关生产经营状况的资料；

②提出裁减人员方案，包括被裁减人员名单、裁减时间、实施步骤、所依据的法律法规规定及集体合同约定的经济补偿办法；

③将裁员方案征求工会或全体职工的意见，并根据意见对方案进行修改和完善，工会或全体职工提出的合理意见，用人单位应认真听取；

④向当地劳动保障行政部门报告裁减方案和工会或全体职工的意见，听取劳动保障行政部门的意见，劳动保障行政部门对用人单位违反法律法规或其他规定裁减人员的，可以依法制止和纠正；

⑤公布裁减方案，与被裁减人员办理解除劳动合同手续，支付经济补偿金，出具裁减人员证明书。

（3）经济性裁员应优先保留的人员。裁减人员时，应当优先留用下列人员：与本单位订立较长期限的固定期限劳动合同的；与本单位订立无固定期限劳动合同的；家庭无其他就业人员，有需要扶养的老人或者未成年人的。

（4）经济性裁员时用人单位的义务。用人单位按被裁减人员在本单位工作的年限支付经济补偿金。进行经济性裁员的企业在6个月内重新招用人员的，应当通知被裁减的人员，并在同等条件下优先招用被裁减的人员。

（二）劳动合同解除的限制性规定

劳动者有下列情形之一的，用人单位不得依照《劳动合同法》第40条、第41条的规定解除劳动合同，即不得单方预告解除或经济性裁员：

1. 从事接触职业病危害作业的劳动者未进行离岗前职业健康检查，或者疑似职业病病人在诊断或者医学观察期间的；

2. 在本单位患职业病或者因工负伤并被确认丧失或者部分丧失劳动能力的；

3. 患病或者非因工负伤，在规定的医疗期内的；

4. 女职工在孕期、产期、哺乳期的；

5. 在本单位连续工作满15年，且距法定退休年龄不足5年的；

6. 法律、行政法规规定的其他情形。

（三）劳动合同解除的后果

劳动合同解除的法律后果是使劳动者与用人单位之间的劳动权利义务归于消灭。

1. 用人单位的义务。

（1）支付经济补偿金。根据劳动合同法及实施条例规定，解除劳动合同的经济补偿金适用于如下3类情形：

①员工解约型，即前述由用人单位原因导致劳动者即时提出解除劳动合同的10种情形。

②协商解除型，按照法律规定，劳动者与用人单位均有权提出协商解除劳动合同。若用人单位首先提出解除劳动合同，则用人单位需支付经济补偿；若劳动者提出解除劳动合同要求，则用人单位无需支付经济补偿。

③单位解约型，可分为两种：第一，用人单位非过失性解除劳动合同。即前述预告解除的3种法定情形，且用人单位严格依照相应程序实施劳动合同解除的，需支付经济补偿金。第二，用人单位根据《劳动合同法》规定依法裁员的四种情形。

在上述情形出现时，用人单位应当向劳动者支付经济补偿金。但是，《劳动合同法实施条例》还规定了一种例外情形，即政府部门为安置就业困难人员而提供的给予岗位津贴以及社会保险补贴的公益性岗位，其劳动合同不适用支付经济补偿金的规定。此外，根据《劳动合同法》规定，经济补偿应按劳动者在本单位工作的年限，每满1年支付1个月工资的标准向劳动者支付。6个月以上不满1年的，按1年计算；不满6个月的，向劳动者支付半个月工资的经济补偿。劳动者月工资高于用人单位所在直辖市、设区的市级人民政府公布的本地区上年度职工月平均工资3倍的，向其支付经济补偿的标准按职工月平均工资3倍的数额支付，向其支付经济补偿的年限最高不超过12年。月工资是指劳动者在劳动合同解除或者终止前12个月的平均工资。

（2）支付医疗补助费。由于劳动者患病或非因工负伤，经劳动鉴定委员会确认不能从事原工作，也不能从事用人单位另行安排的工作而解除劳动合同的，除按上述规定支付经济补偿之外，根据《违反和解除劳动合同的经济补偿办法》（劳部发［1994］481号）规定，用人单位同时还应发给劳动者不低于6个月工资的医疗补助费，患重病和绝症的还应增加医疗补助费，患重病的增加部分不低于医疗补助费的50%，患绝症的增加部分不低于医疗补助费的100%。

（3）档案和社会保险转移手续。用人单位应当在解除或者终

止劳动合同时出具解除或者终止劳动合同的证明，并在15日内为劳动者办理档案和社会保险关系转移手续。用人单位出具的解除劳动合同的证明，应当写明劳动合同期限、解除劳动合同的日期、工作岗位、在本单位的工作年限。

(4) 保存劳动合同文本的义务。用人单位对已经解除的劳动合同的文本，至少保存2年备查。

2. 劳动者的义务。

(1) 劳动者应当按照双方约定，办理工作交接。工作交接主要包括用人单位财产物品的返还、资料的交接等。

(2) 向用人单位支付违约金。用人单位与劳动者约定了服务期，劳动者依照《劳动合同法》规定即时解除劳动合同的，不属于违反服务期的约定，用人单位不得要求劳动者支付违约金。但有下列情形之一，用人单位与劳动者解除约定服务期的劳动合同的，劳动者应当按照劳动合同的约定向用人单位支付违约金：劳动者严重违反用人单位的规章制度的；劳动者严重失职，营私舞弊，给用人单位造成重大损害的；劳动者同时与其他用人单位建立劳动关系，对完成本单位的工作任务造成严重影响，或者经用人单位提出，拒不改正的；劳动者以欺诈、胁迫的手段或者乘人之危，使用人单位在违背真实意思的情况下订立或者变更劳动合同的；劳动者被依法追究刑事责任的。

四、劳动合同的终止

(一) 概念和事由

劳动合同的终止是指劳动合同的法律效力自然消灭或经判决、裁决而消灭。

根据《劳动合同法》的规定，有下列情形之一的，劳动合同终止：

1. 劳动合同期满的；

2. 劳动者开始依法享受基本养老保险待遇的；

3. 劳动者死亡，或者被人民法院宣告死亡或者宣告失踪的；

4. 用人单位被依法宣告破产的；

5. 用人单位被吊销营业执照、责令关闭、撤销或者用人单位决定提前解散的；

6. 法律、行政法规规定的其他情形。

（二）劳动合同终止的限制性规定

劳动合同的期限届满后，劳动合同自行终止。但是，如果存在下列情形之一，则劳动合同应当延续至相应的情形消失时终止：

1. 从事接触职业病危害作业的劳动者未进行离岗前职业健康检查，或者疑似职业病病人在诊断或者医学观察期间的；

2. 在本单位患职业病或者因工负伤并被确认丧失或者部分丧失劳动能力的；

3. 患病或者非因工负伤，在规定的医疗期内的；

4. 女职工在孕期、产期、哺乳期的；

5. 在本单位连续工作满 15 年，且距法定退休年龄不足 5 年的；

6. 法律、行政法规规定的其他情形。

但是，上述第 2 种情形所述丧失或者部分丧失劳动能力劳动者的劳动合同的终止，按照国家有关工伤保险的规定执行。

（三）劳动合同终止的后果

1. 劳动者和用人单位双方权利义务终止。

2. 用人单位应支付经济补偿金。主要包括如下情形：（1）除用人单位维持或者提高劳动合同约定条件续订劳动合同，劳动者不同意续订的情形外，劳动合同期满终止劳动合同的；（2）用人单位被依法宣告破产导致劳动合同终止的；（3）用人单位被吊销营业执照、责令关闭、撤销或用人单位提前解散导致劳动合同终止的；（4）以完成一定工作任务为期限的劳动合同因任务完成而终止的。经济补偿金的计算方式与解除劳动合同时支付经济补偿金的计算方式相同。

此外，用人单位依法终止工伤职工的劳动合同的，除依照《劳动合同法》的规定支付经济补偿外，还应当依照国家有关工伤保险的规定支付一次性工伤医疗补助金和伤残就业补助金。

3. 档案和社会保险转移手续。用人单位应当在终止劳动合同时出具终止劳动合同的证明，并在15日内为劳动者办理档案和社会保险关系转移手续。用人单位出具的终止劳动合同的证明，应当写明劳动合同期限、终止劳动合同的日期、工作岗位、在本单位的工作年限。

4. 保存劳动合同文本的义务。用人单位对已经终止的劳动合同的文本，至少保存两年备查。

第三节　劳动合同的特别规定

一、集体合同

（一）集体合同的概念

集体合同是指用人单位与本单位职工根据法律、法规、规章的规定，就劳动报酬、工作时间、休息休假、劳动安全卫生、职业培训、保险福利等事项，通过集体协商签订的书面协议；专项集体合同，是指用人单位与本单位职工根据法律、法规、规章的规定，就集体协商的某项内容签订的专项书面协议。

（二）集体合同的内容

《劳动法》第33条第2款和《劳动合同法》第51条只是做了非常概括的描述，2004年1月20日劳动和社会保障部颁布的《集体合同规定》第8条对集体合同的内容列出了15项条款，规定集体协商双方可以就下列多项或某项内容进行集体协商，签订集体合同或专项集体合同：

1. 劳动报酬。主要包括：用人单位的工资水平、工资分配制度、工资标准和工资分配形式；工资支付办法；加班、加点工资及津贴、补贴标准和奖金分配办法；工资调整办法；试用期及病、事假等期间的工资待遇；特殊情况下职工工资（生活费）支付办法；其他劳动报酬分配办法。

2. 工作时间。主要包括：工时制度；加班加点办法；特殊工种的工作时间；劳动定额标准。

3. 休息休假。主要包括：日休息时间、周休息日安排、年休假办法；不能实行标准工时职工的休息休假；其他假期。

4. 劳动安全与卫生。主要包括：劳动安全卫生责任制；劳动条件和安全技术措施；安全操作规程；劳保用品发放标准；定期健康检查和职业健康体检。

5. 补充保险和福利。主要包括：补充保险的种类、范围；基本福利制度和福利设施；医疗期延长及其待遇；职工亲属福利制度。

6. 女职工和未成年工特殊保护。主要包括：女职工和未成年工禁忌从事的劳动；女职工的经期、孕期、产期和哺乳期的劳动保护；女职工、未成年工定期健康检查；未成年工的使用和登记制度。

7. 职业技能培训。主要包括：职业技能培训项目规划及年度计划；职业技能培训费用的提取和使用；保障和改善职业技能培训的措施。

8. 劳动合同管理。主要包括：劳动合同签订时间；确定劳动合同期限的条件；劳动合同变更、解除、续订的一般原则及无固定期限劳动合同的终止条件；试用期的条件和期限。

9. 奖惩。主要包括：劳动纪律；考核奖惩制度；奖惩程序。

10. 裁员。主要包括：裁员的方案；裁员的程序；裁员的实施办法和补偿标准。

11. 集体合同期限。

12. 变更、解除集体合同的程序。

13. 履行集体合同发生争议时的协商处理办法。

14. 违反集体合同的责任。

15. 双方认为应当协商的其他内容。

（三）集体合同的订立

1. 集体合同的订立。

（1）订立原则。进行集体协商，签订集体合同或专项集体合同，应当遵循下列原则：遵守法律、法规、规章及国家有关规定；相互尊重，平等协商；诚实守信，公平合作；兼顾双方合法权益；不得采取过激行为。

（2）订立主体。集体合同由工会代表企业职工一方与用人单位订立；尚未建立工会的用人单位，由上级工会指导劳动者推举的代表与用人单位订立。

（3）集体协商代表。用人单位与本单位职工签订集体合同或专项集体合同，以及确定相关事宜，应当采取集体协商的方式。集体协商主要采取协商会议的形式。

集体协商代表，是指按照法定程序产生并有权代表本方利益进行集体协商的人员。集体协商双方的代表人数应当对等，每方至少3人，并各确定1名首席代表。职工一方的协商代表由本单位工会选派。未建立工会的，由本单位职工民主推荐，并经本单位半数以上职工同意。职工一方的首席代表由本单位工会主席担任。工会主席可以书面委托其他协商代表代理首席代表。工会主席空缺的，首席代表由工会主要负责人担任。未建立工会的，职工一方的首席代表从协商代表中民主推举产生。用人单位一方的协商代表，由用人单位法定代表人指派，首席代表由单位法定代表人担任或由其书面委托的其他管理人员担任。协商代表履行职责的期限由被代表方确定。集体协商双方首席代表可以书面委托本单位以外的专业人员作为本方协商代表。委托人数不得超过本方代表的1/3。首席代表不得由非本单位人员代理。用人单位协商代表与职工协商代表不得相互兼任。

（4）订立程序。

①准备阶段。集体协商任何一方均可就签订集体合同或专项集体合同以及相关事宜，以书面形式向对方提出进行集体协商的要求。一方提出进行集体协商要求的，另一方应当在收到集体协商要求之日起20日内以书面形式给予回应，无正当理由不得拒绝进行集体协商。集体协商双方应拟定集体协商议题，集体协商议题可由提出协商一方起草，也可由双方指派代表共同起草；确定集体协商的时间、地点等事项；共同确定一名非协商代表担任集体协商记录员。记录员应保持中立、公正，并为集体协商双方保密。

②集体协商。集体协商会议由双方首席代表轮流主持，并按下列程序进行：宣布议程和会议纪律；一方首席代表提出协商的具体内容和要求，另一方首席代表就对方的要求作出回应；协商双方就商谈事项发表各自意见，开展充分讨论；双方首席代表归纳意见。达成一致的，应当形成集体合同草案或专项集体合同草案，由双方首席代表签字。集体协商未达成一致意见或出现事先未预料的问题时，经双方协商，可以中止协商。中止期限及下次协商时间、地点、内容由双方商定。

③审议与通过。经双方协商代表协商一致的集体合同草案或专项集体合同草案应当提交职工代表大会或者全体职工讨论。职工代表大会或者全体职工讨论集体合同草案或专项集体合同草案，应当有2/3以上职工代表或者职工出席，且须经全体职工代表半数以上或者全体职工半数以上同意，集体合同草案或专项集体合同草案方获通过。

④审查与公布。集体合同或专项集体合同签订或变更后，应当自双方首席代表签字之日起10日内，由用人单位一方将文本一式三份报送劳动保障行政部门审查。劳动保障行政部门对报送的集体合同或专项集体合同应当办理登记手续。劳动保障行政部门应当对报送的集体合同或专项集体合同进行合法性审查，对集体合同或专项集体合同有异议的，应当自收到文本之日起15日内将《审查意见书》送达双方协商代表。劳动保障行政部门自收到文本之日起

15日内未提出异议的，集体合同或专项集体合同即行生效。依法订立的集体合同对用人单位和劳动者具有约束力。行业性、区域性集体合同对当地本行业、本区域的用人单位和劳动者具有约束力。生效的集体合同或专项集体合同，应当自其生效之日起由协商代表及时以适当的形式向本方全体人员公布。

（四）集体合同的履行、变更、解除、终止

1．集体合同的履行是指集体合同依法生效后，双方当事人全面按照合同约定履行合同义务的行为。集体合同的履行应当坚持实际履行、全面履行和协作履行原则。

2．双方协商代表协商一致，可以变更或解除集体合同或专项集体合同。

3．出现下列情形，双方可以变更或解除集体合同或专项集体合同：用人单位因被兼并、解散、破产等原因，致使集体合同或专项集体合同无法履行的；因不可抗力等原因致使集体合同或专项集体合同无法履行或部分无法履行的；集体合同或专项集体合同约定的变更或解除条件出现的；法律、法规、规章规定的其他情形。

4．变更或解除集体合同或专项集体合同适用集体协商程序。

5．集体合同或专项集体合同期限一般为1～3年，期满或双方约定的终止条件出现，即行终止。集体合同或专项集体合同期满前3个月内，任何一方均可向对方提出重新签订或续订的要求。

（五）集体合同的争议处理机制

用人单位违反集体合同，侵犯职工劳动权益的，工会可以依法要求用人单位承担责任；因履行集体合同发生争议，经协商解决不成的，工会可以依法申请仲裁、提起诉讼。

二、劳务派遣

（一）劳务派遣的概念

劳务派遣是指有从事劳务派遣资格的派遣单位根据与用工单位的劳务派遣协议，按照用工单位的要求将与自己签订劳动合同的劳

动者派遣到用工单位，在用工单位的组织、监督、管理之下从事劳动，劳动合同存在于派遣单位与劳动者之间，但劳动给付却发生在劳动者与用工单位之间的一种特殊制度。为了进一步规范劳务派遣用工，切实维护职工合法权益，2012 年 12 月 28 日通过的《全国人民代表大会常务委员会关于修改〈中华人民共和国劳动合同法〉的决定》主要对《劳动合同法》中有关劳务派遣的规定进行了修订完善。

（二）劳务派遣的特征

1. 劳务派遣单位须满足下列法定条件。劳务派遣单位必须是符合公司法的规定设立的有限责任公司或者股份有限公司，经营劳务派遣业务应当具备下列条件：（1）注册资本不得少于人民币 200 万元；（2）有与开展业务相适应的固定的经营场所和设施；（3）有符合法律、行政法规规定的劳务派遣管理制度；（4）法律、行政法规规定的其他条件。经营劳务派遣业务，应当向劳动行政部门依法申请行政许可；经许可的，依法办理相应的公司登记。

2. 劳务派遣的法律关系。在劳务派遣过程中，存在三方当事人，两份合同，即劳务派遣单位与实际用工单位之间的劳务派遣合同、劳务派遣单位与被派遣劳动者之间的劳动合同。因此，劳务派遣体现的是三方的法律关系，即派遣单位与被派遣劳动者之间的劳动关系，派遣单位与实际用工单位之间的民事法律关系，实际用工单位与被派遣劳动者之间的管理与被管理关系。《劳动合同法》规定，劳务派遣单位派遣劳动者应当与接受以劳务派遣形式用工的单位订立劳务派遣协议。劳务派遣协议应当约定派遣岗位和人员数量、派遣期限、劳动报酬和社会保险费的数额与支付方式以及违反协议的责任。

3. 劳务派遣的适用范围。劳动合同用工是我国的企业基本用工形式。劳务派遣用工是补充形式，只能在临时性、辅助性或者替代性的工作岗位上实施。临时性工作岗位是指存续时间不超过六个月的岗位；辅助性工作岗位是指为主营业务岗位提供服务的非主营

业务岗位；替代性工作岗位是指用工单位的劳动者因脱产学习、休假等原因无法工作的一定期间内，可以由其他劳动者替代工作的岗位。用工单位应当严格控制劳务派遣用工数量，不得超过其用工总量的一定比例，具体比例由国务院劳动行政部门规定。此外，为避免实际用工单位利用劳务派遣制度规避用工风险，《劳动合同法》对用人单位的自我派遣作出了禁止性规定，即用人单位不得设立劳务派遣单位向本单位或者所属单位派遣劳动者。

（三）劳务派遣中各方的权利义务

1. 劳动者的权利义务。

（1）劳动者的基本权利。在劳务派遣关系中，虽然被派遣劳动者被派到实际用工单位，但是其作为劳动者的权利未受到任何限制，按照《劳动法》及《劳动合同法》的规定，劳动者享有普通劳动关系中的所有权利，包括劳动权、休息权、获得劳动报酬权、劳动保护权、社会保险和福利权等。

（2）劳务派遣中劳动者的特殊权利。被派遣劳动者按照法律规定有权要求与劳务派遣单位订立 2 年以上的固定期限劳动合同，并要求按月支付劳动报酬。被派遣劳动者享有与用工单位的劳动者同工同酬的权利。用工单位应当按照同工同酬原则，对被派遣劳动者与本单位同类岗位的劳动者实行相同的劳动报酬分配办法。用工单位无同类岗位劳动者的，参照用工单位所在地相同或者相近岗位劳动者的劳动报酬确定。劳务派遣单位与被派遣劳动者订立的劳动合同和与用工单位订立的劳务派遣协议，载明或者约定的向被派遣劳动者支付的劳动报酬应当符合上述规定。被派遣劳动者有权在劳务派遣单位或者用工单位依法参加或者组织工会，维护自身的合法权益。

2. 派遣单位的义务。劳务派遣单位是用人单位，与被派遣劳动者之间具有劳动合同关系，应当履行用人单位对劳动者的义务。

（1）劳务派遣单位与被派遣劳动者订立的劳动合同，除应当载明《劳动合同法》第 17 条规定的事项外，还应当载明被派遣劳动者的用工单位以及派遣期限、工作岗位等情况。

(2) 劳务派遣单位应当与被派遣劳动者订立2年以上的固定期限劳动合同，按月支付劳动报酬。

(3) 被派遣劳动者在无工作期间，劳务派遣单位应当按照所在地人民政府规定的最低工资标准，向其按月支付报酬。

(4) 劳务派遣单位应当将劳务派遣协议的内容告知被派遣劳动者。

(5) 劳务派遣单位不得克扣用工单位按照劳务派遣协议支付给被派遣劳动者的劳动报酬。

(6) 劳务派遣单位不得向被派遣劳动者收取费用。

3. 用工单位的义务。实际用工单位与被派遣劳动者虽然不具有劳动合同关系，但是用工单位需对劳动者进行组织、监督和管理，是劳动力的实际使用者。为保护被派遣劳动者的合法权益，用工单位应当履行下列义务：

(1) 执行国家劳动标准，提供相应的劳动条件和劳动保护；

(2) 告知被派遣劳动者的工作要求和劳动报酬；

(3) 支付加班费、绩效奖金，提供与工作岗位相关的福利待遇；

(4) 对在岗被派遣劳动者进行工作岗位所必需的培训；

(5) 连续用工的，实行正常的工资调整机制；

(6) 用工单位不得将被派遣劳动者再派遣到其他用人单位；

(7) 用工单位不得向被派遣劳动者收取费用；

(8) 用工单位应当根据工作岗位的实际需要与劳务派遣单位确定派遣期限，不得将连续用工期限分割订立数个短期劳务派遣协议；

(9) 劳务派遣单位跨地区派遣劳动者的，被派遣劳动者享有的劳动报酬和劳动条件，按照用工单位所在地的标准执行。

(四) 法律责任

1. 违法经营劳务派遣业务的法律责任。违反《劳动合同法》

规定，未经许可，擅自经营劳务派遣业务的，由劳动行政部门责令停止违法行为，没收违法所得，并处违法所得1倍以上5倍以下的罚款；没有违法所得的，可以处5万元以下的罚款。

2. 劳务派遣单位与用工单位的法律责任。劳务派遣单位、用工单位违反有关劳务派遣规定的，由劳动行政部门责令限期改正；逾期不改正的，以每人5000元以上10000元以下的标准处以罚款，对劳务派遣单位，吊销其劳务派遣业务经营许可证。用工单位给被派遣劳动者造成损害的，劳务派遣单位与用工单位承担连带赔偿责任。

三、非全日制用工

（一）概念

非全日制用工，是指以小时计酬为主，劳动者在同一用人单位一般平均每日工作时间不超过4小时，每周工作时间累计不超过24小时的用工形式。

（二）非全日制用工的劳动关系

在全日制劳动关系中，法律对两重或多重劳动关系的存在是禁止的。用人单位招用与其他用人单位尚未解除或者终止劳动合同的劳动者，给其他用人单位造成损失的，应当承担连带赔偿责任。但是，非全日制用工适应了用人单位灵活用工和劳动者自主择业的需要，允许多重劳动关系的存在。从事非全日制用工的劳动者可以与一个或者一个以上用人单位订立劳动合同，但是，后订立的劳动合同不得影响先订立的劳动合同的履行。

（三）非全日制用工的劳动合同

1. 劳动合同的形式。有别于全日制劳动关系中用人单位与劳动者之间必须订立书面劳动合同，非全日制用工双方当事人可以订立口头协议。

2. 劳动合同的内容。非全日制劳动合同的内容应按照《劳动合同法》第17条规定，包括必备条款和约定条款，但同时具有自身特点。

(1) 非全日制用工设有最高工作时间，即劳动者在同一用人单位一般平均每日工作时间不超过4小时，每周工作时间累计不超过24小时的用工形式。

(2) 非全日制用工双方当事人不得约定试用期。

(3) 非全日制用工双方当事人任何一方都可以随时通知对方终止用工。

(4) 终止用工，用人单位不向劳动者支付经济补偿。

(四) 非全日制用工的劳动报酬

在非全日制用工中，劳动报酬主要按照小时计算，非全日制用工小时计酬标准不得低于用人单位所在地人民政府规定的最低小时工资标准。非全日制用工劳动报酬结算支付周期最长不得超过15日。

(五) 非全日制用工的社会保险

根据《劳动和社会保障部关于非全日制用工若干问题的意见》(劳社部发［2003］12号) 规定，从事非全日制工作的劳动者应当参加基本养老保险，原则上参照个体工商户的参保办法执行。对于已参加过基本养老保险和建立个人账户的人员，前后缴费年限合并计算，跨统筹地区转移的，应办理基本养老保险关系和个人账户的转移、接续手续。符合退休条件时，按国家规定计发基本养老金。从事非全日制工作的劳动者可以以个人身份参加基本医疗保险，并按照待遇水平与缴费水平相挂钩的原则，享受相应的基本医疗保险待遇。参加基本医疗保险的具体办法由各地劳动保障部门研究制定。用人单位应当按照国家有关规定为建立劳动关系的非全日制劳动者缴纳工伤保险费。从事非全日制工作的劳动者发生工伤，依法享受工伤保险待遇；被鉴定为伤残5－10级的，经劳动者与用人单位协商一致，可以一次性结算伤残待遇及有关费用。

第四节　劳动合同的监督检查和法律责任

一、监督检查

（一）概述

劳动行政部门的监督检查，是指国务院劳动行政部门和县级以上人民政府的劳动行政部门，以自己的名义，代表国家对劳动合同制度的实施进行监督管理的行政执法活动，具体是对用人单位与劳动者建立劳动关系，订立、履行、变更、解除和终止劳动合同进行监督。

（二）劳动行政部门监督检查事项

县级以上地方人民政府劳动行政部门依法对下列实施劳动合同制度的情况进行监督检查：

1. 用人单位制定直接涉及劳动者切身利益的规章制度及其执行的情况。根据《劳动合同法》规定，用人单位应当依法建立和完善劳动规章制度，保障劳动者享有劳动权利、履行劳动义务。用人单位在制定、修改或者决定有关劳动报酬、工作时间、休息休假、劳动安全卫生、保险福利、职工培训、劳动纪律以及劳动定额管理等直接涉及劳动者切身利益的规章制度或者重大事项时，应当经职工代表大会或者全体职工讨论，提出方案和意见，与工会或者职工代表平等协商确定。在规章制度和重大事项的实施过程中，工会或者职工认为不适当的，有权向用人单位提出，通过协商予以修改完善。用人单位应当将直接涉及劳动者切身利益的规章制度和重大事项决定公示，或者告知劳动者。因此，劳动行政部门在监督检查时，要注意检查用人单位在直接涉及劳动者切身利益方面是否依法建立和完善了规章制度，用人单位制定规章制度的程序、内容是否合法，是否保障了劳动者的知情权和参与权，规章制度是否得到了执行等。

2. 用人单位与劳动者订立和解除劳动合同的情况。劳动行政部门应依法对用人单位与劳动者订立和解除劳动合同的情况进行监督检查，包括：①用人单位与劳动者订立劳动合同的情况。如用人单位是否与劳动者订立书面劳动合同，订立劳动合同是否遵循了法定的原则，用人单位是否要求劳动者提供担保，劳动合同是否具备必备条款等。②用人单位与劳动者解除劳动合同的情况。如用人单位是否依照法律规定与劳动者解除劳动合同，用人单位是否依法支付经济补偿金，用人单位是否为劳动者办理了相关手续等。

3. 劳务派遣单位和用工单位遵守劳务派遣有关规定的情况。劳动行政部门应依法对劳务派遣单位和用工单位遵守劳务派遣有关规定的情况进行监督检查，包括：①劳务派遣单位遵守规定情况。如劳务派遣单位是否具有派遣资格，劳务派遣单位是否与被派遣劳动者订立书面劳动合同等多项内容。②用工单位遵守规定情况。如用工单位是否履行了对被派遣劳动者的义务，被派遣劳动者是否享有与用工单位的劳动者同工同酬的权利，实施劳务派遣的岗位是否符合法律要求，用工单位是否进行自己派遣等多项内容。

4. 用人单位遵守国家关于劳动者工作时间和休息休假规定的情况。《劳动法》第36条至第45条对工作时间和休息休假作了专章规定，比如（1）标准工时制度：国家实行劳动者每日工作时间不超过8小时、平均每周工作时间不超过44小时的工时制度。国家机关、社会团体、企业事业单位普遍实行标准工作日。（2）其他工时制度：有下列情形之一的，延长工作时间不受《劳动法》第41条的限制：发生自然灾害、事故或者因其他原因，威胁劳动者生命健康和财产安全，需要紧急处理的；生产设备、交通运输线路、公共设施发生故障，影响生产和公众利益，必须及时抢修的；法律、行政法规规定的其他情形。（3）休息休假制度：用人单位应当保证劳动者每周至少休息1日。

5. 用人单位支付劳动合同约定的劳动报酬和执行最低工资标准的情况。根据《劳动法》规定，国家实行最低工资保障制度。

最低工资的具体标准由省、自治区、直辖市人民政府规定，报国务院备案。用人单位支付劳动者的工资不得低于当地最低工资标准。劳动行政部门应对用人单位是否按照劳动合同约定按时足额支付劳动报酬、是否执行关于最低工资标准的规定向劳动者支付工资等情况进行监督检查。

6．用人单位参加各项社会保险和缴纳社会保险费的情况。社会保险条款是劳动合同的必备内容，《劳动法》和《社会保险法》对此进行了专门规定，劳动行政部门应当对用人单位是否参加各项社会保险以及缴纳社会保险费的情况进行监督检查，保障劳动者的合法权益。

7．法律、法规规定的其他劳动监察事项。除上述明确列明事项外，劳动行政部门也应对其他劳动监察事项如劳动安全卫生、试用期约定、女职工和未成年工特殊权益保护、残疾人劳动权益保障等事项进行监督检查，其他法律、法规，如《劳动保障监察条例》等规定的事项，也应列入劳动监察事项。

（三）监督检查措施和文明执法

1．监督检查措施。根据《劳动合同法》规定，县级以上地方人民政府劳动行政部门实施监督检查时，有权查阅与劳动合同、集体合同有关的材料，有权对劳动场所进行实地检查，用人单位和劳动者都应当如实提供有关情况和材料。根据《劳动保障监察条例》规定，劳动保障行政部门实施劳动保障监察，有权采取下列调查、检查措施：（1）进入用人单位的劳动场所进行检查；（2）就调查、检查事项询问有关人员；（3）要求用人单位提供与调查、检查事项相关的文件资料，并作出解释和说明，必要时可以发出调查询问书；（4）采取记录、录音、录像、照相或者复制等方式收集有关情况和资料；（5）委托会计师事务所对用人单位工资支付、缴纳社会保险费的情况进行审计；（6）法律、法规规定可以由劳动保障行政部门采取的其他调查、检查措施。劳动保障行政部门对事实清楚、证据确凿、可以当场处理的违反劳动保障法律、法规或者规章的行为有权当场予以纠正。

2. 依法执法与文明执法。根据《劳动合同法》规定，劳动行政部门的工作人员进行监督检查，应当出示证件，依法行使职权，文明执法。根据《劳动保障监察条例》规定，劳动保障监察员进行调查、检查，不得少于2人，并应当佩戴劳动保障监察标志、出示劳动保障监察证件。劳动保障监察员办理的劳动保障监察事项与本人或者其近亲属有直接利害关系的，应当回避。

（四）工会监督检查的权利

根据《劳动合同法》规定，工会依法维护劳动者的合法权益，对用人单位履行劳动合同、集体合同的情况进行监督。用人单位违反劳动法律、法规和劳动合同、集体合同的，工会有权提出意见或者要求纠正；劳动者申请仲裁、提起诉讼的，工会依法给予支持和帮助。

中华全国总工会《关于进一步推进劳动合同制度实施的通知》（总工发［2005］23号）中指出，要加强对劳动合同执行情况的监督检查。工会要将劳动合同执行情况作为工会劳动监督的重点，建立和完善监督检查机构和组织，积极开展监督检查工作，监督劳动合同双方认真履行劳动合同。要加强劳动关系协调机制各项制度间的有机衔接，劳动合同的标准不得低于集体合同的规定。注意发挥劳动合同在劳动争议调解、仲裁和诉讼中的作用，做到有法可依，依法办事。企业工会要加强与行政方的沟通和协调，督促认真履行劳动合同。对于企业未兑现劳动合同的行为，工会要依法要求进行整改，或支持职工通过仲裁或诉讼方式解决。地方工会要加强与劳动保障部门的协调，推动开展劳动合同专项监察，在《劳动法》、《工会法》执法检查和企业劳动年检中，要将劳动合同作为重要内容，监督企业认真签订和履行劳动合同。对不签订和不履行劳动合同的企业，工会要督促劳动保障部门责令改正，依法予以行政处罚。

二、法律责任

（一）用人单位的法律责任

1. 用人单位规章制度违法的法律责任。用人单位直接涉及劳动者切身利益的规章制度违反法律、法规规定的，由劳动行政部门责令改正，给予警告；给劳动者造成损害的，应当承担赔偿责任。

2. 用人单位订立劳动合同违法的法律责任。

（1）用人单位提供的劳动合同文本未载明劳动合同必备条款或者用人单位未将劳动合同文本交付劳动者的，由劳动行政部门责令改正；给劳动者造成损害的，应当承担赔偿责任。

（2）用人单位自用工之日起超过 1 个月不满 1 年未与劳动者订立书面劳动合同的，应当向劳动者每月支付 2 倍的工资。

（3）用人单位违反规定不与劳动者订立无固定期限的劳动合同的，自应当订立无固定期限的劳动合同之日起向劳动者每月支付 2 倍的工资。

（4）用人单位违反法律规定与劳动者约定试用期的，由劳动行政部门责令改正；违法约定的试用期已经履行的，由用人单位以劳动者试用期满月工资为标准，按已经履行的超过法定试用期的期间向劳动者支付赔偿金。

（5）用人单位违反法律规定，扣押劳动者的居民身份证等证件的，由劳动行政部门责令限期退还劳动者本人，并依照有关法律规定给予处罚。

（6）用人单位违反规定，以担保或者其他名义向劳动者收取财物的，由劳动行政部门责令限期退还劳动者本人，并以每人 500 元以上 2000 元以下的标准处以罚款；给劳动者造成损害的，应当承担赔偿责任。

（7）用人单位违反《劳动合同法》有关建立职工名册规定的，由劳动行政部门责令限期改正；逾期不改正的，由劳动行政部门处 2000 元以上 20000 元以下的罚款。

（8）用人单位依照《劳动合同法》的规定应当向劳动者每月支付两倍的工资或者应当向劳动者支付赔偿金而未支付的，劳动行政部门应当责令用人单位支付。

3. 用人单位履行劳动合同违法的法律责任。

（1）用人单位有下列情形之一的，由劳动行政部门责令限期支付劳动报酬、加班费或者经济补偿金：劳动报酬低于当地最低工资标准的，应当支付其差额部分；逾期不支付的，责令用人单位按应支付金额50%以上、100%以下的标准向劳动者加付赔偿金：①未按照劳动合同的约定或者国家规定及时足额支付劳动者的劳动报酬的；②低于当地最低工资标准支付劳动者工资的；③安排加班不支付加班费的；④解除或者终止劳动合同，未按照法律规定向劳动者支付经济补偿的。

（2）用人单位有下列情形之一的，依法给予行政处罚；构成犯罪的，依法追究刑事责任；给劳动者造成损害的，应当承担赔偿责任：①以暴力、威胁或者非法限制人身自由的手段强迫劳动的；②违章指挥或者强令冒险作业危及劳动者人身安全的；③侮辱、体罚、殴打、非法搜查或者拘禁劳动者的；④劳动条件恶劣、环境污染严重，给劳动者身心健康造成严重损害的。

4. 用人单位违法解除和终止劳动合同的法律责任。

（1）用人单位违反《劳动合同法》的规定解除或者终止劳动合同的，应当依照《劳动合同法》规定的经济补偿标准的2倍向劳动者支付赔偿金。

（2）用人单位违反《劳动合同法》的规定未向劳动者出具解除或者终止劳动合同的书面证明，由劳动行政部门责令改正；给劳动者造成损害的，应当承担赔偿责任。

（3）劳动者依法解除或者终止劳动合同，用人单位扣押劳动者档案或者其他物品的，由劳动行政部门责令限期退还劳动者本人，并以每人500元以上2000元以下的标准处以罚款；给劳动者造成损害的，应当承担赔偿责任。

5. 其他法律责任。

（1）用人单位招用与其他用人单位尚未解除或者终止劳动合同的劳动者，给其他用人单位造成损失的，应当承担连带赔偿责任。

（2）个人承包经营者违反《劳动合同法》的规定招用劳动者，给劳动者造成损害的，发包的组织与个人承包经营者承担连带赔偿责任。

（二）劳动者的法律责任

1. 劳动者违反劳动合同中约定的保密义务或者竞业限制，劳动者应当按照劳动合同的约定，向用人单位支付违约金。给用人单位造成损失的，应承担赔偿责任。

2. 劳动者违反培训协议，未满服务期解除或者终止劳动合同的，或者因劳动者严重违纪，用人单位与劳动者解除约定服务期的劳动合同的，劳动者应当按照劳动合同的约定，向用人单位支付违约金。

3. 劳动者违反《劳动合同法》的规定解除劳动合同，给用人单位造成损失的，应当承担赔偿责任。

（三）不履行法定职责、违法行使职权的法律责任

劳动行政部门和其他有关主管部门及其工作人员玩忽职守、不履行法定职责，或者违法行使职权，给劳动者或者用人单位造成损害的，应当承担赔偿责任；对直接负责的主管人员和其他直接责任人员，依法给予行政处分；构成犯罪的，依法追究刑事责任。

第十章　劳动争议调解仲裁法

第一节　劳动争议

一、劳动争议的概述

（一）劳动争议的定义

劳动争议，也称劳动纠纷、劳资争议，是指劳动关系当事人在执行劳动方面的法律法规和劳动合同、集体合同的过程中，就劳动权利与义务发生分歧而引起的争议。

我国《劳动法》第 3 条规定，“劳动者享有平等就业和选择职业的权利、取得劳动报酬的权利、休息休假的权利、获得劳动安全卫生保护的权利、接受职业技能培训的权利、享受社会保险和福利的权利、提请劳动争议处理的权利以及法律规定的其他劳动权利。”同时还规定，“劳动者应当完成劳动任务，提高职业技能，执行劳动安全卫生规程，遵守劳动纪律和职业道德。”在各用人单位与劳动者建立劳动关系后，一般都能相互合作，认真履行劳动合同，维护劳动者权益。但由于用人单位追求的是利润最大化，而劳动者追求的是报酬最大化，因此双方之间产生纠纷也是难以避免的事情，劳动争议由此而生。

（二）解决劳动争议的原则

《中华人民共和国劳动争议调解仲裁法》（以下简称《劳动争议调解仲裁法》）第 3 条规定，“解决劳动争议，应当根据事实，遵循合法、公正、及时、着重调解的原则，依法保护当事人的合法

权益。”《劳动法》第78条对此也有相关规定，“解决劳动争议，应当根据合法、公正、及时处理的原则，依法维护劳动争议当事人的合法权益。”由此，我们可以看出，解决劳动争议需要遵从如下原则：

第一，以事实为依据、以法律为准绳原则。在处理劳动争议时，要求调解委员会、仲裁委员会及人民法院都必须对争议的事实进行深入、细致、客观的调查、分析，查明事实真相，这是准确适用法律、公正处理争议的基础。在查清事实的基础上，应当依法进行调解、仲裁和审判。处理劳动争议是一项政策性很强的工作，既不能主观臆断，更不能徇私枉法。

第二，法律面前人人平等原则。依法维护劳动争议双方当事人的合法权益体现了当事人适用法律上一律平等的原则。这一原则要求，调解委员会、仲裁委员会、人民法院在处理劳动争议案件时，对劳动争议的任何一方当事人都应同等对待，其法律地位完全平等。法律赋予双方当事人平等地享有和承担其权利与义务，不应因身份、地位的不同而采取不同的标准对待。用人单位与劳动者在申请调解、仲裁和诉讼时，在参加调解、仲裁、诉讼活动时都享有同等的权利，承担的义务也是同等的。

第三，合法、公正、及时原则。这一原则适用于所有争议的解决，是普适性规定，它要求劳动争议调解、仲裁机构及人民法院在处理劳动争议事项时，应当公平公正地处理，在法律允许及不违背公序良俗的情况下，在法定期限或合理期限内积极妥善地解决劳动争议。

第四，着重调解原则。调解作为劳动争议处理的基本手段贯穿于争议解决的整个过程，及时进入仲裁和诉讼程序，劳动争议仲裁调解委员会和人民法院也要对双方当事人进行调解；调解不成的，再按照法定程序依法作出裁决与判决。调解还必须建立在双方当事人自愿的基础上，第三方调解机构或人民法院不得违背当事人意愿，强行要求其调解。

（三）劳动争议的分类

劳动争议根据其主体、客体、性质和内容的不同，可以有不同的分类，对劳动争议进行分类研究，有助于采取有针对性的措施解决和预防劳动争议。

第一，根据劳动争议主体的不同，可以将劳动争议分为个人劳动争议、集体劳动争议以及群体劳动争议。个人劳动争议指个别劳动者与用人单位发生的劳动争议，争议的双方当事人是个别劳动者与个别用人单位，不具有普遍性与广泛性，职工当事人未达到集体争议的法定人数，即 3 人以下的劳动者与用人单位之间发生的内容相同的劳动争议。集体劳动争议是指职工一方全体成员与用人单位之间有共同内容的劳动争议理由，其标的是全体劳动者的合法权益。在此类争议中，工会应在争议的处理过程中积极参与。群体劳动争议是指多个劳动者与用人单位之间因共同的争议事项、理由及事实而发生的劳动争议。其标的是部分职工的共同利益，而并非全体职工的利益。《劳动争议调解仲裁法》第 7 条还规定，“发生劳动争议的劳动者一方在十人以上，并有共同请求的，可以推举代表参加调解、仲裁或者诉讼活动。”

第二，根据劳动争议的客体即争议涉及的劳动关系，劳动争议可分为劳动权利争议和劳动利益争议。因执行劳动法律、法规、劳动合同和集体合同的规定而发生的劳动争议，称为劳动权利之争，也称为实现既定劳动权利的争议。对于这类争议，当事人的权利与义务是既定的。

因确定或变更劳动者的权利义务而发生的劳动争议，称为劳动利益争议，也称调整事项的劳动争议。这种争议常表现为一方或双方当事人提出变更权利义务的主张，如增加劳动报酬或福利等。

第三，根据劳动争议的性质，劳动争议可以分为因参加、组织工会及罢工等行使公民权行为与用人单位产生的劳动争议和因要求增加工资、缩短工时等经济利益产生的争议。

第四，根据劳动争议的内容，劳动争议可分为：因执行国家有关工资、保险、福利、职业培训、劳动保护的规定发生的争议；因履行劳动合同发生的争议；因用人单位开除、除名、辞退职工和职工辞职、自动离职发生的争议等。

二、劳动争议的法律特征

劳动争议的发生，不仅使正常的劳动关系得不到维护，还会使劳动者的合法利益受到损害，不利于社会的稳定。因此，应当正确把握劳动争议的特点，积极有效地预防劳动纠纷的发生。

第一，劳动争议的当事人是特定主体，即劳动者和用人单位。换而言之，不具有劳动法律关系主体身份者之间所发生的争议，即非用人单位与劳动者之间产生的争议不是劳动争议，比如，公务员与其供职的国家机关之间因休假等问题产生的纠纷，再比如，事业单位与其工作人员之间因工作时间发生的矛盾等，均不属于劳动争议的范畴。如果争议不是发生在劳动关系双方当事人之间，即使争议内容涉及劳动问题，也不构成劳动争议。如，劳动者之间在劳动过程中发生的争议，用人单位之间因劳动力流动发生的争议，劳动者或用人单位与劳动行政管理中发生的争议等，都不属劳动纠纷。

第二，劳动争议的内容须在法定范畴之内。劳动纠纷的内容涉及劳动权利和劳动义务，是为实现劳动关系而产生的争议。劳动争议必须是因为在执行劳动法律法规，或因劳动合同的订立、履行、变更、解除或终止时发生的纠纷。用人单位与劳动者之间发生的除此以外的争议，不属于劳动争议。《劳动争议调解仲裁法》第 2 条对此作了规定，“中华人民共和国境内的用人单位与劳动者发生的下列劳动争议，适用本法：（一）因确认劳动关系发生的争议；（二）因订立、履行、变更、解除和终止劳动合同发生的争议；（三）因除名、辞退和辞职、离职发生的争议；（四）因工作时间、休息休假、社会保险、福利、培训以及劳动保护发生的争议；（五）因劳动报酬、工伤医疗费、经济补偿或者赔偿金等发生的争议；(六) 法律、法规规定的其他劳动争议。”

第三，劳动纠纷既可以表现为非对抗性矛盾，也可以表现为对抗性矛盾，而且，两者在一定条件下可以相互转化。

第二节　劳动争议的解决方式

一、劳动争议的调解及其程序

(一) 概述

劳动争议的解决方式主要有协商、调解、仲裁和诉讼。《劳动争议调解仲裁法》第 4 条规定：“发生劳动争议，劳动者可以与用人单位协商，也可以请工会或者第三方共同与用人单位协商，达成和解协议。”第 5 条规定：“发生劳动争议，当事人不愿协商、协商不成或者达成和解协议后不履行的，可以向调解组织申请调解；不愿调解、调解不成或者达成调解协议后不履行的，可以向劳动争议仲裁委员会申请仲裁；对仲裁裁决不服的，除本法另有规定的外，可以向人民法院提起诉讼。”

所谓调解，是在第三方协助下进行的、当事人自主协商解决纠纷的活动。

调解是我国解决劳动争议机制中重要的组成部分，事实上，调解可以贯穿整个劳动争议的解决过程。劳动争议调解有广义和狭义之分。广义的劳动争议调解不仅包括劳动争议调解委员会的调解，还包括劳动争议仲裁委员会的调解、人民法院的调解以及行政机构的调解和信访机构的调解等。狭义的劳动争议调解仅指劳动争议调解委员会的调解。这里所说的调解指的是狭义的调解。所谓劳动争议调解，是劳动争议调解机构在接受争议双方当事人调解申请后，依照法律、法规、政策和道德规范，在查明事实、分清是非的基础上，通过疏导、说服、劝导，最终促使双方当事人在互谅互让的前提下自愿达成解决劳动争议的调解协议。

（二）劳动争议调解组织

调解委员会的调解是企业内部解决劳动争议的法定机制，多部法律法规对此进行了相关规定。《劳动争议调解仲裁法》第 10 条规定，发生劳动争议，当事人可以到下列调解组织申请调解：企业劳动争议调解委员会；依法设立的基层人民调解组织；在乡镇、街道设立的具有劳动争议调解职能的组织。同时该条第 2 款还规定，劳动争议调解委员会由职工代表和企业代表组成。职工代表由工会成员担任或者由全体职工推举产生，企业代表由企业负责人制定。企业劳动争议调解委员会主任由工会成员或者双方推举的人员担任。《劳动法》第 80 条第 1 款规定：“在用人单位内，可以设立劳动争议调解委员会。劳动争议调解委员会由职工代表、用人单位代表和工会代表组成。劳动争议调解委员会主任由工会代表担任。”

劳动争议调解组织具有如下几个特征：

1. 依法设立。《劳动法》规定企业可以设立劳动争议调解委员会，在实践中，主要是国有企业和集体企业建立了劳动争议调解委员会，而且随着国有企业的改革，企业劳动争议调解委员会的功能在弱化。《劳动争议调解仲裁法》则是在继续肯定企业劳动争议调解委员会的同时，为新兴劳动争议调解组织的设立提供了法律依据。

2. 一般设立在基层。将劳动争议调解组织设立在基层，目的就是将矛盾化解在初始状态和第一线。而且，劳动争议调解组织的工作人员也来源于基层，由他们居间调解容易使当事人信服并尽快达成和解协议。

3. 具有劳动争议调解职能。建立健全劳动争议调解组织的目的就是充分发挥劳动争议调解的重要作用，这也是《劳动争议调解仲裁法》第 3 条中规定的“着重调解”原则的体现。而劳动争议调解组织专门的或者具备劳动争议调解的职能，为实现这一目的作出了保障。

（三）劳动争议调解的原则

1. 自愿原则。劳动争议调解委员会应当依照法律、法规，遵循双方当事人自愿的原则进行调解。经调解达成协议的，制作调解协议书，双方当事人应当自觉履行；调解不成的，当事人在规定的期限内，可以向劳动争议仲裁委员会申请仲裁。双方自愿原则体现在以下几个方面：

（1）申请自愿。是否向调解委员会申请调解，由当事人自行决定，任何一方不得强迫，劳动争议调解委员会也不得强行压制当事人。

（2）在调解过程中，始终贯彻自愿协商的原则。调解的过程是一个自愿协商的过程，双方当事人法律地位平等，任何一方不得强迫另一方。

（3）调解协议的执行是自愿的。经劳动争议调解委员会调解达成的协议，没有强制执行的法律效力。调解协议只能依靠当事人之间的承诺、信任以及道德约束自觉遵守。如果一方反悔，不履行协议，任何人无权强制其履行，对当事人一方或双方不履行协议的，任何一方均可以通过仲裁或诉讼解决问题。

2. 平等适用法律原则。劳动争议双方当事人在法律面前平等，平等地适用法律、法规及相关政策，不得有任何一方凌驾于法律之上，不得有特权。

3. 民主说服原则。这是由劳动争议调整委员会的性质决定的。劳动争议调解委员会在调解劳动纠纷时，主要依据法律、法规，运用民主讨论、说服教育的方法，摆事实，讲道理，做深入细致的思想工作，在双方认识一致的前提下，动员双方当事人互谅互让、自愿协商后达成协议。

4. 尊重当事人申请仲裁和诉讼权利的原则。劳动争议双方当事人一方或双方不愿接受调解，或调解不成时，劳动争议调解组织在耐心劝说疏导无果的情况下，不得强行压制、阻挠当事人，而应当及时告知其法律赋予的申请仲裁和诉讼的权利，建议当事人通过合法途径维权。

（四）劳动争议调解的程序

发生劳动争议，当事人不愿协商、协商不成或者达成和解协议后不履行的，可以向组织申请调解；不愿调解、调解不成或者达成调解协议后不履行的，可以向劳动争议仲裁委员会申请仲裁；对仲裁裁决不服的，除法律另有规定的外，可以向人民法院提起诉讼。

1. 调解申请。劳动争议的双方当事人以口头或书面的形式向劳动争议调解组织提出的调解请求。

但是，调解并非解决劳动争议的必经阶段，双方当事人可以申请调解，也可以申请仲裁。劳动争议调解组织只有在收到争议当事人的调解申请后，才能受理并行使调解。

2. 调解受理。劳动争议调解组织在收到当事人的调解申请后，经过审查，决定接受案件申请的过程。调解申请可以是双方当事人共同提出，也可以是一方提出，但必须以双方合意为前提。

调解委员会受理后，主要就四项内容进行审查：一是劳动争议调解申请人的资格，申请人必须与该劳动争议有直接利害关系；二是争议案件是否在《劳动争议调解仲裁法》规定的受理范围之内，争议的内容是否属于劳动争议界定的内容；三是是否有明确的被申请人及具体的调解请求与理由，申请人在申请调解时应说明申请调解的争议事项和理由；四是争议是否超过调解的申请期限，根据有关规定，当事人申请调解的，应当自知道或应当知道其权利被侵害之日起30日内，以口头或书面形式向调解组织提出，超过30日的，调解组织可以不受理。调解委员会在对案件进行审查后，应当在四日内作出受理或不受理申请的决定，对不受理的，应向申请人说明理由。

3. 调解前的准备工作。案件受理后，为了保证调解工作的顺利进行，更好地做好调解工作，劳动争议调解组织需要做好前期准备工作。主要包括：审查劳动争议申请书的内容，对有所欠缺的内容及时通知申请人补充完整；通知被申请人准备答辩书及相关证据资料，并在规定期限内提交至劳动争议调解组织；告知当事人调解委员会的组成人员，并询问申请人与被申请人是否需要回避；还需要对双方当事人所争议的事项进行调查，了解事实及对调解申请提出的意见和依据；调查争议所涉及的其他有关人员、单位和部门及他们对争议的态度和看法；察看和翻阅有关劳动法规以及争议双方订立的劳动合同或集体合同；拟定调解方案等。

4. 实施调解。实施调解是劳动争议调解工作的中心环节。《劳动争议调解仲裁法》第十三条规定："调解劳动争议，应当充分听取双方当事人对事实和理由的陈述，耐心疏导，帮助其达成协议。"

5. 调解期限。调解还需要在规定时限内完成，《劳动争议调解仲裁法》第14条第3款对调解期限规定如下："自劳动争议调解组织收到调解申请之日起十五日内未达成调解协议的，当事人可以依法申请仲裁。"这也体现了劳动争议调解工作灵活、快捷的优势。

6. 调解协议的法律效力。调解协议，是指劳动争议的双方当事人，在劳动争议调解组织的主持下，对其争议的有关事项，在互谅互让的基础上达成一致意见的协议。《劳动争议调解仲裁法》第14条第1款规定："经调解达成协议的，应当制作调解协议书。调解协议书由双方当事人签名或者盖章，经调解员签名并加盖调解组织印章后生效，对双方当事人具有约束力，当事人应当履行。"第16条规定："因支付拖欠劳动报酬、工伤医疗费、经济补偿或者赔偿金事项达成调解协议，用人单位在协议约定期限内不履行的，劳动者可以持调解协议书依法向人民法院申请支付令。人民法院应当依法发出支付令。"协议达成后，争议双方当事人都应按达成的调解协议书内容自觉地执行，一方当事人在协议约定期限内不履行调解协议的，另一方当事人可以依法申请仲裁。当事人一方以原劳动争议申请仲裁，对方当事人以调解协议抗辩的，应当提供调解协议书；当事人一方申请仲裁委员会裁决对方当事人履行调解协议，对

方反驳的，有责任对反驳所依据的事实提供证据予以证明。

二、劳动争议的仲裁及其程序

（一）劳动争议仲裁的概念及特征

仲裁也称公断，劳动争议仲裁作为企业劳动争议的处理办法之一，是指劳动争议仲裁机构依法对争议双方当事人的争议案件进行居中公断的一系列执法行为。劳动争议仲裁程序既具有劳动争议调解灵活、快捷的特点，又具有诉讼判决的强制执行的效力，是解决劳动纠纷的重要手段。与劳动争议调解和劳动争议诉讼相比较，劳动争议仲裁有以下特征：

1. 解决劳动争议的仲裁机构是各级劳动仲裁委员会。劳动争议调解机构是劳动争议调解委员会，《人民调解法》规定，人民调解委员会是依法设立的调解民间纠纷的群众性组织。因此，相对于仲裁机构及人民法院来说，调解机构是一个群众性的民间组织。而仲裁委员会是国家授权、依法独立处理劳动争议案件的专门机构。

2. 劳动争议调解是在双方当事人自愿的基础上进行的，若任何一方不同意，调解均无法正常进行。而劳动争议仲裁却是诉讼的前置程序，即如果想提起诉讼打劳动官司，必须要经过仲裁程序，不能直接向人民法院起诉。

3. 劳动争议仲裁作出的裁决依法生效后比劳动争议调解达成的协议更具有强制执行力。但是，当一方当事人不执行仲裁裁决时，法律并未赋予仲裁机构强制执行的权力，此时只能由另一方当事人向人民法院提出强制执行的请求。因此，仲裁裁决的法律效力仍然需要司法权予以保障。

4. 劳动争议仲裁采取有条件的一裁终局制度。《仲裁法》规定，仲裁实行一裁终局的制度。而《劳动争议调解仲裁法》第49条第1款规定：“用人单位有证据证明本法第四十七条规定的仲裁裁决有下列情形之一，可以自收到仲裁裁决书之日起三十日内向劳动争议仲裁委员会所在地的中级人民法院申请撤销裁决：（1）适用法律、法规确有错误的；（2）劳动争议仲裁委员会无管辖权的；（3）违反法定程序的；（4）裁决所根据的证据是伪造的；（5）对方当事人隐瞒了足以影响公正裁决的证据的；（6）仲裁员在仲裁该案时有索贿受贿、徇私舞弊、枉法裁决行为的。”

5. 一般经济纠纷的仲裁，往往要求当事人双方在事前或事后达成仲裁协议方能申请仲裁，而劳动争议仲裁则不需要劳动争议当事人达成申请仲裁的协议，只要双方当事人中的任何一方向劳动争议仲裁委员会提出申请，劳动争议仲裁均可启动。

（二）劳动争议仲裁的主体

1. 劳动争议仲裁委员会。

（1）劳动争议仲裁委员会的设置。根据《劳动争议调解仲裁法》第 17 条的规定，“劳动争议仲裁委员会按照统筹规划、合理布局和适应实际需要的原则设立。省、自治区人民政府可以决定在市、县设立；直辖市人民政府可以决定在区、县设立。直辖市、设区的市也可以设立一个或者若干个劳动争议仲裁委员会。劳动争议仲裁委员会不按行政区划层层设立。”

（2）劳动争议仲裁委员会的职责。根据《劳动人事争议仲裁组织规则》第 8 条的规定，劳动争议仲裁委员会的职责主要有以下几个方面：第一，聘任、解聘专职或者兼职仲裁员；第二，受理劳动争议案件；第三，讨论重大或者疑难的劳动争议案件；第四，对仲裁活动进行监督。第 10 条还规定：“仲裁委员会可以下设实体化的办事机构，具体承担争议调解仲裁等日常工作……”

（3）劳动争议仲裁委员会的组成。《劳动法》第 81 条规定：“劳动争议仲裁委员会由劳动行政部门代表、同级工会代表、用人单位方面的代表组成。劳动争议仲裁委员会主任由劳动行政部门代表担任。”《劳动争议调解仲裁法》沿用了《劳动法》的精神，第 19 条第 1 款规定，“劳动争议仲裁委员会由劳动行政部门代表、工会代表和企业方面代表组成。劳动争议仲裁委员会组成人员应当是单数。”

（4）劳动争议仲裁庭。《劳动争议调解仲裁法》第 31 条规定："劳动争议仲裁委员会裁决劳动争议案件实行仲裁庭制。仲裁庭由三名仲裁员组成，设首席仲裁员。简单劳动争议案件可以由一名仲裁员独任仲裁。"

《劳动人事争议仲裁组织规则》第 13 条规定："处理下列争议案件应当由三名仲裁员组成仲裁庭，设首席仲裁员：①十人以上集体劳动、人事争议；②有重大影响的争议；③仲裁委员会认为应当由三名仲裁员组庭处理的其他案件。简单案件可以由一名仲裁员独任仲裁。"

（5）劳动争议仲裁员。根据《劳动人事争议仲裁组织规则》第 19 条规定："仲裁员是由仲裁委员会聘任，依法调解和仲裁争议案件的专业工作人员。仲裁员分为专职仲裁员和兼职仲裁员。"由于仲裁员的道德水准与业务水平直接关系到争议案件的裁决结果，因此劳动争议仲裁员的任职资格，法律也有专门规定。《劳动争议调解仲裁法》第 20 条第 2 款规定："仲裁员应当公道正派并符合下列条件之一：①曾任审判员的；②从事法律研究、教学工作并具有中级以上职称的；③具有法律知识、从事人力资源管理或者工会等专业工作满五年的；④律师执业满三年的。"《劳动人事争议仲裁组织规则》第 20 条对兼职仲裁员作了相关规定："仲裁委员会可以依法聘任一定数量的专职仲裁员，也可以根据办案工作需要，依法从干部主管部门、人力资源社会保障行政部门、军队及聘用单位文职人员工作主管部门、工会、企业组织等相关机构的人员以及专家、学者、律师中聘任兼职仲裁员。"

劳动争议当事人有权对仲裁员提出回避申请，但应当符合法律的有关规定。《劳动争议调解仲裁法》第 33 条规定："仲裁员有下列情形之一，应当回避，当事人也有权以口头或者书面方式提出回避申请：（一）是本案当事人或者当事人、代理人的近亲属的；（二）与本案有利害关系的；（三）与本案当事人、代理人有其他关系，可能影响公正裁决的；（四）私自会见当事人、代理人，或者接受当事人、代理人的请客送礼的。”

担任劳动争议仲裁员，必须依法履行相关职责，依法调解和仲裁劳动争议案件，根据《劳动争议调解仲裁法》第 34 条规定：“仲裁员有本法第三十三条第四项规定情形，或者有索贿受贿、徇私舞弊、枉法裁决行为的，应当依法承担法律责任。劳动争议仲裁委员会应当将其解聘。”

2．劳动争议参加人。根据《劳动争议调解仲裁法》的有关规定，劳动争议仲裁的参加人主要有以下几类：

（1）劳动争议的当事人，即发生劳动争议的劳动者和用人单位。《劳动争议调解仲裁法》第 22 条规定：“发生劳动争议的劳动者和用人单位为劳动争议仲裁案件的双方当事人。劳务派遣单位或者用工单位与劳动者发生劳动争议的，劳务派遣单位和用工单位为共同当事人。”

（2）劳动者代表。《劳动争议调解仲裁法》第 7 条规定：“发生劳动争议的劳动者一方在十人以上，并有共同请求的，可以推举代表参加调解、仲裁或者诉讼活动。”

（3）劳动争议代理人。《劳动争议调解仲裁法》第 24 条规定：“当事人可以委托代理人参加仲裁活动。委托他人参加仲裁活动，应当向劳动争议仲裁委员会提交有委托人签名或者盖章的委托书，委托书应当载明委托事项和权限。”为了保护限制行为能力及无民事行为能力劳动者的权益，第 25 条对此作了专门规定：“丧失或者部分丧失民事行为能力的劳动者，由其法定代理人代为参加仲裁活动；无法定代理人的，由劳动争议仲裁委员会为其指定代理人。劳动者死亡的，由其近亲属或者代理人参加仲裁活动。”

（4）第三人。与劳动争议案件的处理结果有利害关系的第三人，可以申请参加仲裁活动或者由劳动争议仲裁委员会通知其参加仲裁活动。

（三）劳动争议仲裁的管辖

劳动争议仲裁的管辖是指各级仲裁委员会之间、同级仲裁委员

会之间受理劳动争议案件的分工和权限。确定劳动仲裁管辖有利于当事人以更加便捷的形式行使申诉权、应诉权，同时也有利于劳动争议仲裁委员会行使仲裁权。

1. 属地管辖。我国的劳动争议仲裁采取的是特殊的属地管辖。《劳动争议调解仲裁法》第 21 条规定："劳动争议仲裁委员会负责管辖本区域内发生的劳动争议。"劳动争议由劳动合同履行地或者用人单位所在地的劳动争议仲裁委员会管辖。不允许双方当事人协议选择劳动合同履行地或用人单位所在地以外的其他劳动争议仲裁委员会进行管辖。双方当事人分别向劳动合同履行地和用人单位所在地的劳动争议仲裁委员会申请仲裁而发生管辖权冲突时，按照合同履行地优先的原则，由劳动合同履行地的劳动争议仲裁委员会管辖。

2. 级别管辖。级别管辖是指上、下级劳动争议仲裁委员会之间，根据劳动争议案件的性质、影响范围及繁简程度，纵向确定各自受理劳动争议案件的分工和权限。《企业劳动争议处理条例》第 17 条第 2 款规定："设区的市的仲裁委员会和市辖区的仲裁委员会受理劳动争议案件的范围，由省、自治区人民政府规定。"

3. 移送管辖和指定管辖。移送管辖是指仲裁委员会将已受理的自己无权管辖或不便于管辖的劳动争议案件，依法移送有权管辖或便于审理此案的仲裁委员会受理。指定管辖是指劳动行政部门依法决定将因管辖权发生争议的劳动争议案件交由有管辖权的劳动争议仲裁委员会予以管辖。

（四）劳动争议仲裁的时效

劳动争议仲裁的时效是指权利人在一定期间内不行使请求劳动争议仲裁机构保护其权利的请求权，就丧失该请求权的法律制度。劳动争议当事人申请仲裁的时效期间为其知道或应当知道权利被侵害起一年。《劳动争议调解仲裁法》第 27 条规定："劳动争议申请仲裁的时效期间为一年。仲裁时效期间从当事人知道或者应当知道其权利被侵害之日起计算。"

"知道"是指劳动争议当事人主观上对其合法权利遭受侵害这一事实的一种认知状态；"应当知道"是指尽管权利人在主观上不知晓其权利遭受了侵害，但是通过客观上的指征，比如其所身处的环境，有理由认为其已然了解权利受到侵害的事实。

关于仲裁时效还有特殊规定。第27条还规定："因当事人一方向对方当事人主张权利，或者向有关部门请求权利救济，或者对方当事人同意履行义务而中断。从中断时起，仲裁时效期间重新计算。因不可抗力或者有其他正当理由，当事人不能在本条第一款规定的仲裁时效期间申请仲裁的，仲裁时效中止。从中止时效的原因消除之日起，仲裁时效期间继续计算。劳动关系存续期间因拖欠劳动报酬发生争议的，劳动者申请仲裁不受本条第一款规定的仲裁时效期间的限制；但是，劳动关系终止的，应当自劳动关系终止之日起一年内提出。"需要注意的是，能否认定为仲裁时效的中断，需要由主张仲裁时效中断的一方当事人提供具有法律规定的三种情形之一的证据作为佐证。

（五）劳动争议仲裁的程序

劳动争议仲裁程序，是指劳动争议仲裁委员会处理劳动纠纷案件的法定步骤和方式。根据《劳动法》有关规定，劳动争议仲裁应按以下程序进行：

1. 当事人申请。当事人申请是劳动争议仲裁委员会处理劳动争议案件的先决条件和必经程序，劳动争议当事人只有向劳动争议仲裁委员会提出申请方能启动仲裁程序。劳动争议仲裁当事人是指因劳动权益纠纷，以自己的名义申请参加劳动争议仲裁活动，请求保护其合法权益，并受劳动争议仲裁委员会作出的仲裁裁决约束的直接利害关系人。

仲裁委员会处理劳动争议案件采取"不告不理"的工作原则，必须有劳动争议当事人的申请，否则，仲裁委员会无权仲裁该劳动争议。

为了保护不同文化水平的劳动者，劳动争议当事人申请劳动争

议仲裁时，可以书面申请，也可口头申请。《劳动争议调解仲裁法》第28条规定："申请人申请仲裁应当提交书面仲裁申请，并按照被申请人人数提交副本。仲裁申请书应当载明下列事项：（1）劳动者的姓名、性别、年龄、职业、工作单位和住所，用人单位的名称、住所和法定代表人或者主要负责人的姓名、职务；（2）仲裁请求和所根据的事实、理由；（3）证据和证据来源、证人姓名和住所。书写仲裁申请确有困难的，可以口头申请，由劳动争议仲裁委员会记入笔录，并告知对方当事人。"

2. 审查与受理。《劳动争议调解仲裁法》第29条规定："劳动争议仲裁委员会收到仲裁申请之日起五日内，认为符合受理条件的，应当受理，并通知申请人；认为不符合受理条件的，应当书面通知申请人不予受理，并说明理由。对劳动争议仲裁委员会不予受理或者逾期未作出决定的，申请人可以就该劳动争议事项向人民法院提起诉讼。"第30条规定："劳动争议仲裁委员会受理仲裁申请后，应当在五日内将仲裁申请书副本送达被申请人。被申请人收到仲裁申请书副本后，应当在十日内向劳动争议仲裁委员会提交答辩书。劳动争议仲裁委员会收到答辩书后，应当在五日内将答辩书副本送达申请人。被申请人未提交答辩书的，不影响仲裁程序的进行。"《劳动人事争议仲裁组织规则》第31条还规定："仲裁委员会发现应当受理而在法定期限内未予受理或者已经出具不予受理通知书的争议案件，申请人尚未向人民法院提起诉讼的，应当在书面征求申请人同意后，及时予以受理，并撤销已经出具的不予受理通知书。"

3. 仲裁前的准备。

（1）组成仲裁庭。《劳动争议调解仲裁法》第31条规定："劳动争议仲裁委员会裁决劳动争议案件实行仲裁庭制。仲裁庭由三名仲裁员组成，设首席仲裁员。简单劳动争议案件可以由一名仲裁员独任仲裁。"《劳动人事争议仲裁组织规则》第12条规定："仲裁委员会处理争议案件应当组成仲裁庭，实行一案一庭制。"《劳动争议调解仲裁法》第 32 条规定了仲裁庭的组成期限：“劳动争议仲裁委员会应当在受理仲裁申请之日起五日内将仲裁庭的组成情况书面通知当事人。”

（2）回避。为了保证劳动争议仲裁的程序及结果公平公正，劳动争议当事人有权对仲裁委员会的成员、被指定的仲裁员、仲裁庭的书记员、鉴定人、勘验人和翻译人员等，提出回避申请。回避申请可以是口头的也可以是书面的。《劳动争议调解仲裁法》第 33 条规定了当事人对仲裁员申请回避的情形；此外，该条第 2 款还规定，对于当事人提出的回避申请，劳动争议仲裁委员会应当及时予以书面或口头答复。

（3）调查取证。仲裁庭人员应认真阅读当事人的申诉和答辩材料，调查、搜集证据，查明争议事实。《劳动争议调解仲裁法》第 37 条规定：“仲裁庭对专门性问题认为需要鉴定的，可以交由当事人约定的鉴定机构鉴定；当事人没有约定或者无法达成约定的，由仲裁庭指定的鉴定机构鉴定。根据当事人的请求或者仲裁庭的要求，鉴定机构应当派鉴定人参加开庭。当事人经仲裁庭许可，可以向鉴定人提问。”

（4）拟定仲裁方案。仲裁庭成员应当根据调查的事实，拟定对劳动纠纷的处理方案。

4. 仲裁审理。

（1）通知当事人。仲裁庭审理劳动争议案件，应于开庭 4 日前，将列有仲裁庭组成人员、开庭时间、地点的书面通知送达当事人。当事人接到通知后，无正当理由拒不到庭的，或在开庭期间未经仲裁庭许可自行退庭的，对申诉人按撤诉处理，对被诉人作缺席裁决。

（2）先行调解。根据劳动争议注重调解的原则，《劳动争议调解仲裁法》第 41 条、第 42 条作了规定：“当事人申请劳动争议仲裁后，可以自行和解。达成和解协议的，可以撤回仲裁申请。”“仲裁庭在作出裁决前，应当先行调解。调解达成协议的，仲裁庭应当制作调解书。调解书应当写明仲裁请求和当事人协议的结果。调解书由仲裁员签名，加盖劳动争议仲裁委员会印章，送达双方当事人。调解书经双方当事人签收后，发生法律效力。调解不成或者调解书送达前，一方当事人反悔的，仲裁庭应当及时作出裁决。”

（3）仲裁监督。《劳动人事争议仲裁组织规则》第 30 条规定：“仲裁委员会应当依法对本委聘任的仲裁员以及仲裁活动进行监督，包括对仲裁申请的受理、仲裁庭组成、仲裁员的仲裁活动等进行监督。”法律对劳动争议仲裁员、记录人员在仲裁过程中的违法违规行为也做了相关规定。《劳动人事争议仲裁组织规则》第 32 条规定：“仲裁员不得有下列行为：（一）徇情枉法，偏袒一方当事人；（二）滥用职权，侵犯当事人合法权益；（三）利用职权为自己或者他人谋取私利；（四）隐瞒证据或者伪造证据；（五）私自会见当事人及其代理人，接受当事人及其代理人的请客送礼；（六）故意拖延办案、玩忽职守；（七）擅自对外透露案件处理情况；（八）在任职期间担任仲裁案件的代理人；（九）其他违法乱纪的行为。”第 34 条规定：“记录人员应客观记录案件庭审等情况，不得有因偏袒一方当事人而不客观记录、故意涂改记录或者将案件处理过程中应当保密的情况泄漏给特定当事人等行为。”根据法律规定，仲裁员与记录人员存在以上规定情形的，仲裁委员会视情节轻重，给予批评教育、解聘等处理；仲裁员、记录人员所在单位也可以根据国家有关规定给予处分；构成犯罪的，依法追究刑事责任。

5. 结案。

（1）仲裁期限。为保障劳动争议解决的高效快捷，也为了保护争议当事人的合法权益，劳动争议仲裁应在规定时限内完成。《劳动争议调解仲裁法》第 43 条规定：“仲裁庭裁决劳动争议案件，应当自劳动争议仲裁委员会受理仲裁申请之日起四十五日内结束。案情复杂需要延期的，经劳动争议仲裁委员会主任批准，可以延期并书面通知当事人，但是延长期限不得超过十五日。逾期未作出仲裁裁决的，当事人可以就该劳动争议事项向人民法院提起诉讼。”

（2）裁决。应当按照少数服从多数的原则对劳动争议案件进行裁决。《劳动争议调解仲裁法》第45条规定：“裁决应当按照多数仲裁员的意见作出，少数仲裁员的不同意见应当记入笔录。仲裁庭不能形成多数意见时，裁决应当按照首席仲裁员的意见作出。”劳动争议仲裁还应当制作裁决书。《劳动争议调解仲裁法》第46条规定：“裁决书应当载明仲裁请求、争议事实、裁决理由、裁决结果和裁决日期。裁决书由仲裁员签名，加盖劳动争议仲裁委员会印章。对裁决持不同意见的仲裁员，可以签名，也可以不签名。”

（3）裁决的法律效力。我国仲裁实行的是有条件的一裁终局，且对用人单位和劳动者采取不同的救济途径。

关于用人单位，《劳动争议调解仲裁法》第49条作了相关规定：“用人单位有证据证明本法第四十七条规定的仲裁裁决有下列情形之一，可以自收到仲裁裁决书之日起三十日内向劳动争议仲裁委员会所在地的中级人民法院申请撤销裁决：（一）适用法律、法规确有错误的；（二）劳动争议仲裁委员会无管辖权的；（三）违反法定程序的；（四）裁决所根据的证据是伪造的；（五）对方当事人隐瞒了足以影响公正裁决的证据的；（六）仲裁员在仲裁该案时有索贿受贿、徇私舞弊、枉法裁决行为的。人民法院经组成合议庭审查核实裁决有前款法定情形之一的，应当裁定撤销。仲裁裁决被人民法院裁定撤销的，当事人可以自收到裁定书之日起十五日内就该劳动争议事项向人民法院提起诉讼。”

关于劳动者，《劳动争议调解仲裁法》第47条、第48条对此有相关规定：“下列劳动争议，除本法另有规定的外，仲裁裁决为终局裁决，裁决书自作出之日起发生法律效力：（一）追索劳动报酬、工伤医疗费、经济补偿或者赔偿金，不超过当地月最低工资标准十二个月金额的争议；（二）因执行国家的劳动标准在工作时间、休息休假、社会保险等方面发生的争议。”“劳动者对本法第

四十七条规定的仲裁裁决不服的，可以自收到仲裁裁决书之日起十五日内向人民法院提起诉讼。”由此可见，只有劳动者方能作为第47条规定情形的诉讼申请人，用人单位无权就此申请诉讼。

当事人对发生法律效力的调解书、裁决书，应当依照规定的期限履行。一方当事人拒不执行的，另一方当事人可依据《民事诉讼法》相关规定向人民法院申请执行。《劳动争议调解仲裁法》第50条规定：“当事人对本法第四十七条规定以外的其他劳动争议案件的仲裁裁决不服的，可以自收到仲裁裁决书之日起十五日内向人民法院提起诉讼；期满不起诉的，裁决书发生法律效力。”

三、劳动争议的诉讼及其程序

（一）概述

1．劳动争议诉讼的概念。劳动争议诉讼是指劳动争议当事人不服劳动争议仲裁委员会的裁决，在规定的期限内向人民法院起诉，人民法院依照民事诉讼程序，依法对劳动争议案件进行审理的司法活动，包括劳动争议案件的起诉、受理、调查取证、审判和执行等一系列诉讼程序。

2．劳动争议诉讼的特点。我国劳动争议诉讼适用《民事诉讼法》规定的程序，劳动争议诉讼有如下特点：

（1）劳动争议诉讼程序的启动须有劳动争议仲裁作为其先导。《劳动法》第83条规定：“劳动争议当事人对仲裁裁决不服的，可以自收到仲裁裁决书之日起十五日内向人民法院提起诉讼……”《劳动争议调解仲裁法》第5条规定：“……对仲裁裁决不服的，除本法另有规定的外，可以向人民法院提起诉讼。”可见，没有经过劳动争议仲裁机关裁决的劳动争议案件，人民法院一般不予受理。

（2）劳动争议诉讼是发生在特定主体之间的诉讼。劳动争议案件的主体即当事人，是劳动者和用人单位，而不得将劳动争议仲裁委员会作为劳动争议诉讼的被告或第三人。

（3）劳动争议诉讼的客体主要是劳动者与用人单位之间就《劳动法》规定范围内的劳动权利义务之争，民事诉讼的标的是发生在平等主体的公民、法人、其他组织之间的民事权利义务之争。

（4）劳动争议案件的举证责任与民事案件的举证责任不同。民事案件普遍适用“谁主张，谁举证”的原则；劳动争议案件一般情况下也适用这一原则，但《劳动争议调解仲裁法》第 39 条第 2 款规定了用人单位的举证责任倒置：“劳动者无法提供由用人单位掌握管理的与仲裁请求有关的证据，仲裁庭可以要求用人单位在指定期限内提供。用人单位在指定期限内不提供的，应当承担不利后果。”

（二）劳动争议诉讼案件的主体

劳动争议诉讼案件的主体，是指在劳动争议案件的审理过程中，能够参加诉讼、有诉讼主体资格的原告、被告及第三人。

第一，劳动争议诉讼案件的原告、被告。劳动争议诉讼案件中的原告，是指劳动争议案件中不服劳动争议仲裁委员会的裁决，向人民法院提起诉讼，并可能引起诉讼程序发生的劳动者或用人单位。劳动争议案件的被告，是指对劳动争议仲裁委员会的裁决未向法院提起诉讼，因劳动争议另一方的起诉，而由人民法院通知应诉的劳动者或用人单位。最高人民法院《关于审理劳动争议案件诉讼当事人问题的批复》规定：“……劳动争议当事人不服劳动争议仲裁委员会的仲裁裁决，向人民法院起诉，争议的双方仍然是企业与职工。双方当事人在适用法律上和诉讼地位上是平等的。此类案件不是行政案件。人民法院在审理时，应以争议的双方为诉讼当事人，不应把劳动争议仲裁委员会列为被告或第三人。”

1. 劳动者的诉讼主体资格。劳动法律关系中的劳动者具有诉讼主体资格是毋庸置疑的。但是当发生争议的一方劳动者死亡时，应当如何确定诉讼主体问题，《劳动争议调解仲裁法》第 25 条有明确规定：“丧失或者部分丧失民事行为能力的劳动者，由其法定代理人代为参加仲裁活动；无法定代理人的，由劳动争议仲裁委员

会为其指定代理人。劳动者死亡的，由其近亲属或者代理人参加仲裁活动。”

2. 用人单位的诉讼主体资格。作为劳动法律关系另一方的用人单位，是否具有诉讼主体资格，要从以下几个方面进行分析：

（1）劳动者的人事关系、工资关系和劳动关系相一致时，只要用人单位具有法人资格，无论何种劳动争议案由，该用人单位均具有诉讼主体的资格。

（2）用人单位发生分立与合并的情况时，最高人民法院《关于审理劳动争议案件适用法律若干问题的解释》第10条规定：“用人单位与其它单位合并的，合并前发生的劳动争议，由合并后的单位为当事人；用人单位分立为若干单位的，其分立前发生的劳动争议，由分立后的实际用人单位为当事人。用人单位分立为若干单位后，对承受劳动权利义务的单位不明确的，分立后的单位均为当事人。”

（3）用人单位劳务派遣时发生劳动争议的情况下，根据最高人民法院《关于审理劳动争议案件适用法律若干问题的解释（二）》第10条的相关规定：“劳动者因履行劳动力派遣合同产生劳动争议而起诉，以派遣单位为被告；争议内容涉及接受单位的，以派遣单位和接受单位为共同被告。”

（4）用人单位不具备合法经营资格，但实际与劳动者发生劳动关系的情况。最高人民法院《关于审理劳动争议案件适用法律若干问题的解释（三）》第4条规定：“劳动者与未办理营业执照、营业执照被吊销或者营业期限届满仍继续经营的用人单位发生争议的，应当将用人单位或者其出资人列为当事人。”第5条规定：“未办理营业执照、营业执照被吊销或者营业期限届满仍继续经营的用人单位，以挂靠等方式借用他人营业执照经营的，应当将用人单位和营业执照出借方列为当事人。”

（5）个体工商户的诉讼主体资格问题。在司法实践中，没有法人资格的个体工商户作为用人单位的情况也很普遍。《民法通则》第26条规定："公民在法律允许的范围内，依法经核准登记，从事工商业经营的，为个体工商户……"。《关于审理劳动争议案件适用法律若干问题的解释（二）》第9条规定："劳动者与起有字号的个体工商户产生的劳动争议诉讼，人民法院应当以营业执照上登记的字号为当事人，但应同时注明该字号业主的自然情况。"

第二，第三人。劳动争议案件第三人，是指与劳动争议案件的处理结果有直接利害关系，因而参加到原告、被告已经开始的劳动争议诉讼中来进行诉讼的当事人。《关于审理劳动争议案件适用法律若干问题的解释》第11条也作了相关规定："用人单位招用尚未解除劳动合同的劳动者，原用人单位与劳动者发生的劳动争议，可以列新的用人单位为第三人。原用人单位以新的用人单位侵权为由向人民法院起诉的，可以列劳动者为第三人。原用人单位以新的用人单位和劳动者共同侵权为由向人民法院起诉的，新的用人单位和劳动者列为共同被告。"

开庭审理劳动争议案件时，第三人经通知不到的，可以作缺席裁判。仲裁裁决第三人承担义务时，第三人对裁决不服的，有权向人民法院提起诉讼。第三人在规定的期限内不履行已发生法律效力的仲裁调解书、裁决书所规定的义务时，权利人可以向人民法院申请强制执行。

（三）人民法院审理劳动争议诉讼的受案范围

《关于审理劳动争议案件适用法律若干问题的解释》第1条规定，劳动者与用人单位之间发生的下列纠纷，当事人不服劳动争议仲裁委员会作出的裁决，依法向人民法院起诉的，人民法院应当受理：（1）劳动者与用人单位在履行劳动合同过程中发生的纠纷；（2）劳动者与用人单位之间没有订立书面劳动合同，但已形成劳动关系后发生的纠纷；（3）劳动者退休后，与尚未参加社会保险统筹的原用人单位因追索养老金、医疗费、工商保险待遇和其他社会保险费而发生的纠纷。"

此外，《关于审理劳动争议案件适用法律若干问题的解释

(二)》第7条还对受案范围作了排除性的规定:"下列纠纷不属于劳动争议:(一)劳动者请求社会保险经办机构发放社会保险金的纠纷;(二)劳动者与用人单位因住房制度改革产生的公有住房转让纠纷;(三)劳动者对劳动能力鉴定委员会的伤残等级鉴定结论或者对职业病诊断鉴定委员会的职业病诊断鉴定结论的异议纠纷;(四)家庭或者个人与家政服务人员之间的纠纷;(五)个体工匠与帮工、学徒之间的纠纷;(六)农村承包经营户与受雇人之间的纠纷。"

应该指出的是,发生在国家机关、事业组织、社会团体内的劳动争议,劳动争议处理机构并非都应当受理。只有当劳动者一方当事人与国家机关、事业组织、社会团体建立了"劳动合同关系时",他们之间发生的劳动争议才可以依劳动争议处理程序解决。具体地讲,有以下几种情况:

(1)国家机关、事业组织、社会团体与本单位的工勤人员之间发生的劳动争议,劳动争议处理机构应当受理。

(2)实行企业化管理的事业单位内发生的劳动争议,劳动争议处理机构应当受理。这是由于企业化管理的事业单位与劳动者应当按《劳动法》的规定用劳动合同确立劳动关系。

(3)其他通过劳动合同(包括聘用合同)与国家机关、事业组织、社会团体建立劳动关系的非工勤人员(即通常所说的干部)与用人单位之间发生的劳动争议,劳动争议处理机构应当受理。

(4)军队、武警部队的机关、事业组织和企业与其无军籍的职工之间发生的劳动争议,劳动争议处理机构应当受理。因为这部分劳动者均应与用人单位通过劳动合同建立劳动关系。由以上所述可见,公务员和比照实行公务员制度的事业组织和社会团体的工作人员、现役军人等与其工作单位发生劳动争议时,不适用《劳动法》,不能按劳动争议处理程序解决。

从劳动关系性质来看,不论是建立在劳动合同之上的劳动关系发生的劳动争议,还是事实劳动关系发生的争议,劳动争议处理机关均应受理。

此外，法律对人民法院对劳动争议当事人就仲裁委员会的管辖权问题提起诉讼的情形也作了相关规定，最高人民法《关于审理劳动争议案件适用法律若干问题的解释（四）》第1条规定：“劳动人事争议仲裁委员会以无管辖权为由对劳动争议案件不予受理，当事人提起诉讼的，人民法院按照以下情形分别处理：（一）经审查认为该劳动人事争议仲裁委员会对案件确无管辖权的，应当告知当事人向有管辖权的劳动人事争议仲裁委员会申请仲裁；（二）经审查认为该劳动人事争议仲裁委员会有管辖权的，应当告知当事人申请仲裁，并将审查意见书面通知该劳动人事争议仲裁委员会，劳动人事争议仲裁委员会仍不受理，当事人就该劳动争议事项提起诉讼的，应予受理。”

（四）劳动争议案件的举证责任

所谓举证责任，又称证明责任，是指当事人对自己提出的请求，有提出证据加以证明的责任，如果当事人提不出证据或所提供的证据不足以证明其主张的，其主张无法获得法律的支持。

第一，当事人的举证责任。《民事诉讼法》第64条规定：“当事人对自己提出的主张，有责任提供证据……”，这表明我国民事诉讼程序中一般适用的是“谁主张、谁举证”的原则。我国的劳动争议诉讼案件一般也适用此举证规则。但任何原则都有例外，在举证责任分配方面，需要考虑当事人举证的能力，以及举证的可能性和现实性。在劳动关系中，用人单位一方是管理者，劳动者一方是被管理者，用人单位一方是行为的主动实施者，劳动者是行为的承担者，两者之间的地位是不平等的。涉及隶属关系的劳动争议中大量的主要证据，如用人单位制订的规章制度、职工的档案材料、考勤记录、工资发放记录、交纳社会保险记录、福利设施和待遇发放记录、劳动安全设施材料等都掌握在用人单位一方，而作为被管理者或行为承受者的劳动者对这些证据是不可能具有举证能力的。

因此，为了确保举证责任分配的公平，保护弱势群体的合法权

益，对于特定事项法律规定了“举证责任倒置”。一般证据规则中，当事人根据“谁主张谁举证”的一般原则举证证明己方主张，而举证责任的倒置则是这一原则的例外。所谓举证责任倒置，是指将通常应由原告举证证明自己主张的责任，基于法定事由，而由对方当事人（一般是被告）就某种事实存在或不存在承担举证责任，如果该方当事人不能就此举证证明，则推定原告的事实主张成立的一种举证责任分配制度。为了保障劳动者的合法权益，《关于审理劳动争议案件适用法律若干问题的解释》第13条特明确规定：“因用人单位作出的开除、除名、辞退、解除劳动合同、减少劳动报酬、计算劳动者工作年限等决定而发生的劳动争议，用人单位负举证责任。”《工伤保险条例》第19条第2款规定：“职工或者其近亲属认为是工伤，用人单位不认为是工伤，由用人单位承担举证责任。”劳动和社会保障部《关于确立劳动关系有关事项的通知》（劳社部发［2005］12号）中规定：“二、用人单位未与劳动者签订劳动合同，认定双方存在劳动关系时可参照下列凭证：（一）工资支付凭证或记录（职工工资发放花名册）、缴纳各项社会保险费的记录；（二）用人单位向劳动者发放的‘工作证’、‘服务证’等能够证明身份的证件；（三）劳动者填写的用人单位招工招聘‘登记表’、‘报名表’等招用记录；（四）考勤记录；（五）其他劳动者的证言等。其中，（一）、（三）、（四）项的有关凭证由用人单位负举证责任。”

因此，人民法院在审理具有管理与被管理关系的劳动争议案件时，应按照劳动争议的性质确定相应的举证责任原则。具体地讲，应分下列情况确定当事人的举证责任：

1. 适用“谁主张、谁举证”原则的情况主要是：因履行劳动合同和职工辞职、自动离职发生的争议，应由主张权利的一方负举证责任。

2. 适用“举证责任倒置”原则的情况主要是：因用人单位开除、除名、辞退职工发生的争议，应由作出决定的用人单位负举证证责任，要求其为证明其作出的行为是合法的而提供证据。

3. 因用人单位拖欠职工工资、拖欠职工福利待遇、拒为职工提供劳动安全条件和防护用品等发生的争议，是一种由人身依附关系引起的争议，也应适用“举证责任倒置”的原则，由用人单位负举证责任，要求其举证证明其没有拖欠工资、福利待遇或依法提供了劳动安全条件和防护用品。

第二，人民法院调查取证责任。在一定情况下，人民法院也应当调查取证。我国《民事诉讼法》第 64 条第 2 款规定：“当事人及其诉讼代理人因客观原因不能自行收集的证据，或者人民法院认为审理案件需要的证据，人民法院应当调查收集。”上述规定表明了人民法院在处理劳动争议案件时负有调查取证的职责。参照《关于试用〈中华人民共和国民事诉讼法〉若干问题的意见》第 73 条规定，劳动争议处理机构在审理劳动争议案件时应负责收集的证据有：当事人及其代理人因客观原因不能自行收集的；当事人提供的证据互相矛盾，无法认定的；按照法律法规和政策的规定需由有关部门鉴定或认定的；劳动争议处理机构认为应当由自己收集的其他证据。

（五）劳动争议案件的诉讼程序

《劳动法》规定，当事人对仲裁裁决不服的，自收到裁决书之日起 15 日内，可以向人民法院起诉。目前，我国尚没有单独设立劳动争议诉讼程序，劳动争议诉讼主要参照民事诉讼的程序进行。

1. 起诉的条件。劳动争议当事人要向人民法院起诉，根据《民事诉讼法》第 119 条以及《劳动争议调解仲裁法》的相关规定，应当具有以下条件：（1）原告应当是与劳动争议有利害关系的当事人。当事人因故不能亲自起诉的，可以直接委托代理人起诉，其他未经委托的人无权起诉。（2）不服劳动争议仲裁委员会的仲裁裁决，方能向法院起诉，未经仲裁程序不得直接向人民法院起诉。（3）必须有明确的被告、具体的诉讼请求和事实根据。（4）起诉的时间必须在劳动法律规定的时效内，否则超出诉讼时效的，仲裁裁决生效，人民法院不予受理。（5）起诉必须向有管辖权的法院提出，一般应向仲裁委员会所在地的人民法院起诉。

2. 诉讼的程序。人民法院处理劳动争议案件适用《民事诉讼法》的规定，其主要程序有一审程序、二审程序、审判监督程序等。首先由一审人民法院审理、判决。当事人不服的，可以向上一级人民法院上诉，上一级法院的判决是终审判决，当事人不得再上诉。

（1）一审程序分如下 4 个阶段进行：

第一，起诉和受理。劳动争议诉讼当事人可以口头或书面的方式向人民法院提起诉讼，《民事诉讼法》第 120 条规定："起诉应当向人民法院递交起诉状，并按照被告人数提出副本。书写起诉状确有困难的，可以口头起诉，由人民法院记入笔录，并告知对方当事人。"第 121 条规定了起诉书的格式："起诉状应当记明下列事项：（一）原告的姓名、性别、年龄、民族、职业、工作单位、住所、联系方式，法人或者其他组织的名称、住所和法定代表人或者主要负责人的姓名、职务、联系方式；（二）被告的姓名、性别、工作单位、住所等信息，法人或者其他组织的名称、住所等信息；（三）诉讼请求和所根据的事实与理由；（四）证据和证据来源，证人姓名和住所。"

人民法院收到劳动争议当事人的起诉状，应当根据《民事诉讼法》第 123 条的规定，进行审查，认为符合起诉条件的，应当在 7 日内立案，并通知当事人；认为不符合起诉条件的，应当在 7 日内裁定不予受理；原告对裁定不服的，可以提起上诉。

第二，审理前的准备。人民法院在正式开庭审理之前还要做一些准备工作，比如向被告发送起诉状副本，告知当事人诉讼权利和义务，组成合议庭，开展调查或委托调查，通知必要当事人参加诉讼等。

第三，开庭审理。《民事诉讼法》第 138 条规定了法庭调查的顺序，"法庭调查按照下列顺序进行：（一）当事人陈述；（二）告知证人的权利义务，证人作证，宣读未到庭的证人证言；(三) 出示书证、物证、视听资料和电子数据；(四) 宣读鉴定结论；(五) 宣读勘验笔录。”庭审过程中，当事人可以在法庭上提出新的证据。进入法庭辩论后，先由原告及其诉讼代理人发言，然后由被告及其诉讼代理人答辩，再由争议双方相互辩论。法庭辩论终结之后，由审判长按照原告、被告、第三人的先后顺序征询各方最后意见。

在诉讼过程中，最重要的就是证据的提供，无论是用人单位还是劳动者，只有通过有力的证据链条，方能证明其所主张的事实，维护自身权利。涉及劳动争议诉讼的证据主要有以下几个方面：

首先，证明当事人主体资格的证据。当事人为自然人的，应提交身份证明资料，如身份证或户口本等。当事人为法人或其他组织的，应提交主体登记资料，如工商营业执照副本或由工商登记机关出具的工商登记清单、社团法人登记证等。当事人在诉争的法律事实发生后曾有变更的，应提交变更登记资料。

其次，证明双方当事人民事法律关系成立的证据，如劳动合同、工资单等。

再次，最高人民法院《关于民事诉讼证据的若干规定》第 6 条规定：“在劳动争议纠纷案件中，因用人单位作出的开除、除名、辞退、解除劳动合同、减少劳动报酬、计算劳动者工作年限等决定而发生劳动争议的，由用人单位负举证责任。”

最后，有具体诉讼请求的，劳动争议诉讼的原告还应提交诉讼请求金额的计算清单。

第四，依法作出判决。判决前能够调解的，还可以进行调解，调解不成的，应当及时判决，并制作判决书。宣告判决时，必须告知双方当事人的上诉权利、上诉期限和上诉的上一级法院。

(2) 二审程序。劳动争议诉讼当事人不服一审法院判决的，可依法提起二审程序。但须在一审判决书送达之日起 15 日内向上一级人民法院提起上诉。上诉状应当写明当事人的姓名、法人名称

及法定代表人的姓名，原审人民法院的名称、案件编号和案由，上诉的请求和理由。上诉状应通过原审人民法院提交，并按对方当事人或者代表人的人数提交副本。第二审人民法院审理劳动争议上诉案件时，可以进行调解。调解达成协议，应当制作调解书。第二审法院作出的判决为终审判决，当事人不得再上诉。

（3）审判监督程序。提起审判监督程序的主体一是人民法院系统，二是诉讼当事人。《民事诉讼法》第198条规定："各级人民法院院长对本院已经发生法律效力的判决、裁定、调解书，发现确有错误，认为需要再审的，应当提交审判委员会讨论决定。最高人民法院对地方各级人民法院已经发生法律效力的判决、裁定、调解书，上级人民法院对下级人民法院已经发生法律效力的判决、裁定、调解书，发现确有错误的，有权提审或者指令下级人民法院再审。"第199条规定："当事人对已经发生法律效力的判决、裁定，认为有错误的，可以向上一级人民法院申请再审；当事人一方人数众多或者当事人双方为公民的案件，也可以向原审人民法院申请再审。当事人申请再审的，不停止判决、裁定的执行。"诉讼当事人提起审判监督程序时的条件在第200条有所规定："当事人的申请符合下列情形之一的，人民法院应当再审：（一）有新的证据，足以推翻原判决、裁定的；（二）原判决、裁定认定的基本事实缺乏证据证明的；（三）原判决、裁定认定事实的主要证据是伪造的；（四）原判决、裁定认定事实的主要证据未经质证的；（五）对审理案件需要的主要证据，当事人因客观原因不能自行收集，书面申请人民法院调查收集，人民法院未调查收集的；（六）原判决、裁定适用法律确有错误的；（七）审判组织的组成不合法或者依法应当回避的审判人员没有回避的；（八）无诉讼行为能力人未经法定代理人代为诉讼或者应当参加诉讼的当事人，因不能归责于本人或者其诉讼代理人的事由，未参加诉讼的；（九）违反法律规定，剥夺当事人辩论权利的；（十）未经传票传唤，缺席判决的；（十一）原判决、裁定遗漏或者超出诉讼请求的；（十二）据以作

出原判决、裁定的法律文书被撤销或者变更的；（十三）审判人员审理该案件时有贪污受贿，徇私舞弊，枉法裁判行为的。”

当事人申请再审需要在法定时限内提起，《民事诉讼法》第205条对此作了规定：“当事人申请再审，应当在判决、裁定发生法律效力后六个月内提出；有本法第二百条第一项、第三项、第十二项、第十三项规定情形的，自知道或者应当知道之日起六个月内提出。”

3. 财产保全与先予执行。人民法院可以依当事人的申请或依职权作出财产保全的裁定，但为了更好地保护劳动者的合法权益，最高人民法院《关于审理劳动争议案件适用法律若干问题的解释(二)》第14条规定：“在诉讼过程中，劳动者向人民法院申请采取财产保全措施，人民法院经审查认为申请人经济确有困难，或有证据证明用人单位存在欠薪逃匿可能的，应当减轻或者免除劳动者提供担保的义务，及时采取保全措施。”

劳动者担心诉讼时间太长，影响自己的生活，可以根据《民事诉讼法》第106条的规定申请人民法院先予执行。“人民法院对下列案件，根据当事人的申请，可以裁定先予执行：（1）追索赡养费、抚养费、抚育费、抚恤金、医疗费用的；（2）追索劳动报酬的；（3）因情况紧急需要先予执行的。”此外，该法第206条还规定：“按照审判监督程序决定再审的案件，裁定中止原判决、裁定、调解书的执行，但追索赡养费、扶养费、抚育费、抚恤金、医疗费用、劳动报酬等案件，可以不中止执行。”

由于在劳动争议诉讼中，相对于用人单位而言，劳动者往往处于经济上的弱势地位，因此在法律上便对劳动者的权益保护有所倾斜。人民法院裁定先予执行，需要具备以下条件：（1）当事人之间权利义务关系明确，不先予执行将严重影响申请人的生活或者生产经营的；（2）被申请人有履行能力的。

4. 强制执行。执行程序并不是劳动争议诉讼案件的必经程序。一般情况下，发生法律效力的民事判决、裁定，可以由劳动争议诉

讼的当事人自觉履行，这时就不必申请人民法院进行强制执行。但如果负有支付义务的当事人不履行的，享有权利的一方则可以持生效判决、裁定通过法院执行程序而予以强制执行。

《民事诉讼法》第三编专门规定了生效的法律文书的执行。第236条规定："发生法律效力的民事判决、裁定，当事人必须履行。一方拒绝履行的，对方当事人可以向人民法院申请执行，也可以由审判员移送执行员执行。调解书和其他应当由人民法院执行的法律文书，当事人必须履行。一方拒绝履行的，对方当事人可以向人民法院申请执行。"第232条规定："作为被执行人的公民死亡的，以其遗产偿还债务。作为被执行人的法人或者其他组织终止的，由其权利义务承受人履行义务。"

申请执行应当在法律规定的时限内提出，《民事诉讼法》第239条规定："申请执行的期间为二年。申请执行时效的中止、中断，适用法律有关诉讼时效中止、中断的规定。前款规定的期间，从法律文书规定履行期间的最后一日起计算；法律文书规定分期履行的，从规定的每次履行期间的最后一日起计算；法律文书未规定履行期间的，从法律文书生效之日起计算。"

《民事诉讼法》对强制执行的措施及范围也作了规定，第242条规定："被执行人未按执行通知履行法律文书确定的义务，人民法院有权向有关单位查询被执行人的存款、债券、股票、基金份额等财产情况。人民法院有权根据不同情形扣押、冻结、划拨、变价被执行人的财产。人民法院查询、扣押、冻结、划拨、变价的财产不得超出被执行人应当履行义务的范围。人民法院决定扣押、冻结、划拨、变价财产，应当作出裁定，并发出协助执行通知书，有关单位必须办理。"但在强制执行时，应当注意为被执行人及其所扶养的家属予以必要照顾，第244条规定："被执行人未按执行通知履行法律文书确定的义务，人民法院有权查封、扣押、冻结、拍卖、变卖被执行人应当履行义务部分的财产。但应当保留被执行人及其所扶养家属的生活必需品。"

第十一章　社会保障相关法律

第一节　社会保障法概述

一、社会保障与社会保障法

社会保障，是指国家为了保障社会安全和经济发展依法建立的，在公民由于年老、疾病、伤残、失业及其他灾难发生而使生存发生困难的情况下，由国家和社会给予物质上的帮助，以保障其基本生活需要的制度。社会保障包括社会保险、社会救助、社会福利和社会优抚等内容。

社会保障法是调整社会保障关系的法律规范的总称，社会保障关系是国家在对不能维持基本生活需要的公民提供各种基本生活保障过程中所发生的社会关系，包括社会保险关系、社会救济关系、社会福利关系、社会优抚关系等。社会保障法具有广泛的社会性，它所规定的权利与义务涉及全体社会成员，公民从出生到死亡都是社会保障的受益人。社会保障法体现了尊老爱幼、扶弱济贫的伦理道德原则。社会保障法还具有实现社会公平的职能，通过社会保障，使社会成员能够在基本生活得到保障的前提下参与社会的竞争，不至于因先天不足或生活无保障而生存困难，丧失平等参与社会公平竞争的机会。

我国目前没有统一的社会保障法，宪法作为我国的根本大法，是社会保障法的立法根据和最高准则。《宪法》的多个法条都规范了社会保障制度。例如，《宪法》第 14 条规定：“国家通过提高劳

动者的积极性和技术水平，推广先进的科学技术，完善经济管理体制和企业经营管理制度，实行各种形式的社会主义责任制，改进劳动组织，以不断提高劳动生产率和经济效益，发展社会生产力。国家厉行节约，反对浪费。国家合理安排积累和消费，兼顾国家、集体和个人的利益，在发展生产的基础上，逐步改善人民的物质生活和文化生活。国家建立健全同经济发展水平相适应的社会保障制度。”

二、社会保障法律制度的基本构成

社会保障法律制度主要由社会保险制度、社会救济制度、社会福利制度和社会优抚制度构成。

（一）社会保险制度

社会保险制度具体规定劳动者因生育、年老、患病、伤残、死亡等原因造成劳动能力暂时或永久丧失，以及失业时，从国家、社会获得的物质补偿和帮助。《社会保险法》由我国第十一届全国人民代表大会常务委员会第十七次会议于 2010 年 10 月 28 日通过，自 2011 年 7 月 1 日起施行。

（二）社会救济制度

社会救济制度，又称社会救助制度，具体规定公民在遭受自然灾害或者生活发生严重困难而陷入生存困境的情况下从国家、社会获得的经济帮助和生活扶助，包括灾民救济、城市居民最低生活保障、农村贫困人员救济等制度。

（三）社会福利制度

社会福利制度具体规定不同层次的社会成员在分享社会发展成果方面从国家、社会及用人单位获得的经济帮助，包括以全体社会成员为对象的公益性福利、以特定群体为对象的专门性福利、以用人单位职工为对象的集体福利。社会福利制度内容十分广泛，涉及住房、教育、卫生、文娱等居民生活的各个方面。

(四) 社会优抚制度

社会优抚制度具体规定国家和社会对军人或其家属提供的社会优待和经济帮助，包括优待军人和军人家属、军人转业和退伍安置、军人伤残抚恤和死亡抚恤等项制度。因社会优抚制度主要规定国家和社会对军人或其家属提供的社会优待和经济帮助，与本书联系不密切，因此本书对社会优抚制度不展开论述。

第二节 社会保险制度

一、社会保险概述

社会保险制度是社会保障制度的主要内容，它是指国家通过立法建立的，对劳动者在其生、老、病、死、伤、残、失业以及发生其他生活困难时，给予物质帮助的制度。广义的社会保险对象涉及全体社会成员，是国家在其患病、伤残、失业、年老等情况下给予物质帮助的各种制度的总称。狭义的社会保险对象仅涉及企业、事业单位职工和国家机关工作人员等，狭义的社会保险主要包括生育保险、疾病保险、工伤保险、失业保险和养老保险。我国的社会保险制度，实行国家基本保险、单位补充保险、个人储蓄保险的多层次社会保险制度。

二、社会保险制度的内容

我国社会保险制度的主要内容包括养老保险制度、失业保险制度、疾病保险制度、工伤保险制度和生育保险制度。

(一) 养老保险制度

养老保险，又称老年社会保险或年金保险，是指劳动者在达到法定年龄并从事某种劳动达到法定年限后，依法领取一定数额费用的一种社会保险制度。

（二）失业保险制度

失业保险是指国家通过建立失业保险基金，使因失业而暂时中断生活来源的劳动者在法定期间内获得失业保险金，以维持其基本生活水平的一项社会保险制度。失业保险是社会保险制度中的重要组成部分。

（三）疾病保险制度

疾病保险，有广义和狭义之分。广义的疾病保险不仅涵盖狭义的疾病保险范畴，还包括生育保险、死亡保险在内；狭义的疾病保险仅指劳动者及其供养亲属患病或非因工负伤后在生活和医疗方面获得物质帮助的一种社会保险制度，包括被保险人医疗期间的休养、工资、病伤救济和医疗服务。其中在医疗方面获得物质帮助，被称为医疗保险。医疗保险是疾病保险的主要内容，目前我国正在进行医疗保险改革，建立新的医疗保障体系，满足各层次人员的不同医疗需求。

（四）工伤保险制度

工伤保险，又称职业伤害保险，是指劳动者在工作中或法定的特殊情况下发生意外事故，或因职业性有害因素危害而负伤（或患职业病）、致残、死亡时，对其本人或供养亲属给予物质帮助和经济补偿的一项社会保险制度。

（五）生育保险制度

生育保险，是指女职工因怀孕和分娩所造成的暂时丧失劳动能力、中断正常收入来源时，从社会获得物质帮助的一种社会保险制度。生育保险是对女职工专门建立的社会保险，是对女职工生育子女全过程的物质保障。它不仅包括对女职工生育时所花费的生育检查费、接生费、手术费、住院费和药费等费用的补偿，还包括女职工在规定的生育假期内因未从事劳动而不能获得工资收入时的补偿。

三、社会保险法

（一）社会保险法概述

社会保险法是规范社会保险关系，维护公民参加社会保险和享受社会保险待遇的合法权益，使公民共享发展成果，促进社会和谐稳定的法律。

（二）社会保险法的构成

1. 基本养老保险。根据《社会保险法》的相关规定，我国职工应当参加基本养老保险，由用人单位和职工共同缴纳基本养老保险费。无雇工的个体工商户、未在用人单位参加基本养老保险的非全日制从业人员以及其他灵活就业人员可以参加基本养老保险，由个人缴纳基本养老保险费。公务员和参照公务员法管理的工作人员养老保险的办法由国务院规定。

2. 基本医疗保险。《社会保险法》规定，职工应当参加职工基本医疗保险，由用人单位和职工按照国家规定共同缴纳基本医疗保险费。无雇工的个体工商户、未在用人单位参加职工基本医疗保险的非全日制从业人员以及其他灵活就业人员可以参加职工基本医疗保险，由个人按照国家规定缴纳基本医疗保险费。

3. 工伤保险。《社会保险法》规定，职工应当参加工伤保险，由用人单位缴纳工伤保险费，职工不缴纳工伤保险费。国家根据不同行业的工伤风险程度确定行业的差别费率，并根据使用工伤保险基金、工伤发生率等情况在每个行业内确定费率档次。行业差别费率和行业内费率档次由国务院社会保险行政部门制定，报国务院批准后公布施行。社会保险经办机构根据用人单位使用工伤保险基金、工伤发生率和所属行业费率档次等情况，确定用人单位缴费费率。用人单位应当按照本单位职工工资总额，根据社会保险经办机构确定的费率缴纳工伤保险费。职工因工作原因受到事故伤害或者患职业病，且经工伤认定的，享受工伤保险待遇；其中，经劳动能力鉴定丧失劳动能力的，享受伤残待遇。工伤认定和劳动能力鉴定

应当遵循简捷、方便的原则。

4. 失业保险。《社会保险法》规定，我国职工应当参加失业保险，由用人单位和职工按照国家规定共同缴纳失业保险费。关于失业保险领取条件，《社会保险法》第45条规定："失业人员符合下列条件的，从失业保险基金中领取失业保险金：（一）失业前用人单位和本人已经缴纳失业保险费满一年的；（二）非因本人意愿中断就业的；（三）已经进行失业登记，并有求职要求的。"并规定，在失业人员失业前用人单位和本人累计缴费满1年不足5年的，领取失业保险金的期限最长为12个月；累计缴费满5年不足10年的，领取失业保险金的期限最长为18个月；累计缴费10年以上的，领取失业保险金的期限最长为24个月。重新就业后，再次失业的，缴费时间重新计算，领取失业保险金的期限与前次失业应当领取而尚未领取的失业保险金的期限合并计算，最长不超过24个月。职工跨统筹地区就业的，其失业保险关系随本人转移，缴费年限累计计算。

5. 生育保险。《社会保险法》规定，职工应当参加生育保险，由用人单位按照国家规定缴纳生育保险费，职工不缴纳生育保险费。用人单位已经缴纳生育保险费的，其职工享受生育保险待遇；职工未就业配偶按照国家规定享受生育医疗费用待遇。所需资金从生育保险基金中支付。生育保险待遇包括生育医疗费用和生育津贴。

（三）社会保险费的征缴

根据《社会保险法》的规定，社会保险费实行统一征收，实施的步骤和具体办法由国务院规定，县级以上人民政府加强社会保险费的征收工作。社会保险费的征收机构应当依法按时足额征收社会保险费，并将缴费情况定期告知用人单位和个人。用人单位应当自行申报、按时足额缴纳社会保险费，非因不可抗力等法定事由不得缓缴、减免。职工应当缴纳的社会保险费由用人单位代扣代缴，用人单位应当按月将缴纳社会保险费的明细情况告知本人。无雇工的个体工商户、未在用人单位参加社会保险的非全日制从业人员以及其他灵活就业人员，可以直接向社会保险费征收机构缴纳社会保险费。

用人单位应当自成立之日起30日内凭营业执照、登记证书或者单位印章，向当地社会保险经办机构申请办理社会保险登记。社会保险经办机构应当自收到申请之日起15日内予以审核，发给社会保险登记证件。用人单位的社会保险登记事项发生变更或者用人单位依法终止的，应当自变更或者终止之日起30日内，到社会保险经办机构办理变更或者注销社会保险登记。工商行政管理部门、民政部门和机构编制管理机关应当及时向社会保险经办机构通报用人单位的成立、终止情况，公安机关应当及时向社会保险经办机构通报个人的出生、死亡以及户口登记、迁移、注销等情况。

用人单位应当自用工之日起30日内为其职工向社会保险经办机构申请办理社会保险登记。未办理社会保险登记的，由社会保险经办机构核定其应当缴纳的社会保险费。自愿参加社会保险的无雇工的个体工商户、未在用人单位参加社会保险的非全日制从业人员以及其他灵活就业人员，应当向社会保险经办机构申请办理社会保险登记。国家建立全国统一的个人社会保障号码。个人社会保障号码为公民的身份证号码。

用人单位未按规定申报应当缴纳的社会保险费数额的，按照该单位上月缴费额的110%确定应当缴纳数额；缴费单位补办申报手续后，由社会保险费征收机构按照规定结算。用人单位未按时足额缴纳社会保险费的，由社会保险费征收机构责令其限期缴纳或者补足。用人单位逾期仍未缴纳或者补足社会保险费的，社会保险费征收机构可以向银行和其他金融机构查询其存款账户；并可以申请县级以上有关行政部门作出划拨社会保险费的决定，书面通知其开户银行或者其他金融机构划拨社会保险费。用人单位的账户余额少于应当缴纳的社会保险费的，社会保险费征收机构可以要求该用人单位提供担保，签订延期缴费协议。用人单位未足额缴纳社会保险费且未提供担保的，社会保险费征收机构可以申请人民法院扣押、查封、拍卖其价值相当于应当缴纳社会保险费的财产，以拍卖所得抵缴社会保险费。

（四）社会保险基金

社会保险基金包括基本养老保险基金、基本医疗保险基金、工伤保险基金、失业保险基金和生育保险基金。各项社会保险基金按照社会保险险种分别建账，分账核算，执行国家统一的会计制度。《社会保险法》规定，社会保险基金专款专用，任何组织和个人不得侵占或者挪用。我国的基本养老保险基金逐步实行全国统筹，其他社会保险基金逐步实行省级统筹，具体时间、步骤由国务院规定。

社会保险基金按照统筹层次设立预算。社会保险基金预算按照社会保险项目分别编制。社会保险基金通过预算实现收支平衡。社会保险基金预算、决算草案的编制、审核和批准，依照法律和国务院规定执行。县级以上人民政府在社会保险基金出现支付不足时，给予补贴。

社会保险基金存入财政专户，具体管理办法由国务院规定。社会保险基金在保证安全的前提下，按照国务院规定投资运营实现保值增值。社会保险基金不得违规投资运营，不得用于平衡其他政府预算，不得用于兴建、改建办公场所和支付人员经费、运行费用、管理费用，或者违反法律、行政法规的规定挪作其他用途。社会保险经办机构应当定期向社会公布参加社会保险的情况以及社会保险基金的收入、支出、结余和收益情况。

国家设立全国社会保障基金，由中央财政预算拨款以及国务院批准的其他方式筹集的资金构成，用于社会保障支出的补充、调剂。全国社会保障基金由全国社会保障基金管理运营机构负责管理运营，在保证安全的前提下实现保值增值。

全国社会保障基金应当定期向社会公布收支、管理和投资运营的情况。国务院财政部门、社会保险行政部门、审计机关对全国社会保障基金的收支、管理和投资运营情况实施监督。

（五）社会保险监督及法律责任

根据《社会保险法》的规定，对社会保险的监督主要有以下几种：

（1）各级人民代表大会常务委员会听取和审议本级人民政府对社会保险基金的收支、管理、投资运营以及监督检查情况的专项工作报告，组织对本法实施情况的执法检查等，依法行使监督职权。

（2）县级以上人民政府社会保险行政部门应当加强对用人单位和个人遵守社会保险法律、法规情况的监督检查。

（3）社会保险行政部门对社会保险基金的收支、管理和投资运营情况进行监督检查，发现存在问题的，应当提出整改建议，依法作出处理决定或者向有关行政部门提出处理建议。社会保险基金的检查结果应当定期向社会公布。社会保险行政部门实施监督检查时，被检查的用人单位和个人应当如实提供与社会保险有关的资料，不得拒绝检查或者谎报、瞒报。

社会保险行政部门对社会保险基金实施监督检查，有权采取下列措施：查阅、记录、复制与社会保险基金收支、管理和投资运营相关的资料，对可能被转移、隐匿或者灭失的资料予以封存；询问与调查事项有关的单位和个人，要求其对与调查事项有关的问题作出说明、提供有关证明材料；对隐匿、转移、侵占、挪用社会保险基金的行为予以制止并责令改正。

（4）财政部门、审计机关按照各自职责，对社会保险基金的收支、管理和投资运营情况实施监督。

（5）统筹地区人民政府成立由用人单位代表、参保人员代表，以及工会代表、专家等组成的社会保险监督委员会，掌握、分析社会保险基金的收支、管理和投资运营情况，对社会保险工作提出咨询意见和建议，实施社会监督。社会保险经办机构应当定期向社会保险监督委员会汇报社会保险基金的收支、管理和投资运营情况。

社会保险监督委员会可以聘请会计师事务所对社会保险基金的收支、管理和投资运营情况进行年度审计和专项审计。审计结果应当向社会公开。社会保险监督委员会发现社会保险基金收支、管理和投资运营中存在问题的，有权提出改正建议；对社会保险经办机构及其工作人员的违法行为，有权向有关部门提出。违反《社会保险法》应承担的法律责任如下：

（1）用人单位不办理社会保险登记的，由社会保险行政部门责令限期改正；逾期不改正的，对用人单位处应缴社会保险费数额1倍以上3倍以下的罚款，对其直接负责的主管人员和其他直接责任人员处500元以上3000元以下的罚款。

（2）用人单位拒不出具终止或者解除劳动关系证明的，依照《劳动合同法》的规定处理。

（3）用人单位未按时足额缴纳社会保险费的，由社会保险费征收机构责令限期缴纳或者补足，并自欠缴之日起，按日加收0.5‰的滞纳金；逾期仍不缴纳的，由有关行政部门处欠缴数额1倍以上3倍以下的罚款。

（4）社会保险经办机构以及医疗机构、药品经营单位等社会保险服务机构以欺诈、伪造证明材料或者其他手段骗取社会保险基金支出的，由社会保险行政部门责令退回骗取的社会保险金，处骗取金额2倍以上5倍以下的罚款；属于社会保险服务机构的，解除服务协议；直接负责的主管人员和其他直接责任人员有执业资格的，依法吊销其执业资格。

（5）以欺诈、伪造证明材料或者其他手段骗取社会保险待遇的，由社会保险行政部门责令退回骗取的社会保险金，处骗取金额2倍以上5倍以下的罚款。

（6）社会保险经办机构及其工作人员有下列行为之一的，由社会保险行政部门责令改正；给社会保险基金、用人单位或者个人造成损失的，依法承担赔偿责任；对直接负责的主管人员和其他直接责任人员依法给予处分：未履行社会保险法定职责的；未将社会保险基金存入财政专户的；克扣或者拒不按时支付社会保险待遇的；丢失或者篡改缴费记录、享受社会保险待遇记录等社会保险数据、个人权益记录的；有违反社会保险法律、法规的其他行为的。

(7) 社会保险费征收机构擅自更改社会保险费缴费基数、费率，导致少收或者多收社会保险费的，由有关行政部门责令其追缴应当缴纳的社会保险费或者退还不应当缴纳的社会保险费；对直接负责的主管人员和其他直接责任人员依法给予处分。

(8) 违反《社会保险法》规定，隐匿、转移、侵占、挪用社会保险基金或者违规投资运营的，由社会保险行政部门、财政部门、审计机关责令追回；有违法所得的，没收违法所得；对直接负责的主管人员和其他直接责任人员依法给予处分。

(9) 社会保险行政部门和其他有关行政部门、社会保险经办机构、社会保险费征收机构及其工作人员泄露用人单位和个人信息的，对直接负责的主管人员和其他直接责任人员依法给予处分；给用人单位或者个人造成损失的，应当承担赔偿责任。

(10) 国家工作人员在社会保险管理、监督工作中滥用职权、玩忽职守、徇私舞弊的，依法给予处分。

(11) 违反《社会保险法》规定，构成犯罪的，依法追究刑事责任。

第三节　社会救济制度

一、社会救济的概念

社会救济，是指国家和社会对由于各种原因而陷入生存困境的公民，给予财物接济和生活扶助，以保障其最低生活标准的制度。

扶贫济困是社会救济的目标和目的，只有缺乏劳动能力又没有生活来源的孤、老、幼、残人士和疾病患者，或者因遭遇重大灾害生活陷入困境的人才可成为社会救济的对象，而能正常生活的公民

则不能成为救济的对象，即社会救济的选择性。在不同时期，社会救济对象的范围是变动的，原享受救济的公民一旦解困就不再成为救济对象。

在社会救济的对象中，除小部分长期救济对象外，大部分社会救济对象是突然遭遇困境，因此，对他们的帮助是临时性的。一旦救济对象摆脱困境，其基本生活有了保障，社会救济就不再对其继续。社会救济的形式多种多样，按救济时间的长短，可分为临时性救济和定期性救济；从救济提供者看，可以分为官方救济和民间救济；按救济方式，可分为资金救济和实物救济。

在社会救济法律关系中，公民只是享受救济的权利主体，国家和社会只是提供救济的义务主体。也就是说，公民只要符合社会救济的条件就有权申请和得到救济而无须承担与此对应的义务；国家和社会对符合社会救济条件的公民必须提供救济而不要求受救济者事先或事后作出某种给付。

二、社会救济的具体法律制度

（一）最低生活保障制度

最低生活保障，是指对家庭人均收入低于当地政府公告的最低生活标准的人口，由国家给予一定现金资助，以保证该家庭成员基本生活所需的社会救助。2000 年，国务院颁布了《城市居民最低生活保障条例》，规范了最低生活保障制度。

（二）灾害救助制度

灾害具有突然发生、损害面广、损失量大等特点，灾害会造成受害人重大财产损失甚至人身伤亡。灾害救助制度，是指国家和社会对因自然灾害造成生存危机的公民进行抢救和援助，以维持其最低生活水平并使其脱离灾难和危险的社会救助制度。

救灾的形式，通常是以生活救济与生产扶助相结合，有偿救助和无偿救助相结合。

（三）法律援助制度

法律援助制度，是指针对因经济困难无力承担诉讼费或者法律服务费用的公民，由司法机关给予诉讼费减免，或者由政府指定专业法律人员提供减费或免费法律服务，以保证其诉讼权利实现的救助制度。法律援助的方法是提供减免费用，援助范围仅限于诉讼。

（四）贫困地区扶助制度

贫困地区扶助制度，是指国家有计划地帮助贫困地区脱贫致富的社会救助制度。扶贫的方式有救济式和开发式两种。

第四节　社会福利制度

一、社会福利的概念

社会福利，泛指国家和社会对全体社会成员在生命过程中所需要的生活、卫生、环境、住房、教育、就业等方面提供的全面的公共服务。狭义的社会福利是指为解决已经出现的社会问题及减少社会病态和预防社会问题恶化，所采取和发展的社会保险和社会救助事业。

一是社会福利的保障目标，不是为了维持公民的最低生活水平、基本生活水平或一般生活水平，而是通过提供物质帮助使公民的生活质量不断得到改善和提高。

二是权利与义务不对等，即国家和社会向公民提供社会福利待遇，一般无须公民对国家和社会履行相应义务或作出相应贡献为代价。

三是社会福利对象具有普惠性，即社会福利在一定范围内，人人有份，社会成员在获得社会福利待遇前，无须提供家庭经济状况资料。这是社会福利与社会救助相区别的最显著特征。

四是社会福利待遇标准具有一致性，即社会福利待遇在一定范围内，按一致的标准进行分配，而不考虑享受福利者之间的贫富差

别和贡献大小。

二、社会福利的具体法律制度

针对社会的一般群体，我国制定了如下的社会福利制度：

（一）公共福利制度

1. 公共福利，是指国家和社会为满足全体社会成员在物质和精神生活上的基本需要，而兴办的公益性设施和提供的相关服务。公共福利的内容十分广泛，涉及住房、教育、卫生、文娱等居民生活的各个方面。

2. 住房福利制度，主要包括住房公积金制度、经济适用房供应制度、住房补贴制度等。住房公积金是一种强制性的住房长期储蓄。按照这种制度，用人单位和职工按工资的一定比例定期缴纳住房公积金，并对住房公积金的归集、管理、使用和偿还进行严格管理，以帮助职工解决购房和租房资金的需要。

3. 经济适用住房，是指供中低收入家庭购买自住的优惠商品房，由政府出资、扶持和组织建设，并按照保本微利原则确定政府指导价，使之与中低收入家庭的承受能力相适应。

4. 住房补贴制度，是指对于中高收入以上的人口，通过购置商品房满足居住需求。为此，国家按劳动者的工龄、职称、职务等一次性或定期发放住房补贴款，专款专用于购房或修房所需资金以缓解购房者按市场价购房面临的资金压力。

（二）卫生福利制度

卫生福利，是指国家和社会以保障公民身体健康为目的所提供的以医疗和保健为内容的公共福利。卫生福利的主要内容是保健福利，即初级卫生保健，是国家卫生系统和社会福利机构向全社会提供增进性、预防性、治疗性和综合性的促进人人健康的服务。

（三）教育福利制度

教育福利，是指国家和社会以提高国民素质为目的所提供的以兴办和扶持教育，实现全体公民的受教育权利为内容的公共福利。

九年制义务教育是我国教育福利的主要内容。国家有义务为学龄儿童少年提供受教育的一切便利条件，保障每一位儿童和少年拥有平等受教育的机会。

（四）文化康乐福利制度

文化康乐福利，是指国家和社会为满足人们文化康乐需要兴办的具有福利性质的文体活动设施和提供的服务。我国的文化康乐福利主要有公园、图书馆、博物馆、群众艺术馆及其他群众性体育运动设施。

三、特殊群体福利制度

除上述福利以外，我国还针对社会的特殊群体，制定了如下福利制度。

（一）未成年人福利制度

建立儿童福利制度的目的在于保护未成年人的身心健康，保障未成年人合法权益，促进未成年人在品德、智力、体质等方面全面发展。

儿童福利制度的主要内容有：兴办专门的儿童收养机构，集中收养孤儿、弃儿，为孤儿、弃儿提供养育、治疗、康复、教育等服务；鼓励家庭领养、代养、收养孤儿、弃儿，并向这种家庭给予特殊津贴和帮助；兴办儿童医院或在全科医院中设立儿科，专为儿童提供医疗服务；有组织地开展儿童保健工作，由专门设立的机构定期进行儿童健康检查、预防接种、防治常见病和多发病，保障儿童健康成长，建立儿童活动中心、少年宫、儿童公园等，为儿童活动和学习提供良好的场所和服务；普及义务教育，保障每一个学龄儿童有受教育的机会等。

（二）妇女福利制度

妇女福利，是指国家和社会为保障妇女的特殊需要和特殊利益而提供的照顾和服务。妇女在政治、经济、文化、社会和家庭生活等各方面，享有与男性平等的权利，这是男女平等所追求的目标。

但是，妇女由于自身特殊的情况还有特殊的利益；这种不同于社会一般成年男性公民的特殊利益，必须给予特殊的照顾。妇女福利的主要内容有：建立妇女保健机构，为妇女提供保健服务；为育龄妇女提供孕产福利津贴和孕产医疗服务；为妇女就业提供职业培训、职业介绍等服务。

（三）老年人福利制度

老年人福利的目标是：安定老年人生活，维护老年人健康，充实老年人精神文化生活，实现“老有所养、老有所医、老有所为、老有所乐”。

老年人福利的主要内容有：兴办养老院、福利院、老年公寓等机构，为离开家庭的老年人有组织和集中地提供衣、食、住、行、医等服务，对无依无靠又无收入来源的老年人实行免费收养，对有收入来源的老年人可实行低费收养。

（四）残障人福利制度

残障人福利的目标是：充分保障残疾人的生活、教育、医疗、康复和就业权益，为残疾人创造良好的物质和精神条件，使残疾人在事实上成为社会中平等的一员，分享经济和社会发展所带来的物质文化成果。

残障人福利制度的主要内容包括：实行集中安置与分散安置相结合的方针，采取优惠政策和扶持保护措施，通过多条渠道、多个层次、多种形式给残疾人创造就业条件、提供就业机会。

第十二章　工会法

第一节　工会法概述

一、工会的概念及性质

（一）工会的概念

工会，或称劳工总会、工人联合会，是职工自愿结合的工人阶级的群众组织，是在无产阶级和资产阶级的斗争过程中产生和发展起来的。它反映工人之间的一种社会联系和社会关系，是国际社会公认的社会政治组织。

（二）工会的性质

工人阶级同资产阶级的利益是对立的，工人们在反抗资本家的压迫和剥削的斗争中，认识到必须团结起来，联合起来，才能适应同资产阶级斗争的需要，才能维护自身的利益，取得斗争的胜利，因而，根据工人阶级斗争的需要，便产生了工会。最早的工会出现于18世纪中叶的英国，以后在其他国家相继建立。

《工会法》第2条第1款规定："工会是职工自愿结合的工人阶级的群众组织。"由此可以看出，工会具有政治性和群众性的双重属性。工会的政治性体现在它是工人阶级的组织。这样的定位阐释出工会既不是超越工人阶级的组织，也不是其他阶级的组织。此外，这里明确地指出了组成工会的主体，即"职工"。工会是"职工"组成的群众性组织。"职工"这一群体具有极大的广泛性，几乎囊括了工人阶级全体成员。"群众组织"这个概念是与结成工会

的主体“职工”相一致的表述。职工结成的组织就是“群众”组织。其中“群众组织”的“群众”，不是一个特性表述，而是本质表述，与结成工会的主体“职工”是一致的。

《工会法》第3条规定：“在中国境内的企业、事业单位、机关中以工资收入为主要生活来源的体力劳动者和脑力劳动者，不分民族、种族、性别、职业、宗教信仰、教育程度，都有依法参加和组织工会的权利。任何组织和个人不得阻挠和限制。”由此可见，工会组织的对象是非常广泛的，几乎囊括了一切从事职业劳动的人们，工会是由不同职业的职工组成的群众组织。

工会这样的群众组织在我国并非一般的群众组织。工会与妇女联合会等群众组织虽然都是社会团体，却有着本质的不同；与职工自愿组合的兴趣组织如舞蹈协会等也是根本不同的。工会的这种政治性与社会性，是统一的、有机的整体，这种高度的统一便是工会区别于其他社会组织的本质属性。

（三）工会的地位

工会的地位主要通过工会与党和国家政权的关系等方面得以体现，通过法律所保障的工会地位及相关权利和义务得以确定，通过工会在国家政治、经济和社会生活中所发挥的作用得以实现。

工会的存在和发展是以劳动者与用人单位之间的劳动关系存在和发展为客观依据。工会是劳动关系中的劳动者也就是职工一方的代表。工会的地位是劳动者地位的体现。

工会的地位主要表现在以下几个方面：

1. 政治方面。工会在政治方面的地位主要表现在工会与党和国家政权之间的关系。中国共产党是工人阶级的先锋队组织，而工会又是工人阶级的群众组织，因此，作为最广泛的职工组织，必然应当自觉接受党的领导，在党的领导下独立自主地开展工作，充分发挥群众组织的优势与作用。

工会作为中国共产党与职工群众联系的桥梁和纽带，需要把党的路线、方针、政策传达到职工中去；同时，职工的意见、建议和

要求也需要通过工会反映到政策制定机构，从而为党的决策提供依据。近年来党和政府愈加关注的民生问题，其中工会也起到了一定作用。

2. 经济方面。工会在经济方面的地位主要体现在工会的身份及工会在劳动关系中的作用上。《劳动法》第7条第2款规定："工会代表和维护劳动者的合法权益……"，因此工会是劳动关系中劳动者也就是职工一方利益的代表者与维护者，它通过代表职工与用人单位一方进行平等协商和签订集体合同，达到协调劳动关系、维护职工劳动权益和民主权利的目的，从而实现《工会法》第4条规定的"以经济建设为中心"，将用人单位发展的整体利益与职工的具体利益有机结合起来，实现互利共赢，推动国家经济健康稳步发展。

3. 法律方面。根据《工会法》第4条的规定，"工会必须遵守和维护宪法，以宪法为根本活动准则……"，并根据相关法律、法规、政策的有关规定，依法行使工会的代表权、维护权、参与权、协商谈判权、监督权等各项职权，以及应当依法承担的维护国家政权、教育职工等义务。

（四）工会的作用

1. 协调作用。在与党和政府联系方面，工会发挥协调作用就是把职工群众关于劳动权益、生存状态等有关民生的意见和建议向党和政府反映上去；同时通过教育和宣传等手段，将党的路线、方针、政策及政府的工作主张全面、正确地向职工群众宣传和沟通。在与用人单位联系方面，工会组织发挥协调作用就是通过沟通、协商的方式双向传递信息，使用人单位的管理层能够了解本单位职工群众的需求、意见及建议，增加用人单位决策的透明度和准确度；同时使职工群众了解用人单位的发展战略与当下部署，提高职工群众的工作热情，并将其积极性、主动性和创造性投入到工作中去。

2. 代表和维护职工合法权益的作用。工会代表和维护劳动者的合法权益，是法律授权、并受法律保护的一项职权。工会以职工

代表者的身份，协调劳动关系．解决劳动过程中出现的矛盾和问题，维护劳动者的利益，保护劳动者的积极性。

二、工会的组织原则和组织体系

（一）工会的组织原则

《工会法》第9条第1款规定："工会各级组织按照民主集中制原则建立。"《中国工会章程（修正案）》（2008年修正）总则中规定："中国工会实行产业和地方相结合的组织领导原则，坚持民主集中制。"

第一，民主集中制原则。民主集中制是党和国家的根本组织原则，也是工会的根本组织原则。这一原则体现了中国工会的群众组织的性质，体现了中国共产党领导下的中国工会的根本特征。民主集中制是在民主的基础上实行集中。工会的一切组织和会员都必须按照这个根本原则进行活动。具体来讲，民主集中制有两个方面的内容，即民主集中制的组织原则和民主集中制的活动原则。

《中国工会章程（修正案）》第9条规定："中国工会实行民主集中制，主要内容是：（1）个人服从组织，少数服从多数，下级组织服从上级组织。（2）工会的各级领导机关，除它们派出的代表机关外，都由民主选举产生。（3）工会的最高领导机关，是工会的全国代表大会和它所产生的中华全国总工会执行委员会。工会的地方各级领导机关，是工会的地方各级代表大会和它所产生的总工会委员会。（4）工会各级委员会，向同级会员大会或者会员代表大会负责并报告工作，接受会员监督。会员大会和会员代表大会有权撤换或者罢免其所选举的代表和工会委员会组成人员。（5）工会各级委员会，实行集体领导和分工负责相结合的制度。凡属重大问题由委员会民主讨论，作出决定，委员会成员根据集体的决定和分工，履行自己的职责。（6）工会各级领导机关，经常向下级组织通报情况，听取下级组织和会员的意见，研究和解决他们提出的问题。下级组织向上级组织请示报告工作。"其中第（1）

至第（3）条是民主集中制的组织原则，第（4）至第（6）条是民主集中制的活动原则。

第二，产业和地方相结合的组织领导原则。产业和地方相结合，既是工会的组织原则，也是工会的领导原则。根据《中国工会章程（修正案）》的有关规定，该项原则的主要内容有以下几个方面：（1）同一企业、事业单位、机关和其他社会组织中的会员，组织在一个工会基层组织中。（2）同一行业或者性质相近的几个行业，根据需要建立全国的或者地方的产业工会组织。除少数行政管理体制实行垂直管理的产业，如民航、铁路、邮电等，其产业工会实行产业工会和地方工会双重领导，以产业工会领导为主外，其他产业工会均实行以地方工会领导为主，同时接受上级产业工会领导的体制。（3）按行政区划，在省、自治区、直辖市，设区的市和自治州，县（旗）、自治县、不设区的市建立地方总工会。地方总工会是当地地方工会组织和产业工会地方组织的领导机关。（4）全国建立统一的中华全国总工会。中华全国总工会是各级地方总工会和各产业工会全国组织的领导机关。各产业工会的领导体制，由中华全国总工会确定。

产业工会与地方工会相结合的工会组织领导原则，可以利用产业特点及地域特色相结合的工作方法，加大对其各自行业、地区职工的维权力度，为党和政府提供更为有力的决策依据。但同时也要注意防止工作中的重复与推诿。

（二）工会的组织体系

建立统一的工会组织，有利于维护工人阶级队伍的团结，有利于工会代表和维护职工的合法权益。中国工会是一个由下而上、由地方到中央的统一的有机整体。其规范的组织体系如下：

1. 基层工会组织。基层工会委员会是工会的基层组织，是落实工会各项任务的基本单位。《工会法》第10条第1款规定：“企业、事业单位、机关有会员二十五人以上的，应当建立基层工会委员会；不足二十五人的，可以单独建立基层工会委员会，也可以由

两个以上单位的会员联合建立基层工会委员会，也可以选举组织员一人，组织会员开展活动。女职工人数较多的，可以建立工会女职工委员会，在同级工会领导下开展工作；女职工人数较少的，可以在工会委员会中设女职工委员。”

各基层工会委员会由同级工会会员大会或者会员代表大会民主选举产生，基层工会委员会的主席、副主席由会员大会或者会员代表直接选举产生，或由基层工会委员会选举产生。职工200人以上的企业、事业单位的工会设专职工会主席。工会专职工作人员的人数由工会与企业、事业单位协商确定。基层工会具备法人条件，依法取得社团法人资格，工会主席为法定代表人。

《中国工会章程（修正案）》第26条规定：“工会基层组织的会员大会或者会员代表大会，每年至少召开一次。经基层工会委员会或者三分之一以上的工会会员提议，可以临时召开会员大会或者会员代表大会。工会会员在一百人以下的基层工会应当召开会员大会。工会会员大会或者会员代表大会的职权是：（1）审议和批准工会基层委员会的工作报告。（2）审议和批准工会基层委员会的经费收支情况报告和经费审查委员会的工作报告。（3）选举工会基层委员会和经费审查委员会。（4）撤换或者罢免其所选举的代表或者工会委员会组成人员。（5）讨论决定工会工作的重大问题。”

2. 地方工会组织。按照我国的行政区划，县级以上地方应建立地方各级总工会。地方总工会委员会是工会的地方组织。《工会法》第10条第2款规定的“企业职工较多的乡镇、城市街道，可以建立基层工会的联合会。”已基本承担起所辖区域内一级地方总工会组织的职责。

各级地方总工会委员会由同级工会代表大会民主选举产生，每届任期5年。各级地方工会代表大会和地方总工会委员会是各级地方工会的领导机关。各级地方工会代表大会由同级总工会委员会召集，每5年举行一次。特殊情况下，由同级总工会委员会提议，经上一级工会批准，可以提前或延期举行。各级地方总工会委员会选举主席一人、副主席若干人、常务委员若干人，组成常务委员会。各级地方总工会委员会全体会议，由常务委员会召集，每年至少举行一次。各级地方总工会常务委员会在委员会全体会议闭会期间，行使委员会的职权。

3. 产业工会组织。产业工会是按照国民经济体系的行业划分建立起来的工会组织。《工会法》第10条第4款规定："同一行业或者性质相近的几个行业，可以根据需要建立全国的或者地方的产业工会。"产业工会组织可以开展适合本产业特点的社团活动，反映和解决本产业职工需要解决的共性问题，工作更具有针对性。地方产业工会组织设置由同级地方总工会确定。《中国工会章程（修正案）》第21条对此有专门规定，产业工会的全国组织由中华全国总工会确定。产业工会全国委员会可以按照联合制、代表制原则组成，也可以由产业工会全国代表大会选举产生。各级产业工会委员会每届任期5年。特殊情况下，经全国总工会批准，可以提前或者延期举行。目前，铁路、民航、金融等产业工会的领导关系实行产业工会与地方工会双重领导，以产业工会为主；其他地方产业工会实行以地方工会领导为主，同时接受上级产业工会领导的组织体制。

4. 全国总工会。《工会法》第10条第5款规定："全国建立统一的中华全国总工会"。根据第9条第5款的规定："上级工会组织领导下级工会组织。"中华全国总工会是各级地方总工会和各产业工会全国组织的领导机关，在对外交往的国际活动中代表中国工会组织。

中华全国总工会执行委员会委员由中华全国总工会选举产生，是中国工会全国代表大会的执行机构。根据《中国工会章程（修正案）》第17条规定："中国工会全国代表大会，每五年举行一次，由中华全国总工会执行委员会召集。在特殊情况下，由中华全国总工会执行委员会主席团提议，经执行委员会全体会议通过，可

以提前或者延期举行。代表名额和代表选举办法由中华全国总工会决定。”中华全国总工会执行委员会在全国代表大会闭会期间，负责贯彻执行全国代表大会的决议，领导全国工会工作。执行委员会闭会期间，由主席团行使执行委员会的职权。主席团下设书记处，书记处在主席团领导下主持全国总工会的日常工作。

三、工会与职工民主管理

（一）工会是职工民主管理的组织者

职工民主管理是职工在工会的组织下，依法直接或间接参与管理所在单位内部事务的行为。《工会法》第6条第3款规定，“工会依照法律规定通过职工代表大会或者其他形式，组织职工参与本单位的民主决策、民主管理和民主监督。”可见，工会是职工民主管理的组织者。建立职工民主管理制度，有利于保障职工的民主权利和物质利益，有利于调动职工的积极性，促进企业生产发展。

工会之所以成为职工民主管理的组织者，取决于它的性质和地位。

如前文所述，我国的工会组织具有鲜明的政治性与群众性，这些本质属性能够为职工民主管理提供方向上的指引，能够吸收最广泛的工人阶级作为其成员，从而将党的路线、方针、政策通过工会自身自上而下的一套系统向广大职工群众进行宣传和教育，保证在组织职工参与管理的过程中，落实党和政府的有关决策；同时也能将最基层的职工关于劳动权益等民生问题向上反映，促使党和政府制定更加贴合人民群众切身利益的政策与规定，从而从根本上维护职工群众利益。

（二）职工代表大会制度

建立、健全职工代表大会制度，是保障职工民主权利，实现职工民主管理的主要形式。对组织本单位职工参与企事业的民主决策、民主管理和民主监督，建立稳定和谐的劳动关系，调动职工积极性和创造性，促进企事业健康发展有重要作用。

1. 职工代表大会实行民主集中制，并在法律和本制度的范围内行使职权。

2. 为了更好地行使职工民主管理的权利，根据《全民所有制工业企业职工代表大会条例》的有关规定，职工代表大会行使以下职权：

（1）定期听取厂长的工作报告，审议企业的经营方针、长远和年度计划、重大技术改造和技术引进计划、职工培训计划、财务预决算、自有资金分配和使用方案，提出意见和建议，并就上述方案的实施作出决议；

（2）审议通过厂长提出的企业的经济责任制方案、工资调整计划、奖金分配方案、劳动保护措施方案、奖惩办法及其他重要的规章制度；

（3）审议决定职工福利基金使用方案、职工住宅分配方案和其他有关职工生活福利的重大事项；

（4）评议、监督企业各级领导干部，并提出奖惩和任免的建议。对工作卓有成绩的干部，可以建议给予奖励，包括晋级、提职。对不称职的干部，可以建议免职或降职。对工作不负责任或者以权谋私，造成严重后果的干部，可以建议给予处分，直至撤职。

（5）主管机关任命或者免除企业行政领导人员的职务时，必须充分考虑职工代表大会的意见。职工代表大会根据主管机关的部署，可以民主推荐厂长人选，也可以民主选举厂长，报主管机关审批。

3. 按照法律规定享有政治权利的企事业职工，均可当选为职工代表。职工代表应当以班组或者工段为单位，采取无记名投票方式，由职工直接选举产生。职工代表中应当有工人、技术人员、管理人员和其他方面的职工。其中企业和车间、科室行政管理人员一般为职工代表总数的1/5。青年职工和女职工应当占适当比例。公司下属企业可根据本单位实际人数比例产生职工代表。

4. 职工代表大会的组织制度：

（1）职工代表大会选举主席团主持会议。主席团成员中工人、技术人员、中层管理人员应当超过半数；

（2）职工代表大会至少每年召开 1 次。每次会议必须有 2/3 以上的职工代表出席。职工代表大会进行选举和作出决议，必须经全体职工代表过半数通过；

（3）职工代表大会应当就企业经营管理、职工切身利益等方面的重要问题，围绕增强企业竞争力、促进技术进步、提高经济效益，确定议题；

（4）职工代表大会在其职权范围内决定的事项，非经职工代表大会同意不得修改；

（5）职工代表大会可以根据需要，设立劳动法律法规、劳动保护、社会保险等临时或者经常性的专门小组或专门委员会，完成职工代表大会交办的有关事项；

（6）职工代表大会闭会期间，需要临时解决的重要问题，可以由企业经营者、工会委员会或者 1/3 以上职工代表提议，临时召开职工代表大会研究决定。

（7）职工代表大会对厂长在其职权范围内决定的问题有不同意见时，可以向厂长提出建议，也可以报告上级工会。

（三）工会与职工代表大会

职工代表大会是职工参与企事业民主管理的基本形式，是职工依法行使民主管理权力的机构，而工会则是职工代表大会的工作机构。《全民所有制工业企业职工代表大会条例》第 3 条规定："职工代表大会是企业实行民主管理的基本形式，是职工行使民主管理权力的机构。企业工会委员会是职工代表大会的工作机构，负责职工代表大会的日常工作。"

职工代表大会的主体是企事业的职工代表，这些职工代表绝大多数都在本单位有各自的具体工作岗位。此时工会作为职工代表大会的常设工作机构，便起到了组织中心的作用，能够将分散在各个工作岗位的职工代表团结起来，组织与举办有关活动，听取职工代表关于企事业的意见与建议，与企事业平等协商、维护职工合法权益。

《工会法》第35条、36条、37条均就工会与职工代表大会的关系作了相关描述，国有企业的工会委员会是职工代表大会的工作机构，负责职工代表大会的日常工作，检查、督促职工代表大会决议的执行。集体企业的工会委员会，应当支持和组织职工参加民主管理和民主监督，维护职工选举和罢免管理人员、决定经营管理的重大问题的权力。其他企业、事业单位的工会委员会，依照法律规定组织职工采取与企业、事业单位相适应的形式，参与企业、事业单位的民主管理。

根据《全民所有制工业企业职工代表大会条例》第23条的规定，工会作为职工代表大会的工作机构，主要工作内容有以下几个方面："一、组织职工选举职工代表；二、提出职工代表大会议题，主持职工代表大会的筹备工作和会议的组织工作；三、主持职工代表团（组）长、专门小组负责人联席会议；四、组织专门小组进行调查研究，向职工代表大会提出建议，检查督促大会决议的执行情况，发动职工落实职工代表大会决议；五、向职工进行民主管理的宣传教育，组织职工代表学习政策、业务和管理知识，提高职工代表素质；六、接受和处理职工代表的申诉和建议，维护职工代表的合法权益；七、组织企业民主管理的其他工作。"

此外，工会还应当做好自身建设，完善各项制度，吸收有责任心、有能力、受群众拥护的职工担任职工代表，并做好科学管理，完善职工代表大会的制度建设、组织建设以及队伍建设。上级工会还有指导、支持和维护职工代表大会正确行使职权的责任。

第二节　工会组织的基本权利和义务

一、工会组织的基本权利

我国工会的权利广泛体现在政治、经济和社会生活的各个方面。工会的权利就其实质而言，是劳动者的权利体现。根据法律规定，我国工会的权利主要包括代表权、维护权、参与权、协商谈判权和监督权等五项内容。

（一）工会的代表权

工会的代表权是工会的一项基础性权利，是指工会组织代表职工行使权力、维护其合法权益的权利。我国的《工会法》、《劳动法》对工会的代表权都有相关规定。《劳动法》第7条第2款规定："工会代表和维护劳动者的合法权益，依法独立自主地开展活动。"《工会法》第6条第4款规定："工会必须密切联系职工，听取和反映职工的意见和要求，关心职工的生活，帮助职工解决困难，全心全意为职工服务。"第20条第2款规定："工会代表职工与企业以及实行企业化管理的事业单位进行平等协商，签订集体合同。集体合同草案应当提交职工代表大会或者全体职工讨论通过。"

（二）工会的维护权

工会的维护权是指工会组织依法维护职工的劳动权益、民主权利等合法权益的权利。我国工会行使维护权，必须处理好维护社会公序良俗的总体利益与维护职工切身利益的关系，即两个维护的关系。工会要坚持两个维护的有机统一，其中维护职工合法权益，是工会维护权的基本出发点和基本职责。

1. 维护职工的劳动权利。劳动权利的内容很广泛，包括劳动就业、劳动报酬、劳动保护、劳动保险等各个方面的内容，《工会法》第20条第2款、第3款、第4款规定："工会代表职工与企业以及实行企业化管理的事业单位进行平等协商，签订集体合同。集体合同草案应当提交职工代表大会或者全体职工讨论通过。工会签订集体合同，上级工会应当给予支持和帮助。企业违反集体合同，侵犯职工劳动权益的，工会可以依法要求企业承担责任；因履行集体合同发生争议，经协商解决不成的，工会可以向劳动争议仲裁机构提请仲裁，仲裁机构不予受理或者对仲裁裁决不服的，可以向人民法院提起诉讼。”第 21 条第 1 款规定：“企业、事业单位处分职工，工会认为不适当的，有权提出意见。”《工会法》还规定企业、事业单位有违反劳动法律、法规规定的行为，如克扣职工工资的，不提供劳动安全卫生条件，随意延长劳动时间，侵犯女职工和未成年工特殊权益以及其他侵犯劳动者权益行为的，工会应当代表职工与企业、事业单位交涉，要求企业、事业单位采取措施予以改正；企业、事业单位拒不改正的，工会可以请求当地人民政府依法作出处理。工会有权对危及职工生命安全的情况提出解决的建议，当发现危及职工生命安全的情况时，有权向企业行政方面建议组织职工撤离危险现场。工会有权参加伤亡事故和其他严重危害职工健康问题的调查。工会有权参与停工、怠工事件等情况的调查处理。[①]《工会法》第 26 条规定：“职工因工伤亡事故和其他严重危害职工健康问题的调查处理，必须有工会参加。工会应当向有关部门提出处理意见，并有权要求追究直接负责的主管人员和有关责任人员的责任。对工会提出的意见，应当及时研究，给予答复。”

2. 维护职工的民事权利，对侵犯职工合法权益的行为有权进行调查。《工会法》第 25 条规定：“工会有权对企业、事业单位侵犯职工合法权益的问题进行调查，有关单位应当予以协助。”

（三）工会的参与权

工会的参与权是指工会有代表职工参与国家和社会事务的管理

---

① 刘元文主编：《工会工作理论与实践》，24 页，中国劳动社会保障出版社，2012。

和参与企业民主管理的权利。我国工会的参与包括两个层次的参与：

1．参与国家和社会事务的管理，包括立法参与、政策参与等内容。国家机关在组织起草或者修改直接涉及职工切身利益的法律、法规、规章以及劳动政策、措施时，应当听取工会意见。为保证法律规范能够充分代表和反映职工的意愿和工会工作的需要，工会组织必须积极参与立法。《工会法》第33条规定："国家机关在组织起草或者修改直接涉及职工切身利益的法律、法规、规章时，应当听取工会意见。县级以上各级人民政府制定国民经济和社会发展计划，对涉及职工利益的重大问题，应当听取同级工会的意见。县级以上各级人民政府及其有关部门研究制定劳动就业、工资、劳动安全卫生、社会保险等涉及职工切身利益的政策、措施时，应当吸收同级工会参加研究，听取工会意见。"

2．参与企业的管理。在我国，由于存在着各种不同所有制的企业，因此，企业代表职工参与企业管理的方式、途径和内容也有所不同。《工会法》对不同所有制企业的工会参与分别作了规定，如国有企业的工会委员会是职工代表大会的工作机构，负责职工代表大会的日常工作，检查、督促职工代表大会决议的执行；集体企业的工会委员会，应当支持和组织职工参加民主管理和民主监督，维护职工选举和罢免管理人员、决定经营管理的重大问题的权力；其他企业、事业单位的工会委员会，依照法律规定组织职工采取与企业、事业单位相适应的形式，参与企业、事业单位民主管理；企业、事业单位研究经营管理和发展的重大问题应当听取工会的意见；召开讨论有关工资、福利、劳动安全卫生、社会保险等涉及职工切身利益的会议，必须有工会代表参加。

（四）工会的平等协商谈判权

工会的协商谈判权是指工会有代表职工与企业一方就劳动权益等民事权利事项进行协商谈判的权利。《工会法》、《劳动法》均对此作了相关规定。集体合同的内容主要涉及劳动报酬、工作时间、休息休假、劳动安全卫生、保险福利等事项。工会可以代表职工与企事业单位的行政部门签订集体合同。

（五）工会的监督权

工会的监督权是指工会监督国家行政机关、企事业单位在涉及职工各项利益的国家法律、法规和政策的贯彻实施方面的权利。对工会行使监督权的具体内容，《工会法》有专门明确的规定，如对企业、事业单位不适当处分职工的行为的监督，企业单方面解除职工劳动合同的监督等。

二、工会组织的基本义务

（一）中国工会的主要义务

工会的主要义务有以下几个方面：

1. 维护国家政权，协助人民政府开展工作，依法发挥民主参与和社会监督作用。

工会必须遵守和维护宪法，以宪法为根本的活动准则，以经济建设为中心，坚持社会主义道路，坚持人民民主专政，坚持中国共产党的领导，坚持马克思、列宁主义、毛泽东思想、邓小平理论以及“三个代表”重要思想，落实科学发展观，坚持改革开放，依照工会章程独立自主地开展工作。《工会法》第 5 条规定：“……协助人民政府开展工作，维护工人阶级领导的、以工农联盟为基础的人民民主专政的社会主义国家政权。”

2. 动员和组织职工参加社会主义经济建设。《工会法》第 5 条、第 31 条在这一方面作了具体规定。教育职工以主人翁态度对待劳动，遵守劳动纪律，发动和组织职工努力完成生产和工作任务；开展社会主义劳动竞赛；开展群众性合理化建议、技术革新和发明创造活动；协助企事业行政办好职工集体福利事业，做好劳动工资、劳动保护和劳动保险工作。

3. 教育职工、提高职工素质。工会对职工进行思想政治教育，包括对职工进行爱国主义、集体主义、公民道德教育、社会主义教

育和纪律教育，提高职工的思想道德素质。工会对职工进行文化技术教育，包括进行科学、文化、技术教育，会同行政组织职工开展业余文化、技术学习和职工培训，提高职工的科学、文化和业务素质。工会做好职工群众文化工作，包括组织职工开展文娱活动，增进职工团结和身心健康，提高职工的精神文明建设水平。

4. 维护职工的合法权益。这是工会的权利，同时也是工会的义务。《工会法》在多处对此均有规定："中华全国总工会及其各工会组织代表职工的利益，依法维护职工的合法权益。""维护职工合法权益是工会的基本职责。"作为工人阶级的职工是我国社会主义事业的主要建设者，因此维护职工的各项合法权益免受侵害是党和政府需要深入研究的一项课题，工会作为广大职工的当家人，必须肩负起这项重要的责任。

（二）基层工会的基本任务

《中国工会章程（修正案）》第28条对此作了明确规定：

1. 执行会员大会或者会员代表大会的决议和上级工会的决定，主持基层工会的日常工作。

2. 代表和组织职工依照法律规定，通过职工代表大会或其他形式，参加本单位民主管理和民主监督。

3. 代表企业职工与企业、事业单位行政方面签订集体合同或其他协议，帮助、指导职工与企业、事业单位行政方面签订劳动合同。参与协调劳动关系和调解劳动争议，与企业、事业单位行政方面建立协商制度，协商解决涉及职工切身利益问题。

4. 组织职工开展劳动竞赛、合理化建议、技术革新和技术协作活动，总结推广先进经验。做好先进生产（工作）者和劳动模范的评选、表彰、培养和管理工作。

5. 对职工进行思想政治教育，鼓励支持职工学习文化科学技术和管理知识，开展健康的文化体育活动。

6. 监督有关法律、法规（特别是劳动法律、法规）的贯彻执行。协助和督促行政方面，做好劳动保险、劳动保护工作，办好职工的福利事业，改善职工生活。

7. 维护女职工的特殊利益，同歧视、虐待、摧残、迫害女职工的现象作斗争。

8. 搞好工会组织建设，健全民主制度和民主生活。建立和发展工会积极分子队伍。做好老会员的接收、新会员的发展及会员的教育工作。

9. 收好、管好、用好工会经费，管理好工会财产和工会的企业、事业。

第三节　工会的经费与财产的保护

一、工会经费

（一）工会经费的定义

工会经费，是指工会依法取得并开展正常活动所需要的费用。工会的经费和财产是工会开展各项活动的物质基础，因此，为了保障工会经费的合理缴纳与使用，法律特就其来源与管理作了专门规定。

（二）工会的经费来源

工会的经费是依照国家法律法规取得的，其来源的合法性受国家法律保护，任何组织和个人不得干涉。

根据《工会法》第42条的规定，工会经费的来源有五个方面：一是工会会员缴纳的会费；二是建立工会组织的企业、事业单位、机关按每月全部职工工资总额的2%向工会拨缴的经费；三是工会所属的企业、事业单位上缴的收入；四是人民政府的补助；五是其他收入。工会经费的主要来源是工会会员缴纳的会费和按每月全部职工工资总额的2%向工会拨交的经费这两项，其中工会会员缴纳的会费属于其劳动力价值的一部分，而全部职工工资总额的2%则是工会经费的最主要来源。

1. 工会会员缴纳的会费。工会会员缴纳会费是会员应尽的义务，同时也是会员在工会组织内部享受权利的物质基础。会员缴纳工会会费，体现了职工的组织观念，密切了职工与工会组织的联系，同时也有利于职工之间的互助互济和团结友爱精神的增强。会费缴纳的标准，是根据不同时期会员的收入情况和工会的工作情况，由全国总工会统一制定的。现行标准，根据全国总工会1978年工发101号通知规定，工会会员每月应向工会组织缴纳本人每月基本工资0.5%的会费，工资尾数不足10元的不计缴会费；无固定收入的会员，可按照本人上月所得工资收入计算缴纳会费。这里所说的均是“基本工资”，会员获得的奖金、津贴或补贴、绩效工资、退休金等，均不列入基本工资之列。会员缴纳的会费，全部留在基层，用于工会开展各项活动，不必上缴。

2. 拨缴的经费。根据《工会法》的规定，凡建立工会组织的企业、事业单位和机关，应按上月份全部职工工资总额的2%向工会拨交当月份的工会经费，未成立工会的企业、事业单位、机关和其他社会组织，按工资总额的2%向上级工会拨缴工会建会筹备金。县级以上地方总工会有权对行政区域内的企业、事业单位和机关行政方面拨交工会经费的情况进行检查。对逾期未交或者少交工会经费的单位，经屡次催交无效时，可以正式文件通知缴款单位的开户银行，由银行存款中扣交，并从当月的第16日起，每日扣收5‰的滞纳金。《工会法》第43条还规定：“企业、事业单位无正当理由拖延或者拒不拨缴工会经费，基层工会或者上级工会可以向当地人民法院申请支付令；拒不执行支付令的，工会可以依法申请人民法院强制执行。”

行政拨缴工会经费是国家以立法形式维护工会权益的具体表现，因此，它具有以下特征：

（1）强制性。行政拨缴工会经费是《工会法》规定的，《工会法》与其他法律一样，具有同等的法律效力，必须执行。不执行就是违法，就要强制执行。

(2) 无偿性。企事业、机关的行政方面向工会拨缴经费是无偿的。拨缴工会经费是国家为了支持与保障工会履行维护职工合法权益等社会职能的需要，因此具有无偿性。

(3) 固定性。行政方面每月按全部职工工资总额的2%向工会拨缴经费，是由法律固定下来的，在《工会法》存续期间，此规定具有长期的法律效力。

各基层单位行政方面应于每月15日前，按照上月份全部职工工资总额2%，向工会拨交当月份的工会经费。1999年财政部和中华全国总工会联合下发了《关于统一全国工会经费拨缴款专用收据的通知》中规定，全国各级工会在收到工会经费后，要向交款单位开具由财政部统一印制并套印财政部票据监制章的“工会经费拨缴款专用收据”，税务部门据此在企业所得税前扣除。

(三) 工会经费的管理

我国工会的经费管理实行“统一领导、分级管理”的原则，且经费应当从企事业单位的财务往来中剥离出来，独立管理，同时也要接受相应的监督审查。我国《工会法》第44条规定：“工会应当根据经费独立原则，建立预算、决算和经费审查监督制度。各级工会建立经费审查委员会。各级工会经费收支情况应当由同级工会经费审查委员会审查，并且定期向会员大会或者会员代表大会报告，接受监督。工会会员大会或者会员代表大会有权对经费使用情况提出意见。工会经费的使用应当依法接受国家的监督。”

中华全国总工会《基层工会经费使用管理办法》规定工会使用和管理应当做到以下几点：

1. 坚持经费独立管理原则。要独立建立银行账户。实行单位核算。根据审定的预算，工会经费开支，由工会主管财务主席“一支笔”审批。

2. 坚持遵纪守法原则。严格执行国家的财务政策、规定和开支范围、标准，认真执行工会财务制度，遵守财务纪律。

3. 坚持“统筹兼顾、保证重点、量入为出、收支平衡”的原

则。基层工会经费应重点用于维护职工权益、开展职工教育和职工群众活动方面。

4. 坚持预算和管理原则。一切费用均应纳入预算，并按上级工会要求，认真编报和执行。

5. 坚持勤俭节约原则。要少花钱，多办事，办好事，节约开支，依靠职工用好经费，提高经费使用效益。

6. 坚持民主管理原则。要定期公布账目，接受会员监督和经济审查委员会的审查。

7. 坚持为职工服务原则。工会经费不得用于非工会活动的开支；不得支付社会摊派或变相摊派的费用；不得为单位和个人提供资金拆借、经济担保和抵押。

二、工会财产的保护

工会的财产、经费和国家拨给工会使用的不动产，是工会开展活动和为保障职工劳动权益提供服务的物质基础。保护工会财产不受侵害，是工会顺利开展活动的前提，也是工会为广大职工维护劳动权益的物质保障。《工会法》第46条规定："工会的财产、经费和国家拨给工会使用的不动产，任何组织和个人不得侵占、挪用和任意调拨。"

工会的财产，广义上可以由四部分组成：第一，各级工会组织及其所属企事业单位依法占有、使用、收益和处分的固定资产、材料和耗材等；第二，工会经费；第三，国家依法拨给公会占有、使用的不动产；第四，各种社会力量的捐赠。

根据中华全国总工会的有关规定，工会经费分成比例确定的原则是：基层工会留大头，下级工会留成比例大，上级工会留成比例小。工会会员交纳的会费，全部由基层工会留用，不进行分配。行政拨缴的工会经费，在各级的分成比例是：基层工会不少于60%；省、市、县三级工会不超过35%，各分配多少由省级总工会决定；全国总工会5%。

我国工会的财务管理体制实行“统一领导，分级管理”的原则。工会经费的管理和使用办法以及工会经费审查监督制度，由《中国工会章程（修正案）》第七章第 38 条规定：“工会资产是社会团体资产，中华全国总工会对各级工会的资产拥有终极所有权。根据经费独立原则，建立预算、决算、资产监管和经费审查监督制度。实行‘统一领导、分级管理’的财务体制、‘统一所有、分级监管、单位使用’的资产监管体制和‘统一领导、分级管理、分级负责’的经费审查监督体制。工会经费、资产的管理和使用办法以及工会经费审查监督制度，由中华全国总工会制定。”其中“统一领导”是指全国总工会制定工会的财务方针、政策、制度和纪律，并检查督促其贯彻执行，对全国各级工会的财务工作实行统一领导。“分级管理”指工会财务管理分为四级，即全国总工会为一级工会经费管理单位；省、市、自治区总工会为二级经费管理单位；县（市）总工会和直辖市属区、县工会为三级经费管理单位；基层工会和公司、总厂、矿区工会为四级经费管理单位。所谓“分级负责”，即经济审查委员会对同级会员大会或会员代表大会负责，依法独立履行职责，有权直接处理职责范围内的事务。

根据《工会法》和《中国工会章程（修正案）》以及《会计法》的规定，全国总工会制定了中国工会会计制度。其具体内容涉及工会预算制度、工会会计制度和工会经费民主管理制度等方面。

法律禁止任何组织和个人，包括工会组织内部的组织机构和个人任意调拨工会财产、经费和国家拨给工会使用的不动产，以及工会所属企事业单位的财产及隶属关系。工会在为维护职工的合法权益免受损害时，充当的是组织者和协调者的身份，因此，一些企事业单位会在工会开展活动所依赖的经费、财产方面出现不同程度的调拨或挪用，欲借此举来对工会予以掣肘。对此种行为《工会法》第 46 条明确规定“工会的财产、经费和国家拨给工会使用的不动产，任何组织和个人不得侵占、挪用和任意调拨”。此规定明确了

工会财产、经费的所有权，对国家拨给工会使用的不动产享有占有、使用权，有利于工会组织在依法享有权利、独立承担民事责任的社会活动中，组织职工开展丰富多样的文体活动，同时也有利于工会在维护自身合法权益的同时有法可依。当工会资产或国家拨给工会使用的不动产遭到侵占、挪用、任意调拨而不能行使其权能时，工会有权提请县级以上人民政府或有关部门予以处理，并享有向人民法院提起诉讼的权利。

工会所属企、事业单位是指工会用自己的经费或自筹资金兴办的企业、事业以及国家拨给工会使用的企业、事业，如为职工群众服务的工人文化宫、俱乐部、职工疗养院、休养所、体育场馆、宾馆、旅行社等服务性企业、事业。这些企业、事业单位是为职工群众服务的，有利于调动职工群众的生产积极性和保持职工队伍的稳定；有利于增强工会的活力和对职工的吸引力、凝聚力；有利于减轻国家负担，增加社会财富，方便职工群众，缓解社会服务不足的矛盾。《工会法》第 47 条“工会所属的为职工服务的企业、事业单位，其隶属关系不得随意改变。”的规定，也为工会及所属企业、事业单位维护自己的合法权益，提供了法律依据和保障。在市场经济中，各级工会组织要“依法治会”、依法规范自身行为，建立健全所属企业、事业单位的相关登记手续，遇到随意改变工会所属企业、事业隶属关系的情况，工会及其所属的企业、事业单位有权提请人民政府或有关部门制止侵权行为、责令改正；也可以依法向人民法院提起诉讼，追究侵权者的法律责任，以维护其合法权益。

当工会的机构设置发生变化时，其所属的财产、经费等也会因此而发生所有权转变，法律对此也有相应规定。《中国工会章程（修正案）》第 40 条第 2 款规定“工会组织合并，其经费财产归合并后的工会所有；工会组织撤销或解散，其经费财产由上级工会处置。”这一规定，规范了工会组织一旦发生变动时，工会财产、经费仍然固定在工会系统内，不影响继续为职工开展文体活动。这一规定，排除了工会所在单位、有关部门或个人在工会组织变动中对工会财产的私自处置，排除了工会以外的因素对工会财产的侵害，避免工会财产、经费的流失，进一步保护了工会组织的财产。

第四节　违反工会法的法律责任

一、违反工会法法律责任的概念及特点

违反工会法的法律责任是指国家机关及其工作人员、企业事业单位、公民和社会团体等法律关系主体由于违反《工会法》等相关法律规范的规定，而应当承担的不利法律后果。

《工会法》规定的法律责任除具有法律责任的一般特征外，还具有其本身鲜明的特点，主要体现在：

第一，法律主体多元化。国家机关及其工作人员、企事业单位、公民和社会团体均可成为违反工会法律规范的主体，然而以企业、事业单位为主要主体。尽管《工会法》确定了工会为社会团体的性质，但我国目前的《工会法》是一部工会权利的保障法，其主要内容均是对工会组织权利的法律保障，尚未作出工会组织本身违法的规定，因此工会组织本身目前被排除在违法主体范围之外。

第二，追究工会法法律责任是以违反《工会法》等相关法律法规的行为为前提，以明确、具体的法律规定为依据，以国家的强制力为保证。《工会法》规定了工会法律关系主体各方应履行的法定义务，并在第六章设专章明确规定了不履行法定义务的违法行为应承担的法律责任。因此，违反工会法规定的法定义务，构成违法行为，方能追究工会法法律责任。

第三，追究法律责任的实施主体多元化。由于违反《工会法》的法律责任包括行政责任、民事责任和刑事责任，因此有权追究法律责任的实施主体呈现出多元化的现象。比如追究行政责任又分为

两种情况，其中追究政府、机关、劳动行政部门及有关部门行政责任的实施主体为人民法院、上级行政机关、行政复议机关等；追究企事业单位及个人、组织行政责任的实施主体为劳动行政部门和县级以上人民政府；追究工会工作人员行政责任的实施主体为同级工会或上级工会；追究民事责任的实施主体为劳动争议仲裁机构和人民法院；追究刑事责任的实施主体为司法机关。

第四，违反工会法律规范的法律责任主要以外部的法律责任为主，以内部法律责任为辅。这也是由于工会法是一部工会权利保障法的性质决定的。内部法律责任是指工会组织内部工作人员违反工会法，损害职工或工会权益时应追究的法律责任。外部法律责任是指工会法律关系主体违反工会法的规定时应追究的法律责任。

二、违反工会法应承担的法律责任

（一）行政责任

1. 承担行政责任的违法行为。

（1）侵犯职工结社权和工会组建权的行为。《工会法》第50条的规定："违反本法第三条、第十一条规定，阻挠职工依法参加和组织工会或者阻挠上级工会帮助、指导职工筹建工会的，由劳动行政部门责令其改正；拒不改正的，由劳动行政部门提请县级以上人民政府处理……"

（2）妨碍工会工作人员依法履行职责并对其进行打击报复或侮辱诽谤的行为。为促使工会干部大胆履行维护职责，《工会法》第51条对工会干部作出了保护性规定：第一，对依法履行职责的工会工作人员无正当理由调动工作岗位，进行打击报复的，由劳动行政部门责令改正、恢复原工作；造成损失的，给予赔偿。第二，对依法履行职责的工会工作人员进行侮辱、诽谤或者进行人身伤害，尚未构成犯罪的，由公安机关依照治安管理处罚条例的规定处罚。

（3）妨碍职工参加工会活动和工会干部依法履行职责并解除

其劳动合同的行为。职工参加工会活动和工会干部依法履行职责是职工和工会干部的基本权利，受到法律的保护。根据《工会法》第 52 条的规定，职工因参加工会活动和工会干部因履行职责而被解除劳动合同的，应由“劳动行政部门责令恢复其工作，并补发被解除劳动合同期间应得的报酬，或者责令给予本人年收入二倍的赔偿”。在具体工作中，对于这两种处罚究竟适用哪一种，应征求被解除劳动合同的当事职工或工会干部的意见。如果职工或工会干部本人自愿回原企业工作，劳动行政部门应责令用人单位恢复其原工作，并补发被解除劳动合同期间应得的报酬，这里的“报酬”。包括工资、奖金、津贴、补贴等；如果职工或工会干部本人不愿意再回原企业工作，劳动行政部门应责令用人单位按法律法规规定，在对被解除劳动合同的职工或工会干部每满 1 年工龄给予 1 个月平均工资的经济补偿之外，再给予职工本人年收入 2 倍的赔偿。

（4）妨碍工会组织职工通过职工代表大会和其他形式依法行使民主权利的行为。在社会主义市场经济条件下，工会依法享有组织职工参加企事业单位民主管理，代表职工与企事业单位进行平等协商、签订集体合同，参与劳动争议、工伤事故和其他严重危害职工健康问题的调查处理等一系列权利。为保证工会的权利得以落实，《工会法》第 53 条第 1、3、4 项明确规定，对于妨碍工会组织职工通过职工代表大会和其他形式依法行使民主权利的，妨碍工会参加工伤事故以及其他侵犯职工合法权益问题的调查处理的，无正当理由拒绝进行平等协商的，由县级以上人民政府责令改正，依法处理。

（5）工会工作人员违反工会法规定而损害职工或者工会权益的行为。工会干部在依法享有权利的同时，也必须承担相应的义务。如果工会干部不认真履行自己的职责承担自己的义务，给职工和工会组织造成了损失，应当承担相应的法律责任。对此，《工会法》第 55 条规定：“工会工作人员违反本法规定，损害职工或者工会权益的，由同级工会或者上级工会责令改正，或者予以处分；

情节严重的，依照《中国工会章程》予以罢免……”

2. 追究行政责任程序的类别。

（1）由同级工会或上级工会提请劳动行政部门追究行政责任。

（2）由劳动行政部门提请县级以上人民政府处理。

（3）由工会提请县级以上人民政府依法处理。

（4）由工会提请公安机关处理。

3. 工会权利的司法救济。《工会法》第14条规定：“中华全国总工会、地方总工会、产业工会具有社会团体法人资格。基层工会组织具备民法通则规定的法人条件的，依法取得社会团体法人资格。”该条确认了全国总工会、地方总工会以及产业工会以及符合规定的基层工会的社团法人资格。第49条规定：“工会对违反本法规定侵犯其合法权益的，有权提请人民政府或者有关部门予以处理，或者向人民法院提起诉讼。”这一规定明确了工会的诉讼权利，其实也赋予了工会独立民事主体的资格，它保证了工会在各种法律关系中与其他主体享有平等的法律地位，当职工或工会的合法权益受到侵害时，工会可以独立诉诸法律，参加诉讼活动，主张和维护自己的合法权益。

（二）民事责任

1. 承担侵权责任的违法行为。根据《工会法》的规定，违反工会法的民事侵权行为有：

（1）妨碍工会工作人员依法履行职责并对其进行打击报复或侮辱诽谤的行为。由工会提请劳动行政部门在责令改正、恢复原工作的基础上，给工会工作人员造成的损失责令给予赔偿，包括物质损失和精神损失。

（2）侵占工会经费和财产拒不返还的行为。工会的经费和财产是工会组织依法开展活动，履行工会组织各项社会职能的重要物质基础和保障。针对蓄意拖欠、拒缴、截留工会经费和随意调拨、挪用工会经费和财产的违法行为，《工会法》第54条还规定：“违反本法第四十六条规定，侵占工会经费和财产拒不返还的，工会可

以向人民法院提起诉讼，要求返还，并赔偿损失。”根据这一规定，工会对侵占其经费财产的行为可以提起诉讼，侵权人不仅应返还被侵占的工会经费和财产，还要对其违法行为给工会造成的损失予以赔偿。由工会向人民法院提起民事诉讼，行为人承担民事责任的方式包括返还财产、赔偿损失。另外，对企业、事业单位无正当理由拖欠或者拒不拨缴工会经费，基层工会或上级工会有权根据《工会法》和《民事诉讼法》的有关规定。向当地人民法院申请支付令，被申请的企业、事业单位在法定期限内既不提出异议，也不缴纳工会经费的，工会可申请人民法院强制执行。

(3) 工会工作人员损害职工或工会权益造成损失的行为。应当由工会的工作人员承担赔偿责任。职工或工会组织可以向工会所在地人民法院对工会工作人员提起诉讼。

2. 承担违约责任的违法行为。违反工会法的违约行为包括：职工因参加工会活动被用人单位解除劳动合同；工会工作人员因履行职责被用人单位解除劳动合同，工会可以提请劳动行政部门处理，被解除劳动合同的当事人也可以依据劳动争议处理程序，向劳动争议仲裁机构申请劳动仲裁，对仲裁决定不服的劳动者可以依法向人民法院起诉。对提起仲裁或诉讼的职工，工会应当给予必要的帮助与支持。

(三) 刑事责任

根据《工会法》的相关规定，违反《工会法》构成犯罪的行为有：以暴力、威胁等手段阻挠职工依法参加工会和组织工会，或者阻挠上级工会帮助、指导职工筹建工会造成严重后果，构成犯罪的；对依法履行职责的工会工作人员进行侮辱、诽谤或者进行人身伤害构成犯罪的；工会工作人员损害职工或者工会权益，构成犯罪的。

第四篇　经济法与其他相关法律

第十三章　公司法与企业法

第一节　公司法

一、公司法概述

（一）公司的含义及特征

公司，是指以营利为目的，按照《中华人民共和国公司法》（以下简称《公司法》）设立的企业法人。公司的基本含义有以下三点：

1. 公司是营利性的经济组织。公司的设立宗旨是为了通过各种生产经营活动，满足社会各种需求并获取利润。以营利为目的是公司的基本特征，并以此区别于公司法人以及我国曾出现过的一些行政性公司。

2. 公司是企业法人。它既不同于非企业的法人，如国家机关法人、事业单位法人和社会团体法人，也不同于非法人的企业，如私人独资企业、合伙企业。

3. 公司是集合性、标准性、自由性的经济实体。

公司具有以下三个基本特征：其一，公司是企业法人。公司必须具备法人资格，以其独立的财产自主经营，独立承担民事责任。

其二，公司是以营利为目的的企业法人。公司必须连续不断地从事一定行业或者领域的生产经营活动，以获取利润为目的。不以获取利润为目的的所谓“经济组织”，不能称之为公司。其三，公司是依法设立的企业法人。公司是依《公司法》规定的条件和程序设立的企业法人，其他企业和经济组织改建为公司，包括国有企业公司制改建，都必须符合公司法规定的相关条件和程序。

（二）公司的种类

根据不同的标准，可以将公司划分为不同的种类：

1. 根据股东对公司所负责任的不同，可以把公司划分为五类：一是无限公司，即所有股东无论出资数额多少，均需对公司债务承担无限连带责任的公司；二是有限责任公司，即所有股东均以其出资额为限对公司债务承担责任的公司；三是两合公司，即由无限责任股东和有限责任股东共同组成的公司；四是股份有限公司，即将公司全部资本分为金额相等的股份，所有股东均以其所持股份为限对公司的债务承担责任的公司；五是股份两合公司，即由无限责任股东和有限公司股东共同组成的公司。这种划分方法是对公司进行最基本的划分方法。

2. 根据公司国籍的不同，可以划分为本国公司、外国公司和跨国公司。

3. 根据公司在控制与被控制关系中所处地位的不同，可以分为母公司和子公司。

母公司是指拥有其他公司一定数额的股份或根据协议能够控制、支配其他公司的人事、财务、业务等事项的公司。母公司最基本的特征不在于是否持有子公司的股份，而在于是否参与子公司的业务经营。子公司是指一定数额的股份被另一公司控制或依照协议被另一公司实际控制、支配的公司。子公司具有独立的法人资格，拥有自己所有的财产，自己的公司名称、章程和董事会，对外独立开展业务和承担责任。

4. 根据公司在管辖与被管辖关系中所处地位的不同，可以分

为总公司和分公司。

总公司又称本公司，是指依法设立并管辖公司全部组织的具有企业法人资格的总机构。总公司通常先于分公司而设立，在公司内部管辖系统中处于领导、支配地位。分公司是指在业务、资金、人事等方面受本公司管辖而不具有法人资格的分支机构。

5. 根据公司的信用基础的不同，公司的经营活动以股东个人的信用而非公司资本的多寡为基础的公司称为人合公司，如无限公司；公司的经营活动以公司的资本规模为基础的称为资合公司，如股份有限公司就是典型的资合公司；公司的设立和经营同时依赖于股东个人信用和公司资本规模的公司，如两合公司。

（三）我国的公司立法与适用范围

《公司法》由第八届全国人大常委会第五次会议于 1993 年 12 月 29 日通过，自 1994 年 7 月 1 日起施行。此后，全国人大常委会于 1999 年、2004 年对《公司法》进行了两次小的修改。2005 年 10 月 27 日，第十届全国人大常委会第十八次会议对《公司法》进行了较大规模的修订后重新颁布，自 2006 年 1 月 1 日起施行。

我国《公司法》规定，公司是指依照《公司法》在中国境内设立的有限责任公司和股份有限公司。因此，凡在中国境内设立的有限责任公司和股份有限公司均适用我国的《公司法》。

另外，《公司法》还规定，在我国境内的外商投资的有限责任公司也适用《公司法》。但是，为了维持我国多年来对外商投资企业政策的稳定性与连续性，我国的《公司法》又规定，有关中外合资经营企业、中外合作经营企业、外资企业的法律另有规定的，适用其规定。

二、有限责任公司

（一）有限责任公司的含义及特征

有限责任公司又称有限公司，是指由法律规定的一定人数的股东组成，股东以其出资额为限对公司承担责任，公司以其全部资产

对公司的债务承担责任的企业法人。

有限责任公司具有以下法律特征：一是有限责任公司的股东以其出资额为限对公司的债务承担责任。二是公司的资本不分为等额的股份。有限责任公司的股份表现形式不是股票，而是公司向股东签发的股权证明书或出资证明。三是股东的人数有一定的限制，包括上限和下限。我国《公司法》规定，有限责任公司股东人数为50人以下。四是有限责任公司不能公开募股，不能发行股票。五是股东转让出资受到限制，我国《公司法》第72条规定，有限责任公司的股东向股东以外的人转让出资时，必须经全体股东过半数同意，经股东同意转让的出资，其他股东对该出资有优先受让权。六是有限责任公司的财务不必向社会公开。

（二）有限责任公司的设立条件

设立有限责任公司应当具备以下五个条件：一是股东符合法定人数。有限责任公司的法定人数是50人以下（不包括50人）。下限为1名股东，可以是1名自然人股东，也可以是1名法人股东。二是股东出资额应达到法定资本的最低限额。有限责任公司的注册资本为在公司登记机关登记的全体股东认缴的出资额。有限责任公司的注册资本的最低限额为人民币3万元。三是股东共同制定公司章程。四是有公司名称，建立符合有限责任公司要求的组织机构。五是有公司住所。

（三）有限责任公司的组织机构

有限责任公司的组织机构有以下三个常设机关：

1. 有限责任公司的股东会。有限责任公司股东会，是由全体股东组成的公司权力机构。根据我国公司法的有关规定，有限责任公司股东会的性质可归纳为以下几点：股东会是由全体股东组成的公司最高权力机关；股东会是公司的意思形成机关，股东会所形成的公司的意思是指股东意思的总合，并不等于任何一个股东的意思，但股东会并非公司意思的执行机关，因股东会对内并不执行业务，也不对外代表公司；股东会是会议形式的公司机关，而不是常

设机关。

2. 有限责任公司的董事会。有限责任公司的董事会，是根据公司法的规定设立的，由全体董事组成的公司经营决策和业务执行的法定常设机构。董事会的性质及其特征如下：董事会是公司的经营决策和业务执行机构，对公司业务进行筹划管理，董事会对股东会负责，必须执行股东会的决议；董事会成员的产生由股东会选举，而不论其是否具备股东资格；董事会是法定必备的常设机构。

3. 有限责任公司的监事会或者监事。监事会是由股东选举产生的股东代表监事和公司职工民主选举产生的职工代表监事组成，其比例由公司章程规定。董事、经理及公司财务负责人不得兼任监事。监事的任期为每届 3 年，任期届满，可以连选连任。

(四) 有限责任公司的股权转让

有限责任公司的股东之间可以相互转让其全部或者部分股权。股东向股东以外的人转让股权，应当经其他股东过半数同意。股东应就其股权转让事项书面通知其他股东征求同意，其他股东自接到书面通知之日起满 30 日未答复的，视为同意转让。其他股东半数以上不同意转让的，应由不同意的股东购买该转让的股权；不购买的，视为同意转让。经股东同意转让的股权，在同等条件下，其他股东有优先购买权。两个以上股东主张行使优先购买权的，协商确定各自的购买比例；协商不成的，按照转让时各自的出资比例行使优先购买权。公司章程对股权转让另有规定的，根据其规定执行。

人民法院依照法律规定的强制执行程序转让股东的股权时，应当通知公司及全体股东，其他股东在同等条件下有优先购买权。其他股东自人民法院通知之日起满 20 日不行使优先购买权的，视为放弃优先购买权。

转让股权后，公司应当注销原股东的出资证明书，向新股东签发出资证明书，并相应修改公司章程和股东名册中有关股东及其出资额的记载。对公司章程的该项修改不需再由股东会表决。

三、股份有限公司

（一）股份有限公司的含义及特征

股份有限公司亦称股份公司，是指将其全部资本分为等额股份，股东以其所持股份为限对公司承担责任，公司以其全部资产对公司的债务承担责任的企业法人。它具有以下特征：

其一，公司的全部资本分为等额股份。公司资本划分为股份，每股金额相等。股份作为公司资本的基本单位，每股金额与股份数的乘积即是公司的资本总额。这是股份制的最重要的特征。股份不仅是股东出资的计算单位，而且是股东行使表决权、分配利润及分配剩余财产的计算标准。

其二，股东对公司的债务负有限责任。股份有限公司的股东以其所认购的股份为限对公司承担责任。就股东责任的有限性而言，与有限责任公司在本质上是相同的，但有别于无限责任公司。

其三，通过发行股票筹集资本。股份有限公司可以以向社会公开发行股票的方式来筹集资本，这种筹资方式对无限责任公司和有限责任公司来说都是不允许的。

其四，股东转让股份一般不受限制。股份有限公司的股份以股票这种有价证券的形式表现出来，股票可以自由转让。而对有限责任公司而言，股东在出资转让方面有较为严格的限制。

（二）股份有限公司的设立条件

股份有限公司的设立应具备以下六个条件：

1. 发起人符合法定人数。设立股份有限公司，应当有2～200人为发起人，其中须要有过半数的发起人在中国境内有住所。

2. 发起人认购和募集的资本应达到法定资本的最低限额。股份有限公司注册资本的最低限额为人民币500万元。

3. 股份发行、筹办事项符合法律规定。

4. 发起人制订公司章程，采用募集方式设立的经创立大会通过。

5. 有公司名称，并建立符合股份有限公司要求的组织机构。

6. 有公司住所。

（三）股份有限公司的组织机构

股份有限公司的组织机构有以下三个常设机关：

1. 股份有限公司的股东大会。股东大会是由股份有限公司全体股东组成的公司最高权力机关，是公司法定必备的、会议形式的机构。它和有限责任公司股东会的性质相同。

2. 股份有限公司的董事会、经理。股份有限公司的董事会，是根据公司法规定设立的，由全体董事组成的公司经营决策和业务执行的法定常设机构。

3. 股份有限公司的监事会。股份有限公司的监事会属公司的监督机构。股份有限公司必须设立监事会，其成员不得少于 3 人。监事会由股东选举的股东代表和公司职工选举的职工代表组成，其组成比例由公司章程规定。监事的任期为每届 3 年，任期届满可以连选连任。

（四）股份有限公司的股份发行和转让

股份有限公司的股份有两层含义：其一，它是公司资本的组成部分；其二，它是股东权的计算单位。

1. 股份有限公司的股份发行。股份的发行应满足以下 3 个条件：其一，股份的发行实行公开、公平、公正的原则，必须同股同权，同股同利。其二，同次发行的股票，每股的发行条件和价格应当相同。任何单位或者个人所认购的股份，每股应当支付相同的价额。其三，股票的发行价格可以按票面金额，也可以超过票面金额，但不得低于票面金额。

2. 股份有限公司的股份转让。股份的转让应遵循以下规定：其一，股东持有的股份可以依法转让。其二，发起人持有的本公司股份，自公司成立之日起 1 年内不得转让。董事、监事、经理应当向公司申报所持有的本公司的股份，转让需遵守《公司法》规定。其三，股东转让其股份，必须在依法设立的证券交易场所进行或按国务院规定的其他方式进行。其四，记名股票，由股东以背书方式或者法律、行政法规规定的其他方式转让。转让后，由公司将受让人的姓名或者名称及住所记载于股东名册。其五，无记名股票的转让，由股东将该股票交付给受让人后即发生转让的效力。

四、公司的合并、分立和终止

（一）公司的合并与分立

公司的变更，是指在市场经济条件下为适应市场需要，而进行企业组织结构、产品结构调整的重要措施。公司变更包括公司合并、分立、变更公司组织形式、增减注册资本以及其他重要注册登记事项的变更。

1. 公司合并，是指两个或两个以上的公司依照法律规定和合同约定，合并成一个公司的行为。公司合并分为新设合并和吸收合并。公司的新设合并，是指两个或两个以上公司合并设立一个新的公司，合并各方解散；公司的吸收合并，是指一个公司吸收其他公司而存续，被吸收的公司解散。

2. 公司分立，是指一个公司依照法律规定和合同约定，分立为两个或两个以上公司的行为。在实践中，公司分立分为新设分立和派生分立。公司新设分立，是指一个公司法人资格消灭而以其财产分割新设立两个或两个以上具有法人资格的新公司；公司派生分立，是指在一个公司法人资格存续的情况下，分出其一部分财产又成立一个具有法人资格的新公司。

公司合并或分立，应当由公司的股东大会作出决议。股份有限公司的合并或分立，必须经国务院授权的相关部门或省级人民政府批准。

（二）公司的终止及其程序

我国公司法规定的公司终止事由可分为任意终止事由和强制终止事由两类。任意终止，是指基于公司的意思而自愿终止；强制终止，是指公司基于法律规定或者有关机关的命令或裁判而终止。

强制终止事由包含以下两种类型：一是公司因不能清偿到期债务

被依法宣告破产；二是公司违反法律、行政法规而被依法责令关闭。

公司终止的程序因公司终止的事由不同而不同：

1. 公司因章程规定的营业期限届满或章程规定的其他解散事由出现而终止，或因股东会、股东大会决议解散而终止的。

2. 公司因合并、分立需要解散的。

3. 依法被吊销营业执照、责令关闭或被撤销。

4. 人民法院依本法第183条的规定予以解散。

（三）公司的清算及法定程序

公司清算，是指法律或公司章程规定的公司终止事由出现后，对公司资产、债权债务进行清理，了解公司债务，并向股东分配剩余财产，终结公司所有法律关系的法律行为。

公司清算是公司终止中极为重要的法定程序，其最终目的是终结公司的一切法律关系，使公司法人资格消灭，清算中的公司法人资格依然存在，但只能从事与清算有关的活动，只有在清算终结并办理注销登记后，公司法人资格才消灭。

公司清算与破产清算具有一定的区别。公司清算与公司破产诉讼程序中的清算虽然最终目的都是使公司法人资格消灭，但两者又有严格区别：一是公司清算虽有法定程序，但不属于诉讼程序，清算中的有关重要事项由公司股东会作出决议或者确认；而破产清算则属于诉讼程序，清算组对法院负责并报告工作，清算中有关重要事项由法院裁定。二是公司清算必须在公司财产足以清偿公司债务的情况下进行，不仅要了结公司债务，还要向股东分配剩余财产；而破产清算是在公司不能清偿到期债务的情况下进行，一般公司均处于资不抵债的状况。所以公司清算既保护债权人又保护股东的合法权益，而破产清算主要是了结债务而维护债权人的利益。

第二节　企业法

一、国有企业法

（一）国有企业的含义及特征

国有企业即全民所有制企业，是生产资料归全体劳动人民所有，依法自主经营、自负盈亏、独立核算的商品生产和经营单位，是独立享有民事权利和承担民事义务的企业法人。

国有企业的财产属于全民所有，国家依照所有权和经营权分离的原则授予企业经营管理。企业对国家授予其经营管理的财产享有占有、使用和依法处分的权利。全民所有制企业依法取得法人资格，以国家授予其经营管理的财产承担民事责任。

国有企业具有以下特征：一是国家是国有企业的唯一投资主体，在实践中代表国家作为投资主体的既可以是中央政府也可以是地方政府。二是国有企业经营的目标具有社会公益性。在国有企业的目标构成中，社会公益目标居于优先地位。三是国有企业经营的决策具有高度集权性。国有企业的经营管理权集中在政府委派的经营者手中。四是国有企业的法律调整具有特殊性。当今世界各国对国有企业一般进行专门的法律调整，在公司法之外制定专门的国有企业法。

（二）我国国有企业法的立法概况

国有企业法是调整国家在组织管理国有企业，以及国有企业在设立、变更、终止、组织机构创建和从事各项生产经营活动中所发生的各种经济关系的法律规范的总称。这些经济关系可分为三个方面：一是国家在组织管理国有企业的过程中发生的国家有关部门与国有企业之间的经济关系；二是国有企业与其他经济组织之间发生的经济关系；三是国有企业在内部的生产经营活动中发生的经济关系。

国有企业的特殊性质决定了对其管理必须进行特别立法。目前我国规范国有企业的立法主要有1988年制定的《中华人民共和国全民所有制工业企业法》（以下简称《全民制企业法》）和1992年国务院发布的《全民所有制工业企业转换经营机制条例》（以下简称《转换经营机制条例》）。为了加强对企业国有资产的监督管理，国务院于2003年5月27日颁布了《企业国有资产监督管理暂行条例》；2008年10月28日第十一届全国人民代表大会常务委员会第五次会议正式通过了《中华人民共和国企业国有资产法》，并于2009年5月1日起施行。

（三）国有企业的设立、变更与终止

国有企业的设立即全民所有制企业的设立，是指依法组建全民所有制企业并使之成为企业法人的活动。

1. 国有企业设立的条件。根据《全民制企业法》的规定，申请设立国有企业，必须具备以下各项条件：产品为社会所需要；有能源、原材料、交通运输的必要条件；有自己的名称和生产经营场所；有符合国家规定的资金；有自己的组织机构；有明确的经营范围；法律、法规规定的其他条件。

2. 国有企业设立的程序。国有企业设立的程序是：首先，必须依照法律和国务院规定，报请政府或者政府主管部门审核批准。对一些特殊经营范围的企业，还须经有关监督管理部门或者人民政府批准。其次，必须办理工商登记。企业只有在登记主管机关依法核准登记，并领取企业法人营业执照后，才能正式成立。

3. 国有企业的变更和终止。企业变更的主要形式包括企业的合并、分立和企业其他重要事项的变更。企业的合并、分立和其他重要事项的变更要依照法律、法规的规定，由政府或者政府主管部门批准。企业的变更，应当在审批机关批准30日内，向登记主管机关申请办理变更登记、开业登记或者注销登记。

企业由于下列原因之一而终止：违反法律、法规被责令撤销；政府主管部门依照法律、法规的规定决定解散；依法被宣告破产；

其他原因。企业解散或者被撤销的，应当由其主管部门组织清算组进行清算。企业被宣告破产的，应当由人民法院组织清算组进行清算。企业终止，应当依法经工商行政管理部门核准登记，并向国有资产管理部门办理产权变更或注销登记。

（四）国有企业的权利与义务

1. 国有企业的权利和义务概述。企业的权利大致可分为两大类：一类是企业作为民事法律主体享有的权利，如企业名称专用权、注册商标专用权等，多由民法来调整；另一类是企业作为经济法律主体享有的权利，由企业法加以规定。

根据权利与义务对等一致的法律原则，国有企业的义务是对其权利的适当限制，是防止企业滥用经营权的重要措施。

2. 国有企业的权利。国有企业经营权是指国有企业对国家授予其经营管理的财产享有占有、使用和依法处分的权利。根据《全民制企业法》和《转换经营机制条例》的规定，国有企业享有的权利有：生产经营决策权；产品、劳务定价权；产品销售权；物资采购权；进出口权；投资决策权；留用资金支配权；资产处置权；联营兼并权；劳动用工权；人事管理权；工资、奖金分配权；内部机构设置权；拒绝摊派权。

企业的经营权受法律保护，任何部门、单位和个人不得干预和侵犯，企业有权通过向政府有关部门申诉、举报或向人民法院起诉等方式保护经营权不受侵犯。

3. 国有企业的义务。《全民制企业法》、《转换经营机制条例》在规定企业享有权利的同时，也明确规定了企业应当履行的义务。企业的义务体现在企业对国家、社会和职工三个方面的责任。主要有以下几个方面：企业必须遵守国家法律、法规；企业必须完成指令性计划；企业必须有效地利用企业全部资产，保障固定资产的正常维修，改进和更新设备，努力实现企业财产的保值或增值；企业必须加强产品质量管理，建立质量保证体系；企业应大力利用科学技术；企业必须遵守财务制度、劳动工资制度以及物价管理等方面

的规定；企业必须严格履行依法订立的经济合同；企业必须加强保卫工作，维护生产秩序，保护国家财产；企业必须贯彻安全生产制度；企业应当注重提高职工队伍的素质；企业应当支持和奖励职工进行科学研究、发明创造，开展技术革新、合理化建议和社会主义劳动竞赛活动；企业应当支持企业工会的活动。

（五）国有企业的内部领导体制

1. 经理负责制。经理负责制，就是国有企业的经理对企业的生产指挥、经营管理全权负责的一种企业内部领导制度。经理是企业的法定代表人，在企业的生产和经营管理中处于中心地位，对企业的物质文明建设和精神文明建设负有全面责任。

经理领导企业的生产经营管理工作，依法行使下列职权：依照法律和国务院规定，决定或报请审查批准企业的各项计划；决定企业行政机构的设置；报请政府主管部门任免或聘任、解聘副厂级行政领导干部，法律另有规定的除外；任免或聘任、解聘企业中层行政领导干部，法律另有规定的除外；提出工资调整方案、奖金分配方案和重要的规章制度，提请职工代表大会审查同意，提出福利基金使用方案和其他有关职工生活福利的重大事项的建议，提请职工代表大会审议决定；依法奖惩职工，提请政府主管部门奖惩副厂级行政领导干部。

2. 民主管理制度。全民所有制工业企业可以实行职工代表大会、企业管理委员会、民主评议会、合理化建议委员会等多种民主管理形式。其中，职工代表大会最为典型。

职工代表大会是企业实行民主管理的基本形式，是职工行使民主管理权利的机构。职工代表大会依法行使下列职权：

（1）企业重大经营决策审议权。听取和审议经理关于企业的经营方针、长远规划、年度计划、基本建设方案、重大技术改造方案、职工培训计划，留用资金分配和使用方案等，提出意见和建议。

（2）企业重要规章制度的核准权。审查同意或否决企业工资调整方案、奖金分配方案、劳动保护措施、奖惩办法和其他重要规章制度。

（3）重大生活福利事项审议决定权。审议决定职工福利基金使用方案、职工住宅分配方案和其他有关职工生活福利重大事项。

（4）评议、监督企业行政领导干部权。对企业各级行政领导干部有权进行评议、监督、提出奖惩和任免建议。

（5）推荐、选举经理权。根据主管部门的决定选举经理，并报政府主管部门批准。

（六）国有资产的监督管理

企业国有资产（以下简称国有资产），是指国家对企业各种形式的出资所形成的权益。国家出资企业，是指国家出资的国有独资企业、国有独资公司，以及国有资本控股公司、国有资本参股公司。

1．国有资产的监督体制。2003 年 5 月，国务院公布了《企业国有资产监督管理暂行条例》，确定了国有资产管理体制改革的方向和原则。我国目前的企业国有资产管理体制为：国务院和地方人民政府依照法律、行政法规的规定，分别代表国家对国家出资企业履行出资人职责，享有出资人权益；国务院和地方人民政府应当按照政企分开、社会公共管理职能与国有资产出资人职能分开、不干预企业依法自主经营的原则，依法履行出资人职责；国务院国有资产监督管理机构和地方人民政府按照国务院的规定设立的国有资产监督管理机构作为履行出资人职责的机构，根据本级人民政府的授权，代表本级人民政府对国家出资企业履行出资人职责。

2．国有资产监督管理机构的职权和责任。国有资产监督管理机构对国家出资企业依法享有资产收益、参与重大决策和选择管理者等出资人权利，有权依照法律、行政法规的规定，制定或者参与制定国家出资企业的章程，委派股东代表参加国有资本控股公司、国有资本参股公司召开的股东（大）会会议等。

国有资产监督管理机构应当对本级人民政府负责，保障出资人权益，对国有资产保值增值负责，防止国有资产流失，维护企业作为市场主体依法享有的权利，除依法履行出资人职责外，不得干预企业经营活动。

3. 国家出资企业的财产权及其对出资人的相关责任。国家出资企业对其动产、不动产和其他财产依照法律、行政法规以及企业章程享有占有、使用、收益和处分的权利。国家出资企业依法享有的经营自主权和其他合法权益受法律保护。国家出资企业对其所出资企业依法享有资产收益、参与重大决策和选择管理者等出资人权利。同时，国家出资企业应当依法经营管理，接受政府及政府有关部门、机构依法实施的监督管理，接受社会公众的监督，承担社会责任，对出资人负责。国家出资企业应当建立和完善法人治理结构，建立健全内部监督管理和风险控制制度，依照法律、行政法规和国务院财政部门的规定，建立健全财务、会计制度，设置会计账簿，进行会计核算，依照法律、行政法规以及企业章程的规定向出资人提供真实、完整的财务、会计信息。国家出资企业应当依照法律、行政法规以及企业章程的规定，向出资人分配利润。国家出资企业依照法律规定，通过职工代表大会或者其他形式，实行民主管理。

二、合伙企业法

（一）合伙企业的含义及特征

所谓合伙企业，是指两个或者两个以上的合伙人，依照在中国境内设立的由各合伙人订立的合伙协议，共同出资、共同经营、共享收益、共担风险，并对合伙企业的债务承担无限连带责任的营利性组织。合伙企业是企业的一种组织形式。

合伙企业具有以下几个方面的基本特征：

1. 合伙企业的成立以订立合伙协议为法律基础。合伙企业从法律上讲，属于人合性质。就是说，合伙本质上是人的结合而不是资本的结合。合伙的信用基础是全体合伙人而不是合伙财产。因此，合伙企业的建立，必须由各合伙人协商一致，订立合同。没有合伙协议，就不可能成立合伙企业。

2. 合伙企业的内部关系属于合伙关系。所谓合伙关系，就是共同出资、共同经营、共享收益，共担风险的关系。尽管不同的合伙企业所赖以成立的合伙协议有很大差别，但是在这四个基本问题上都遵循着共同的准则。

3. 合伙人对合伙企业的债务承担无限连带责任。合伙企业的团体人格与合伙人的个人人格紧密联系，合伙企业的债务，归根结底是合伙人的债务。所以，当合伙企业的财产不足清偿其债务时，合伙人应当以自己的个人财产承担该不足部分的清偿责任。

（二）合伙企业的分类

根据《中华人民共和国合伙企业法》（以下简称《合伙企业法》）的规定，合伙企业可分为普通合伙企业和有限合伙企业。

1. 普通合伙企业。普通合伙企业由普通合伙人组成，合伙人对合伙企业债务承担无限连带责任。《合伙企业法》对普通合伙人承担责任的形式有特别规定的，从其规定。普通合伙企业又分为一般的普通合伙企业和特殊的普通合伙企业。

2. 有限合伙企业。有限合伙企业由普通合伙人和有限合伙人组成，普通合伙人对合伙企业债务承担无限连带责任，有限合伙人以其认缴的出资额为限对合伙企业债务承担责任。

（三）我国合伙企业法的立法情况

合伙企业法是调整合伙关系的法律规范的总称。合伙关系是指因合伙企业设立、变更、解散、经营等所形成的内外部关系。为了规范合伙企业，保护合伙企业和合伙人的合法权益，第八届全国人民代表大会常务委员会第二十四次会议于1997年2月23日通过了《合伙企业法》，自1997年8月1日起施行。2006年8月27日第十届全国人民代表大会常务委员会第二十三次会议修订了《合伙企业法》，并于2007年6月1日起施行。

（四）合伙企业的设立条件

根据《合伙企业法》第14条的规定，设立合伙企业，应当具备以下条件：

1. 合伙人必须符合法定条件。设立合伙企业必须有两个以上的合伙人，合伙人为自然人的，应当具有完全民事行为能力。

2. 有书面合伙协议。合伙协议又称合伙合同，需要以书面方式订立，而且还要向企业登记机关在申请登记时提交。它是成立合伙企业的基本文件。

3. 有合伙人认缴或者实际缴付的出资。各合伙人应向合伙企业投入合伙协议中约定的出资额，作为合伙企业存续期间的财产组成部分。合伙人可以货币、实物、土地使用权、知识产权或者其他财产权利出资，也可以用劳务出资。

4. 有合伙企业的名称和生产经营场所。合伙企业需要有一个自己的称谓，合伙企业设定自己的称谓时必须遵守《合伙企业法》和其他有关企业名称登记的法律、法规和规章的规定。经营场所对于合伙企业的重要意义不仅仅在于它是从事生产经营的空间范围，还在于它的法律意义，它是确定工商登记管辖、决定诉讼管辖、决定法律文书送达的处所，并决定着涉外民事关系等。

（五）合伙企业事务经营管理的权利与义务

合伙企业事务经营管理的权利与义务由以下几个部分组成：

1. 知情权和监督权。无论是全体合伙人共同执行事务，还是委托个别合伙人执行事务，各合伙人均有权随时了解有关合伙事务和合伙财产的一切情况，包括有权查阅账簿和其他业务文件。

2. 异议权和撤销权。既然事务执行人的行为所产生的亏损和责任要由全体合伙人承担，那么，当事务执行人的行为被认为有损于全体合伙人的利益时，不执行事务的合伙人就应该有权提出异议和加以制止，并于必要时撤销对他的事务授权。合伙协议约定或者经全体合伙人决定，合伙人分别执行合伙事务时，合伙人可以对其他合伙人执行的事务提出异议。提出异议时，应暂停该项事务的执行。

3．忠实义务。由于合伙具有“人合”的性质，因而信任关系对于合伙的存续意义重大。所以，现代合伙法以“最高度之诚信”为维系合伙内部关系的指导原则。这一原则的基本精神，就是合伙人应当忠实于合伙事业和全体合伙人的共同利益。

（六）合伙企业财产的管理与使用

《合伙企业法》对合伙企业的财产管理使用专门作出了相应的规定，其主要内容有下面四个方面：

1．合伙企业的财产由全体合伙人共同管理和使用。合伙人对合伙企业的财产享有共有权或共用权，对合伙企业事务的执行享有同等权利。对于合伙企业财产的转让和处分必须经全体合伙人同意，个别合伙人没有此项权利。

2．在合伙企业存续期间，合伙人不得请求分割合伙企业的财产。《合伙企业法》规定，合伙企业清算前，合伙人不得请求分割合伙企业的财产，但本法另有规定的除外。

3．在合伙企业存续期间，限制合伙人将其在合伙企业中的财产份额部分或全部地转让给他人。

4．未经其他合伙人的一致同意，合伙人不得以其在合伙企业中的财产份额出质。未经其他合伙人一致同意，合伙人以其在合伙企业中的财产份额出质的，其行为不受法律保护，是无效的民事行为，合伙企业并不以出质合伙人投入合伙企业的财产份额承担担保责任。对于因此而产生的民事责任，应当由设定质押的合伙人以其投入合伙企业以外的个人财产承担。

（七）合伙企业的利润分配

共享利润和共担风险，是合伙关系的基本准则。而共担风险体现在分配上就是共负亏损。合伙企业的利润和亏损，由合伙人依照合伙协议约定的比例分配和分担；合伙协议未约定利润分配和亏损分担比例的，由各合伙人平均分配和分担。

合伙结算期到来时，合伙企业进行年度结算。在企业盈利的情

况下，进行利润分配。利润分配的方案，应按照合伙协议规定的比例。合伙协议未规定比例的，全体合伙人可以就当年的分配比例作出一致同意的决定。合伙企业的利润分配比例有以下几种类型：

固定比例，一般是平均分配，也可以是当事人商定的其他任何比例；资本比例，即按出资比例分配；混合比例，即先支付资本利率（资本利率可采用银行利率，也可以另行约定），然后按固定比例分配剩余利润。

（八）合伙企业的债务处理

根据《合伙企业法》，合伙企业对其债务，应先以其全部财产进行清偿。合伙企业财产不足清偿到期债务的，各合伙人应当承担无限连带清偿责任。

1. 清偿标的必须是到期债务。也就是说，未到期的债务属于《合伙企业法》第 39 条的规则范围，其债权人不得依据该条规定请求清偿。

2. 清偿秩序，必须是先以合伙企业的财产清偿。只有当合伙财产不足清偿时，才由合伙人以其个人财产进行清偿。也就是说，当合伙企业财产能够清偿时，债权人不得向合伙人追索。

3. 合伙人的所有可执行财产，均可用于清偿。所谓执行财产，是指合伙人在所有的个人财产中，除去依法不可执行的财产后余下的部分。

4. 债权人可以向合伙人中的任何一人或数人请求清偿全部债务。

（九）合伙企业的解散与清算

合伙企业解散，是指由于法律规定的原因或者当事人约定的原因而使全体合伙人之间的合伙协议终止，合伙企业的事业终结时，全体合伙人的合伙关系也归于消灭。依照《合伙企业法》第 85 条之规定，合伙企业在发生下列情形之一时，应当解散：其一，合伙协议约定的经营期限届满，合伙人决定不再经营的；其二，合伙协议约定的解散事由出现；其三，全体合伙人决定解散；其四，合伙人已不具备法定人数即两个或两个以上合伙人满 30 天；其五，合伙协议约定的合伙目的已经实现或者无法实现；其六，合伙企业依法被吊销营业执照的，责令关闭或被撤销；其七，出现法律、行政法规规定的其他原因。

合伙企业解散后会产生一定的法律效力，合伙企业解散的效力即合伙企业解散所引起的法律后果。依照《合伙企业法》及企业解散的一般原理，合伙企业解散会引起一系列法律后果：一是合伙关系终结。二是对合伙企业存续期间的财产、债权、债务予以清算。合伙企业解散后应当进行清算，并通知和公告债权人。

合伙企业的清算，是指合伙企业符合合伙人约定或法律规定的终止、解散条件或者合伙企业出现其他客观事实状态时，清算人依法对合伙企业的财产及债权债务进行清理、清偿和分配的行为。合伙企业进行清算时，应遵循以下原则：

1. 执行清算人的确定。《合伙企业法》第 86 条规定了 4 种在合伙企业解散后确定清算人的方式：清算人由全体合伙人担任；未能由全体合伙人担任清算人的，经全体合伙人过半数同意，可以自合伙企业解散后 15 日内指定一名或数名合伙人担任清算人；经全体合伙人过半数同意，在合伙企业解散后 15 日内委托第三人担任清算人；合伙企业解散后 15 日内未确定清算人的，合伙人或者其他利害关系人可以申请由人民法院指定清算人。

2. 清算人的职权。清算人在清算期间有权执行下列事务：清理合伙企业财产，分别编制资产负债表和财产清单；处理与清算有关的合伙企业未了结事务；清缴所欠税款；清理债权、债务；处理合伙企业清偿债务后的剩余财产；代表合伙企业参与民事诉讼活动。

3. 清偿债务的顺序。清算人在清理完毕合伙企业财产后，应依法定的顺序清偿债务。依《合伙企业法》第 89 条之规定，合伙企业清算后的清偿顺序如下：支付清算费用；合伙企业所欠招用的职工工资和社会保险费用、法定补偿金；合伙企业所欠税款；合伙

企业的债务；返还合伙人的出资；分配剩余财产。

三、个人独资企业法

（一）个人独资企业的含义及特征

个人独资企业，是指在中国境内依法设立的，由一个自然人投资，财产为投资人个人所有，投资人以其个人财产对企业债务承担无限责任的经营实体。个人独资企业具有如下特征：一是个人独资企业是由一个自然人投资的企业。这是独资企业在投资主体上与合伙企业和公司的区别。国家机关、国家授权投资的机构或者国家授权的部门、企业、事业单位都不能作为个人独资企业的投资人。此外，外商独资企业也不能作为个人独资企业的投资人。二是投资人对企业的债务承担无限责任。这是独资企业在责任形态方面与公司的本质区别，当企业的资产不足以清偿到期债务时，投资人应以个人的全部财产用于清偿。三是其内部机构设置简单，经营管理方式灵活。四是个人独资企业不具有法人资格。

（二）我国个人独资企业法的立法情况

个人独资企业法，是指调整个人独资企业的设立、经营管理、解散、清算的法律规范的总称。随着我国个体私营经济的发展，以个人投资者出资兴办的私营企业不断涌现。为了规范个人单独投资企业的行为，保护该类企业及投资人的合法权益，第九届全国人大常委会第十一次会议于 1999 年 8 月 30 日通过了《中华人民共和国个人独资企业法》（以下简称《个人独资企业法》），并于 2000 年 1 月 1 日起施行。这是我国第一部专门调整个人投资者出资的企业形态的法律，这一法律的出台使个人独资企业的设立和经营纳入了法制的轨道。

（三）个人独资企业的设立条件及程序

1. 个人独资企业的设立条件。其一，投资人为一个自然人。个人独资企业中的投资人只能是一个自然人，该自然人应当具有相应的民事权利能力和完全民事行为能力。法律、行政法规禁止从事营利活动的人，不能作为投资人。其二，有合法的企业名称。个人独资企业的名称应与公司和合伙企业的名称区别开来。其三，有投资人申报的出资。出资包括货币、实物、土地使用权、知识产权等形式。其四，有固定的生产经营场所和必要的生产经营条件。其五，有必要的从业人员。

2. 个人独资企业的设立程序。申请个人独资企业，应当由投资人或者其委托的代理人向个人独资企业所在地的登记机关提交设立申请书、投资人身份证明、生产经营场所使用证明等文件。委托代理人申请设立登记时，应当出具投资人的委托书和代理人的合法证明。

个人独资企业设立申请书应当载明下列事项：企业的名称和住所；投资人的姓名和居所；投资人的出资额和出资方式；企业的经营范围。

登记机关应当在收到设立申请文件之日起 15 日内，对符合设立条件的，予以登记，并发给营业执照。个人独资企业营业执照的签发日期为个人独资企业的成立日期。

(四) 个人独资企业的权利与义务

个人独资企业的权利主要包括：个人独资企业可以依法申请贷款，取得土地使用权，并享有法律、行政法规规定的其他权利。任何单位和个人不得违反法律、行政法规的规定，以任何方式强制个人独资企业提供财力、物力、人力；对于违法提供财力、物力、人力的行为，个人独资企业有权拒绝。

个人独资企业的义务主要包括：个人独资企业应当依法设置会计账簿，进行会计核算。个人独资企业聘用职工的，应当依法与职工签订劳动合同，保障职工的劳动安全，按时、足额发放职工工资。个人独资企业应当按照国家规定参加社会保险，为职工缴纳社会保险费。

(五) 个人独资企业的解散与清算

根据我国《个人独资企业法》第 26 条的规定，个人独资企业有下列情形之一的，应当解散：投资人决定解散；投资人死亡或者被宣告死亡，无继承人或者继承人决定放弃继承；被依法吊销营业执照；法律、行政法规规定的其他情形。

个人独资企业解散，由投资人自行清算或者由债权人申请人民法院指定清算人进行清算。投资人自行清算的，应当在清算前15日内书面通知债权人，无法通知的，应当予以公告。债权人应当在接到通知之日起30日内，未接到通知的应当在公告之日起60日内，向投资人申报其债权。

清算期间，个人独资企业不得开展与清算目的无关的经营活动。在按前条规定清偿债务前，投资人不得转移、隐匿财产。

个人独资企业清算结束后，投资人或者人民法院指定的清算人应当编制清算报告，并于15日内到登记机关办理注销登记。

个人独资企业解散后，原投资人对个人独资企业存续期间的债务仍应承担偿还责任，但债权人在5年内未向债务人提出偿债请求的，该责任消灭。个人独资企业财产不足以清偿债务的，投资人应当以其个人的其他财产予以清偿。

四、外商投资企业法

（一）外商投资企业的含义及特征

外商投资企业，是指依照中国法律规定，在中国境内设立的，由中国投资者和外国投资者共同投资设立或者仅由外国投资者投资设立的企业。在我国，外商投资企业包括中外合资经营企业、中外合作经营企业和外资独资企业。外商投资企业有以下三个特征：

一是外商投资企业是外国投资者参与或独立投资设立的企业。参与投资设立，是指外国企业、其他经济组织或个人与中国企业和其他经济组织共同投资设立企业，包括中外合资经营企业、中外合作经营企业。独立投资设立，是指全部资本由外国企业、其他经济组织或个人投资设立的外资企业。

二是外商投资企业是依照中国法律，在中国境内设立的企业。

这一特征区别于以下两类情况：第一类是我国的企业、其他经济组织在中国境外设立的企业；第二类是依照外国法律设立的外国企业派驻在我国境内的分支机构。

三是外商投资企业是外国企业、其他经济组织或者个人以私人直接投资方式在中国境内设立的企业。

（二）外商投资企业的基本形式

外商投资企业具有以下三种基本形式：

1. 外商独资企业，是指依法在中国境内设立的全部资本由外国投资者投资的企业，不包括外国的企业和其他经济组织在中国境内设立的分支机构。外资企业的全部资本属于外国投资者所有，这使外资企业既区别于中外合资经营企业和中外合作经营企业，也区别于完全由中国投资者投资兴办的企业。

2. 中外合资经营企业，是由外国公司、企业和其他经济组织或者个人，按照平等互利的原则，经中国政府批准，依法在中国境内，同中国的公司、企业或者其他经济组织共同兴办的，具有中国法人资格的企业。中外合资经营企业属于股权式企业，中外投资者双方共同投资，共同经营，并按照出资比例来确定投资者的风险、责任和利润分配，各自的权利和义务十分明确。实践中，那些投资多、技术性强、合作时间长的项目较多地选择此种形式。

3. 中外合作经营企业，是指中国合作者和外国合作者，依法在中国境内以合作企业合同为基础而共同兴办的企业。中外合作经营企业属于契约式企业，双方通过合作经营企业合同约定各自的权利和义务，合作方式较为灵活。中方投资者可以无形资产等要素作为合作的条件，解决了中方企业投资资金缺乏的问题；允许外方投资者先行回收投资，对外国投资者有较大吸引力。

（三）我国外商投资企业法的立法情况

外商投资企业法是调整外商投资企业在组织与生产经营活动中发生的各种经济关系的法律规范的总称。我国现行的外商投资企业法律、法规主要有：1979 年 7 月 1 日第五届全国人民代表大会第二次会议通过的《中华人民共和国中外合资经营企业法》（1990 年 4 月 4 日第七届全国人民代表大会第三次会议第一次修正，2001 年 3 月 15 日第九届全国人民代表大会第四次会议第二次修正），1988 年 4 月 13 日第七届全国人民代表大会第一次会议通过的《中华人民共和国中外合作经营企业法》（2000 年 10 月 31 日第九届全国人民代表大会常务委员会第十八次会议修正），1986 年 4 月 12 日第六届全国人民代表大会第四次会议通过的《中华人民共和国外资企业法》（2000 年 10 月 31 日第九届全国人民代表大会常务委员会第十八次会议修正），1983 年 9 月 20 日国务院发布的《中华人民共和国中外合资经营企业法实施条例》（2001 年 7 月 22 日修订），以及对外经济贸易部于 1990 年 12 月 12 日发布实施的《中华人民共和国外资企业法实施细则》（2001 年 4 月 12 日修正）等。

（四）外商投资企业的设立

1. 外商独资企业的设立。外资企业又称外商独资企业，是指由外商依照我国法律在中国境内设立的全部资本均由外商投资的独立经营企业，不包括外国的企业和其他经济组织在中国境内设立的分支机构。

设立外资企业必须有利于中国国民经济的发展，能够取得显著的经济效益。国家鼓励外资企业采用先进的技术和设备，从事新产品开发，实现产品升级换代，节约能源和原材料，并鼓励举办产品出口型的外资企业。

有下列情况之一的，不予批准：有损中国主权或者社会公共利益的；危及中国国家安全的；违反中国法律法规的；不符合中国国民经济发展要求的；可能造成环境污染的。

2. 中外合资经营企业的设立。在中国境内设立中外合资经营企业，应由中国合营者向企业主管部门呈报拟与外国合营者设立合营企业的项目建议书和初步可行性研究报告。该建议书和初步可行性研究报告经企业主管部门审查同意并转报审批机关批准后，合营各方才能正式进行谈判，从事以可行性研究为中心的各项工作，在此基础上商签合营企业协议、合同和章程。

在中国境内设立合营企业，必须经国家对外经济贸易主管部门审查批准。批准后，由国家对外经济贸易主管部门发给批准证书。国家对外经济贸易主管部门和受托机关，统称为审批机关。审批机关自接到中国合营者按规定报送的全部文件之日起3个月内决定批准或不批准，审批机关如发现前述文件有不当之处，应要求限期修改，否则不予批准。

3. 中外合作经营企业的设立。中外企业申请设立中外合作经营企业，应当将中外合作者签订的协议、合同、章程等文件报国务院对外经济贸易主管部门或者国务院授权的部门和地方政府审查批准。审查批准机关应当自接到申请之日起45天内决定批准或不予批准。申请被批准后，申请者应当自接到批准证书之日起30天内到工商行政管理机关申请登记，领取营业执照。合作企业的营业执照签发日期为该企业的成立日期。合作企业应当自成立之日起30天内向税务机关办理税务登记。

（五）外商投资企业的出资方式、比例

1. 外商投资企业的出资方式。一是货币出资。外方投资以货币出资时，只能以外币缴付出资，不能以人民币缴付出资。二是实物出资。实物出资一般是以机器设备、原材料、零部件、建筑物、厂房等作为投资。外国投资者以技术和设备投资必须确实是适合我国需要的先进技术和设备。三是场地使用权出资。在兴办中外合资经营企业和中外合作经营企业时，中方投资者可以用场地使用权出资。四是工业产权、专有技术出资。外国投资者以工业产权或者专利技术出资应当提供有关资料，包括专利、商标注册的复印件，有效状况及其技术特性，实用价值，作价的根据等。五是其他财产权利出资。中外合作除了可以用以上资产作为出资或者合作条件外，还可以用其他财产权利出资或作为合作条件，如国有企业的经营权、国有自然资源的使用经营权、公民或集体组织的承包经营权、公司股份或其他形式的权益等。

合资各方缴付出资后，应当由中国注册会计师验证，出具验资报告后，向合营企业发给出资证明。

2. 外商投资企业的出资比例。外商投资企业的出资比例涉及不同出资者的经营管理控制权，一般情况下，出资比例越大，经营管理控制权越大，同时也涉及国家允许外资参与本国经济的程度。因此，许多国家对外国投资者的出资比例都加以限制。

我国外商投资企业法对外国投资者的出资比例也作出了明确的规定。例如，中外合资经营企业中，外国合营者的投资比例一般不得低于合营企业注册资本的25%。在中外合作经营企业中对取得法人资格的合作企业，外国合作者的投资比例一般不得低于注册资本的25%；对不具有法人资格的合作企业，合作各方的投资比例或合作条件，由国务院对外经济贸易主管部门规定。在外资比例或合作条件中，外资企业的注册资本全部由外国投资者投入。在中外合资股份有限公司中，外国股东购买并持有的股份应不低于公司注册资本的25%。

（六）外商投资企业的期限、终止和清算

1. 外商投资企业的期限。根据《外资企业法实施细则》的规定，外商投资企业的经营期限，根据不同行业和企业的具体情况，由外国投资者在提出设立外资企业申请时申报，报中国审批机关批准。外商投资企业的经营期限以其营业执照签发之日起计算。需要延长期限的，应在期满180天前向原审批机关报送延长期限的申请书。审批机关应在收到申请书之日起30天内决定批准或者不批准。

2. 外商投资企业的终止。外商投资企业有下列情形之一的，应予终止：期限届满；经营不善，严重亏损，外国投资者决定解散；因自然灾害、战争等不可抗力而遭受严重损失，无法继续经营；破产；违反中国法律、法规，危害社会公共利益被依法撤销；外商投资企业章程规定的其他解散事由已经出现。

3. 外商投资企业的清算。外商投资企业应当自终止之日起15天内对外公告并通知债权人，并在终止公告发出之日起15天内提出清算程序、原则和清算委员会人选，报审批机关审核后进行清算。

外商投资企业在清算结束之前，除为了执行清算外，外国投资者对企业财产不得处理。清算结束后，其资产净额或剩余财产超过注册资本的部分视同利润，应依法缴纳所得税。缴纳所得税后的剩余财产，按照外商投资企业章程的规定进行分配。外商投资企业清算处理财产时，在同等条件下，中国的企业或者其他经济组织有优先购买权。

外商投资企业清算结束，应向工商行政管理机关办理注销登记手续，缴销营业执照。

第十四章　市场管理法

第一节　反不正当竞争法

一、反不正当竞争法概述

（一）不正当竞争行为概述

在经济活动中，竞争是商品生产经营者之间为争取有利的产销条件和投资场所而进行的斗争。这种竞争不仅是不可避免的，而且是有意义的。正当竞争将促进经济主体采用新技术，提高劳动生产率和产品质量，降低成本，提高效益。但是，竞争也会导致唯利是图、巧取豪夺、尔虞我诈、重利轻义、不择手段等不正当行为。

不正当竞争是指经营者违反法律规定，损害其他经营者的合法权益，扰乱社会经济秩序的行为。与其他行为相比，不正当竞争行为具有以下四个法律特征：

一是违反法律、法规规定。经营者在法律、法规规定的范围内进行的竞争是符合商业道德的合法行为。这种合法行为有利于资源的有效配置，有利于技术进步和劳动生产率的提高。不正当竞争行为违反国家的法律、法规，以损害其他经营者或消费者的利益为前提，来争得有利于自己的经营条件。

二是行为人采取不正当手段和方式。手段的不正当性是不正当竞争行为的一个显著特征。手段的不正当性表现为对法律规定或者诚实信用的商业道德或公认的商业惯例和公序良俗的违反。具体来讲，盗窃、欺骗、胁迫、利诱以及用合法形式掩盖违法行为等是典型的不正当手段。

三是损害其他经营者的合法权益。实施不正当竞争行为的结果，会损害相关竞争对手的合法权益，损害或可能损害消费者的合法权益，还会侵犯国家和社会的公共利益。正是因为不正当竞争行为具有的危害性，我国反不正当竞争法才对这种行为进行坚决的打击和严厉的制裁。

四是扰乱社会经济秩序。不正当竞争行为侵害经济领域的正常竞争关系，其社会危害性远远超过违约行为和一般侵权行为。不正当竞争轻则会使受害企业信誉扫地，给消费者造成经济损失；重则可能导致受害经营者破产，甚至破坏整个竞争机制，使市场经济秩序遭到破坏。

（二）不正当竞争行为的种类

在市场经济中存在许多不正当竞争行为，主要有以下八种：

1. 不公平交易行为，是指采取限制他人购买指定商品、低价销售、附加不合理的条件来销售商品、串通投标等手段进行交易的行为。它包括公用企业或者其他依法具有独立地位的经营者，限定他人购买其指定的经营者的商品，以排挤竞争对手为目的、以低于成本的价格销售商品，违背购买者意愿搭售商品或者附加其他不合理的条件，投标者串通投标或者与招标者相互勾结排挤竞争对手等。

2. 虚假宣传行为，是指不正当经营者为占领市场而采用的欺诈手段，这既损害消费者的合法权益，也使正当经营者的经营活动和市场秩序受到损害。

3. 假冒行为，是指经营者采取不正当手段混淆自己的产品与其他经营者产品的界限，使用户和消费者造成错觉并与其交易，从而损害竞争对手和消费者利益的行为。例如，假冒他人的注册商标；擅自使用知名商品特有的名称、包装、装潢，或者使用与知名商品近似的名称、包装、装潢；擅自使用他人的企业名称或者姓名，引导消费者误认为是他人的商品；在商品包装上伪造或者假冒认证标志、名优标志，伪造产地，对商品质量作引人误解的虚假表述的行为。

4. 商业贿赂行为，是指经营者为了推销或者购买商品，采用财物或其他手段贿赂对方单位或者个人的行为。

5. 侵犯商业秘密行为。商业秘密是指不为公众所知悉、能为权利人带来经济利益、具有实用性并经权利人采取保密措施的技术信息和经营信息。在经济活动中侵害商业秘密的主要表现形式有三种：一是企业内部雇员、工作人员擅自泄露或公开商业秘密，私自转让或允许他人使用本企业的商业秘密。二是商业秘密的共同研制方、共同使用人，在合同有效期内擅自将商业秘密泄露给第三人或向公众公开，或擅自允许他人使用等。三是第三人以盗窃、贿赂、胁迫等非法手段获取他人的商业秘密，泄露或公开非法窃取的商业秘密，使用或允许他人使用非法窃取的商业秘密等。

6. 不正当有奖销售行为。一些经营者为了战胜竞争对手，滥用有奖销售推销商品（包括服务），不仅损害了消费者的利益，也破坏了正常的市场经济秩序。不正当有奖销售的行为主要有：欺骗性的有奖销售；利用有奖销售手段推销质次价高的商品；超过5000元的抽奖式的有奖销售。

7. 诋毁他人商誉行为，是指经营者为了达到竞争目的，故意捏造事实、散布虚假信息，借以损害竞争对手的商业信誉的行为。

8. 串通招标、投标行为，是指投标者之间串通投标，抬高或压低标价，以及投标者为排挤竞争对手而与招标者相互勾结的行为。

（三）反不正当竞争法

广义的反不正当竞争法，是调整市场竞争过程中因规制不正当竞争行为而产生的社会关系的法律规范的总称。

狭义的反不正当竞争法，是指1993年9月2日第八届全国人大常委会第三次会议通过的《中华人民共和国反不正当竞争法》（以下简称《反不正当竞争法》）。国家工商行政管理局针对特殊的不正当竞争行为，陆续发布了《关于禁止公用企业限制竞争行为的若干规定》、《关于禁止有奖销售活动中不正当竞争行为的若干规定》、《关于禁止仿冒知名商品特有的名称、包装、装潢的不正当竞争行为的若干规定》、《关于禁止侵犯商业秘密行为的若干规定》、《关于禁止商业贿赂行为的暂行规定》、《关于禁止串通招标投标行为的暂行规定》等。

《反不正当竞争法》是我国第一部专门调整市场竞争行为的法律，自实施以来，对维护社会主义市场经济秩序、保护经营者和消费者的合法权益发挥了重要作用。该法提高了广大经营者的市场竞争意识，推动了一批具有国际竞争力企业的形成，并产生了深远的国际影响。

（四）反不正当竞争的原则

《反不正当竞争法》旨在通过制止不正当竞争行为，使诚实经营、公平竞争的经营者以及消费者成为受益主体，他们的合法权益因此得到保护。《反不正当竞争法》的终极目的是在制止不正当竞争行为的基础上维护公平自由的竞争秩序，从而为社会主义市场经济的健康发展提供保障。

根据我国《反不正当竞争法》的规定，经营者在市场交易中应当遵循以下原则：

1. 自愿原则，即经营者在市场交易中，根据自己的意志从事交易活动，不受他人欺诈、胁迫的原则。

2. 平等原则，即经营者在市场交易中，彼此法律地位平等，平等地享受权利和承担义务，平等地受到法律保护的原则。

3. 公平原则，即经营者在市场交易中，应当合情合理、正当地行使自己的权利，尊重他人利益和社会公共利益的原则。

4. 诚实信用原则，即经营者在市场交易中，应当坦诚相待，恪守信用，不得弄虚作假和损人利己的原则。

二、对不正当竞争行为的监督检查

（一）不正当竞争行为的监督检查机关

不正当竞争行为的监督检查机关，是指法律、法规授权，可以对不正当竞争行为人作出具有法律效力决定的特定的行政机关。

在我国，对不正当竞争进行监督检查的部门为县级以上工商行政管理部门以及法律法规规定的其他部门。后者主要包括卫生行政部门、产品质量监督管理部门、税务部门、物价部门、审计部门等。

（二）监督检查机关反不正当竞争的职权

我国《反不正当竞争法》明确规定，监督检查机关在监督检查不正当竞争行为时，有下列职权：

1. 监督检查权。监督检查机关有权按照规定程序询问被检查的经营者、利害关系人、证明人，并要求提供证明材料或者与不正当竞争行为有关的其他资料。

2. 复制权。监督检查部门有权查询、复制与不正当竞争行为有关的协议、账册、单据、文件、记录、业务函电和其他资料。

3. 检查权。监督检查机关有权检查与欺骗性交易行为有关的财物，必要时可以责令被检查的经营者说明该商品的来源和数量，暂停销售，听候检查，不得转移、隐匿、销毁该财物。

4. 处罚权。监督检查机关有权对从事不正当竞争的经营者给予处罚。

5. 强制措施权。在监督检查不正当竞争行为的过程中，为防止违法行为继续进行，违法后果继续扩散，保全证据，固定违法行为或物品，监督检查机关有权采取强制措施，对违法行为及违法物品加以限制。

三、违反反不正当竞争法的法律责任

根据我国《反不正当竞争法》的规定，不正当竞争行为应承担的法律责任包括民事责任、行政责任和刑事责任等。

（一）不正当竞争行为的民事责任

不正当竞争行为的民事责任的形式和内容主要是行为人停止侵权行为，并依法进行损害赔偿。我国《反不正当竞争法》第20条规定，经营者违反本法规定，给被侵害的经营者造成损害的，应当承担损害赔偿责任。但是，《反不正当竞争法》的规定已经超出了民事侵权理论的范围，行为人主观故意行为和损害结果之间的因果关系的认定明显区别于一般的民事侵权，如“虚假广告行为”、“欺骗性交易行为”等，只要引起误解，不必有实际的损失发生，行为人就应该承担民事赔偿责任。这充分体现了现代竞争法的经济法特征。

需要指出的是，我国《反不正当竞争法》对民事责任的规定尚有不足之处，这表现在以下两个方面：一是求偿主体狭窄。在我国的立法中，仅规定了被侵害的经营者的起诉权，而没有规定消费者受害后的救济权利。二是赔偿力度不够。民事赔偿的基本原则在各国立法中分为两种：实际赔偿原则和惩罚性赔偿原则。我国应对现行的规定加以修改，以更有效地对企图从事不正当竞争行为的经营者或个人构成威慑。

（二）不正当竞争行为的行政责任

行政责任是指由行政执法机关（监督检查机关）对不正当竞争行为进行的行政处罚，包括罚款、没收违法所得等。例如，《反不正当竞争法》第21条规定，经营者假冒他人注册商标，擅自使用他人的企业名称或者姓名，伪造或者冒用认证标志、名优标志等质量标志，伪造产地，对商品质量作引人误解的虚假表示的，依照《商标法》、《中华人民共和国产品质量法》（以下简称《产品质量法》）的规定处罚。经营者擅自使用知名商品的名称、包装、装潢，或者使用与知名商品近似的名称、包装、装潢，使购买者误认为是该知名商品的，监督检查部门应当责令停止违法行为，没收违法所得，可以根据情节处以违法所得1倍以上3倍以下的罚款；情节严重的，可以吊销营业执照。《反不正当竞争法》第24条规定，

经营者利用广告或者其他方法，对商品作引人误解的虚假宣传的，监督检查部门应当责令停止违法行为，消除影响，可以根据情节处以1万元以上20万元以下的罚款。广告的经营者在明知或者应知的情况下，代理、设计、制作、发布虚假广告的，监督检查部门应当责令停止违法行为，没收违法所得，并依法处以罚款。

（三）不正当竞争行为的刑事责任

我国刑法对于许多不正当竞争行为的刑事责任作出了规定。刑法规定了生产、销售伪劣商品罪，侵犯商业秘密罪等与不正当竞争有关的罪名。《反不正当竞争法》对于不正当竞争行为的刑事责任的规定都是只作原则性的提及。其主要内容如下：

1. 假冒他人注册商标，构成犯罪的，依法追究刑事责任。

2. 经营者擅自使用知名商品特有的名称、包装、装潢，或者使用与知名商品近似的名称、包装、装潢，造成和他人的知名商品相混淆，借此销售伪劣商品，构成犯罪的，依法追究刑事责任。

3. 经营者采用财物或者其他手段进行贿赂以销售或者购买商品，构成犯罪的，依法追究刑事责任。

4. 监督检查不正当竞争行为的国家机关工作人员滥用职权，玩忽职守，构成犯罪的，依法追究刑事责任。

5. 监督检查不正当竞争行为的国家机关工作人员徇私舞弊，对明知有违反《反不正当竞争法》规定构成犯罪的经营者故意包庇不使其受追诉的，依法追究刑事责任。

第二节　产品质量法

一、产品质量法概述

（一）市场经济条件下的产品质量观

所谓产品质量，是指产品适合一定用途，满足消费者一定需要的特性。在市场经济条件下，需要我们树立起以客户为导向的全新的产品质量观，以适应市场发展的需要。市场经济条件下的产品质量观主要有两方面的内容：

一是市场经济条件下的“质量”内涵应以消费者满意为最高标准。随着市场经济的不断发展，产品质量的真正内涵在于产品的“适用性”，也就是产品满足消费者需要的程度，而不仅仅在于能够满足何种质量标准。如果产品质量无法让消费者满意的话，即使其符合再高的质量标准也是无实际意义的。在市场经济体制下，产品的质量标准应随产品市场需求的变化而变化。产品的质量如何，唯一的判断依据就是它是否与消费者对产品质量的要求相吻合。只有符合消费者需求的产品才能被消费者所接受，才能说是质量好的产品。

二是市场经济条件下的质量观应以产品整体质量概念为基础。在市场经济条件下，对产品质量的理解应建立在产品整体概念的基础上。产品的外在质量以及服务质量的好坏，是影响产品竞争胜负的重要因素。企业要在竞争中取胜，不仅要保证其核心产品的质量优势，还必须同时保证其形式产品和附加产品的质量优势。

（二）我国的产品质量法

产品质量法是调整产品生产、流通和消费过程中以及对产品质量进行监督管理过程中所形成的社会关系的法律规范的总称。广义上的产品质量法包括所有调整这一部分社会关系的法律、法规，即除产品质量法外，还包括标准化法、计量法、药品管理法、消费者权益保护法以及民事、刑事等法律、法规中有关产品质量关系的规范。其调整对象有两个：一是在生产、流通和消费过程中生产者、销售者与用户、消费者之间所产生的产品质量责任关系；二是行政机关执行产品质量管理职能而发生的产品质量监督管理关系。

我国现行的产品质量法并非严格民商法意义上的产品责任法，其中包含了大量属于企业产品质量管理的行政法规的内容。但是，该法对于产品责任制度中的诸多问题作了较为详细的规定，特别是关于生产者、销售者的产品质量责任和义务以及损害赔偿等内容的规定与国际产品责任法原则上并无实质性差别。这对于我国产品责任制度的完善以及消费者权益的保护有着重要的意义。

二、对产品质量的监督与管理

（一）产品质量管理体制

依照《产品质量法》的规定，产品质量管理体制包括下述层次有别、任务不同的机构：

1. 国务院产品质量监督管理部门。其负责全国范围内的产品质量监督管理工作。其主要职责是：对产品质量进行宏观的管理和指导，即统一制定有关产品质量管理的方针和政策，草拟或者发布有关产品质量的法规或规章；推广现代化质量管理方法；负责国家质量奖的评审和管理工作；负责国优产品的评审和评优管理工作；负责生产许可证的管理工作等。

2. 县级以上地方人民政府管理产品质量监督工作的部门。此类部门负责本行政区域内的产品质量监督管理工作。《产品质量法》所指的县级以上地方人民政府管理产品质量监督工作的部门，其主要职责是按照国家法律、法规规定的职责和同级人民政府赋予的职权，负责本行政区域内的产品质量监督管理工作。

3. 国务院和县级以上地方人民政府设置的有关行业主管部门。其主要职责是按照同级人民政府赋予的职权，负责本行政区、本行业关于产品质量的行政监督和生产经营性管理工作。

（二）产品质量的管理制度

1. 产品质量检验合格制度，是指任何产品在出厂前都必须经过检验，合格的产品才允许销售的制度。产品质量标准按其测定的部门或单位以及适用范围的不同，分为国家标准、行业标准、地方标准和企业标准。《产品质量法》规定，产品质量应当检验合格，不得以不合格产品冒充合格产品。

2. 企业质量体系认证制度，是指由认证机构对企业质量体系进行审核、评定，对符合标准要求的企业颁发认证证书，确认其质量保证能力达到一定水平的制度。企业质量体系认证是对企业的质量体系和质量保证能力进行的认证，是企业质量管理综合能力的展示和保证。

3. 产品质量认证制度，是指由认证机构参照国际先进的产品标准和技术要求，对企业的产品进行检测，并对符合相应标准和技术要求的产品生产企业颁发认证证书和允许其使用产品质量认证标志的制度。

产品质量认证分为安全认证和合格认证。产品质量安全认证，是指对涉及人体健康和人身、财产安全的产品，依照国家法律规定的强制性标准进行的证明产品符合安全要求的认证。产品质量合格认证是指对一般产品依据国家标准或行业标准进行的证明产品符合要求的认证。

（三）对产品质量的监督

产品质量监督，从广义上讲，是指国家、社会、用户、消费者以及企业自身等，对产品质量和产品质量认证体系所作的检验、检查、评价等一系列活动的总称。产品质量监督可分为三种基本形式：

1. 国家监督，指国家对产品质量以抽查为主要方式的监督检查制度，重点检查实行生产许可证管理的产品、影响国计民生的重要工业产品以及用户、消费者、有关组织反映有严重质量问题的产品。

2. 舆论监督和社会团体监督。报刊、广播、电视等社会舆论单位，有权按照国家的有关规定，运用新闻媒介，对产品质量进行舆论监督。

社会团体监督，主要指消费者协会和其他消费者组织依法对产品质量所进行的社会监督。

3. 消费者、用户监督。《中华人民共和国消费者权益保护法》（以下简称《消费者权益保护法》）对消费者、用户对产品质量的监督也作了详尽的规定。

三、生产者与销售者对产品质量的义务

（一）生产者的产品质量义务

根据《产品质量法》第三章的规定，生产者的义务可以分为两类：一类是保障性义务，另一类是禁止性义务。

1. 生产者的保障性义务。保障性义务是指为了使产品质量合格，满足用户、消费者的需要，减少产品质量事故，应当为或者必须为的义务。根据《产品质量法》的规定，生产者的保障性义务包括以下两个方面的内容：

其一，生产者应对其生产的产品质量负责。我国《产品质量法》对产品内在质量要求作了如下规定：首先，产品不存在危及人身、财产安全的不合理的危险；其次，产品质量应当具备应有的使用性能；最后，产品质量应当符合明示的质量状况。

其二，生产者应使其产品或包装上的标志符合法律的规定。根据《产品质量法》第 27 条的规定，产品标识应当符合以下要求：

（1）有产品质量检验合格证明。

（2）有中文标明的产品名称、生产厂名和厂址。

（3）根据产品的特点和使用要求，需要标明产品规格、等级、所含主要成分的名称和含量的，用中文相应予以标明；需要事先让消费者知晓的，应当在外包装上标明，或者预先向消费者提供有关资料。

（4）限期使用的产品，应当在显著位置清晰地标明生产日期和安全使用期或者失效日期。

（5）使用不当，容易造成产品本身损坏或者可能危及人身、财产安全的产品，应当有警示标志或者中文警示说明。

（6）裸装的食品和其他根据产品的特点难以附加标志的裸装产品，可以不附加产品标识。

2. 生产者的禁止性义务。禁止性义务是指为了使产品质量合格，满足用户、消费者的需要，减少产品质量事故，不得为的行

为。根据《产品质量法》的规定，生产者的禁止性义务主要有：

(1) 不得生产国家明令淘汰的产品；

(2) 不得伪造产地，不得伪造或者冒用他人的厂名、厂址；

(3) 不得伪造或者冒用认证标志等质量标志；

(4) 不得掺杂、掺假，不得以假充真、以次充好，不得以不合格产品冒充合格产品。

(二) 销售者的产品质量义务

销售者的产品质量义务包括以下两大类：

1. 销售者应当采取的产品质量保证措施。其主要内容有：

(1) 销售者应当执行进货检查验收制度，验明产品的合格证明和其他标志；

(2) 销售者应当采取措施，保证销售产品的质量；

(3) 销售者销售的产品的标志应当符合《产品质量法》对生产者提出的有关产品及包装上的标志规定。

2. 产品销售的禁止性规定。其主要内容有：

(1) 销售者不得销售国家明令淘汰并停止销售的产品和失效、变质的产品；

(2) 销售者不得伪造产地，不得伪造或者冒用他人的厂名、厂址；

(3) 销售者不得伪造或者冒用认证标志等质量标志；

(4) 销售者销售产品，不得掺杂、掺假，不得以假充真、以次充好，不得以不合格产品冒充合格产品。

四、违反产品质量法的法律责任

(一) 违反产品质量法的损害赔偿责任

《产品质量法》对违反产品质量的损害赔偿责任作了规定：

1. 人身伤害赔偿。根据《产品质量法》第44条第1款的规定，因产品存在缺陷造成受害人人身伤害的，侵害人应当赔偿医疗费、治疗期间的护理费、因误工减少的收入等费用；造成残疾的，

还应当支付残疾者生活自助具费、生活补助费、残疾赔偿金以及由其扶养的人所必需的生活费等费用；造成受害人死亡的，并应当支付丧葬费、死亡赔偿金以及由死者生前扶养的人所必需的生活费等费用。

2. 财产损害赔偿。《产品质量法》第 44 条第 2 款规定，因产品存在缺陷造成受害人财产损失的，侵害人应当恢复原状或者折价赔偿。受害人因此遭受其他重大损失的，侵害人应当赔偿损失。这里的“其他重大损失”是指受害人因财物毁损所发生的经济上的损失，如受害人正用于货物运输或旅客运输的车辆的停运损失。另外，缺陷产品本身的损害，不在赔偿范围之内，因为这一损害属于纯合同法上的关系，应以合同法上的瑕疵担保责任加以救济。

3. 精神损害赔偿。根据最高人民法院于2001 年发布的《关于确定民事侵权精神损害赔偿责任若干问题的解释》的规定，自然人的生命权、健康权、身体权遭受非法侵害的，可以请求精神损害赔偿。

（二）违反产品质量法的行政责任及刑事责任

《产品质量法》对违反产品质量的行政责任及刑事责任规定主要包括：

其一，生产、销售不符合保障人体健康和人身、财产安全的国家标准、行业标准的产品的，责令停止生产、销售，没收违法生产、销售的产品，并处违法生产、销售产品（包括已售出和未售出的产品，下同）货值金额等值以上 3 倍以下的罚款；有违法所得的，并处没收违法所得；情节严重的，吊销营业执照；构成犯罪的，依法追究刑事责任。

其二，在产品中掺杂、掺假，以假充真，以次充好，或者以不合格产品冒充合格产品的，责令停止生产、销售，没收违法生产、销售的产品，并处违法生产、销售产品货值金额 50% 以上 3 倍以下的罚款；有违法所得的，并处没收违法所得；情节严重的，吊销营业执照；构成犯罪的，依法追究刑事责任。

其三，生产国家明令淘汰的产品的，销售国家明令淘汰并停止销售的产品的，责令停止生产、销售，没收违法生产、销售的产品，并处违法生产、销售产品货值金额等值以下的罚款；有违法所得的，并处没收违法所得；情节严重的，吊销营业执照。

其四，销售失效、变质的产品的，责令停止销售，没收违法销售的产品，并处违法销售产品货值金额2倍以下的罚款；有违法所得，并处没收违法所得；情节严重的，吊销营业执照；构成犯罪的，依法追究刑事责任。

其五，产品标识不符合《产品质量法》第27条规定的，责令改正；有包装的产品标志不符合《产品质量法》第27条第4项、第5项规定，情节严重的，责令停止生产、销售，并处违法生产、销售产品货值金额30%以下的罚款；有违法所得的，并处没收违法所得。

其六，拒绝接受依法进行的产品质量监督检查的，给予警告，责令改正；拒不改正的，责令停业整顿；情节特别严重的，吊销营业执照。

其七，隐匿、转移、变卖、损毁被产品质量监督部门或者工商行政管理部门查封、扣押的物品的，处被隐匿、转移、变卖、损毁物品货值金额等值以上3倍以下的罚款；有违法所得的，并处没收违法所得。

第三节　消费者权益保护法

一、消费者权益保护法概述

（一）消费者权益保护法的含义

所谓消费者，是指为生活消费需要购买、使用商品或接受服务的个人和单位。消费者的消费性质属于生活消费。

消费者权益保护法是调整保护消费者权益过程中发生的经济关

系的法律规范的总称。

消费者权益保护法的含义有广义和狭义之分。狭义的消费者权益保护法，是指1993年10月31日第八届全国人大常委会第四次会议通过，自1994年1月1日起施行的《消费者权益保护法》。广义的消费者权益保护法，是有关消费者权益保护的法律规范的总称。

消费者权益保护法主要调整围绕保障消费者的物质、文化消费权益而产生的以下两方面社会关系：一是消费者与经营者之间的关系，即消费者为生活消费需要购买、使用商品或接受服务与经营者之间发生的关系；二是消费者与国家之间的关系，即围绕保障消费者权益而发生的消费者与国家的关系。

我国消费者权益保护法最直接的目的是保护消费者的合法权益，此外通过规制经营者的行为维护整个社会经济秩序的稳定，从而促进社会主义市场经济的健康发展。

《消费者权益保护法》共55条，包括总则、消费者的权利、经营者的义务、国家对消费者合法权益的保护、消费者组织、争议的解决、法律责任和附则。其中主要内容是消费者的权益，包括：保障安全权、知悉真情权、自主选择权、公平交易权、依法求偿权、依法结社权、获取知识权、维护尊严权、监督批评权。

（二）我国消费者权益保护法的立法原则

我国消费者权益保护法贯穿着以下基本原则：

1. 交易自愿、平等、公平、诚实信用的原则。经营者与消费者进行交易，应当遵循自愿、平等、公平、诚实信用的原则。这个原则是经营者与消费者进行交易必须遵循的基本准则。

2. 国家干预原则。国家干预原则就是国家保护消费者合法权益不受侵害的原则，不能将消费者的合法权益与国家利益、社会利益相对立起来。国家对保护消费者合法权益不受侵害负有法律义务，有关国家机关要履行法定职责。国家采取措施，保障消费者依法行使权利，维护消费者的合法权益。

3．社会监督原则。社会监督原则就是全社会共同保护消费者合法权益的原则。消费者权益涉及社会生活的各个方面，只有动员广泛的社会力量，包括社会监督和舆论监督，发挥各方面的积极作用，才能形成消费者权益保护的社会机制，使消费者的权益真正得到保护，使我国消费者权益保护法真正落到实处。

4．经营者应当承担质量责任的原则。消费者在消费过程中因质量缺陷而遭受损害，可向有直接合同关系或没有直接合同关系的生产商、销售商提出赔偿，销售者赔偿后，属于生产者的责任或者属于向销售者提供商品的其他销售者的责任的，销售者有权向生产者或其他销售者追偿；属于销售者责任的，生产者赔偿后，有权向销售者追偿。

二、消费者的权利和经营者的义务

（一）消费者的基本权利

我国《消费者权益保护法》明确规定，消费者在法律上享有下列权利：

一是安全权，即消费者有权要求经营者所提供的商品和服务符合保障人身、财产安全的要求。

消费者有权根据商品或者服务的不同情况，要求经营者提供商品的价格、产地、生产者、用途、性能、规格、等级、主要成分、生产日期、有效期限、检验合格证明、使用方法说明书、售后服务，或者服务的内容、规格、费用等有关情况。

二是知情权，即消费者享有知悉其购买、使用的商品或者所接受的服务的真实情况的权利。

三是自主选择权，即消费者享有自主选择所需要的商品或者服务的权利。

四是公平交易权，即消费者在购买商品或者接受服务时，有权获得质量保障、价格合理、计量正确等公平交易条件，有权拒绝经营者的强制交易行为。

五是求偿权，即消费者因购买、使用商品或者接受服务而受到人身、财产损害的，享有依法获得赔偿的权利。

六是结社权，即消费者享有依法成立维护自身合法权益的社会团体的权利。

七是获得消费知识权，即消费者应当努力掌握所需商品或者服务的知识和使用技能，正确使用商品，提高自我保护意识。

八是民族、风俗权，即消费者依法享有民族习惯、地域、风俗受尊重的权利。尊重消费者的人格尊严和民族习俗，是社会文明进步的表现，也是尊重和保障人权的重要内容。

九是监督权，即消费者享有对商品和服务以及保护消费者权益工作进行监督的权利。消费者有权检举、控告侵害消费者权益的行为和国家机关及其工作人员在保护消费者权益工作中的违法失职行为，有权对保护消费者权益工作提出批评、建议。

（二）经营者的义务

我国《消费者权益保护法》规定，经营者应具有以下法律义务：

一是经营者向消费者提供商品或者服务，应当依照我国产品质量法和其他有关法律、法规的规定履行义务。经营者提供商品或者服务，按照国家规定或者与消费者的约定，承担包修、包换、包退或者其他责任的，应当按照国家规定或者约定履行，不得故意拖延或者无理拒绝。

二是经营者应当保证其提供的商品或者服务符合保障人身、财产安全的要求。对可能危及人身、财产安全的商品和服务，应当向消费者作出真实的说明和明确的警示，并说明和标明正确使用商品或者接受服务的方法以及防止危害发生的方法。

三是经营者应当向消费者提供有关商品或者服务的真实信息，不得作引人误解的虚假宣传。

四是经营者应当标明其商品的真实名称和标记，不作虚假宣传。经营者对消费者就其提供的商品或者服务的质量和使用方法等具体问题提出的询问，应当作出真实、明确的答复。在价格标示方面，商店提供的商品应当明码标价。

五是经营者提供商品或服务时，应当按照国家有关规定或者商业惯例向消费者出具购货凭证或服务单据。

六是经营者应当保证消费者在正常使用商品或接受服务的情况下其提供的商品或者服务应当具有的质量、性能、用途和有效期限。

七是经营者提供的商品或者服务，按国家规定或者与消费者的约定，所承担的包修、包换、包退或者其他责任，应当按照国家规定或者约定履行，不得故意拖延或者无理拒绝。

八是经营者不得以格式合同、通知、声明、店堂告示等方式作出对消费者不公平、不合理的规定。

九是经营者不得对消费者进行侮辱、诽谤，不得搜查消费者的身体及其携带的物品，不得侵犯消费者的人身自由。

三、消费者权益的保护

保护消费者的合法权益是全社会共同的责任。国家机关和社会组织，尤其是保护消费者合法权益的专门性组织（消费者协会）在保护消费者合法权益方面责任重大。

与经营者对消费者合法权益的保护不同，国家机关和社会组织对消费者权益的保护是通过履行法律规定的保护职责来进行的。

（一）国家对消费者权益的保护

在消费者政策和消费者立法方面，国家应保护消费者的合法权益不受侵害，并应采取具体措施，保障消费者依法行使权利，维护消费者的合法权益。依据我国《消费者权益保护法》第四章的规定，国家对消费者合法权益的保护，主要体现在以下四个方面：

1. 立法机关的保护。国家在制定有关保护消费者权益的法律、法规时，应当听取消费者的意见和要求。此外，立法机关在把保护消费者的政策上升为法律时，也应听取消费者的意见和要求。

2．行政机关的保护。各级人民政府应当加强领导，组织、协调、督促有关行政部门做好保护消费者合法权益的工作。各级人民政府应当加强监督，预防危害消费者人身、财产安全行为的发生，及时制止危害消费者人身、财产安全的行为，各级人民政府和工商行政管理部门按照法律、法规的规定，在各自的职责范围内保护消费者的合法权益。

3．对违法犯罪行为有惩处权力的国家机关的保护。这些国家机关应当依照法律、行政法规的规定，惩处经营者在提供商品或者服务中侵害消费者合法权益的违法犯罪行为，以切实保护消费者的合法权益。

4．人民法院的保护。对消费者提起诉讼的案件，符合条件的必须受理。

（二）社会对消费者权益的保护

《消费者权益保护法》明确规定，保护消费者的合法权益是全社会的共同责任，国家鼓励、支持一切组织和个人对损害消费者合法权益的行为进行社会监督；大众传播媒介应当做好维护消费者合法权益的宣传，对损害消费者合法权益的行为进行有效的舆论监督。

消费者组织在保护消费者合法权益方面起着重要作用，依据《消费者权益保护法》的规定，消费者组织是依法成立的对商品和服务进行社会监督，保护消费者合法权益的社会团体。

消费者协会是我国消费者组织体系中最具有代表性、结构最健全、影响最大的消费者组织。消费者协会依法履行以下职能：

1．向消费者提供消费信息和咨询服务；

2．参与有关行政部门对商品和服务的监督、检查；

3．就有关消费者合法权益的问题，向有关行政部门反映、查询，提出建议；

4．受理消费者的投诉，并对投诉事项进行调查、调解；

5．投诉事项涉及商品和服务质量问题的，可以提请鉴定部门鉴定，鉴定部门应当告知鉴定结论；

6. 就损害消费者合法权益的行为，支持受损害的消费者提起诉讼；

7. 对损害消费者合法权益的行为，通过大众传播媒介予以揭露、批评，各级人民政府对消费者协会履行职能应当予以支持。

四、消费者权益争议的解决

（一）消费者权益争议的含义及表现形式

消费者权益争议即消费争议，是指在消费领域中，消费者和经营者之间因权利义务所发生的矛盾纠纷。

消费争议的表现形式主要有以下两个方面：一是消费者在购买、使用商品或接受服务中，由于经营者不依法履行义务或不适当履行义务，使消费者的合法权益受到损害。二是消费者对经营者提供的商品或服务不满意，双方在权利、义务方面产生矛盾纠纷等。

（二）消费者权益争议中赔偿主体的确定

在消费者维权时，需要分清责任主体，一般情况下有以下四个主体：

一是生产者、销售者、服务者。其一，消费者在购买、使用商品时，其合法权益受到损害的，可以向销售者要求赔偿。销售者赔偿后，属于生产者的责任或者属于向销售者提供商品的其他销售者的责任的，销售者有权向生产者或者其他销售者追偿。其二，消费者或者其他受害人因商品缺陷造成人身、财产损害的，可以向销售者要求赔偿，也可以向生产者要求赔偿。属于生产者责任的，销售者赔偿后，有权向生产者追偿。属于销售者责任的，生产者赔偿后，有权向销售者追偿。其三，消费者在接受服务时，其合法权益受到损害的，可以向服务者要求赔偿。其四，消费者在展销会、租赁柜台购买商品或者接受服务，其合法权益受到损害的，可以向销售者或者服务者要求赔偿。

二是营业执照持有人或使用人。使用他人营业执照的违法经营

者提供商品或者服务，损害消费者合法权益的，消费者可以向其要求赔偿，也可以向营业执照的持有人要求赔偿。

三是变更后的企业。消费者在购买、使用商品或者接受服务时，其合法权益受到损害，因原企业分立、合并的，可以向变更后承受其权利义务的企业要求赔偿。

四是从事虚假广告行为的经营者和广告的经营者。消费者因经营者利用虚假广告提供商品或者服务，其合法权益受到损害的，可以向经营者要求赔偿。广告的经营者发布虚假广告的，消费者可以请求行政主管部门予以惩处。广告的经营者不能提供经营者的真实名称、地址的，应当承担赔偿责任。

（三）消费者权益争议的解决途径

消费者和经营者发生消费者权益争议的，可以根据情况，选择下列途径解决：

1. 协商。协商是消费者与经营者解决争议的重要方式，也是最基本、最简便、最快捷的争议解决方式，在纠纷的解决中运用十分普遍。所以，《消费者权益保护法》第 34 条首先确立了这种方式。通过协商来解决消费者与经营者之间的争议。

2. 调解。这是指消费者与经营者请求消费者协会居中调解。消费者协会可以在查明事实的基础上，对当事人的争议进行调解，引导双方自愿协商、解决争议。消费者协会的调解属于民间调解，不具有法律强制力，一旦当事人对达成的协议反悔，则需要通过其他途径解决争议。

3. 申诉。与司法救济相比，行政救济具有快捷、简便的优点。所以，在处理消费者与经营者的争议过程中，由行政机关着手解决消费者的申诉，是一条重要、快捷、较好的途径之一。消费者的申诉主要由工商行政管理机关来处理。

4. 仲裁。仲裁又称“公断”，是指当事人之间发生争议不能协商解决时，申请仲裁机构居中调解，作出裁决和公断。发生消费争议的当事人根据双方达成的仲裁协议，自愿将争议提交仲裁机关依法裁决。仲裁机构作出的仲裁裁决，当事人必须自觉履行。否则，权利人可以申请人民法院强制执行。

5. 诉讼。消费者因其合法权益受到侵害后，可以向人民法院提起诉讼，请求人民法院依照法定程序进行审判。提起诉讼具备的法律条件：

（1）原告必须是与本案有直接利害关系的公民、法人和其他组织；

（2）有明确的被告；

（3）有具体的诉讼请求和事实、理由；

（4）属于人民法院民事诉讼的范围和受诉人民法院管辖。

符合以上条件的起诉，人民法院才会予以受理。

（四）侵犯消费者权益的法律责任

1. 民事责任。经营者提供商品或者服务，给消费者造成财产损失的，所应承担的民事责任包括：

（1）修理、重作、更换。这三种承担民事责任的方式，主要适用于商品或者服务的质量不符合标准导致人受到损害的违法行为。

（2）退货。退货有两种情况：一是经营者提供的商品或者交付的定作物不符合质量标准，并且无法进行修理或者不能按期修复，消费者不愿更换或者重作而要求退回商品或原定作物，拒绝消费的情况。二是提供的商品或者交付的定作物虽然符合质量标准，但因经营者在价格、用途等方面所做的欺骗性宣传，引起消费者购货欲望锐减而要求退回原商品或原定作物的情况。经营者对此无权加以拒绝，并有义务接受退货。

（3）补足商品数量。这种承担民事责任的方式适用于销售的商品数量不足，导致人受到损害的违法行为。所谓补足商品数量，是指经营者实际支付的商品数量少于消费者支付价款应得的商品数量，消费者因蒙受财产损失而要求经营者按差额将商品数量补齐的一种实物补偿措施。

(4) 退还货款和服务费。退还货款是针对商品而言的，而退还服务费是针对服务而言的。

(5) 赔偿损失。赔偿损失是一种普遍适用的民事责任的方式。它可以分为精神损害赔偿和物质损害赔偿。

2. 行政责任。经营者如有侵犯消费者权益的行为，产品质量法和其他有关法律、法规对处罚机关和处罚方式有规定的，则依照这些法律、法规的规定执行；若上述法律、法规未作规定，则由工商行政管理部门责令改正，可以根据情节单处或者并处警告、没收违法所得、处以违法所得1倍以上5倍以下的罚款，没有违法所得的处以1万元以下的罚款；情节严重的，责令停业整顿、吊销营业执照。

拒绝、阻碍有关行政部门工作人员依法执行职务，未使用暴力、威胁方法的，由公安机关依照治安管理处罚法的规定处罚；国家机关工作人员有玩忽职守或者包庇经营者侵害消费者合法权益的行为的，由其所在单位或者上级机关给予行政处分。

3. 刑事责任。依据我国消费者权益保护法的有关规定，追究刑事责任的情况主要包括以下几种：

一是经营者提供商品或者服务，造成消费者或者其他受害人人身伤害，构成犯罪的，依法追究刑事责任。

二是以暴力、威胁等方法阻碍有关行政部门工作人员依法执行职务的，依法追究刑事责任；拒绝、阻碍有关行政部门工作人员依法执行职务，未使用暴力、威胁方法的，由公安机关依照治安管理处罚法的规定处罚。

三是国家机关工作人员有玩忽职守或者包庇经营者侵害消费者合法权益的行为的，由其所在单位或者上级机关给予行政处分；情节严重，构成犯罪的，依法追究刑事责任。

第十五章　财政法与金融法

第一节　财政法

一、财政法概述

（一）财政

财政，是指国家为了实现其职能，凭借政治权力及财政权力，参与部分社会产品和国民收入的分配和再分配活动的总称。

（二）财政法

简单地说，财政法是调整国家财政收支关系的法律规范的总称。财政法有广义和狭义之分。广义的财政法体系包括预算法、税法、国债法、政府采购法和转移支付法；狭义的财政法是不包括税法的广义的财政法体系。

财政法的调整对象，是在国家取得、使用和管理财政资金的过程中发生的社会关系，亦即在财政收入、财政支出和财政管理过程中发生的社会关系。这些社会关系统称为财政关系。

（三）财政法的地位与作用

由于财政法的调整对象是财政关系，所以财政法的体系应当是调整各种财政关系的财政法律规范所构成的整体。

财政法是经济法的一个部门法，是经济法的重要组成部分，在经济法律体系中占有极其重要的地位。

财政法在建立社会主义市场经济体制中发挥着重要的作用。首先，财政法是规范市场经济主体、维护市场经济秩序的重要工具；

其次，财政法是调节社会分配、规范财政收支的法律依据；最后，财政法是发展对外经济合作关系的重要条件。同时，财政法在振兴国家财政中也发挥着重要的作用。它在深化财税体制改革、规范财税管理、健全财政职能、理顺分配关系、加强国家的宏观调控等方面发挥着重要的作用。

二、税收法①

（一）税收

税收是国家为了实现其职能，凭借政治权力，按照法律预先规定的标准，强制地、无偿地取得财政收入的一种形式。

税收具有重要作用，它是国家组织财政收入的主要和固定来源，它是调节社会经济活动、均衡分配，正确处理国家、集体、个人三者经济利益关系的重要手段。税收能够在一定程度上调节社会成员的收入差距。

税收作为凭借国家政治权力取得财政收入的特殊分配形式，与国家取得财政收入的其他方式相比，具有以下三个方面的基本特征：

1．强制性。税收是国家以法律形式规定的，税法是国家法律的组成部分，纳税人必须依法纳税，否则就要受到法律的制裁。国家在征税时不受财产直接所有权归属的限制，对不同的所有者都要行使征税权。

2．无偿性。税收是国家对纳税人的一种无偿征收。税款一经征收，即归国家所有，不再直接归还给纳税人，也不必付出任何代价如向纳税人提供某种相应的服务或特许权利作为交换，是一种无偿取得。

3．固定性。税收是国家按法律规定的范围、标准、环节、期

① 本书因篇幅有限，在财政法部分只选取与职工生活联系比较密切的税收法进行论述，财政法的其他部分不展开论述。

限征收的，税收法律的相对稳定决定了税收的固定性特征，从而使国家税收具有客观性的标准。

（二）税法的含义及构成要素

所谓税法，是指调整国家通过税务机关与纳税人之间产生的、无偿征收一定货币或者实物的税收征收关系的法律规范的总称。税法是国家法律体系的组成部分，征纳双方必须共同遵守，违反税法规定就要受到法律的制裁。税法包括税收法律、法规、条例、施行细则、征收办法、重要税收规定等。

我国的税法通常是由拥有立法权的国家最高权力机关颁布，或授权国家最高行政机关根据宪法和国家的方针政策制定发布。例如，《中华人民共和国税收征收管理法》（以下简称《税收征收管理法》）是经第七届全国人大常委会第二十七次会议通过，中华人民共和国主席令第 60 号公布施行；并于 2001 年经第九届全国人大常委会第二十一次会议修订，中华人民共和国主席令第 49 号公布施行。国家政权机关对税法条例所作的解释和具体规定、细则及办法等，则是执行税法的详细规则。

税法的构成要素主要有：

1. 纳税主体，又称纳税人或纳税义务人；

2. 征税对象，又称征税客体或计税依据；

3. 税种、税目，税种即税收的种类，税目是指各税种中具体规定的应纳税的项目；

4. 税率，是指纳税额占征税对象数额的比例；

5. 纳税环节，是指应纳税的产品在其整个流转过程中，税法规定应缴税款的环节；

6. 纳税期限，是指税法规定纳税人缴纳税款的具体时限；

7. 减税、免税，是指税法对同一税中特定的纳税人或征税对象给予减轻或者免除其税负的一种优惠规定；

8. 违章处理。

（三）我国现行的税种

我国的税种有流转税、所得税、财产税、行为税和资源税五种。

1. 流转税，是指以商品销售收入额和服务性收入额为征税对象的税种的总称。我国现行税种中属于流转税的有增值税、土地增值税、消费税、营业税、关税。

2. 所得税，是指以纳税人的所得额为征税对象的税。所得税又分为企业所得税、外商投资企业和外国企业所得税、个人所得税和农业税。

3. 财产税，是指对拥有应纳税财产的人征收的一种地方税。财产税又分为房地产税和契税等。房产税是指以城市、县城、建制镇和工矿基地的房产为征税对象的一种税。契税是指国家对房屋所有权转移进行立契时，向承受人征收的一种税。

4. 行为税，是指对某些法定行为的实施征收的一种税，包括固定资产投资方向调节税、筵席税、屠宰税、车船使用税、船舶吨位税、印花税、城市维护建设税。

5. 资源税，是指对资源级差收入征税，即对开发、使用我国资源的单位和个人，就各地的资源结构和开发、销售条件差别所形成的级差收入征收的一种税。

（四）税务征管制度

税务征管制度，是指税务机关根据税法对税收进行组织、指挥、协调和监督的基本措施，包括税务登记、纳税申报、建立账簿、凭证管理等。根据建设社会主义市场经济体制的要求和我国税法的有关规定，我国税收征管的主要内容包括以下几个方面：

1. 税务登记。税务登记，是指纳税人为依法履行纳税义务，就有关纳税事宜依法向税务机关办理登记的一种法定手续，也是税务机关对纳税人的经济活动进行登记，并据此对纳税人实施税务管理的一种法定制度。

从事生产、经营的纳税人，自领取营业执照之日起30日内，持有关证件，向税务机关申报办理税务登记。税务机关审核后发给税务登记证件。税务登记证件不得转借、涂改、损毁、买卖或伪造。

2. 纳税申报制度。纳税人或扣缴义务人必须在法律、行政法规规定或税务机关依照法律、行政法规的规定确定的申报期限内办理纳税申报，报送纳税申报表、财务会计报表，或报送代扣代缴、代收代缴税款报告表，以及税务机关根据实际需要要求纳税人报送的其他纳税资料。纳税人或扣缴义务人不能按期办理纳税申报或报送代扣代缴、代收代缴税款报告表的，经税务机关核准，可延期申报。

3. 账簿、凭证管理制度。从事生产、经营的纳税人、扣缴义务人按照国务院财政、税务主管部门的规定设置账簿，根据合法、有效凭证记账，进行核算。

4. 纳税检查制度。纳税检查制度，是指税务机关根据国家税法和财务会计制度的规定，对纳税人履行纳税义务的情况进行检查的一项制度。

5. 发票管理制度。发票管理制度是国家税务机关对发票的印制管理、发票的领购、发票的开具和保管、发票的检查以及对发票违法行为进行处罚的一项制度。税务机关是发票的主管机关，负责发票印制、领购、开具、取得、保管、缴销的管理和监督。

6. 票证管理制度。票证管理制度，是指税务机关对税收票证进行各项管理工作的制度。纳税人、扣缴义务人必须按规定的保管期限保管账簿、记账凭证、完税凭证及其他有关资料，不得伪造、变造或擅自损毁。

7. 税收保全制度。税收保全制度，是指税务机关为防止偷逃税款，要求应税收入流动性较大的纳税人，以一定数量的财产（包括货币和实物）置于税务机关控制之下，以保证税款缴纳的一种保全制度。

（五）违反税法的责任

纳税人如果违反了税法，那么就应当承担一定的法律责任。不同的违法行为，需要承担不同的责任。

1. 一般违反税法的法律责任。根据《税收征收管理法》的规定，纳税人有以下行为的，由税务机关责令限期改正，可以处2000元以下的罚款；情节严重的，处2000元以上10000元以下的罚款：

（1）未按照规定的期限申报办理税务登记、变更或者注销登记的；

（2）未按照规定设置、保管账簿或者保管记账凭证和有关资料的；

（3）未按照规定将财务、会计制度或者财务、会计处理办法和会计核算软件报送税务机关备查的；

（4）未按照规定将其全部银行账号向税务机关报告的；

（5）未按照规定安装、使用税控装置，或者损毁或者擅自改动税控装置的。

2. 偷税行为的法律责任。偷税，是指纳税人伪造、变造、隐匿、擅自销毁账簿、记账凭证，或者在账簿上多列支出或者不列、少列收入，进行虚假纳税申报，不缴或少缴应纳税款的行为。纳税人偷税的，由税务机关追缴其不缴或少缴的税款、滞纳金，并处不缴或少缴税款50%以上5倍以下的罚款；构成犯罪的，税务机关应当依法移送司法机关追究刑事责任。

3. 欠税行为的法律责任。欠税行为，是指纳税人欠缴应纳税款，采取转移或者隐匿财产的手段，妨碍税务机关追缴欠缴的税款的行为。欠税由税务机关追缴欠缴的税款、滞纳金，并处欠缴税款50%以上5倍以下的罚款；构成犯罪的，税务机关应当依法移送司法机关追究刑事责任。

4. 骗税行为的法律责任。骗税，是指以假报出口或者其他欺骗手段，骗取国家出口退税款的行为。骗税由税务机关追缴其骗取

的退税款，并处骗取税款1倍以上5倍以下的罚款；构成犯罪的，税务机关应当依法移送司法机关追究刑事责任。

5. 抗税行为的法律责任。抗税，是指以暴力、威胁方法拒不缴纳税款的行为。对于抗税行为，除由税务机关追缴其拒缴的税款、滞纳金外，税务机关应当依法移送司法机关追究刑事责任。未构成犯罪的，由税务机关追缴其拒缴的税款、滞纳金，并处拒缴税款1倍以上5倍以下罚款；情节严重的，处3年以上7年以下有期徒刑，并处拒缴税款1倍以上5倍以下罚金。

6. 虚开增值税发票行为的法律责任。虚开增值税发票，是指虚开增值税专用发票或虚开用于骗取出口退税、抵扣税款的其他发票的行为。

虚开增值税专用发票或者虚开用于骗取出口退税、抵扣税款的其他发票的，处3年以下有期徒刑或者拘役，并处2万元以上20万元以下罚金；虚开的税款数额较大或者有其他严重情节的，处3年以上10年以下有期徒刑，并处5万元以上50万元以下罚金；虚开的税款数额巨大或者有其他特别严重情节的，处10年以上有期徒刑或无期徒刑，并处5万元以上50万元以下罚金或没收财产。

7. 非法出售增值税专用发票行为的法律责任。非法出售增值税专用发票，是指违反国家发票管理法规，非法出售增值税专用发票的行为。根据《刑法》第207条的规定，非法出售增值税专用发票的，处3年以下有期徒刑、拘役或管制，并处2万元以上20万元以下罚金；数量较大的，处3年以上10年以下有期徒刑，并处5万元以上50万元以下罚金；数量巨大的，处10年以上有期徒刑或无期徒刑，并处5万元以上50万元以下罚金或者没收财产。

第二节　金融法

一、金融法概述

（一）金融

金融是货币流通和信用活动以及与之相联系的经济活动的总称。金融是指货币资金的融通，即与货币流通和银行信用有关的活动。金融主要包括货币的发行和流通、储蓄、汇兑、贴现、信托投资、金融租赁、证券交易、外汇交易、金银管理等活动。

金融工具、金融机构、金融市场和金融制度是金融体系的基本要素，共同构成了动态的金融体系。

从事金融活动的机构主要有银行、信托投资公司、保险公司、证券公司、投资基金，还有信用合作社、财务公司、金融资产管理公司、邮政储蓄机构、金融租赁公司以及证券、金银、外汇交易所等。

（二）金融法

金融法是调整金融关系的法律规范的总称。它是国家领导、组织、管理金融业和保障金融秩序的基本手段和基本方法，是宏观调控法的重要组成部分。所谓金融关系，是指金融机构相互之间以及它们与其他社会组织、个人之间，在货币资金融通过程中所发生的经济关系，包括金融交易关系和金融监管关系。

我国金融法由以下几个部分构成：

1．银行法，是指调整银行的组织和活动的法律规范的总称。它是金融法的基本法和核心法，由中国人民银行法、商业银行法和政策银行法组成。我国于1995年3月18日颁布了《中华人民共和国中国人民银行法》（2003年修订，以下简称《中国人民银行法》）；1995年5月10日颁布了《中华人民共和国商业银行法》（2003年修订，以下简称《商业银行法》）。

2. 证券法，是指调整在证券发行、交易过程中发生的经济关系的法律规范的总称。它主要调整证券发行者、承销者、认购者之间的证券发行关系和证券转让者与购买者之间的证券交易关系。我国于1998年12月29日颁布了《中华人民共和国证券法》（2005年修订）。

3. 票据法，是指调整票据关系，规定票据规则，规范票据行为的法律规范的总称。我国于1995年5月10日颁布了《中华人民共和国票据法》（2004年修订）。

4. 保险法，是指调整保险关系的法律规范的总称。它由保险合同法、保险特别法和保险业法三部分组成。我国于1995年6月30日颁布了《中华人民共和国保险法》（2002年、2009年两次修订）。

5. 信托法，是指调整信托关系的法律规范的总称。它由信托基本法和信托业法组成。2001年4月28日，全国人大常委会发布了《中华人民共和国信托法》。

6. 外汇管理法，是指调整外汇收支、管理监督关系的法律规范的总称。1996年1月29日，国务院发布了《中华人民共和国外汇管理条例》（1997年、2008年两次修订）。

二、保险法[①]

（一）保险

保险是投保人根据合同规定，向保险人支付保险费，保险人对于合同约定的可能发生的事故因其发生所造成的财产损失承担赔偿保险金责任的商业行为。

保险的特征可以从以下四个方面加以理解：

1. 保险的互助性。保险是多数人在互助共济的基础上建立起

① 本书因篇幅有限，在金融法部分只选取与职工生活联系比较密切的保险法进行论述，金融法的其他部分不展开论述。

来的，是聚积多数人的力量来分担少数人的危险的保障措施。保险的核心在于，多数投保人通过缴纳保险费，由保险人建立保险基金，对因保险事故的发生而受到损失的被保险人进行补偿。

2．保险的补偿性。保险是投保人以缴纳保险费为代价，在将来发生保险事故时，由保险人对事故损失给予补偿的一种制度。

3．保险的射幸性。保险的射幸性也称为保险的损益性。在保险中，投保人交付保险费的义务是确定的，而保险人是否承担赔偿或给付保险金的责任则是不确定的，取决于不确定的危险是否发生。

4．保险的自愿性。保险法律关系的当事人即投保人、保险人以及被保险人、受益人有权根据自己的意愿设立、变更或终止保险法律关系，不受他人干预。

（二）保险的种类

根据我国保险法的规定，按照不同的标准可以对保险作出不同的分类，常见的分类主要有以下几种：

其一，根据保险对象的不同来分，可分为财产保险和人身保险，这也是保险中最重要、最常见的分类。人身保险是以人的寿命和身体为保险客体的保险，包括人寿保险、健康保险、意外伤害保险等。财产保险是以财产及其有关利益为保险客体的保险，包括财产损失保险、责任保险、信用保险等。

其二，根据保险的实施形式不同来分，可分为自愿保险和强制保险。自愿保险是投保人与保险人在自愿的原则下，依据保险合同而形成的保险关系。强制保险又称为法定保险，是以国家颁布法律、法规的形式来实施的。

其三，根据保险人承担责任的次序不同来分，可分为原保险和再保险。原保险，是指由保险人直接与投保人签订保险合同，对于被保险人因保险事故所造成的损失，承担直接的原始赔偿责任的保险。再保险，是指原始保险人通过订立合同，将自己已投保的风险全部或部分地转移给一个或几个保险人，以降低自己所面临的风险的保险。

（三）保险法的含义与基本原则

保险法，是指调整保险关系的一切法律规范的总称。凡有关保险的组织、保险对象以及当事人的权利义务等法律规范均属保险法。保险法分为广义的保险法和狭义的保险法。广义的保险法，包括专门的保险立法和其他法律中有关保险的法律规定；狭义的保险法，是指以保险合同形成的商事保险关系为调整对象的法律规范的总称。

保险法的基本原则有：

1. 最大诚信原则。诚实信用原则是民商法中最基本的原则，主要包括“善意”、“诚实”、“信用”三方面的内容。最大诚信原则要求当事人在主张自己权利的同时承认对方的权利，当自己表述错误、有重大遗漏或者有隐瞒误导情节时，应承担相应的法律责任。诚信原则的内容包括告知义务、禁止反言、弃权无悔和保证义务四个要求。

2. 守法原则。守法是每个保险人和投保人都必须遵守的行为准则，也是保险业监管机关和其他中介机构的行为准则，包括在订立、履行、变更、解除保险合同时应当遵守保险法的规定，以及在设立、变更和终止保险业主体的各个环节都严守保险法的规定。

3. 公平竞争原则。保险法对保险业主体提出行业公平竞争的要求，禁止任何保险机构借助不正当的手段获得或者强占市场份额。

4. 保险利益原则。保险利益是投保人和受益人对保险标的具有法定利害关系的利益，也是可以通过金钱给付确定的利益。体现在财产保险中，投保人必须对保险标的拥有产权、使用权、占有权，以及抵押质押担保财产的处分权；体现在人身保险中，投保人对被保险人必须具有一定的亲属血缘关系或者被保险人认可的事实。

5. 损害赔偿原则。保险法规定，保险赔偿的金额不超过财产

损失（医疗费支出）的金额，赔偿金额是实际损失、保险标的价值和保险金额三者中最小的一个数额。

6. 保险代位求偿原则。当第三人的侵权行为导致保险事故发生时，被保险人有权选择请求保险公司赔偿损失，也有权请求第三人损害赔偿；如果被保险人选择保险人赔偿损失，之后有义务将追究造成损害的第三人承担责任的权利转给保险人，即代位追偿。

（四）保险法律关系的主体与客体

保险法律关系包括主体、客体以及关系内容三个方面。

保险法律关系主体是指：

一是投保人，是指与保险人订立保险合同，并按照保险合同负有支付保险费义务的人。投保人应是对可保险的财产以及有关的利益，或者被保险人的寿命、身体健康和安全具有保险利益（权利）的人。

二是保险人，是指依法成立的，与投保人订立保险合同，并承担赔偿或者给付保险金责任的保险公司。

三是保险代理人，是指根据保险人的委托，向保险人收取代理手续费，并在保险人授权的范围内代为办理保险业务的单位或者个人。

四是保险经纪人，是指基于投保人的利益，为投保人与保险人订立保险合同提供中介服务，并依法收取佣金的单位。保险代理人、保险经纪人应当具备保险监督管理机构规定的资格条件，并取得保险监督管理机构颁发的经营保险代理业务许可证或者经纪业务许可证，向工商行政管理机关办理登记，领取营业执照，并缴存保证金或者投保职业责任保险。

五是被保险人，是指其财产或者人身受保险合同保障，享有保险金请求权的人。投保人可以是被保险人。

六是受益人，是指在人身保险合同中由被保险人或者投保人指定的享有保险金请求权的人。投保人、被保险人可以是受益人。

保险法律关系客体，是指保险法律关系主体的权利、义务所指

向的标的，也就是可保险的财产以及有关的利益或被保险人的寿命、身体健康和安全。

保险法律关系内容，是指保险法律关系主体的权利、义务。

（五）保险合同的内容

保险合同是投保人与保险人约定保险权利义务关系的协议。保险合同分为人身保险合同和财产保险合同。其中，人身保险合同是以人的寿命和身体为保险标的的保险合同。财产保险合同是以财产及其有关利益为保险标的的保险合同。

保险合同的成立，首先要由投保人提出保险要求，经保险人同意承保，保险合同方可成立。合同一经成立，保险人应当及时向投保人签发保险单或者其他保险凭证。

保险合同的内容应当包括下列事项：

1. 保险人的名称和住所；

2. 投保人、被保险人的姓名或者名称、住所，以及人身保险的受益人的姓名或者名称、住所；

3. 保险标的；

4. 保险责任和责任免除；

5. 保险期间和保险责任的开始时间；

6. 保险金额；

7. 保险费以及支付办法；

8. 保险金赔偿或者给付办法；

9. 违约责任和争议处理；

10. 订立合同的年、月、日。

投保人和保险人可以约定与保险有关的其他事项。

保险合同的解除需满足以下条件：

其一，除保险法另有规定或者保险合同另有约定外，保险合同成立后，投保人可以解除合同，保险人不得解除合同。

其二，投保人故意或者因重大过失未履行前款规定的如实告知义务，足以影响保险人决定是否同意承保或者提高保险费率的，保

险人有权解除合同。

其三，保险人在合同订立时已经知道投保人未如实告知的情况的，保险人不得解除合同。

其四，未发生保险事故，被保险人或者受益人谎称发生了保险事故，向保险人提出赔偿或者给付保险金请求的，保险人有权解除合同，并不退还保险费。

其五，投保人、被保险人故意制造保险事故的，保险人有权解除合同。

（六）保险业监管制度

根据相关法规，我国实行对保险业的监管制度。

1．保险业监管机构。我国保险业监督管理机构是中国保险监督管理委员会（简称保监会），国务院于1998年11月18日批准设立中国保监会，专司全国商业保险市场的监管职能。

2．保监会监管内容。

一是关系社会公众利益的保险险种、依法实行强制保险的险种和新开发的人寿保险险种等的保险条款和保险费率，应当报国务院保险监督管理机构批准。

二是保险公司使用的保险条款和保险费率违反法律、行政法规或者国务院保险监督管理机构的有关规定的，由保险监督管理机构责令停止使用，限期修改。

三是保险公司未依照保险法规定提取或者结转各项责任准备金，或者未依照保险法规定办理再保险，或者严重违反保险法关于资金运用的规定的，由保险监督管理机构责令限期改正，并可以责令调整负责人及有关管理人员。

四是保险公司有下列情形之一的，国务院保险监督管理机构可以对其实行接管：其一，公司的偿付能力严重不足的；其二，违反本法规定，损害社会公共利益，可能严重危及或者已经严重危及公司的偿付能力的。

第十六章　环境与资源保护法

第一节　环境保护法

一、环境保护法概述

（一）环境的含义与环境问题

不同的学科对环境有不同的定义。环境科学领域的环境，是指围绕着人群的空间及其中可以直接、间接影响人类生活和发展的各种自然因素的总体。根据《中华人民共和国环境保护法》（以下简称《环境保护法》）的规定，法律意义上的环境，是指影响人类生存和发展的各种天然的和经过人工改造的自然因素的总体，包括大气、水、海洋、土地、矿藏、森林、草原、野生生物、自然遗迹、人文遗迹、自然保护区、风景名胜区、城市和乡村等。

环境问题，是指由于自然原因或人为原因使环境条件发生变化，由此给人类的生存和发展带来的不利影响。根据环境问题的产生原因，可将其分为自然原因引起的环境问题和人为原因引起的环境问题。火山活动、地震、风暴、海啸等产生的自然灾害均为自然原因引起的环境问题，而我们通常所说的环境问题，多是人为原因造成的。

人为原因引起的环境问题又可依据其危害后果分为环境破坏和环境污染两类。环境破坏，是指人类对自然环境进行不合理开发利用所造成的不利影响和危害，如资源枯竭、气候变异、水土流失、物种灭绝等。环境污染，是指人类向自然环境不适当地排入污染物

或其他物质、能量所造成的不利影响和危害，如水污染、废气污染、化学污染、噪声污染等。环境破坏和环境污染是相互联系、相互作用的。环境破坏可以降低环境的自净能力，加剧污染的程度，而环境污染又会降低生物生产量，从而破坏生态平衡，使自然环境遭到破坏。总的来说，环境破坏对人类的危害更大，影响更长久。

20 世纪 70 年代以来，在现代环境问题引起的全球性的环境问题中，最为严重的是酸雨、臭氧层破坏、温室效应、突发性环境污染事故和大规模的生态破坏等。

(二) 环境保护法的含义与基本特征

环境保护法，是指调整因保护和改善环境，合理利用自然资源，防治污染和其他公害而产生的社会关系的法律规范的总称。

环境保护法主要规定了环境监督管理、保护和改善环境、防治环境污染和其他公害等法律制度，以及违反环境保护法的法律责任。环境保护法确立了以下主要制度：环境规划制度、清洁生产制度、环境影响评价制度、"三同时"制度、排污收费制度、总量控制制度、限期治理制度、环境标准制度。

环境保护法的制定是为了保护和改善生活环境与生态环境，防治污染和其他公害，保障人体健康，促进社会主义现代化建设的发展。

环境保护法的实施使环境得到了法律的保护，在一定程度上改善了我国的生活与生态环境，环境污染问题得到了一定的解决，人体健康受到了法律的保护，有利于我国的现代化建设。

环境保护法具有如下几个方面的基本特征：

1. 突出的社会公益性。环境保护法所保护的是人类共同需要的生存条件，符合整个国家、民族乃至当代人类的利益，也符合子孙后代的利益，它具有保护公共利益的最广泛的社会性。

2. 涉及范围的广泛性。一般来说，一个法律部门只调整某方面或某几方面的社会关系，而环境保护法保护的是人类赖以生存和发展的自然环境和人工环境，调整人们利用、保护环境而生的社会关系，因而涉及所有的人和所有的组织。

3. 科技性。环境保护法以科学技术为基础，许多规范，如环境保护措施、环境标准等，都从环境科学技术研究成果中由技术规范上升而来，环境保护法的实施更需要大量科学技术知识和科学技术手段的配合。

4. 国际性。首先，环境问题是当今世界各国共同面临的严峻问题，而且发展为跨国界的全球性问题。其次，人类只有一个地球，保护环境离不开各国的协调与合作。最后，大多数国家把环境保护规定在宪法中，环境保护与环境法制的国际交流与合作都体现了环境保护法的国际性。

（三）我国环境保护法的体系

环境保护法的体系，是指由调整人们在开发利用、保护改善环境的活动中所产生的社会关系的法律规范而形成的有机联系的统一整体。我国的环境保护法经过不断发展，到目前为止，已经形成以宪法相关规定为基础，以环境保护基本法为核心，由一系列单行法规和具有规范性的环境标准所组成的完整的体系。

1. 我国宪法中关于环境保护的规定。宪法中关于环境保护的规定是环境保护法的基础和立法依据。我国宪法对环境保护作了一系列的规定，如《宪法》第 26 条第 1 款规定了环境保护是国家的一项基本职责；在其他相关条款规定了自然资源的保护政策。这些规定是我国环境保护法律、法规的立法依据。

2. 环境保护基本法。环境保护基本法在环境保护法体系中占有除宪法之外的最高地位。1989 年 12 月 26 日颁布的《环境保护法》是我国的环境保护基本法，它对环境保护的重大问题作了全面的原则性规定，是我国单行环境法规的立法依据。

3. 环境保护单行法。环境保护单行法是针对特定的保护对象而制定的单项法律。它以宪法和环境保护基本法为依据，又是宪法和环境保护基本法的具体化。环境保护单行法在环境法律体系中数量最多，一般都比较具体详细，因而成为进行环境管理、处理环境

纠纷的直接依据。目前，我国的环境保护单行法由以下几个部分组成：

（1）自然资源保护法，如《水法》、《森林法》、《土地管理法》、《矿产资源法》、《野生动物保护法》等；

（2）环境污染防治法，在环境保护单行法规中数量最多，如《大气污染防治法》、《水污染防治法》、《环境噪声污染防治法》、《固体废物污染环境防治法》、《海洋环境保护法》等；

（3）土地利用规划法，如《村庄和集镇规划建设管理条例》等；

（4）环境管理行政法规，如《环境标准管理办法》、《建设项目环境保护管理条例》等。

4. 环境标准。环境标准是国家为了维护环境质量、控制污染，从而保护人群健康、社会财富和生态平衡，按照法定程序制定的各种技术规范的总称。我国的环境标准主要有环境质量标准、污染物排放标准、环境保护的基础标准和环境保护的方法标准四类，如土壤环境质量标准、环境空气质量标准、大气污染物综合排放标准、污水综合排放标准等。

5. 其他部门法中关于环境保护的法律规范。我国其他的部门法，如民法、刑法、行政法中，也有不少关于环境保护的法律规范。例如，《民法通则》第124条规定："违反国家保护环境防止污染的规定，污染环境造成他人损害的，应当依法承担民事责任。"刑法中专门设立"破坏环境资源保护罪"等。

6. 我国参加的国际公约或条约中的环境保护规范。由于环境问题具有国际性的特点，我国非常重视通过参加或缔结有关环境资源保护的国际条约来保护全球环境。我国参加的重要的环境保护国际条约有：《联合国海洋法公约》、《濒危野生动植物物种国防贸易公约》、《保护臭氧层维也纳公约》、《关于环境保护的南极条约议定书》等。

（四）环境保护法的基本原则

环境保护法的基本原则，是国家对环境保护实行法律调整的指导方针的法律化、程序化，是对环境保护方面的社会关系实行法律调整的基本指导规范，是环境保护立法、司法、执法和守法必须遵循的基本准则。一般说来，我国的环境法包括以下几项基本原则：

一是协调发展的原则。所谓协调发展，是指经济建设与环境和资源保护相协调，其主要含义被归纳为著名的“三建设，三同步，三效益”，即经济建设、城乡建设与环境建设必须同步规划、同步实施、同步发展，以实现经济效益、社会效益和环境效益的统一，以实现人类与自然的和谐共存，使经济和社会发展持续、健康地进行。

二是预防为主的原则。这一原则是预防为主、防治结合、综合整治原则的简称，其含义是指国家在环境与资源保护工作中采取各种预防措施，防止开发和建设活动中产生环境污染和破坏，尽量在生产的过程中解决环境问题，而不是等环境污染和资源破坏产生以后再去想办法治理。对已经造成的环境污染和破坏要积极地治理。

三是全面规划的原则。这一原则是指在经济和社会发展中，对工业、农业、城市、乡村生产和生活的各个方面作出统一考虑，把环境和资源保护作为国民经济和社会发展的重要组成部分来进行统筹安排、规划和布局。

四是各负其责的原则。所谓各负其责的原则，是指与环境法有关的各个主体都必须承担其应负的责任和应履行的职责。

五是可持续发展原则。1992 年联合国环境与发展大会以后，可持续发展的理论和思想在我国得到社会各界的广泛认同，并很快成为环境与资源保护工作的一个重要原则。可持续发展是从环境与自然资源角度提出的关于人类长期发展的战略与模式，它强调的是环境与经济的协调，追求的是人与自然的和谐，其核心思想就是，经济的健康发展应该建立在生态持续能力、社会公正和人民积极参与自身发展决策的基础之上。

二、环境保护法的基本制度

环境保护法的基本制度，是指国家为了保证环境保护法的实现，以环境保护法的基本原则为依据制定的，调整某一类或者某一方面环境保护法律关系的法律规范的总称。根据我国环境保护法的规定，我国环境保护法的基本制度有：环境标准制度、环境规划制度、清洁生产制度、环境影响评价制度、“三同时”制度、排污收费制度、限期治理制度、污染事故的报告和处理制度等。

（一）环境标准制度

环境标准制度是由国家制定的一系列上升为法律、法规的技术规范所组成的，是环境保护法中一项重要的法律制度。环境标准即环境保护标准，是国家为保护人体健康、社会物质财富和维持生态平衡，对大气、水、土壤等环境质量、污染源、监测方法等，依据法定程序制定的技术规范。制定环境规划和计划是科学管理环境的技术基础，也是促使污染治理、综合利用和提高环境质量的重要依据。

（二）环境规划制度

1. 环境规划制度的含义与意义。环境规划制度，是对一定时期内某特定地区的环境保护目标与措施所作的规定。它是环境预测与决策的产物，是环境保护部门制订环境保护计划的依据。环境保护规划的目的是协调发展经济与保护环境之间的关系，做到发展经济的同时保护环境，维护生态系统的良性循环。

实行环境规划制度，对我国的环境保护具有重要的意义。首先，它是防治环境污染和破坏的重要手段。环境规划可以避免或尽量减少可能产生的环境污染和破坏。其次，它可以强化环境资源管理，改善环境质量，促进环境与经济、社会的协调发展。

2. 环境规划的分类和内容。根据不同的标准，可以对环境规划进行不同的划分：

（1）以规划的性质为标准，可以将环境规划分为污染控制规划、国民经济整体规划和国土利用规划。

（2）以规划的环境要素为标准，可以将环境规划分为大气污染控制规划、水污染控制规划、固体废物处理处置规划、噪声控制规划等。

（3）以规划的地域范围为标准，可以将环境规划分为全国环境规划、区域环境规划、流域环境规划、省级环境规划、城市环境规划、工业区环境规划和乡镇环境规划等。

（4）以规划的法定效力为标准，可以将环境规划分为强制性规划和指导性规划。强制性规划的法定效力高于指导性规划。

（5）以规划的时间期限为标准，可以将环境规划分为短期规划、中期规划和长期规划。通常短期规划以 5 年为限，中期规划以 15 年为限，长期规划以 20 年、30 年、50 年为限。

（三）清洁生产制度

1. 清洁生产制度的含义。清洁生产制度，是指不断改进设计、使用清洁的能源和原料、采用先进的工艺技术与设备，以改善管理、综合利用等措施，全过程削减污染，提高资源利用效率，减少或者避免生产、服务和产品使用过程中污染物的产生和排放，以减轻或者消除对人类健康和环境的危害的法律规定。清洁生产制度适用于中华人民共和国领域内从事生产和服务活动的单位以及从事相关管理活动的部门。

2. 清洁生产制度的推行。清洁生产制度的推行以政府为主，主要采取行政指导的方式。该制度主要包括：清洁生产规划制度；清洁生产信息制度；清洁生产技术创新、交流制度；清洁产品的环境标志制度；生产技术、工艺、设备和产品的限期淘汰制度。

3. 清洁生产制度的实施。清洁生产制度的实施以企业为主。企业在清洁生产过程中，一方面享有依法获得清洁生产信息服务和技术、资金援助的权利，另一方面也负有进行技术改造，采用清洁生产措施，提交清洁生产的有关报告、资料的义务。清洁生产促进法就清洁生产制度的实施主要规定有两项制度：清洁生产审计制

度，环境管理体系认证制度。

（四）环境影响评价制度

环境影响评价制度，是对可能影响环境的重大工程建设规划或其他活动事先进行调查、预测和评价，并制定防治对策等行为规则的制度。环境影响评价是基本建设过程中一项不可缺少的环节，是预防环境问题产生的基本制度。

环境影响评价后，建设单位应写出书面文件交环境保护部门和有关主管部门审批。这种反映环境评价内容的书面文件就是环境影响报告书。

环境影响报告书应在可行性研究阶段完成。实行环境影响评价制度，通过可行性研究和综合评价论证，不仅在进行基本建设前对某些对环境有不良影响的项目进行制止，同时使基建项目对环境的影响减少到最小的限度，有效地预防环境污染。

（五）“三同时”制度

“三同时”制度，是指对环境有影响的一切基本建设项目、技术改造项目和区域开发建设项目等，尤其是建设项目中的防治环境污染和其他公害的各项设施以及其他环境保护设施，必须与主体工程同时设计、同时施工和同时投产使用的制度。它是我国防止新污染源出现，贯彻预防为主原则的一项重要的法律制度，是我国环境保护工作的一项创举。

我国《环境保护法》第26条第1款明确规定了“三同时”的法律制度。综合环境保护法和我国其他相应的行政法规，“三同时”制度的主要内容是：

1. 一切建设项目中防治污染的设施，必须与主体工程同时设计；在建设项目的初步设计中，必须有环境保护的篇章；在施工设计图中，必须按已批准的初步设计文件及环境保护篇章规定的措施进行。

2. 在施工过程中，应将防治污染和保护环境的设施与主体工程同时施工，并且保护施工现场的环境不受到污染和破坏。

3. 在正式投产使用前，建设单位必须向环境保护部门提交“环境保护设施竣工验收报告”，说明环境保护设施的试运行情况、治理可能达到的效果和标准。经验收合格发给“环境保护设施验收合格证”后，建设项目方可投入生产或使用。

4. 经环境保护部门验收合格的单位正式投产后，不得擅自拆除或者闲置防治污染的设施，确有必要拆除或者闲置的，必须征得环境保护部门的同意。

(六) 防治污染的其他制度

1. 排污收费制度。排污收费制度，是指一切对环境排放污染物的单位和个人依据有关环境保护法律法规的规定缴纳一定费用的法律制度。排污收费制度是实现“谁污染，谁治理”的环境责任原则的一项具体制度。它既有利于增强企业治理污染的能力，促进企业加强经营管理和污染治理，同时也为防治污染提供大量专项基金加强了环境保护部门的自身建设，从而促进环境保护事业的发展。

2. 限期治理制度。限期治理制度是对长期排污造成严重环境污染，而又未进行有效治理的排污单位规定一个期限，责令其按期完成治理任务的法律制度。在我国，限期治理的对象是那些造成环境严重污染的企事业单位。

限期治理是带有一定强制性的措施，它要求排污单位在特定期限内对污染进行治理，并要达到规定的目标，否则该排污单位要承担更严重的法律责任。

3. 污染事故的报告和处理制度。污染事故的报告与处理制度，是指因发生事故或突发性事件，造成或可能造成污染事故的单位，必须立即采取处理措施，及时通报可能受到污染危害的单位和居民，并在一定期限内向当地环境保护主管部门及有关部门报告的法律制度。

第二节　土地法

一、土地法概述

（一）土地管理法及其作用

土地管理法，是指调整人们在土地管理、开发利用和保护过程中发生的社会关系的法律规范的总称。

制定土地管理法是为了加强土地管理，维护土地的社会主义公有制，保护、开发土地资源，合理利用土地，切实保护耕地，促进社会经济的可持续发展。

土地管理法主要规定了土地的所有权和使用权、土地利用总体规划、耕地保护、建设用地管理、监督检查及法律责任。

土地管理法适用于我国版图内各种土地的管理，包括土地所有权与使用权的确定、土地利用的总体规划、耕地的保护和建设用地的管理。

我国现行的土地管理法是1986年制定的《中华人民共和国土地管理法》（以下简称《土地管理法》），1988年和1998年全国人大常委会先后对该法进行了两次修订。这部法律颁布实施以来，各级土地管理部门转变观念、依法行政，在发挥土地利用总体规划的作用、建立集约用地的新机制、强化土地资产管理、加大土地执法力度等方面有了长足的进步，使土地管理事业发生了深刻变化，对加强土地管理和耕地保护等均起了积极的作用。

（二）土地管理法的基本原则

土地管理法具有以下四个方面的原则：

第一，保护社会主义土地公有制的原则。保护社会主义土地公有制是土地管理法最基本的原则。这一原则贯穿在对国家集体土地所有权的确认和保护、对土地的合理利用，以及国家对土地依法征用等一系列活动中。法律明令禁止任何组织或个人用任何手段侵占或破坏国家和集体的土地。

第二，珍惜和合理利用土地，切实保护耕地的原则。土地管理法要求我国各级人民政府必须贯彻执行十分珍惜、合理利用土地和切实保护耕地的方针，全面规划，严格管理，保护、开发土地资源，制止非法占用土地的行为。

第三，统筹兼顾，严格管理的原则。我国土地管理法分别对国家建设、乡（镇）村建设以及生活建房用地规定了严格的法律程序，同时为了严格管理，规定了各级管理机构的设置和权限。

第四，奖惩结合的原则。我国土地管理法对“法律责任”设专章作出明确规定，对违反法律者课以处罚，责令其承担相应的法律责任。还规定在保护和开发土地资源、合理利用土地以及进行有关的科学研究等方面成绩显著的单位和个人，由人民政府给予奖励。

二、土地法的基本内容

（一）土地使用权的出让方式与期限

土地使用权的出让，是指国家将国有土地使用权（简称土地使用权）在一定年限内出让给土地使用者，由土地使用者向国家支付土地使用权出让金的行为。

1. 土地使用权出让的方式。土地使用权出让的方式有三种：协议、招标、拍卖。其中招标和拍卖引进了竞争机制，体现了市场经济公平竞争的要求，有利于土地使用权的出让在公开、公平、公正的条件下进行。无论采取哪种方式，出让方与受让方就土地使用权出让的主要内容达成一致后，即签订土地使用权出让合同，明确双方的权利义务关系。必须注意的是，土地使用权出让合同签订后60日内，土地使用者应当付清全部土地使用权出让金。逾期未全部支付的，出让方有权解除合同，土地使用者应承担违约赔偿责任。同样，出让方应按合同规定，提供出让的土地使用权，否则，土地使用者有权解除合同，出让方应承担违约赔偿责任。

2．土地使用权出让的期限。土地使用权的出让是有期限的，根据土地的不同用途，国家对土地使用权出让的最高期限作了规定：居住用地70年；工业用地和教育、科技、文化、卫生、体育用地50年；商业旅游、娱乐用地40年；综合或者其他用地50年。每块土地的使用年限，在上述最高年限内，由出让方与受让方协商确定。土地使用期限届满，如果土地使用者需要继续使用该土地，可以申请续期，按照有关法律规定，重新办理土地使用权出让手续。

（二）土地使用权的出租与转让

土地使用权的出租，是指土地使用者作为出租方将土地使用权随同地上建筑物、其他附着物，租赁给承租人使用，由承租人向出租人支付租金的行为。土地使用权出租应符合以下条件：

首先，出租人主体资格合法。出租者必须是已依法取得土地使用权，并按土地使用权出让合同的约定，对土地进行了投资开发利用的土地使用者。不具备前述条件的，不得将土地使用权出租。

其次，租赁双方当事人必须签订土地使用权租赁合同。该租赁合同的内容不得违反法律法规，不得违反土地使用权出让合同的规定。合同签订后，出租人应按规定办理土地使用权和地上建筑物、其他附着物的出租登记。

最后，出租人必须继续履行土地使用权出让合同。出租人能够与承租人签订租赁合同是基于出租人与土地所有权人之间的土地使用权出让合同而享有土地使用权，出租人与承租人签订租赁合同并不会使出租人与土地所有权人之间的土地使用权出让合同相应解除，出租人与土地所有权人双方之间仍存在基于出让合同而产生的法律关系，出租人作为出让合同的受让方，对出让方的一切法律义务没有终止，必须继续履行。而土地使用权承租人与出让方则不存在法律关系。

土地使用权的转让，是指土地使用者将土地使用权再转移的行为。土地使用权转让关系的主体是平等的民事主体，包括企事业单位、机关、团体、经济组织和个人。它与土地使用权出让的主体特点不同，后者中出让方是代表国家的土地管理机关，与受让方的地位是不平等的。

土地使用权转让的内容包括：土地使用权出让合同和登记文件中载明的，土地使用者的具体的权利义务和被转让的土地上的建筑物、其他附着物的所有权。转让的方式有三种：出售，可采用多种形式，如登报、招标、拍卖等；交换，既可用土地使用权相互交换，也可用其他资产进行交换；赠与。到底以何种方式转让是转让方的权利。转让方与受让方达成协议时，必须签订土地使用权转让合同，并按规定办理土地使用权过户登记手续。

（三）土地所有权制度

土地所有权，是国家或者农民集体依法对归其所有的土地享有的支配性和绝对性权利，即土地所有权人对其土地占有、使用、收益和处分的支配性权利。土地所有权制度对土地所有者及其代表行使权利，有三条重要限制特征：土地所有权人及其代表由法律明确规定；土地所有权的取得与丧失依据法律规定，不因约定而发生；土地所有权禁止交易。

我国土地所有权只限于国家所有和农村集体组织所有；土地的所有权和经营权一般是分离的，并受国家的计划管理和行政监督；国家严禁土地所有权的买卖和商品性流转。

1. 国有土地所有权。国有土地所有权，是由国务院代表国家行使占有、使用、收益和处分属于全民所有土地的权利。

国家依法实行土地登记发证制度。依法登记的土地所有权和土地使用权受法律保护，任何单位和个人不得侵犯。土地登记的内容和土地权属证书式样由国务院土地行政主管部门统一规定。土地登记资料可以公开查询。

2. 集体土地所有权。集体土地所有权，是以符合法律规定的农村集体经济组织的农民集体为所有权人，对归其所有的土地所享有的受法律限制的支配性权利。《土地管理法》第 8 条第 2 款规

定："农村和城市郊区的土地，除由法律规定属于国家所有的以外，属于农民集体所有；宅基地和自留地、自留山，属于农民集体所有。"

（四）土地利用的总体规划及法律效力

根据国家有关土地管理的规定，需报国务院批准的土地利用总体规划有四种：一是省级的；二是省、自治区人民政府所在地城市的；三是人口在100万以上的城市的；四是国务院指定的城市的。其余的则应逐级上报省级政府批准。其中，乡（镇）土地利用总体规划可以由省级政府授权的设区的市、自治州人民政府批准。

经批准的土地利用总体规划的修改，须经原批准机关批准，未经批准，不得改变其已确定的土地用途。经国务院批准的大型能源、交通、水利等基础设施建设用地，需要改变土地利用总体规划的，据国务院的批准文件加以修改。

土地利用总体规划一经批准，必须严格执行。地方编制的土地利用总体规划中的建设用地总量不得突破上一级政府下达的控制指标，农用地保有量不得低于上一级政府下达的控制指标。任何单位和个人必须严格按照土地利用总体规划确定的用途使用土地。

城市总体规划、村庄和集镇规划、江河湖泊综合开发利用规划，应当与土地利用总体规划相衔接。在城镇规划中，建设用地规模不得突破土地利用总体规划。城市建设用地规模应当符合国务院建设行政主管部门规定的标准，充分利用现有建设用地，不占或尽量少占农用地。

在城市规划区内、村庄和集镇规划区内、江河湖泊的安全区内，土地利用应当符合其规划。

（五）土地开发制度的构成

我国土地开发制度主要由以下三个部分构成：

第一，土地开发原则。国家鼓励单位和个人按照土地利用总体规划，在保护和改善生态环境、防止土地沙化的前提下，开发未利用的土地。开发未确定使用权的国有荒山、荒地、滩涂，从事种植

业、林业、畜牧业、渔业生产的，按照规定，由县级以上人民政府批准，可以确定给开发者使用。

第二，土地调查统计制度。国家建立土地调查统计制度，县级以上土地管理部门要会同同级有关部门进行土地调查统计，掌握土地资源及其变化情况的数值和规律。国家建立全国土地管理信息系统，对土地利用状况进行动态监测。

第三，土地复垦制度。土地复垦实行“谁破坏、谁复垦”的原则。土地管理法规定，因挖损、塌陷、压占等造成土地破坏的，用地单位和个人应当按照有关规定负责复垦；没有条件复垦或者复垦不符合要求的，应当缴纳土地复垦费，专项用于土地复垦。复垦的土地应当优先用于农业。

（六）土地的征用及审批与补偿

根据土地管理法的有关规定，任何单位在征用土地时，都要严格遵守征用土地的审批权限制度。据土地管理法规定，征用下列土地的，由国务院批准：基本农田；基本农田以外的耕地超过35公顷的；其他土地超过70公顷的。征用上述规定以外的土地，由省、自治区、直辖市人民政府批准，并报国务院备案。征用农用地的，应当先行办理农用地转用审批。

据土地管理法规定，建设占用土地，涉及农用地转为建设用地的，应当办理农用地转用审批手续。省级政府批准的道路、管线工程和大型基础设施建设项目、国务院批准的建设项目占用土地，涉及农用地转为建设用地的，由国务院批准。在土地利用总体规划确定的城市和村庄、集镇建设用地规模范围内，为实施该规划而将农用地转为建设用地的，按土地利用年度计划分批次由原批准土地利用总体规划的机关批准。在已批准的农用地转用范围内，具体建设项目用地可以由市、县人民政府批准。

征用土地是有偿的，由用地单位向土地的集体所有者按照被征用土地的原用途给予补偿。征用耕地的补偿费用包括征地补偿费、安置补助费以及地上附着物和青苗的补偿费。征地补偿费，为该耕

地被征用前3年平均年产值的6~10倍。安置补助费，按照需要安置的农业人口数计算；需要安置的农业人口数，按照被征用的耕地数量除以征地前被征用单位平均每人占有数量计算。每一个需要安置的农业人口的安置补助费标准，为该耕地被征用前3年平均年产值的4~6倍。但是，每亩被征用耕地的安置补助费，最高不得超过被征用前3年平均年产值的15倍。被征用土地上的附着物（指在决定征用土地前，被征用土地上已有的建筑物和构筑物以及其他水利或电力设施等）和青苗（指在决定征用土地前，已播下的种子或已出土的各种未收割的农作物）的补偿标准，由省级政府规定。

征用其他土地的补偿费和安置补助费标准，由省级政府参照征用耕地的补偿费和安置补助费的标准规定。

（七）耕地保护制度

国家对耕地实行以下三方面的特殊保护制度：

1. 基本农田保护制度。国家划定基本农田，对其严格管理，严加保护。下列耕地划入基本农田保护区：

(1) 经国务院有关主管部门或者县级以上地方人民政府批准确定的粮、棉、油生产基地内的耕地；

(2) 有良好的水利与水土保持设施的耕地，正在实施改造计划以及可以改造的中、低产田；

(3) 城市蔬菜生产基地；

(4) 农业科研、教学试验田；

(5) 国务院规定应当划入基本农田保护区的其他耕地。基本农田一般应占本行政区域内耕地的80%以上。

2. 占用耕地补偿制度。国家严格控制耕地转为非耕地。非农业建设必须节约使用土地，可以利用荒地的，不得占用耕地；可用劣地的，不得占用好地；经批准占用耕地的，按照“占多少、垦多少”、“先补后占”的原则对所占有耕地进行补偿。省级政府应当监督占地单位开垦耕地或者组织开垦耕地，并进行验收。

3. 国家鼓励土地整理，提高耕地质量，增加有效耕地面积。法律要求各级政府采取措施，维护排灌工程设施，改良土壤，提高地力，防止土地沙化、盐渍化、水土流失和污染土地。禁止任何单位和个人破坏耕地和闲置、荒芜耕地。

第三节　自然资源保护法

一、自然资源保护法概述

(一) 自然资源

自然资源，是指存在于自然界中、人类可直接获得用于生产和生活的一切自然要素的总称，如土地、空气、阳光、风力、水、草原、森林、矿产、野生动植物等。自然资源具有可用性、整体性、变化性、空间分布不均匀性和区域性等特点，是人类生产资料和生活资料的来源，是人类社会存在和发展的基本条件之一。保护自然资源就是保护人类生存和发展的基础。自然资源可划分为生物资源、农业资源、森林资源、国土资源、矿产资源、海洋资源、气候资源、水资源等。

我国自然资源的总体情况是：人均占有量少，分布不均，开发利用存在着极大的盲目性和不合理性，造成水土流失严重，沙漠化不断扩大；大面积森林被砍伐，天然植被遭到破坏；草原退化，沙化、碱化面积逐年增加；生物多样性受到严重破坏，动植物种类锐减；淡水资源严重短缺；矿产资源盲目开采，损失浪费严重。所以，我国的自然资源保护刻不容缓。为保障经济和社会的可持续发展，维持人类生存发展的自然条件，必须运用法律手段保护自然资源。

(二) 自然资源保护法

1. 自然资源保护法的含义。自然资源保护法也称自然资源法，是指调整人们在自然资源开发、利用、保护和管理过程中所产生的各种社会关系的法律规范的总称。自然资源保护法由各种资源的法律规范所构成，主要包括土地资源、水资源、矿产资源、森林资源、草原资源、野生动植物资源等方面的法律规范。它调整的社会关系主要有资源权属关系、资源流转关系、资源管理关系和涉及自然资源的其他经济关系。自然资源保护法不仅调整在自然资源开发利用活动中人与人的关系，而且还通过对人与人关系的调整，有效协调“人与自然”的关系，保障人类社会可持续发展的基础。

2. 自然资源保护法的调整对象。自然资源是人类社会生产和生活的最基本的物质基础，涉及社会生产和生活的各个方面。因而自然资源法所调整的社会关系十分广泛和复杂。概括起来，主要有以下四个方面：

其一，资源权益关系。人们在开发、利用和保护各种自然资源的活动中所形成的财产权益关系的调整，是由宪法、物权法和自然资源法特别规定的。

其二，资源宏观调控关系。为保障社会的可持续发展，依照科学发展观的要求，国家关于开发利用自然资源的战略、规划和总体政策导向必须具有法律效力，经济运行中的产业结构和经济发展方式的确定和调整要按法定程序进行。

其三，资源市场规制关系。资源配置必须以市场为基础，在承认各种自然资源价值的基础上，在市场交易中既要遵守市场规则，更要接受社会和政府的管理和监督，特别是自然资源开发利用权的取得要经过政府的行政许可，并按照许可证的要求进行活动。

其四，其他经济关系。

（三）自然资源保护法的基本原则

我国自然资源保护法的原则，贯穿于每一种自然资源保护的法律之中，以保障我国自然资源的合理开发和利用，以促进国民经济的全面、协调、可持续发展。

1. 重要自然资源公有，所有权与使用权分离的原则。国家的重要自然资源是关系国民经济命脉的生产资料，是保证国民经济稳

定发展的物质基础，是国计民生的基本保障，是我国坚持社会主义方向的关键因素。所有自然资源的立法，都必须确保一切国有资源不得受到任何侵犯。坚决保护国家充分实现对自然资源的占有、使用和处分的权利，同时要明确规定国家对自然资源的特殊保护，并采取强有力的措施保证这一原则得以充分实现。

2. 国家统一领导和地方分级管理的原则。保护自然资源是国家的基本职能之一。国务院代表国家对全国的自然资源保护工作实行统一领导；国家环境保护机关和国务院所属部委的有关机构是国家级的自然资源保护机构，主管全国的自然资源管理保护工作；地方各级政府负责领导本地区自然资源保护工作，地方政府中的自然资源管理保护机构，具体主管本级政府辖区的自然资源管理保护工作。各级自然资源保护机构在其职权范围内，依法对自然资源的开发、利用、保护实行监督和管理。

3. 统一规划、合理开发、综合利用的原则。自然资源具有整体性，资源与资源之间、资源内部之间相互联系、相互制约，形成不同层次的有机整体。因此，要遵循自然生态规律，既要保护生态平衡，又要考虑经济效益，必须由国家统一规划、管理自然资源，科学、合理地开发，综合利用，以便既能取得最好的经济效益，又能持久地利用自然资源。只有建立起有利于统一规划、综合开发、合理利用的自然资源管理体制，根据地域特征以及资源和环境承载能力安排产业结构和经济规模，加快转变经济发展方式、消费模式，才能使自然资源得到保护和合理利用，实现可更新资源的繁衍，达到永续利用的目的。

4. 开源与节流相结合的原则。开发、利用自然资源是人类生存和发展的需要，但是，有些自然资源一旦开发就不能再生，有些资源需要漫长时间才能再生。所以，制定自然资源保护法时，要确立开源与节流相结合的原则。我国实施节约与开发并举战略，把节约放在首位，鼓励人们寻找新资源、开发潜在资源及人造代用资源等，并千方百计地提高利用自然资源的技术水平，使自然资源的非

图书在版编目（CIP）数据

职工普法知识读本/李宏伟主编．—北京：中国人民公安大学出版社，2013. 1

ISBN 978－7－5653－1190－1

Ⅰ. ①职…　Ⅱ. ①李…　Ⅲ. ①社会主义法制—法制教育—中国—普及读物　Ⅳ. ①D920. 5

中国版本图书馆 CIP 数据核字（2013）第 002412 号

职工普法知识读本

李宏伟　主编

出版发行：中国人民公安大学出版社
地　　址：北京市西城区木樨地南里
邮政编码：100038
经　　销：新华书店
印　　刷：北京泰锐印刷有限责任公司

版　　次：2013 年 1 月第 1 版
印　　次：2015 年12月第 2 次
印　　张：13
开　　本：880 毫米×1230 毫米　1/32
字　　数：350 千字

书　　号：ISBN 978－7－5653－1190－1
定　　价：40. 00 元

网　　址：www. cppsup. com. cn　www. porclub. com. cn
电子邮箱：zbs@ cppsup. com　zbs@ cppsu. edu. cn

营销中心电话：010－83903254
读者服务部电话（门市）：010－83903257
警官读者俱乐部电话（网购、邮购）：010－83903253
法律图书分社电话：010－83905745

有、使用，导致自然资源的过度开发和浪费，甚至造成资源危机。因此，自然资源有偿使用制度有助于改变人们的观念，促使人们注意合理开发和节约使用自然资源，也有利于为新资源的开发筹集资金以及保护和恢复自然资源。实行有偿使用自然资源制度，使资源利用成本增加，将促使人们寻找替代资源，从而减少自然资源的消耗，有利于保障自然资源的可持续利用，促进社会经济的可持续发展。

正常损失减少到最低程度。

二、自然资源保护的基本法律制度

（一）自然资源规划制度

自然资源规划，是根据自然资源本身的特点及国民经济发展的要求，在一定规划期内对某一区域内各类自然资源的开发、利用、保护、恢复和管理所作的总体安排。目的是从宏观上解决自然资源开发、利用与生态保护，眼前利益与长远利益的矛盾，以及资源分配问题。经批准的自然资源规划是进行资源开发、利用的基本依据，是保障资源可持续利用的重要措施。

自然资源规划草案由各级资源主管部门会同有关部门起草，经广泛讨论征求意见后，报同级人民政府批准实施，有些规划需报本级人民代表大会通过实施，还有的需报上级人民政府批准实施。自然资源规划一经批准，即具有法律效力。自然资源规划的内容一般包括规划的现实基础，规划要达到的总体目标和分期目标、分类目标和分项指标，为实现目标所要采取的主要政策和措施等。

（二）自然资源许可证制度

自然资源许可证制度又称自然资源许可制度，是指国家对从事开发、利用自然资源的单位或个人进行审查批准，颁发许可证明，持证人按许可证中的要求及有关法律的规定进行开发、利用自然资源活动的一种管理制度。它是自然资源保护管理机关对自然资源保护进行监督、管理的重要手段。采用许可证制度，可以把各种自然资源的开发、利用活动纳入国家严格的统一管理中。

（三）自然资源有偿使用制度

自然资源有偿使用制度，是指国家采取强制手段，对开发、利用自然资源的单位和个人征收一定费用的一整套管理措施。它是在自然资源日益短缺的情况下建立和发展起来的一项制度，是自然资源价值在法律上的体现和确认。

长期以来，许多自然资源由于被人们认为无价值而被无偿占